チーム名	(監督名)	1	2	3	4	5	6	7
樟南	(杉山)	1	0	0	0	2	0	
双葉	(相原)	0	1	0	0	0	0	

後攻 双葉

打順	シート 先発	打ち方	双葉	1	2	3
1	4	両	加藤	I 4-3		B
2	8	両	石上	III 8		II 1-3
3	5	右	山田	II 2f		III K
4	2	右	遠藤		I K	
5					II K	
6	1/3	右	折笠		(七) 7·8	
7	6	左	斎藤		III 9-4-2-6	
8	9	右	野村			I K
9	7	両	江井			(二) (一) 8

白川哲夫・谷川穣 編

「甲子園」の眺め方

歴史としての高校野球

小さ子社

目次

序論

高校野球史の現在《いま》と可能性を探る

谷川 穣・白川哲夫

一

「野球好き」に捧ぐ？

「野球、お好きですか？」

本書を手に取られた方の多くは、この問いに「それはもちろん」「ええ、嫌いじゃないですよ」と返事して下さる「お好き」な人たちではないかと推測する。なかにはマニア、オタクと呼ばれるような向きもおられよう。

今年（二〇一八年）は第一〇〇回目の「夏の甲子園」、全国高等学校野球選手権大会（一九四七年度以前の旧教育制度のもとでは「全国中等学校優勝野球大会」と呼ばれた）が開催される、節目の年にあたる。ただし、本書はそうしたタイミングに乗じた、また単に「お好き」な人たち向けの、マニアックな豆知識群の提供を意図したものではない。あくまで野球の歴史を学術的・多角的に考えること、日本野球史研究の一つのスタンダードや可能性を示すこと、そこに主眼をおいた、ある意味ではかたい研究書である。実はそうした日本の野球史、とりわけ「甲子園」という全国大会をもつ高校（の硬式の）野球の歴史をメインテーマにした学術論文集は、おそらく初めて編まれ世に広く問われるものではないか、とも自負している。

本書は、野球とその社会的位置や支える制度・思想やモノ、意識の形成と展開を、さまざまな光をあてて歴史的に跡付けることをめざす。野球とひとくちに言ってもとりあげるべき対象はあまりに幅広い。そのためひとまず、旧制中学＝新制高校の野球を主題に据えて、歴史研究の立場からその対象としての可能性を確かめてみよう、という試みである。

転換期を迎える高校野球

周知のように「甲子園」大会は、高校の部活動レベルでは、世界に類例を見ない規模のナショナルイベントでありつづけている。少し数字をみてみたい。各都道府県には野球部を統轄する高等学校野球連盟、その上に日本高等学校野球連盟（略して日本高野連）、さらに上部組織として日本学生野球協会が存在する。この日本高野連が毎年、全国の硬式野球部の加盟校数や部員数について調査し結果を公表している。それによれば、一九八二年には全国の部員数は一一万人台だったのが、九年後には初めて一五万人を突破、二〇一四年にはピークとなる一七万人を超えた。加盟校数では、平成に入った一九八九年から二〇一六年まで、ずっと四千校台をキープしていた。少子化の時代においてもなお全国に一五万人以上の部員がいる。一年生部員が三年生になるまで部に所属し続ける「残留率」も、一九八〇年代には七〇％台前半がほとんどだったのが、二〇一六年以降は九〇％を超え、最後の大会まで部員として活動する割合はむしろ増えている。[1] また夏の甲子園大会における入場者数も、会期を一五日間としてきたここ九年間はずっと八〇万人台で推移している。一試合平均では約一万七千〜八千人で、年末年始にかけて行われる全国高校サッカー選手権大会では二〇一七年度のそれが約六千三百人だったことと比べると、その規模はたしかに高校生のスポーツイベントとしては抜きんでている。そしてこの大会への出場をかけた各都道府県での試合が、六月から七月にかけて全国で三千数百試合行われているのである。隣国の韓国にも高校野球の全国大会はあるが、現在野球部自体が数十校しかなく、日本とはずいぶんと様子が異なる。なぜこうした大会が日本に存在し、今まで維持され、人をひきつけてきた（と思われている）のか、という問いは自然とわいてくるだろう。

ただ、その数字の面でも、看過できない変化は生じている。二〇一八年には一年生部員の数が二年生のそれを初めて下回り、部員数全体も一六万人台を割るなど、減少する傾向が見られる。他方で、高校スポーツの統括団体である全国高等学校体育連盟に加盟する男子サッカー部員数は、二〇一四年に一六万人台に乗って以降、なお増加し続けている。[2] これらを踏まえると、時代が一区切りを迎えたという印象もうける。サッカーの台頭により野球「一強」の時代が終焉した、という表現にもなるかもしれない。

野球界全体でも、二一世紀に入り顕著な変化や重大な事件が生じている。まず二〇〇四年に、日本プロ野球機構が運営するプロ野球で、球団統合問題に端を発するストライキが初めて、選手会によって実行された。そして同年には四国でプロ野球独立リーグが誕生し、のちに北信越でも新たなリーグができあがり、活動を広げるようになった。また、社会人野球も曲がり角を迎えている。高度経済成長期には少なからぬ大企業が「ノンプロ」と呼ばれた野球チームをもち、高校・大学で活躍した選手を入社させ、都市対抗野球大会などの全国大会出場やその試合応援を通じて、社内の士気高揚もはかってきた。だが高度成長が終焉し、やがて低成長期へと進む九〇年代以降、そのチーム数は目立って減少し、ここ一〇年で全盛期の三分の一ほどになっている。[3] 企業と日本経済の状況を如実に反映していると言えるだろうが、反面、企業丸抱えではない形態で活動を継続するクラブチームはそれと反比例して増加してきており、独立リーグ同様、また違った形で野球のすそ野が広がっているとの評価もできるかもしれない。さらに、女子プロ野球が二〇〇九年に発足、[4] 翌年二チームで開幕し現在は三チーム（育成球団もある）でリーグ戦が行われている。「野球＝男のスポーツ」という通念がゆらぎつつあるとも言えよう。

高校野球では、二〇〇七年に起こった、いわゆる特待生問題が新聞等で大きく報道された。日本学生野球憲章は「野球部員であることを理由として支給される学費などの授受」を禁じていたが、調査の結果、その条項に抵触する私立高校が三七〇校以上、該当する部員も八千名弱にのぼると報告された。[5] これは他府県への「野球留学」に対する是非も含め、議論を呼んだ。さらに学校運動部全体に関わる社会問題として、二〇一二年一二月に発生した高校バスケットボール部員の自殺という事件は、大きな波紋を投げかけた。原因が指導者による日常的な体罰であったことは、それまで野球部をはじめとする運動部において、体罰を容認する土壌が根強く、非合理的な指導がまかり通ってきた現実を、改めて問いなおす契機となった。野球部員の髪型、女子選手、教員の部活動指導の負担など、認識されてはいたが直視されてこなかったさまざまな事柄について、その是非をめぐり議論が重ねられつつある。

総じて、野球をめぐるさまざまな構造や制度の問題点があらわになり、見直しが進んでいる現状は、「成熟」あるいは新たなステージへ向かうべき歴史的転換期である。そう表現してさしつかえないのではないだろうか。

野球は今、歴史研究の対象たりうるのか？

転換期を迎えて、それまでの歴史を振り返り、行く末を見さだめる。一般的にそれは意義のあることだ、と認められるとしても、しかしなぜその対象が野球でないといけないのか、という問いは依然として残るだろう。現代社会がさまざまに抱える喫緊の課題を前に、今なぜ、何を呑気に野球なんか取り上げるのか——

もちろん、近代国家の国民統合とナショナリズムとの関係を、スポーツから問うことは無益ではない。また、古典的著作を持ち出して、近代人とスポーツとの関係を人類学・社会学的に説明するやりかたも、依然として重要な場面はあるのかもしれない。ただそれにしても、なぜ野球なのか、とたたみかけられることには変わりない。

日本近現代史研究者の高岡裕之は、近現代日本のスポーツにおける野球の位置づけについて、興行として成り立つ野球界の規模の大きさを強調し、「野球を中心にスポーツを考えると多分間違える。野球は野球で、それ以外のスポーツの意味を考えないといけないと思いますね」と述べ、その異質性を指摘してもいる[6]。野球を見ても、近代史におけるスポーツの位置づけはわからないのではないか、と。事実、野球は日本国内の主要な高校スポーツのなかでは、例外的に全国高等学校体育連盟の管轄外にある。そうした特異性が、野球だけの学術的論集が今までほとんど編まれなかった、一つの理由でもあろう。加えて指摘すれば、やはり野球に対する一般的な関心の高さは、依然として他のスポーツから抜きんでており、書店にならぶエピソード本の類も突出して多い。インターネット上も含め、膨大な個別の〈知識〉がすでに蓄積されてもいる。人を魅了する物語や後日談、さらに優れたノンフィクション作品（書籍・映像とも）も、世に出続けている。これが、（あまりにも身近すぎた）野球に対する学術的接近が容易でなかった、また別の理由かもしれない。

だからこそ、学術的潮流や現代的要請から、あるいは「ファン」目線からも少し距離をとって見直すことで、野球を歴史的に考える土台・材料を提示する必要もあるのではなかろうか。後述するように、野球の歴史への社会的関心は近年少しずつ高まりつつある。そして、「夏の甲子園第一〇〇回」が振りまくメモリアル・ストーリーにあふれてもいる。そんな昨今の状況こそが、美談ばかりに呑気に回収されない、新たな視点をもつ野球史研究の好機であるとすら思われる。本書のねらいの一つは、そこにある。異質なスポーツとされる野球が歴史研究の対象たりうるかどうか、その探求のきっかけ作りもめざしている。

さて世界的に見れば、野球、とりわけ高校野球を考えるという営為はあくまでローカルな日本の状況に注目することになるのは確かである。[7] 現在、大多数の国々では、トップスポーツとして定着しているのはサッカーである（女性への普及を念頭におけば、バスケットボールなどもそれに相当するだろう）。しかし日本ではその地位に、長らく野球が座ってきた。とりわけアジア太平洋戦争後の日本社会において、野球の試合は大観衆を集める一大娯楽、大々的なテレビ中継の対象でもあった。にもかかわらず、その社会的定着や「人気」を集める理由を、日本人・日本社会の特殊性で片付けることなく、どこまで意識的に主題化して論じてきただろうか。

戦後社会における野球の定着に関して考えるべき一つの要素は、新聞メディアとの関係だろう。戦前より「甲子園」大会を主催してきた朝日新聞社（夏）・毎日新聞社（春）が果たした役割はもちろんのこと（この点からの先行研究については後述）、アメリカの対日占領政策や世界戦略における日本の位置づけを念頭に置けば、読売新聞社とその牽引者であった正力松太郎の役割も視野に入ってこよう。一九三四年にアメリカのプロ野球選抜チームを招へいし、大日本東京野球倶楽部（のちの読売巨人軍）を創設した同新聞社社長・正力は、三六年に開始された職業野球（プロ野球）で球団オーナーとして、戦後も職業野球連盟の総裁として重きをなし、毎日新聞社と協力して現在のプロ野球二リーグ制を形成する立役者ともなった。原子力政策やテレビ放送も含めたアメリカに依存する「戦後体制」に大きな役割を果たした正力[8]は、親米的な大衆娯楽の導入の面で、また自社の販売拡大戦略と関わっても、野球に多大な〈貢献〉をなしたと思われる。

もっとも、高校野球に関しては、テレビ放送で「甲子園」全試合を中継するようになる一九七〇年代以前には、新聞のスポーツ欄における記事、およびラジオ放送がより重要な情報源であり、かつ定着の一つの源泉だったのではないかと思われる。そこから実際の試合の様子を思い描く多くの人々がいて、また子どもたちも野球への想像力をかき立て[9]、父親なり年長の男性から野球の話を教わり、日々話題にすることで、あこがれや「人気」に火がついていったことも大いに考えられる。もしかしたら、実際に野球部に入って練習に明け暮れる以上に、野球「好き」を増やしたのかもしれない。また、九人対九人の正式な試合形式でなくとも、二人で向かい合ってのキャッチボールや、三角ベース[10]のほうが、むしろその欠如や気軽さゆえに、より参加しやすく、楽しむことができたのかもしれない。

これらは、簡単に歴史資料から実証できるようなことではない。だが、そうした「定着」や「人気」獲得という一筋縄ではいかない難題は、人間社会を考える重要なテーマでもある。野球におけるその過程を今すぐ確実に「捉える」ことはできないにしても、まずはおのおのが「眺める」ことから、その手がかりを得られるはずである。本書には、そのことを多少なりとも意識した論考が含まれている。

なおスポーツを歴史的に扱うという際、日本の場合は一九三〇年代以降の総力戦体制との関わりに集中する傾向がある。人々の体位の向上が図られ厚生省も作られる、国民の身体への介入が国家によって最も集約的になされた時代でもあり、その点では十分な理由がある。他方で、一九八〇年代以降の社会史の隆盛や、九〇年代に盛んとなった国民国家論といった学問的潮流は、あまりスポーツの歴史研究に影響を及ぼさなかったのではないか。特に後者では、近代国家の形成期であった明治時代に、言語や食生活、音楽などを通じてさまざまな文化統合・国民形成がなされるなか、運動・スポーツをその一つとして注目する研究は必ずしも多くない[11]。明治時代には体育や運動自体への理解や認識が高くなかった、という事情もあろう。だが、ことアカデミックな歴史学においては、何を題材にしても国家の拘束力の強さが強調される結論に至る、お手軽な論文らしきものを増やしただけだ、との暗黙の批判もあったように思われる。それは研究対象の広がりに一定のブレーキをかけ、歴史学としてなすべきテーマはこれだ、と決めてかかる視野の限定と（「このご時世なのに」との呼号とも）隣り合わせでもある。いきおい、「スポーツ史」「スポーツの歴史社会学」という分野でやるものだ、という見方も強くなり、広く日本近現代史を見通す対象となりにくかったのではと考えられる。

「甲子園」の手前にあるもの

「甲子園」大会には、高校生の「汗と涙と感動の物語」がつきものである。先にも触れたが、その点に私たちもいわば慣らされ、またそれをどこかで欲する、消費したがるところがないとは言いきれないだろう。あるいは大会にやってくる強豪チームの興亡史、ドラマチックな試合展開やサイドストーリーに目を奪われがちでもあるのではないか。ただ、歴史の光をあてることは、単にそうしたものの再確認やトリビアルな知識の披露にはとどまらない。

「甲子園」大会を形成する大きな土台は、それへの出場チームを決定する各都道府県の大会である。だが、そこで早々に敗退する圧倒的多数のチームは、強豪列伝の系譜で捉える歴史像からは全く見えない存在である。二〇一二年度からは部員不足の学校同士で結成される連合チームが、日本高野連の規定緩和により多く見られるようになった。これは学校の枠にとらわれないチームのありかた、また少子化に対応する方策として重要な動きであるが、「甲子園」ありきで考えると、その存在はなかなか認知されがたい。

また戦前にさかのぼると、日本の植民地・外地の代表が「甲子園」にやってきたことも、大会の歴史を振り返る際にはエピソード程度でしか扱われない。日本が台湾・朝鮮などを植民地として支配し、また満洲にも勢力を及ぼしてゆく、その道程の一端を「甲子園」は映すものでもある。戦死した元球児の物語などをもとに「野球ができる平和な世の中に感謝」することが一般的な認識として口にされるが、日本の（そして東アジアの）近現代史への理解とともに野球を捉えなおす余地は――逆に野球から捉えなおすことも――まだ多く残されているだろう。[12]

勢いついでに言えば、「甲子園」のような全国大会の存在を無前提に善とする考え（あらゆるジャンルで「〇〇甲子園」と銘打った大会が叢生している）、もっと言えば他者と争い優越することをよしとするなど、無意識に受け入れている私たちの価値観を、「甲子園」は体現しているのではないか。本書はそれらを直接に論じるわけではないが、そんな立場からも近代社会の歴史を「眺め」なおす契機を、含んでいるつもりである。

以上のような問題意識やねらいをもつ本書も、むろん多くの先学の研究成果を踏まえつつ進められる必要がある。ここからは、野球史の研究の歩みについて、述べていきたい。紙幅の関係上野球に焦点を絞った研究に限定し、その整理を試みる。

（谷川　穣）

二

これまでの「野球史」研究

日本における「人気」スポーツとしての野球の歴史は、すでに一世紀以上に及んでいる。近年若年層の関心においてはサッカーなど他のスポーツが上位を占める調査結果などもあるが、観客動員数や全世代を通じての関心度においては、いまだ最も人気のあるスポーツとしての地位は維持されている。この事実にかんがみると、日本社会の特質を解明するひとつの手段として、「人気」スポーツとしての野球の歴史を追ってみるのは、有効ではないかと考えられる。

ただ、第一節でも述べたように、その「人気」に比して、野球史に関する学術研究の蓄積は多いとは必ずしもいえない。これは野球に限ったことではないが、歴史学研究においてスポーツをどう取扱うかということについては、十分にその方法と意義が認知されているわけではないと考える。少なくとも歴史学界の主要と目される雑誌・出版物において、野球に限らずスポーツに関連する論稿が掲載されることはまれである。本書で掲載する諸論稿は、そうした現状に対する一定の問題提起でもあるし、繰り返しになるがスポーツ、特に野球を歴史学の素材として扱うことにいかなる可能性を見出せるのかという問いも含んでいる。本書では、歴史学的な検討を糸口として「人気」という一見得体の知れない、不安定とみえる社会現象に迫ることができるのではないかと考えている。そして最も人気のあるスポーツとして多くの人々が関わってきた野球を扱うことは、そのまま日本近現代史の一面をみることにつながるだろう。こうした視点のもとに、以下で「野球史」に関するこれまでの諸研究を概観する。

「野球史」について書かれた文献は、かりにそのカテゴリーを設定するなら相当な数に上るだろう。しかし、学術研究という観点からみたとき、その意識をもって書かれているもの、ないしは批判に耐えうるレベルで書かれたものは、実際には非常に少ない。ともあれ、「野球」と「歴史」が結び付いた文献のうち最も基礎的なものとしては、古くは広瀬謙三『日本の野球史』（日本野球史刊行会、一九六四年）や大和球士『真説　日本野球史』全五巻（ベースボール・マガジン社、一九七七～七八年）などの著作がある。しかし意外にもというべきかもしれないが、その後日本の野球に関する通史的な文献は編まれていない。この理由としては、野球は少年野球からプロ野球まで各カテゴリーそれぞれに歴史があり、通史はそのカテゴリーごとにまとめられていて、競技としての野球の歴史を総合的にまとめるのが難しいという問題があるからだろう。

プロ野球についてはベースボール・マガジン社が四〇年史以来一〇年ごとに年史をまとめており、高校野球では春の選抜大会・夏の選手権大会それぞれについて大会史がまとめられているが、高校野球の通史としては森岡浩が一〇〇年の歴史をまとめたものが読みやすい。[13] また、大学や社会人を含め、大会やチームごとに編まれた歴史書は膨大な数にのぼる。これらは多くはエピソードの集積や記録集となっているが、研究を進める上では基礎的な資料であり、それぞれ丹念に読み込む必要がある。[14]

こうした「野球史」の現状ではあるが、学術的な研究の動向を概括すれば、大きく分けて四つの流れを見出すことができるだろう。第一は、野球というスポーツのもつイデオロギー的側面に注目した諸研究である。その中で注目されているのは、一九三二年（昭和七）三月の文部省第四号訓令「野球の統制並に施行に関する件」（いわゆる「野球統制令」。以下本文中では「統制令」とする）であり、この「統制令」を中心とした特に戦前における野球界「統制」の動きについて、たとえば加賀秀雄、高津勝、草深直臣らの研究[15]が積み重ねられ、近年では坂上康博、中村哲也らの研究[16]を挙げることができる。これらの諸研究では、戦前の野球統制の動きとそれに対する野球界の対応が、戦後に制定された学生野球憲章に代表されるように、一定程度現在に至る日本の野球界に残る諸問題へとつながっているということを明らかにしてきており、現在も野球の歴史における定説となっている。

第二は、メディア史研究の観点から行われているもので、代表的な研究としては有山輝雄、西原茂樹、佐藤彰宣ら[17]を挙げることができる。有山は、甲子園球場で行われた中等学校野球の全国大会が、主催者の『大阪朝日新聞』『大阪毎日新聞』の経営戦略の一環としてはじまるメディア・イベントであり、大衆娯楽であったことを強調する。また、大会そのものが一度負けたら終わり、のトーナメント制採用や、植民地からの出場校をも含むところから優勝劣敗と帝国的秩序を象徴しており、「武士道精神」に基いた野球、という理念にとって理想的な試合や選手のエピソードは「美談」として語られる、という指摘もしている。また西原は、大衆娯楽としての野球の受容の側面をより強調するとともに、主として野球を始めとするスポーツイベントに取り組んだのは関西の新聞社であり、東京ではそれほどでもなかった、という地域差について指摘をしている。こうしたメディア戦略の一環としての野球という面では、後発の職業野球（プロ野球）についても同様の位置づけがなされている。佐藤はスポーツと「教養」との結びつきを重視する中で、「読むスポーツ」を分析する材料として、野球雑誌『野球界』や『ベースボールマガジン』を発行したベースボール・マガジン社の歴史を取り上げている。

第三は社会学的なアプローチで、当該期の思想や文化、経済情勢などとの関わりにも留意し、また社会的影響などにも注目するものである。この観点で野球史を論じたものとしては、菊幸一の研究[18]が代表的である。菊はプロ野球の成立について、プロ・スポーツの社会的成立条件を解明するため、として一般化し、段階ごとに整理しており、野球のルールの整備段階から、野球イデオロギーの成立、新聞社や鉄道会社の発展、マスメディアと大衆社会の発達、といった背景に目配りしながら論じている。

第四に、戦前の大日本帝国時代に支配を及ぼした地域で行われた野球に関する研究である。この分野については従来西脇良朋がまとめた著書がほぼ唯一にとどまっていたが、最近高嶋航、小野容照の成果が相次いでまとまり、研究水準が一挙に上がったといっていい[19]。

こうした中で、近年では野球の歴史に関する社会の関心が、以前と比べ高まってきたようである。二〇〇九年には甲子園球場に甲子園歴史館が整備され、それまでの阪神タイガース史料館が新たに高校野球や甲子園ボウルの関連資料も展示する形に拡充された。一三年には野球体育博物館が野球殿堂博物館と改称し、野球史に関する研究・調査のニーズに応える体制を整えている。また、地域史の観点から野球史を扱う企画展が、一三年には長野県立歴史館で、一七年には北海道博物館で開催された[20]。さらに一四年から一五年にかけて、カナダに存在した日系人野球チーム・バンクーバー朝日を描いた「バンクーバーの朝日」や、戦前の中等野球における嘉義農林学校の活躍を描いた台湾映画「KANO 1931海の向こうの甲子園」が相次いで日本で公開された。

また、高校野球やプロ野球については歴史を掘り起こす形の著作や競技者の評伝などの出版も近年盛んに行われている。これらは学術的な内容ではないものも多いが研究を進める上では基礎的な資料となる。このうちプロ野球の歴史については、山室寛之が戦前〜戦後を中心にまとめているほか[21]、現在すでに存在しない球団の歴史をまとめた長谷川晶一、山際康之の成果が貴重である[22]。また綱島理友『日本プロ野球ユニフォーム大図鑑』全三巻（ベースボール・マガジン社、二〇一三年）は著者が長年追ってきたプロ野球各球団のユニフォームの歴史をまとめたもので資料的価値が高い。

「野球史」研究の課題

本項では、前項で述べた「野球史」の先行研究を含め、これまでの「野球」に関する歴史叙述全体が抱える問題と、今後研究を進めていくべき方向性について若干の提言をしてみたい。

まず「野球」が歴史叙述の対象となるとき、どうしても陥りがちな傾向がある。それはたとえば著名な選手や指導者、あるいは強かったチームが中心的に描かれ、その関連でのエピソードや記録集の集積をもって、歴史叙述としてしまうのである。高校野球を例とするなら、強かった学校、有力校の勢力変遷史と、その間に現れた著名な選手・指導者が延々と羅列されていくのである。しかし、なぜその学校が強かったのか、あるいはなぜ優れた選手・指導者が特定のチームに存在しえたのか、といった背景説明まで踏み込む文献は少ない。その部分は野球に携わる人々やスポーツジャーナリズムの世界では前提になっているのかもしれないが、何らかの社会的背景を抜きにして、強いチームも優れた選手も存在することはできない。

さてもっとも「野球」に関する学術研究として進んでいるのは、「統制令」に代表される戦前の野球界の状況を分析したものである。一連の研究で、野球界を始めとしたスポーツに対する文部省の政策と、野球界の対応についてはかなりのところまで明らかになっていると考えられる。しかしそれらはいまだ制度史や政策史的叙述、ないしは野球界の指導的立場にあった人物の言論を中心としており、現実にプレーしている選手・指導者や、野球を観戦するファン側の視点については必ずしも充分に検討されていない。たとえば公的に主張された「武士道精神」に基く野球、という論理を人々はどこまで受け入れていたのか。これまで研究されていたのはいわば「タテマエ」の部分に過ぎないのであって、選手や観客の「ホンネ」の部分も併せて「野球史」を描く段階に入ってきているのではないか。あるいは「タテマエ」と「ホンネ」という分け方自体果たしてできるのか、という問いもありうるだろう。またこうした野球界の「統制」を問題視する研究は、戦後の学生野球界にも「精神主義」的な部分が残っている、として現代の問題へとつなげてくるのだが、坂上や有山が主張しているように、戦後は戦前とは違った独自の野球観(この説明も充分にはなされていないが)も展開したという面をどう評価するのかが明らかではない。これはより大きな日本近現代史の枠組みでいえば、戦前・戦後の連続説と断絶説の対立でもあるが、単純にどちらの側面が強かったか、ではなく、戦前・戦後に通底した日本における「野球」というスポーツの「人気」の社会的基盤を分析する必要があるだろう。

メディア史的視点からの研究も一定程度の蓄積があるが、それはもっぱらメディア側の経営戦略や言説分析の視角に留まり、読者や観衆の側の視点についてはほとんど検討されていない。社会学的な研究においては、野球界の発展の歴史が図式的に描かれたり、あるいは受容のあり方を現代風俗や民俗の一様式として位置づけるものであったりするので、歴史学の観点からいえば問題を残す叙述になっている。

以上は「野球史」に関する研究動向個々に関する問題点であるが、諸研究に共通する問題点としては、日本の野球界を「一様」なものとしてとらえる傾向が強い。たとえば冒頭で紹介したようなカテゴリー別でも、あるいは地域によっても様々な「野球」がありうるはずだが、制度史やメディア論の世界に落とし込んでしまうために見えなくなっている部分が多いのではないかと考えられる。[23] その部分というのが、「野球史」研究を単なる分野史にとどめない議論の広がりをもたせるには重要ではないかと考える。ひとまずここでは、以下の六点ほどに整理して提示してみたい。

第一は野球と地域との関わりである。現在、特に高校野球で典型的に現れているような郷土意識や地域主義は、どのようにして形成されてきたのだろうか。そうした「郷土」や「地域」という問題については日本近代史においても議論の蓄積があるが、[24] 高校野球はその観点からいうと特に戦後社会でのそれを考える上で重要な素材であると考えられる。近年のプロスポーツにおいて「地域密着」がなぜ叫ばれるようになったのか、とも併せて考えると、近代以降の日本の「地域」という問題を考える上でスポーツ（野球）を扱うことに一つの有効性を想定したい。

第二に、学校教育と野球との関わりである。一般論として学校の部活動を中心に日本の野球が発展してきたということが言われているが、意外にも学校教育や学校経営との関わりといった観点からの歴史学的研究は、管見の限りでは見当たらない。二〇〇七年の野球特待生問題に示されているように、学生野球は特に私立学校の経営戦略と密接に関わっていると考えられるが、このような構造が出来上がった過程については、実際にはあまり明らかになっていない。野球部の活動に力を入れているある中高一貫校の校長が、二〇〇八年に新聞の取材に対して以下のように述べている。

「経営的にはぎりぎり。でも、学園を活性化させるのは野球しかない。[25]」

この言葉には、単なる「教育」や「人気」では片付かない重要な問題が示されているように思う。なぜ他の方法ではなく「野球しかない」のか。学校経営という問題と、こうした発想の生まれる背景を探る野球史研究を構築する必要がある。

第三は、社会的マイノリティにおける文化の伝播・受容の問題の一つとして「野球史」を位置づけてみるということである。たとえば北海道や沖縄への野球の伝播について考えることができるかもしれない。さらに選手単位に焦点を当てれば、戦後の一時期プロ野球界をにぎわせたアメリカ移民出身選手や、大半が日本名でプレーしている在日コリアンの選手がいる。[26] マイノリティの社会とスポーツの関係をどう考えるか、[27] という上でも、日本においては野球という素材が重要である、と考えられる。

第四は、ジェンダーの観点からみた「野球史」の必要性である。現在では野球の各カテゴリーでも女性のプレイヤーは認められているが、高校野球だけがいまだ門戸を閉ざしている。なぜ高校野球だけがそうなのか、というのはそれ自体問題だが、大正時代には日本でも女子野球が始まっており、一九五〇年にはプロ野球も発足していた。[28] しかしプレイヤーとしての女性の存在は社会的に定着しなかった。もちろんファンとしてなら戦前から女性も一定程度存在していたが、野球「人気」あるいは「武士道野球」のような野球イデオロギーと女性との関わりは、これまで全く議論されていない。スポーツと女性という問題を考えるときにも、「野球史」は極めて重要な事例となるだろう。[29]

第五は、野球に付随した周辺文化の歴史を考えることである。プレーするチーム、選手の側からみた歴史だけではなく、観る側、すなわちファンのあり方からみる「野球史」もありうる。野球雑誌、スポーツ新聞などのジャーナリスティックなものから、グッズ・応援スタイル・球場などの変遷やその社会的意味も題材として考えられる。[30] また、描かれる野球という面で文学作品、映像作品、漫画等で扱われた野球に関する考察も、まとまった研究としてはまだまだ少ないと思われる。[31] 野球に関わるこれらの周辺文化の歴史を、ある社会における「人気」とは何か、を論じる一つの手がかりとして考えられるのではないだろうか。

第六に、野球というスポーツそのものの変化をきちんと跡付けることも重要だ。練習方法や試合における戦術の変化、用具の変化が与えた影響など、資料をみれば指摘は数多いがまとまった歴史としては叙述されていない。[32]

以上挙げてきたような問題設定は、それが「野球史」を扱うことでなければ解明できないとは必ずしも言えない。ただ、日本社会においては、事実として野球「人気」の高さがあり、それに寄りかかった社会的諸事象が発生した。その歴史自体を問題の俎上に載せるために、充分な学術的考察が必要であると考える。

（白川哲夫）

三

本書の構成

本書はこうした認識を踏まえたうえで、総論と九つの各論を配し、それを補う四本のコラムに加え、巻末資料を掲げている。**総論**は、前項で指摘した論の第六、すなわち「野球というスポーツそのものの変化」を意識した高校野球史の見取り図である。統計データを駆使し、また新たな指標も用いつつ、これまでにない歴史の捉え方を提示している。まずここを一読いただくとして内容紹介は省き、各論以下を概観しておきたい。

各論は大まかに扱う時代順となっており、第一章から第四章までは戦前の、第六章から第九章までが戦後を扱う。そして第五章が両方の時期にわたり、架橋する役割を担っている。**第一章**は明治末期の宗教系学校における、野球部の活動に焦点をあてる。とくに野球部の生徒は不良であると公言した禅僧・田中道光と、彼が校長を務めた曹洞宗第一中学林に注目する。今ではいわゆる強豪校も多い仏教系学校だが、大正期に至る野球熱の高まりとは異なる道筋をたどる学校もあった。その過程における、田中の発言や教団の意図を窺おうとする。**第二章**は、大正期に京阪地域で行われた野球大会とその主催団体を扱う。といっても、「甲子園」大会と新聞社ではない。関西学生連合野球大会・実業団野球大会と、運動具店の美津濃（ミズノ）、そして運動具や雑誌を通じ野球普及につとめた中央運動社の動きにスポットをあてる。当たり前だが、野球には道具が必要である。地域に野球が根付く過程で、運動具店はその当たり前の需要を満たす以上の役割を果たしたことが明らかにされる。

つづく二つの章はともに帝国日本の植民地を主たる対象にすえる。くしくも両章が冒頭で触れるように、前述の映画「ＫＡＮＯ」の公開を機に、植民地における中等野球への注目が多少高まったが、その全容の検討はまだ道半ばである。その点で、**第三章**は朝鮮の、**第四章**が台湾と満洲のそれを明らかにする、きわめて有益な論考と言えるだろう。前者は、すでに植民地統治期の朝鮮野球について一書をなした筆者の手になる。朝鮮人側からみた同書に対して、主として在朝日本人の側からその動きを見直し、野球からみた日本人の植民地経験を描く。そして後者は、台湾と満洲とを比較して、そのチームの人種構成や練習試合の相手など、その顕著な相違を指摘する。とくに、学校長の存在やイニシアチブが、チームの強化や存続に際して大きな意味をもったとの見解は興味深い。内地との差異・共通性を考える重要なカギが、他にいくつも拾い出せよう。

第五章が対象とするのは高校野球界における「雪国のハンディ」をめぐる歴史である。冬季に十分な練習ができないという「雪国」勢の絶対的不利は、現在に至るまで連綿と指摘され続けてきた。そしてそのハンディを乗り越えるという「物語」が、多くの人々をひきつけてやまないのは、二〇一八年夏の秋田・金足農の準優勝に対する社会の反応をみても明らかである。しかしそれは本当に「絶対的」な不利だったのか。大正時代から現代までの歴史を通観しながら、いわば高校野球と「地域性」の問題を扱う内容となっている。

第六章は高校野球とは直接関係しないが、今やその存在が幻ともなった全国規模の軟式少年野球大会について、おそらく初めて詳細に明らかにしたものである。プロ野球を社会に根付かせることに尽力した正力松太郎率いる読売新聞が、「もうひとつの甲子園」となりうる大会を興し、そして挫折したという興味深い事実は、甲子園大会の存在の自明性や、「戦後」という時代と野球との関係を問うものである。

続く二つの章は、高校野球の「人気」に着目した内容である。まず**第七章**は高校野球部マネージャーという存在の変遷を通じて、高校野球と男性・女性それぞれの関係性を問い直すものである。高校野球部マネージャー＝女性という現代に定着した表象が、そもそも野球部の危機に対応するための転換を経たものであったという事実に意外性がある。そして高校野球「人気」の低下に対して女性への門戸開放策が実施されたという指摘は、近未来の高校野球に起きうる変化をも示唆しているといえよう。

第八章は高校野球が「国民的」なイベントとなっていく過程を、マスメディア報道の変化に着目して明らかにしたものである。東日本と西日本での報道の温度差や、高校野球のあり方批判の報道がいつから増え始めるか、プロ野球人気・サッカーブームとの関連性など、その変化の画期を一九七〇年代にみるとともに、高校野球「人気」を作り出し、あるいは現在も作り出している構造に迫っている。

第九章は富山県をフィールドとして、高校野球における強豪校の変遷と、同県の教育制度の歴史が密接に関係していることを明らかにしたものである。富山県は現在でも公立の実業高校が甲子園出場することの多い地域であり、全国的な趨勢とは異なっているが、その理由を野球界の動向にとどまらない社会的背景から探ったものである。

巻末資料は第九章と大きく関わる、春・夏の「甲子園」と、夏のそれへ向けた各都道府県大会に関するデータ集である。とくに資料1・2は、編者を含む本書のメンバー五名が、かねてより続けてきた研究成果の一端であり、戦後の高校史を単なる強豪列伝ではない形で捉える試みである。すなわち、都道府県大会決勝進出校における公立校・同実業校・私立校という学校種別の割合変遷に着目し、時期区分を行っていこうというものである。もちろん、そもそもの公立普通科と実業系の学校自体の割合の変化（一九六〇年代には公立高校生徒のうち四割以上が実業系学校ないし課程に通っていたが、七〇～八〇年代には目立って減少、現在では普通科生徒が七割を超えている）や、私学の全体に占める割合の変化などにてらせば、さらに気づかされる事柄は多いかもしれない。だがそこはあえて語らず、現段階の基礎研究の成果としてひとまず示しておいた。そして総論・各論で説ききれなかったことへの展望を含むコラムを、また通史的理解を助ける意味で略年表を、それぞれ付してある。

なお、総論以下の記述においては、章によって「高校野球」「甲子園」の語の用法に多少ばらつきが見られるが、あえて統一はとらなかったことを付記しておく。基本的には、「高校野球」という語は、戦後の新たな教育制度になって以降の高校の硬式野球だけを扱う（中等野球と区別する）場合と、戦前における旧制の中等学校のそれとあわせて用いる場合（たとえば「高校野球一〇〇年の歴史」といった表現）とのいずれかをさす。また「甲子園」の語は、多くの場合、単に春・夏の全国大会という意味である。ただし、甲子園球場が会場となる（一九二五年）以前の時期も含まれる点に留意し、「全国大会」の語を用いる場合もある。そして本書の表題では、「高校野球」・「全国大会」を包括する象徴的・慣用的な語として、「甲子園」をカギカッコ付きで用いている。

本書の執筆メンバーは、野球史の専門家ばかりではない。いや、むしろそれは少ない。近現代の日本や東アジアのスポーツを扱った学術論文・専門書を、すでに世に問うている社会学者・歴史学者も数人含まれるが、編者二人の専門領域は日本近代史で、戦没者慰霊を中心とする戦争と地域の歴史や、仏教を中心とする宗教史・教育史に、一つの軸足をおく者と目されている。ただ同時に、それぞれの見方や熱量は違えど、野球が「嫌いじゃない」ほうである。マニアックな関心をこえて論じるべきテーマに、またそれぞれの「眺め方」でアプローチしている。

本書の試みの成否は、読者の皆さん――「お好き」な方かどうかは問わず――に、ご判断いただくほかない。ただ、もっと歴史のグラウンドに降りて見つめたいと感じてもらえたなら、また球場に居ながらにしてさらなるテーマへ思いをめぐらせてもらえたなら、本書の望みの一つは達したことになるだろう。

（白川哲夫・谷川　穣）

註

1　全国高等学校野球連盟ＨＰ「部員数統計（硬式）」（http://www.jhbf.or.jp/data/statistical/index_koushiki.html、二〇一八年七月二〇日閲覧）。

2　全国高等学校体育連盟ＨＰ「加盟登録状況」（http://www.zen-koutairen.com/f_regist.html、二〇一八年七月二〇日閲覧）。

3　一九六三年には二三七社が日本野球連盟（社会人野球チームの統括組織）に加盟していたのが、高度成長期が終わった一九七八年には一七九チーム、山一証券が破綻した翌年（一九九八年）には一四二チーム、そしてその五年後には八九チームへと激減していき、以後ほぼ八〇チーム台で推移している。公益財団法人日本野球連盟ＨＰ「加盟チームの推移」(http://www.jaba.or.jp/team/clubteam/suii.pdf、二〇一八年七月二〇日閲覧)。

4　正確には、一九五〇年から五一年の間に存在した日本女子野球連盟の運営するプロリーグ以来、約六〇年ぶりの復活であった。

5　「高校野球特待生問題有識者会議小委員会検討結果の報告」二〇〇七年一〇月四日付、四頁（http://www.jhbf.or.jp/scholarship/pdf/return3.pdf、二〇一八年七月二〇日閲覧）。

6　高岡裕之「日本近現代史研究にとってのスポーツ」（『一橋大学スポーツ研究』二九、二〇一〇年、五四〜五五頁）。

7　もっとも、現代世界の野球とグローバル化の関係に迫るものとして、季節に応じてとくに中南米諸国のリーグを渡り歩く選手たちのありようを描いた、石原豊一『ベースボール労働移民』（河出書房新社、二〇一三年）のような研究成果もある。

8　有馬哲夫『原発・正力・ＣＩＡ』（新潮社、二〇〇八年）。正力は初代原子力委員会委員長であり、一九五七年には岸信介内閣のもとで科学技術庁長官と国家公安委員長を兼ねた。

9　谷川穣「透明ランナーは捉えられるか―勝手に走り出す戦後子ども史・オープン戦」（『教育史フォーラム』三、二〇〇八年）は、人数不足でも野球で遊べる工夫としての透明ランナー（架空の走者を置く）というルールについて論じ、子どもの正式な野球試合のイメージとそれを埋める想像力がそうした工夫につながったのではと示唆している。

10　正式な野球の試合では、一塁・二塁・三塁・本塁の四つのベースを用いて（その四角形で「内野」を形成する）守備を行うが、人数が少なくても野球を楽しめるよう、二塁を除いてプレーするという工夫が編み出された。明治期にはすでに行われていた（この点、第一章および谷川コラムでも触れられている）。

11　たとえば吉見俊哉ほか『運動会と日本近代』（青弓社、一九九九年）などが挙げられるが、総力戦期については、単行本だけでも坂上康博・高岡裕之編『幻の東京オリンピックとその時代―戦時期のスポーツ・都市・身体』（青弓社、二〇〇九年）、佐々木浩雄『体操の日本近代―戦時期の集団体操と〈身体の国民化〉』（青弓社、二〇一六年）など数多く蓄積されているのに比べると、乏しいことは否めない。

12　たとえば一九四一年の大会中止以後、戦後まで「甲子園」大会は開かれなかったが、それが対英米開戦（一九四一年一二月）より前の、同年七月中旬の文部次官通達により地方大会途中で中止されたためであったこと（総論参照）は、おそらくあまり認識されていない。アメリカとの戦争によって「敵性競技」とされ、元球児が戦地に次々送られ戦死するなど国家に翻弄される悲哀を味わったのだ、という理解に加えて、まだ共有すべき事実が多々あるように思われる。
13　森岡浩『高校野球一〇〇年史』（東京堂出版、二〇一五年）。
14　近年のものでは、『北海野球部百年物語』（北海高等学校野球部史制作委員会、二〇〇九年）が対戦相手校元選手のインタビューを多数掲載することにより、自チームの視点に加えて相手側から自分たちがどう見えていたかを明らかにしている点で、特異な内容である。
15　加賀秀雄「わが国における一九三二年の学生野球の統制について」（『北海道大学教育学部紀要』五一、一九八八年）、高津勝「政策としてのスポーツ」（中村敏雄他『スポーツを考える』シリーズ4　スポーツ政策、大修館書店、一九七八年）、草深直臣「「野球統制令」の廃止と「対外競技基準」の制定過程の研究」（『立命館教育科学研究』二、一九九二年）。
16　坂上康博『にっぽん野球の系譜学』（青弓社、二〇〇一年）、中村哲也『学生野球憲章とはなにか　自治からみる日本野球史』（青弓社、二〇一〇年）。
17　有山輝雄『甲子園野球と日本人―メディアのつくったイベント』（吉川弘文館、一九九七年）、西原茂樹「東京・大阪両都市の新聞社による野球（スポーツ）イベントの展開過程―一九一〇～一九二五年を中心に」（『立命館産業社会論集』四〇-三、二〇〇四年）、同「一九一〇～三〇年代初頭の甲子園大会関連論説における野球（スポーツ）の教育的意義・効果に関する所説をめぐって―『大阪朝日』『大阪毎日』社説等の分析から」（『立命館産業社会論集』四一-四、二〇〇六年）、同「甲子園野球の『物語』の生成とその背景―明治末期～昭和初期の『青年らしさ』『純真』の言説に注目して」（『スポーツ社会学研究』二一-一、二〇一三年）、佐藤彰宣『スポーツ雑誌のメディア史　ベースボール・マガジン社と大衆教養主義』（勉誠出版、二〇一八年）。
18　菊幸一『「近代プロ・スポーツ」の歴史社会学』（不昧堂出版、一九九三年）。
19　西脇良朋編・発行『台湾中等学校野球史』（一九九六年）、同編・発行『満州・関東州・華北中等学校野球史』（一九九九年）、同編・発行『朝鮮中等学校野球史』（二〇〇〇年）、高嶋航『帝国日本とスポーツ』（塙書房、二〇一二年）、同『軍隊

とスポーツの近代』（青弓社、二〇一五年）、小野容照『帝国日本と朝鮮野球　憧憬とナショナリズムの隘路』（中央公論新社、二〇一七年）。

20　長野県立歴史館「信州の野球史」二〇一三年六月二九日〜八月一八日、北海道博物館「プレイボール！　北海道と野球をめぐる物語」二〇一七年七月八日〜九月二四日。

21　山室寛之『野球と戦争―日本野球受難小史』（中央公論新社、二〇一〇年）、同『プロ野球復興史―マッカーサーから長嶋四三振まで』（中央公論新社、二〇一二年）。同『背番号なし戦闘帽の野球―戦時下の日本野球史』（ベースボール・マガジン社、二〇一六年）。

22　長谷川晶一『最弱球団　高橋ユニオンズ青春記』（白夜書房、二〇一一年）、山際康之『広告を着た野球選手―史上最弱ライオン軍の最強宣伝作戦』（河出書房新社、二〇一五年）

23　以下で述べた視点のいくつかについて社会学の立場から意識的に取り組んだ成果として、清水諭『甲子園野球のアルケオロジー―スポーツの物語・メディア・身体文化』（新評論、一九九八年）、江刺正吾・小椋博編『高校野球の社会学』（世界思想社、一九九四年）がある。

24　たとえば成田龍一『故郷という物語―都市空間の歴史学』（吉川弘文館、一九九八年）、古厩忠夫『裏日本』（岩波書店、一九九七年）。

25　『毎日新聞』二〇〇八年五月二八日付。

26　こうした選手たちに焦点をあてた文献としては、たとえば金賛汀『甲子園の異邦人』（講談社、一九八五年）、関川夏央『海峡を越えたホームラン』（双葉社、一九八四年）。

27　アメリカの野球については、たとえば「ニグロ・リーグ」と呼ばれた黒人野球に関するまとまった研究が行われている。その事情については、佐山和夫『黒人野球のヒーローたち　「ニグロ・リーグ」の興亡』（中央公論社、一九九四年）、を参照。

28　常陸純一『私の青空　日本女子野球伝』（径書房、一九九五年）、谷岡雅樹『女子プロ野球青春譜１９５０』（講談社、二〇〇七年）。

29　この点を意識した研究としては、高井昌吏『女子マネージャーの誕生とメディア―スポーツ文化におけるジェンダー形成』(ミネルヴァ書房、二〇〇五年)が貴重な成果である。

30 プロ野球の応援団に関する研究としては、高橋豪仁がカルチュラル・スタディーズの枠組みで取り組んだものがある。高橋「広島市民球場におけるプロ野球の集合的応援に関する研究」(『スポーツ社会学研究』二、一九九四年)、同「プロ野球私設応援団の下位文化研究」(『体育学研究』五一-二、二〇〇六年)。

31 その中で代表的なものを挙げるとすれば、米沢嘉博『戦後野球マンガ史』(平凡社、二〇〇二年)。

32 たとえば福井元の研究などは、バットという用具の変化が与えた影響を歴史的に検証するものである。福井「高校野球界における金属製バットの導入と技術・戦術の変容―昭和40年代以降の甲子園大会を中心に」(『スポーツ史研究』一五、二〇〇二年)、同「金属製バットの新規制(二〇〇一年)が高校野球の戦術に及ぼした影響―野球の技術史に関する研究の一環として」(谷釜了正教授退職記念論集刊行会編・発行『スポーツの歴史と文化の探究』二〇一八年)。

総論

高校野球一〇〇年のあゆみ

中村哲也

はじめに

一九一五年に幕を開けた高校野球[1]の全国大会は、二〇一八年に一〇〇回を迎えた。この間、日本社会は二度の世界大戦、GHQの占領と新憲法制定、高度経済成長、ベビーブームと少子高齢化等、政治・経済・社会の大きな変化を経験してきた。高校野球は、これらの影響から大会が中止されたり、組織・大会名称や開催方式が変更されたりしてきた。野球のルール改正や技術の発展によって、試合の様相も大きく変化している。

本章は、誕生から現代までの高校野球約一〇〇年間の歴史を、日本の政治・経済・社会の変化や野球のルール・試合の変遷をふまえながら概観していく。それにより、読者諸氏が日本野球史の流れをつかめるようにするとともに、以下の各章を日本野球史に位置づけたいと思う。

本章では、第一回全国中等学校優勝野球大会（以下、優勝大会）から第九九回全国高等学校野球選手権大会（以下、選手権）までの全試合のデータから、打撃力、投手力、守備力、一試合当たりの得点を算出し、それに基づいて高校野球の試合の変遷も明らかにした。打撃力はOPS、投手力はWHIP、守備力はDERという指標を基

表1　データ分析指標の計算式と意味

指標	計算式	意味
OPS	長打率＋出塁率	得点力と強い相関を示す打撃力の指標
WHIP	$\frac{\text{被安打＋与四死球}}{\text{投球回}}$	投手が1イニング当たりに許す出塁数
DER	$\frac{\text{打席数－安打数－四死球数－三振数－失策数}}{\text{打席数－本塁打数－四死球数－三振数}}$	本塁打以外のインプレー打球を守備がアウトにする確率
得点	$\frac{\text{大会総得点}}{\text{大会総イニング数}} \times 9$	9回あたりの平均得点

準とした。各指標の計算式と意味は表1のとおりである。

一　全国中等学校優勝野球大会の創設（一九一五〜一九二三）

（1）大会創設の経緯

一九一五年八月一八日午前八時三〇分、豊中球場で大阪朝日新聞（以下、大朝、一九四〇年九月以降は朝日新聞）社長・村山龍平の始球式ののち、鳥取中（現・鳥取西）対広島中（現・広島国泰寺）の試合が始まった。現代まで続く優勝大会の幕が切って落とされた瞬間であった（以後、優勝大会・選手権は「夏○回」と表記）。夏一回は、本大会まで一ヵ月半しかない七月一日に大会開催の社告が出されたが、全国一〇地区で開催された予選に七三校が参加し、京都二中（現・鳥羽）が秋田中（現・秋田）を破って初代優勝校となった。[2]

一九〇一年から旧制第三高等学校（現・京都大学）で開催された関西野球大会や、一九〇二年創設の東海五県連合野球大会等、優勝大会創設以前にも各地で中等野球大会は開催されていた。[3] 優勝大会もそうしたなかのひとつとして企画されたものであったが、大手新聞社や私鉄とのタイアップが実現したことにより、他に類を見ない大規模な大会となったのである。[4] さらに全国大会開催に当たって、各地の大会を予選として組み込んだことで「それまで各地で行われて、並存

写真１　夏１回、村山龍平の始球式

していた地域的なトーナメントが、ひとつの全国大会システム」に統合された[5]。従来は、各地で個別に行われていた中等野球大会が、大手の新聞・私鉄の力を背景にして地方大会を傘下に組み込んだことで、他の大会とは比べ物にならない権威と影響力を持つこととなったのである。

それでは、大朝はなぜこのような野球大会を開催したのであろうか。

一八七二年（明治五）、H・ウイルソンによって日本に持ち込まれた野球は、明治中期以後の中等学校（中学校・師範学校・実業学校）の量的拡大と、そこを基盤としたスポーツの一般化のなかで、日本社会に次第に普及していった。しかし、野球に熱中するあまり学業不振に陥る生徒、ボールによる校舎の破損、試合の過熱による選手や応援団の乱闘・騒擾といった様々な問題が発生した結果、明治後期には野球を禁止する中学校があったり、文部省の諸問に対して全国中学校校長会議が対外試合の管理強化、選手資格の厳格化、試合のための外泊禁止、練習時間の制限、選手制度の廃止等を答申したりすることとなった[6]。

こうした野球批判が最高潮に達したのが、一九一一年（明治四四）の野球害毒論争であった。同年八月から一ヶ月にわたって東京朝日新聞（以下、東朝）は、「野球界の諸問題」「野球と其害毒」と題した特集記事を連載し、①選手の学業不振、②選手の不品行、③不均等な身体発育、④学業での選手優遇、⑤入場料徴収、⑥遠征、⑦選手制度、⑧学校宣伝、⑨勝利至上主義等を批判した[7]（第一章参照）。批判に対する反論も新聞紙上に掲載され、論争は時間の経過とともに下火になっていったが、当時の野球関係者にとって東朝は野球批判の急先鋒ともいうべき存在であった。そのため、優勝大会創設に際して「つい四、五年前東朝で撲滅論を書き立てた、そのホトボリのさめないうちに大朝が大会をやるというのは誰が見てもおかし」いと思われていた。結局、「野球に限らずすべてのスポーツは有益な一面と有害な一面」があり、「堕落する傾向のあるスポーツ」を大朝が「方針をかえてこれを善導することにした…〔中略〕…というロジック」で大会開催の意義を主張したのであった。[8]

こうした経緯から、大朝は「凡てを正しく、模範的に」を大会キャッチフレーズとして打ち出し、試合前後に両校の選手が本塁付近に集合する礼式が創設された。夏三回（一九一七）からは開会式で入場行進も行なわれるようになり、試合の記事では選手たちの「敢闘精神」や「犠牲的精神」が強調された。[9] 現代にまでつながる日本野球の礼式や「礼儀正しい高校野球」といったイメージは、害毒論争で野球批判を繰り広げた大朝が、大会開催を正当化するとともにそれが実践されていることを示す言説として誕生し、普及していったのである。

（2）予選大会の拡大と初期の試合の様子

大朝は、中等野球の善導を目的として大会を開催し、選手たちを模範的な青年というイメージで報道した。とはいえ、実際の紙面が必ずしも真面目一辺倒の記事で埋め尽くされたわけではなかった。例えば、夏一回（一九一五）の開催に合わせて「初めて野球を見る人の為に」と題した野球ルールの解説記事や、試合中のプレーやスタンドの様子を楽しく伝える記事が掲載されており、むしろ初期の大会では「試合展開よりもイベントそのものの楽しい雰囲気を伝えることを重視する報道スタイル」であった。[10]

こうした記事の効果もあってか、「押し寄せるファンを豊中球場ではさばき切れ」なくなったため、[11] 夏三回（一九一七）からは阪神電鉄沿線の鳴尾競馬場内に二面のグラウンドと約五千人収容のスタンドを設置して〔鳴尾球場）開催された。予選参加校も年々増加し、夏七回大会（一九二一）に二〇〇校を突破し、日本の植民地である朝鮮・満州でも予選が開催された（本書第３章・第４章参照）。夏九回（一九二三）からは台湾予選も創設された（章末表４「優勝・選手権大会予選参加校数・代表校数」参照）。

それでは、初期の中等野球の試合はどのようなものだったのだろうか。米騒動で中止された夏四回（一九一八）を除く最初の一〇年九大会について、試合のデータを見ていくことにしよう（図１）。打撃力はＯＰＳ〇・四台が五回、〇・三台も一回記録し、極めて低い水準であった。ＷＨＩＰは、〇・八台、一・〇台、一・一台をそれぞれ二回ずつ記録しており、投打のバランスでは投手力が圧倒的に優位であった。しかし、初期の大会は守備力が低く、九大会中五大会でＤＥＲが〇・五台を記録している。すなわち、初期の中等野球は投手優位で安打や四球は少ないが、野手のエラーも多く、それにより約五点の得点が生まれていた。

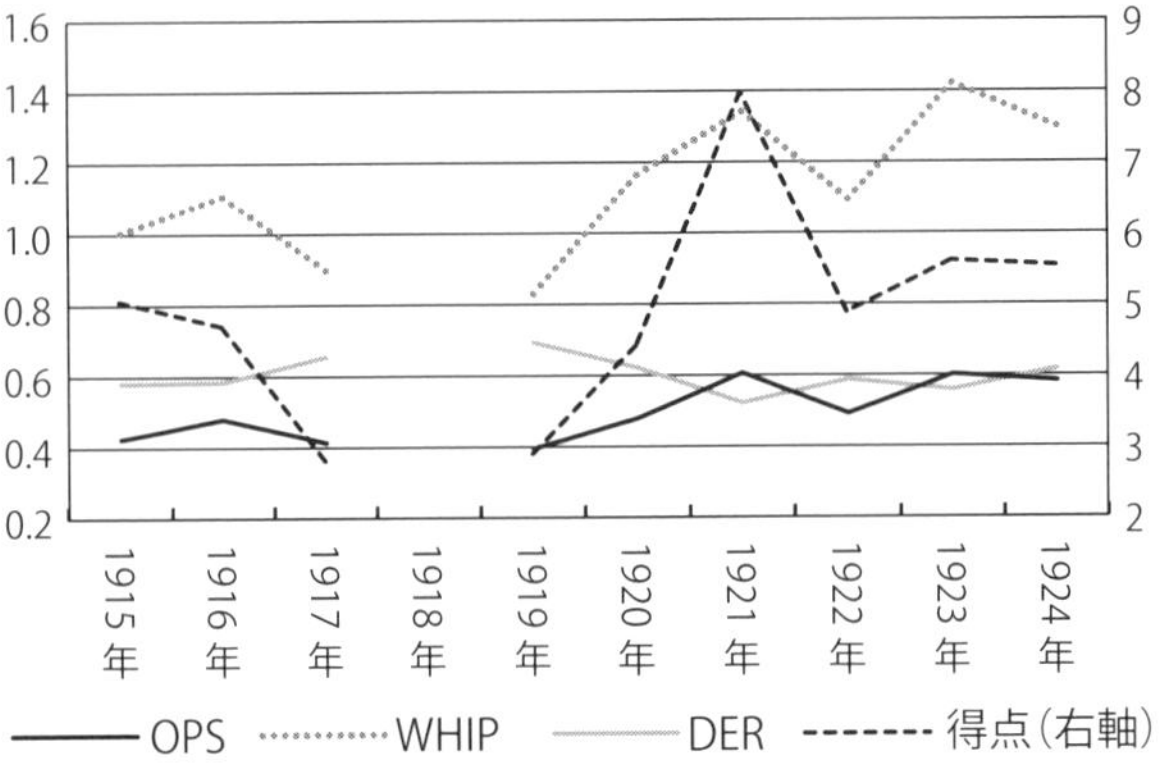

図１　初期の優勝大会の攻撃力・守備力・投手力・得点

　こうした極端な投高打低の時代に脚光を浴びたのが、夏七回（一九二一）と夏八回（一九二二）を連覇した和歌山中（現・桐蔭）であった。特に夏七回は、初戦から一七安打二〇得点で神戸一中（現・神戸）を破ると、その後も猛打で対戦相手を圧倒、四試合で六二安打（三本塁打）七五点を挙げて優勝した。和歌山中の「猛

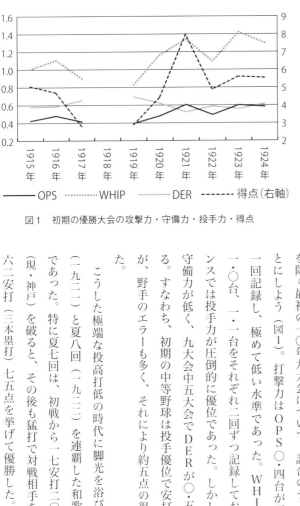

打力は空前絶後[12]」、「打力の鋭さは全く無敵」と評されるなど[13]、当時の球界に大きな衝撃を与えた。図1において、一九二一年の得点・WHIP・OPSが大きく上昇しているのは、和歌山中の影響に他ならない。同校は、翌年もエース井口新次郎を擁して史上初の大会連覇を達成し、初期の中等野球に大きな足跡を残した。

二　中等野球人気の拡大から戦時下の統制・休止へ（一九二四～一九四四）

(1) 野球人気の拡大と甲子園球場の建設

初期の優勝大会は、九大会中六大会で優勝した関西勢の活躍が際立っており、その影響もあって、鳴尾球場を訪れる人は年々増加の一途をたどっていった。夏九回（一九二三）の準決勝、甲陽中（現・甲陽学院）対立命館中（現・立命館）には徹夜組を含めた観客が集まって超満員となり、「一回の表裏が終わらないうちに、千人以上がグラウンドになだれこんだ」[14]（写真2）。これによって試合が一時間以上も中断したことで、前年から阪神電鉄社内で検討されていた新球場建設の動きが本格化していった。そして一九二四年七月三一日、枝川と申川の廃川敷に両翼一一〇メートル、センター一一九メートルのグラウンドと鉄筋コンクリート五〇段のスタンドをもつ大球場が完成した。球場は、干支にちなんで「甲子園」と命名され、夏一〇回（一九二四）から優勝大会の会場として使用されることとなった。[15]

写真２　夏９回、甲陽中対立命館中戦でグランドにあふれた観衆

表2　1915〜1931年の野球関係メディア・イベント

年	主催新聞社	内容
1915	大阪朝日	全国中等学校優勝野球大会
1916	福岡日日	九州中等学校野球大会
1916	大阪毎日	慶応義塾対セントルイス大
1917	名古屋	名古屋野球大会
1917	福岡日日	中等学校野球庭球大会
1918	新愛知	中等学校野球大会
1918	名古屋	春季中等学校野球大会
1919	福岡日日	中等学校四大競技（柔道・剣道・野球・庭球）
1919	大阪毎日	全国専門学校野球大会
1920	大阪毎日	大毎野球団
1920	大阪朝日	実業団野球大会
1920	信濃毎日	全信州青年野球大会
1921	九州日報	全熊本少年野球大会
1924	大阪毎日	全国選抜中等学校野球大会
1926	中国	少年野球大会
1927	東京日日 大阪毎日	全日本優勝野球大会（現・都市対抗野球）
1928	名古屋	全国中等学校野球大会
1928	中国	内務大臣旗争奪全国中等学校選抜野球大会
1928	新愛知	中部日本少年野球大会
1928	新愛知	全国中等学校優勝野球大会
1931	読売	大リーグ選抜チーム招待

出典：井川充雄編「新聞社事業史年表（1877〜1944年）」（津金澤聰廣編著『近代日本のメディア・イベント』同文館出版、1996年、333〜352頁）より作成

中等野球人気をさらに高めたのは、ラジオ中継であった。一九二五年、東京・大阪・名古屋の三都市で始まったラジオはすぐに全国へと広がり、大衆娯楽として多くの聴取者を獲得していった。中等野球は、夏一一回（一九二五）から試合経過の放送が始まり、「一九二七年の夏（一三回）大会からは」「ほぼ全国に中継」されるようになった。[16] 夏一二回（一九二六）には、大阪の中之島公園と京都の円山公園に「プレヨグラフ」と呼ばれる速報板が設置された。大会の記録映画も撮影され、中之島公園や天王寺公園で上映された。[17] メディア・イベントとして創設された優勝大会は、一九二〇年代後半以後、当時の最先端のメディアコンテンツとして都市化・大衆化が進む日本社会の消費文化として爆発的に普及・拡大し、高い人気を獲得することとなったのである（表2）。

（2）選抜大会の誕生と野球統制令の制定

一九二四年四月、名古屋の八事（山本）球場に中等球界を代表する強豪八校を集めて、第一回全国選抜中等学校野球大会が開催された（以下、選抜大会。以後、選抜大会は「春〇回」と表記）。名古屋で開催されたのは、大朝のライバルである大阪毎日新聞（以下、大毎）が「名古屋進出をはかろう」という「経営戦略の一環」であったが、春二回（一九二五）からは甲子園で開催された。[18]

広告・販売戦略の一環として野球を利用したのは、大毎だけではなかった。表2を見れば分かるように、大朝による優勝大会の成功によって、二番・三番煎じを狙う新聞社が雨後の筍のように野球関係のメディア・イベントを開催するようになっていた。選抜大会は、そのなかの一つとして創設された大会だったのである。

野球をつかったメディア・イベントの乱立は、学生野球が中心であった当時の球界に様々な問題を引き起こした。優勝校・優秀選手への過度な褒章、後援会から選手への経済的支援、強豪校間での選手の引き抜き、遠征費・宿泊費を名目とした金銭の授受、試合の結果や判定をめぐる選手や応援団の騒擾・乱闘などがたびたび新聞・雑誌に掲載され、一種の社会問題となっていたのである。これらの問題への対策として、一九三二年三月に文部省から出されたのが訓令第四号「野球ノ統制並ニ施行ニ関スル件」（以下、野球統制令）であった。野球統制令は、小学校から大学までの学生野球すべてを文部省が直接統制するもので、中等野球では対外試合への学校長の承認、留年選手の試合出場禁止、学生のプロ転向やプロとの試合禁止、入場料の使途の制限、優勝大会・選抜大会以外の企業主催大会の禁止などが定められた。[19] 野球統制令の発令により、中等野球に関する問題の多くが是正、沈静化することとなった。しかし同時に、政府による学生野球の統制は、この後の戦時体制下における学生野球に対する介入・弾圧のさきがけでもあったのである。

（3）植民地代表校の活躍と試合の様相

優勝大会は、夏一二回（一九二六）から、朝鮮・台湾・満洲を含む全国二二地区で予選が開催されるようになり、戦前の最後となった夏二六回（一九四〇）まで維持された。予選参加校数は増加の一途をたどり、夏一一回（一九二五）に三〇〇校、夏一四回（一九二八）に四〇〇校を突破した（章末表４参照）。戦前の出場校数のピークは、夏二〇回（一九三四）の六七五校で、これは同年の中等学校の三九・一％にあたる。[20]野球人気と中等学校数の拡大を背景に中等野球は普及・拡大していき、昭和初年には植民地を含む帝国日本を表象するイベントとなったのである。植民地代表校の活躍も目覚しく、満洲代表の大連商業は夏一二回（一九二六）、台湾代表の嘉義農林（現・国立嘉義大学）は夏一七回（一九三一）にそれぞれ準優勝を果たした（第４章参照）。

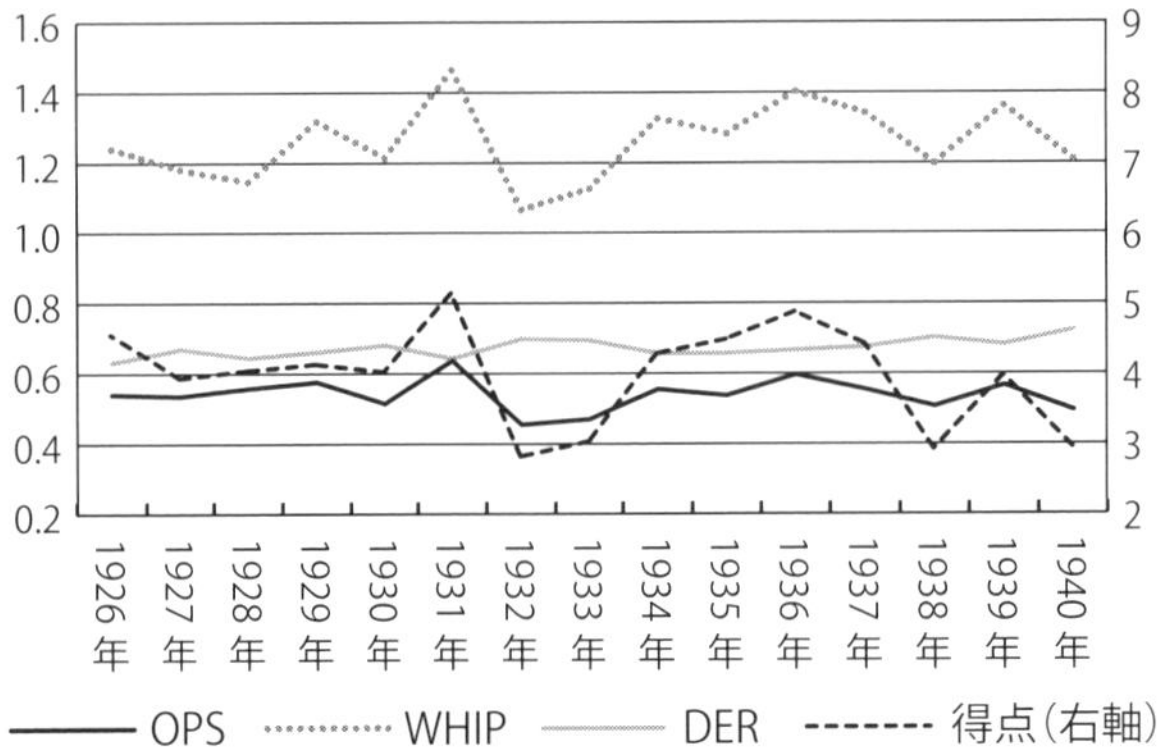

図２　戦前期の優勝大会の攻撃力・守備力・投手力・得点

夏一一回（一九二五）から夏二六回（一九四〇）までの戦前期は、草創期に比べて守備力が著しく上昇し、DERは常時〇・六を越え、〇・七台も二度記録した（図２）。打撃力は、全体を通じておおむねOPS〇・五台を推移し、草創期に比べればやや高まったものの、依然として投高打低が中等野球の全般的な傾向であった。興味深いのは、夏一八回（一九三二）・一九回（一九三三）と夏二六回（一九四〇）の三大会はOPSが〇・四台

写真３　夏19回、明石中対中京商業のスコアボード

に急落し、得点も二・九〜三・〇台という極めて低い値を記録していることである。おそらく、前者は野球統制令、後者は戦時体制の展開によって試合数が減少したためだと思われる。ピッチングマシンのない時代において、試合数の減少に伴う実戦経験の不足により、投高打低が進んだものと思われる。

こうした「守備の時代」を象徴するのが、夏一七回（一九三一）から大会三連覇を果たした中京商業（現・中京大中京）であった。特に夏一九回は、全試合で対戦相手より失策が少ない鉄壁の守備で栄冠を勝ち取った。延長二五回までもつれた準決勝では、明石中（現・明石）の七失策に対して中京商業は無失策であった。二五回裏に生まれた試合唯一の得点は、無死満塁から放たれたゴロを明石中のセカンドが本塁へ高投したことで生まれたものであった。[21]

（4）優勝・選抜大会の中断と幻の甲子園

一九三七年七月、盧溝橋事件に始まる日中両国の軍事衝突は、短期間で中国全土へと拡大し、全面戦争となった（日中戦争）。日本政府は短期決戦を目指したが、国民党政府が首都を南京から重慶へと移して徹底抗戦したため、戦争は長期化・総力戦化していった。

総力戦に対応するため、日本政府は戦時体制の確立に向けた政策を次々と打ち出し、それが中等野球に様々な影響を与えた。日中開戦直後の夏二三回（一九三七）には、甲子園球場のスタンドに「挙国一致　航空報国　軍用機献納資金募集　千機！二千機　我等の汗で」と大書した垂れ幕が掲げられ、球場で販売された絵はがきの売り上げの半分が軍に献納された。[22] 同年一二月には文部省が「国民精神総動員ニ際シ体育運動ノ実施ニ関スル件」を発し、「体育運動」の実施に際して「挙国一致、堅忍持久、進取必勝、困苦欠乏ニ耐フルノ精神ヲ錬磨スルコト」や開閉会式での「宮城遥拝、国旗掲揚、国歌斉唱等」が求められた。[23] それにより、春一五回（一九三八）では「仰ぎ見る国旗の下、はるかに将兵の武運長久」が「祈念」され、[24] 夏二四回（一九三八）では「武士道の精神に則り正々堂々と試合せんことを期す」という選手宣誓を全選手が唱和し、愛国行進曲の合唱も行われた。[25] 全日本中等学校体育競技総力大会の一環として行われた夏二六回（一九四〇）の開会式では、宮城遥拝と英霊への黙祷も実施された。[26] 戦時体制の進展のなかで、中等野球は国粋主義・軍国主義的儀式を大々的に挙行し、それがメディアを通じて全国へ発信される場となっていったのである。

翌年の夏二七回（一九四一）は、予選のさなかに文部次官通達により中止された。中止の理由は、ソ連に軍事的圧力をかけることを目的にした関東軍特種演習による大規模な動員のために、不要不急の鉄道利用が禁止されたからであった。[27]

優勝・選抜両大会の中断が決まったのは、一九四二年のことであった。一九四〇年、第二次近衛文麿内閣のもとで進められた新体制運動により、一九四一年一二月には学校の体育・スポーツを統括する大日本学徒体育振興会(以下、学体振)が、一九四二年四月には国内全ての体育・スポーツを統括する組織として、大日本体育協会を改組して大日本体育会が設立された。学体振は、大日本体育会の傘下に入り、中等野球もその一部会として組み込まれた。[28] 一九四二年四月、学体振はすべての学生スポーツの全国大会の主催者となる方針を示した。それにより選抜大会は終了、優勝大会は学体振主催の全国中等学校体育大会に編入されることとなった。朝日新聞社員の東口真平や優勝大会副委員長の佐伯達夫らは、文部省体育局長の小笠原道生に優勝大会の存続を直談判した。小笠原は、夏一・二回（一九一五・一九一六）に和中の選手として大会に出場していたが、方針が覆ることはなかった。[29]

一九四一年一二月八日にアジア・太平洋戦争が始まると、開戦当初の日本軍の戦略的攻勢によって本土は一時的な平穏が生まれ、スポーツの全国大会も再開された。一九四二年八月、全国中等学校体育大会野球大会が、甲子園で開催された。いわゆる「幻の甲子園」である。大会には、全国から一六校が集まったが、朝鮮・満洲では予選が開催されず、外地からは台湾代表だけが参加した。大会は、スコアボードに「戦ひ抜かう大東亜戦」の垂れ幕が翻るなかで行われ、徳島商業が優勝した。同校には優勝大会で贈られる深紅の優勝旗ではなく、文部省からの表彰状と「智仁勇」と書かれた旗が贈られた。[30]

一九四二年五月、ミッドウェー海戦での日本軍の敗北を転機に戦局が急激に悪化するなかで、学生の体育・スポーツ活動は急激に縮小していった。一九四三年三月、文部省は体育訓練の目的を「戦力増強ノ一点」におくことを定めた「戦時学徒体育訓練実施要綱」を発表し、男子学徒は在学中から戦場運動などの「戦技訓練」が課され、スポーツのリーグ戦や全国大会は禁止された。前年に開かれた中等学校体育大会も中止となり、これを機に多くの中等学校の野球部は解散・活動休止となった。一九四四年七月、文部省が運動部の「一切清算」を通達し、全ての中等学校の野球部が解散・活動停止となったが、その時には活動実態のある中等学校の野球部はほとんど存在していなかった。[31]

三　占領・高度成長期の高校野球（一九四六〜一九七三）

（1）高野連の結成と優勝・選抜大会の復活

一九四五年八月、日本の敗戦を契機として、中等野球復活の動きが急速に進展していった。玉音放送翌日の八月一六日には佐伯達夫が朝日新聞大阪本社を訪れ、中等野球大会復活を申し入れた。一一月には、朝日新聞社運動部長伊藤寛と佐伯らが文部省体育課長北沢清と会談し、中等野球の全国的統括団体を設立する方針が決定した。佐伯らは、統括団体の地方組織設立と大会復活への協力依頼、野球の技術指導や用具の収集のために、買出しや復員の人々ですし詰めの電車を乗り継いで全国を行脚した。そして一九四六年一月二一日、朝日新聞に優勝大会復活の社告が掲載され、二月二五日に全国中等学校野球連盟（現・日本高等学校野球連盟、以下、一九四八年三月までは中野連、それ以後高野連）が設立された。初代会長には朝日新聞社主の上野精一が就任し、佐伯達夫は副会長となった。[▼32]

写真４　佐伯達夫

一九四六年一二月には、高校・大学野球を一元的に統括する団体として、日本学生野球協会（以下、学生野球協会）が結成され、初代会長には元早稲田大学野球部長の安部磯雄が就任した。同時に、学生野球の弊害の防止を目的とした学生野球基準要綱が制定された。学生野球の統括団体と自治ルールが成立したことを受けて、野球統制令は一九四七年五月に廃止された。一九五〇年には、学生野球基準要綱をもとにして日本学生野球憲章（以下、学生野球憲章）が制定された。

復活最初の夏二八回（一九四六）は、七四五校が予選に参加した。甲子園は占領軍に接収されていたため、本大会は西宮球場で行われた。戦前の大会に参加していた朝鮮、台湾、満洲は、日本の敗戦によってその支配下から離れたため、これ以後の大会には参加していない。

夏二八回の開催を受けて、毎日新聞は中野連と協力して春一九回（一九四七）の開催にむけて動き始めたが、それに対してGHQ民間情報教育局（以下、CIE）が難色を示した。CIEは、日本の民主化政策の一環として、スポーツを民主化・大衆化するためにスポーツのシーズン制の確立、対外試合より校内競技の重視、学生スポーツへの企業の関与の制限等を進めていた。三月という野球シーズンの初頭に、新聞社主催の全国大会を開催することは、こうしたCIEの方針と真っ向から対立するものであったのである。毎日新聞・中野連とCIEの会議の結果、春一九回（一九四七）は「大会を中止するための時間が足りない」ため、今大会一回限りという条件でCIEが折れて大会開催にこぎつけた。

さらに、春二〇回（一九四八）に向けて、毎日新聞と中野連はCIEと何度も交渉する一方、片山哲内閣の外務政務次官・松本瀧蔵ら政治家を動員した「陳情の波状攻撃」によって、翌年以降の継続的な開催も要求した。結局、一九四八年二月、大会を「シーズン初めの野球祭」と位置づけて、東北・北海道からは代表校を選出しないこと、大会が「教育的原則に厳格に従」って運営に「必要な範囲」に限って毎日新聞の後援を認めることを条件に大会存続が決定した。シーズン制を徹底するために、一九四九年一月、高野連は高校野球のシーズンを選抜大会から秋の地区大会までとして「シーズン外は練習を主」とするよう加盟校に通達した。さらに選抜大会では、教育重視の姿勢を示すために、大会出場校の選出に際して野球の技術だけでなく学校や選手の「品位」も重視されることとなった。

このようにＣＩＥは日本のスポーツの民主化・大衆化に向けて、高校野球に教育的原則の遵守を求めた。しかし、ＣＩＥの方針はＧＨＱ内部でも必ずしも徹底されていたわけではなく、民間諜報局（ＣＩＳ）の主導によって全国少年野球大会は例外扱いで開催された（第6章参照）。

（2）高校野球の大衆化とテレビ中継の開始

占領期の学制改革により、日本の教育制度は複線型から単線型に移行し、六三三四制が確立した。旧制中等学校は、新制中学校と高等学校に分割され、中等野球の枠組みは新制高校野球に引き継がれた。こうした制度改革に加えて、戦後のベビーブームによる人口増加と高度成長期における高校進学率の上昇を背景とした高校数・高校生徒数の増加に伴って、高校野球の参加校数は飛躍的に増大していった。戦前は、夏二〇回（一九三四）の六七五校が予選参加校数の最多であったが、戦後直後の夏二九回（一九四七）には一〇〇〇校を突破した。一九六二年には、高等専門学校（以下、高専）の高野連加盟・大会出場が承認され[33]、高専も参加した同年の夏四五回の予選参加校は二〇〇〇校を突破した（章末表4参照）。

参加校数の増加に伴って地区予選の数も増加し、夏三〇回（一九四八）から予選は二三地区に、そして夏四〇回（一九五八）記念大会では初めて四七都道府県で予選を開催し、全都道府県の代表校が甲子園に集結した。米軍の占領下にあった沖縄予選では首里が優勝し、戦前・選抜を通じて初めて沖縄県の代表校が甲子園の土を踏んだ。以後も夏の予選大会数は増加し、夏四一回（一九五九）は二九地区、夏四二回（一九六〇）から夏五四回（一九七二）までは三〇地区で予選大会が行われ、この間も下一桁が〇と五回の記念大会は四八地区で予選が開催された。

一九五六年には、高野連に軟式部委員会が発足し、同年から全国軟式高校野球選手権大会（以下、軟式大会。「軟式〇回」と表記）も開催されることとなった。軟式一回（一九五六）は、全国一五地区で予選が行われ、大阪・藤井寺球場で行われた全国大会では、四国地区代表の土佐が優勝した。[34]参加校数の増加、四七都道府県からの代表校の出場、高専の加盟承認、軟式大会の開催など、高度成長期に高校野球はさらに大衆化し、名実共に全国大会と呼ぶにふさわしいものへと成長していったのである。

高校野球の大衆化に拍車をかけたのが、テレビ中継であった。日本のテレビ放送は一九五三年に開始され、開始当初からプロ野球や大相撲、ボクシングやプロレスなどのスポーツ中継が人気を博していた。[35]高校野球中継も夏三五回（一九五三）から東京・大阪・名古屋の三都市で始められ、その後中継網の拡大により全国に試合の様子が伝えられるようになっていった。[36]試合がテレビ中継されるようになったことで、高校野球で活躍した選手は、プロに負けないほどの知名度をもつスターとなった。夏四〇回（一九五八）に八三奪三振の新記録を樹立した徳島商の板東英二、快速球で二年生ながら夏四三回（一九六一）優勝投手となった浪商（現・大体大浪商）の尾崎行雄、夏五一回（一九六九）に東北勢として戦後初の決勝進出を果たした三沢の太田幸司、春四五回・夏五五回（一九七三）で活躍し「怪物」と呼ばれた作新学院の江川卓など、この時期の選手の活躍が現代にまで語り継がれているのは、テレビ中継によって彼らの勇姿が全国に伝えられたからなのである。

（3）プロアマ関係と高校野球の不祥事・処分問題

戦前・占領期には東京六大学や高校野球の後塵を拝していたプロ野球であったが、一九五〇年代以降は、人気・実力ともに学生野球をしのぐようになっていった。野球人気を背景とした観客の増加に加えて、球団経営での赤字を親会社の損金として扱う「広告宣伝モデル」へと転換していくなかで球団経営が安定し、[37]スター選手に高額の給料を支払うことも可能となった。一方、一九四九年から五〇年にかけて、新球団結成、国民リーグ創設、二リーグ分裂といった球団数の増加・再編のなかで、プロ野球各球団は戦力拡充のために熾烈な選手獲得競争をくりひろげ、選手の引き抜きや多重契約等、様々な問題が表面化した。[38]

プロの選手獲得競争はアマチュア球界、なかでもプロ選手最大の供給源である高校野球にも及ぶこととなった。そのため、一九五四年一〇月、高野連はプロテスト受験選手の退部・資格喪失等の処置を決定、一九五五年には学生野球協会審査室の資格適正審査に合格していない元プロ野球選手が参加するチームとの試合禁止を通達した。[39]同年の夏三七回（一九五五）終了後の選抜チームによるハワイ遠征では、プロから高校選手に過剰なスカウト活動が展開されたため、選手団の帰国後、「プロ球団の口車に乗せられ、軽挙妄動することは、厳に慎むべき」ことを求めた「佐伯通達」が都道府県高野連に通達された。[40]一九五六年三月には、プロと契約したり、金品を受け取ったりした選手の高校野球選手資格喪失を定めた「高校野球選手のプロ入団について」が評議員会で決議された。[41]

しかし、夏四三回（一九六一）、高田（大分県）の門岡信行投手が大会敗退二日後に中日ドラゴンズへの入団を表明、その後の調査によってドラゴンズによる同校野球部長への接待や門岡の両親への金銭授受も発覚したため、同校は一年間の出場停止処分を受けた（門岡事件）。[42]プロアマ関係の問題が相次いだ結果、一九六二年四月、高野連は元プロ野球の選手・指導者のアマチュア復帰を禁止した。[43]一九六一年の柳川事件により、社会人野球もプロとの交流が断絶していたため、これ以後、日本球界はアマとプロが交流しない断絶の時代を迎えることとなるのである。

一方、高校野球の参加校の増大、全国での予選の実施、テレビ中継による人気の高まりに伴い、甲子園に出場するための高校間の競争も激化し、「高校の野球部長、監督、後援会員や先輩らが、プロ球団のスカウトと間違われるような行為」や「公立学校が校区外の生徒を入学させたりする」など、「野球部強化のために優秀な中学校の野球選手を獲得するために甚だしく度の過ぎた勧誘」が行われるようになった。そのため、一九五七年に高野連は都道府県高野連に対して「越境入学生や遠隔地からの入学者に対しては、その生徒が野球選手となる際、一応、その都道府県高校野球連盟の審査を受けて適、不適を明白に」することを要請した。[44]

高度成長期には、甲子園に出場するための学校間の競争のみならず、部内での選手間の競争も激しいものとなっていった。一九五〇年代以降、強豪校では毎年一〇〇人以上の新入部員が集まることも珍しくなく、レギュラー獲得を目指して激しい競争が繰りひろげられた。そうしたなかで指導者や上級生は、基礎体力の強化だけでなく、練習の効率化、選手の選抜、上意下達の組織作りなどを目的として、しごきや体罰を用いることが一般化した。[45]高野連は、一九六七年から三年間にわたって暴力事件の根絶を重点課題に掲げ、一九七三年には都道府県高野連会長宛に「暴力による指導をするという陋習を打ち破り、各指導者は今一度正しい指導方法を徹底させること」などを求めた通達を発した。[46]

そして、暴力をはじめとした加盟校の不祥事に対しては、学生野球憲章に基づいた処分が下された。一九五四年から一九七九年に発生した高校野球の不祥事二四三件のうち二〇〇件（八二・三％）が対外試合禁止処分であった。その中には、部長・監督など指導者による不祥事も含まれていたが、当時の学生野球憲章には処分対象がチームと選手しかなかったため、野球部全体が連帯責任を問われたのである。

また、「品位と実力」に基づいて出場校が選考されていた選抜大会では、野球部員や指導者のみならず、一般生徒や学校全体の不祥事でも野球部が出場を辞退するケースが相次いだ。選抜の出場辞退は、一九五二年に選手への試験免除が発覚した門司東（現・門司学園）、一九五八年に一般生徒が逮捕された浪華商（現・大体大浪商）など、一九七〇年代までに一〇例を数えた。高野連の処分は、中学生のスカウトやプロアマ関係の規制、指導者や上級生による暴力への対策という側面もあったが、一九七〇年代半ば以降、連帯責任に基づく厳しい処分に対して、批判の声が次第に高まっていくこととなった。[47]

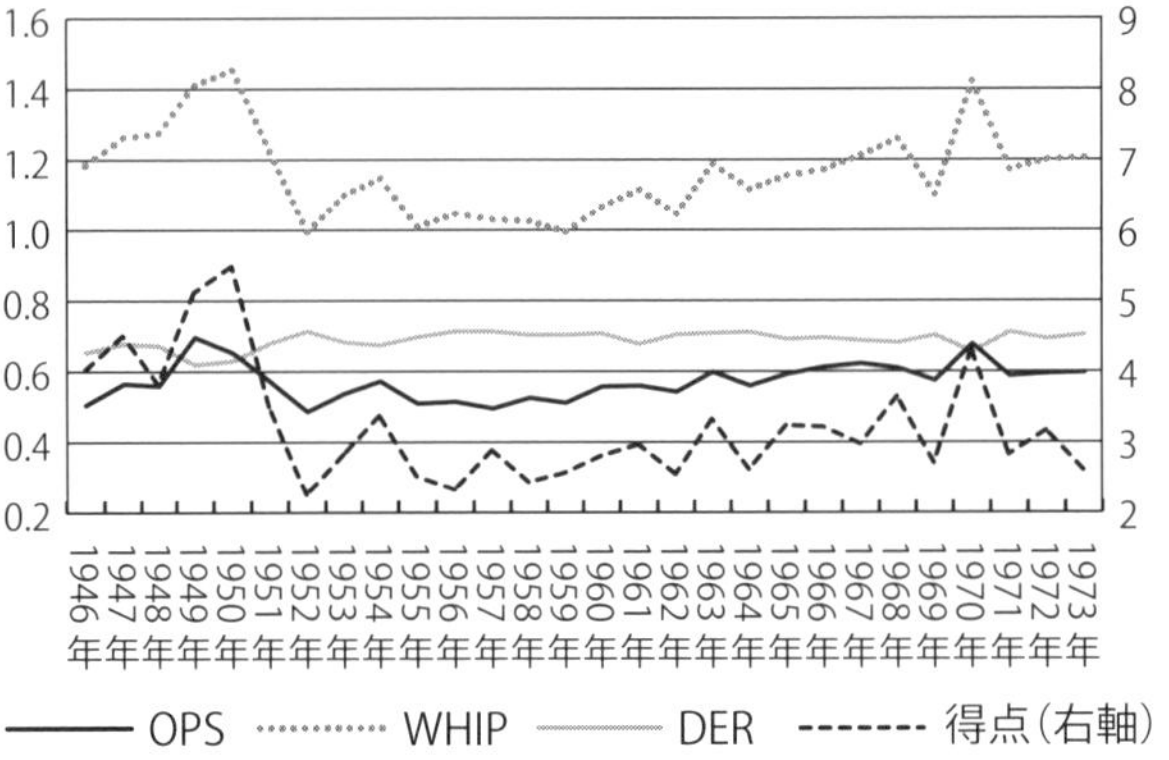

図３　占領・高度成長期の選手権大会の打撃力・守備力・投手力・得点

（４）占領期・高度成長期の試合の様相

戦後最初の大会となった夏二八回（一九四六）は、ＯＰＳが〇・五〇五、ＤＥＲが〇・六五三を記録し、草創期同様の投高打低で守備力が低い野球となった。戦時中の野球部の解散・活動休止や戦後の社会的・経済的混乱などを背景にして、野球の競技水準が大きく低下したといえよう。しかし、翌年の夏二九回（一九四七）以降、再び打撃力や守備力が上昇していった。一九四九年には、「活発な打撃戦」を目的に大会使用球が「飛ぶボール」へと変更されるとともに、甲子園球場にラッキーゾーンが常設され、本塁から両翼までの距離が五五フィート（一六・七メートル）短い二八五フィート（八六・九メートル）となった。[48]その結果、夏三一回（一九四九）は得点が五点台にまで上昇し、ＯＰＳも〇・六台後半まで跳ね上がった。[49]

戦後直後に活躍したのは、春一九回（一九四七）に準優勝、夏

写真５　夏40回、敗れて甲子園の土を拾う首里ナイン

二九回（一九四七）と夏三〇回（一九四八）を連覇した小倉中・高であった。特に夏三〇回はエース福島一雄が、全五試合を完封する活躍を見せた。しかし、三連覇のかかった夏三一回（一九四九）三回戦、福島は倉敷工に一二安打七失点で敗れた。敗戦後、福島が「スパイクシューズの袋をとり出し、土をそっと入れ」たことが、甲子園で敗れたチームの選手が土を持ち帰るきっかけとされる。[50] これが習慣として定着し、夏四〇回（一九五八）に初戦敗退した首里ナインも郷里に土を持ち帰ったが、米軍統治下の沖縄には土を持ち込むことが許されず、海中に投棄された。[51]

高度成長期（一九五二〜一九七三）の高校野球の特徴は、守備の指標であるDERが二二大会で〇・七台を一二度も記録するなど、極めて高い水準にあったことである。一方、OPSは〇・五台が大半で、緩やかな増加傾向にはあるが高くないという状況であった。守備力が上がる一方で打撃力がそれほど高くなかったため、この間の二二大会中一五大会で得点が二点台を記録した。高度成長期は、高校野球の歴史の中で最も得点が少ない時期にあたり、少ない得点を堅い守備で守り抜くという高校野球戦術が確立することになったと思われる。

四　現代的高校野球の成立（一九七四〜一九九八）

(1) 金属バットと一県一代表校制の採用

占領・高度成長期から続く高校野球の予選参加校の増大は、そのペースを落としながらも七〇年代以降も継続し、夏六〇回（一九七八）に初めて三〇〇〇校を突破、夏七二回（一九九〇）には四〇〇〇校を上回った（章末表4参照）。こうした参加校の増加傾向は、木製バットの需要増と価格高騰の要因ともなり、各校野球部に重い経済的負担となっていた。こうしたなか、一九七三年に来日したハワイチームが金属バットを使用していたことをきっかけに、バットの耐久性向上、木材の資源保護、経済合理性を理由として高野連は夏五六回（一九七四）から金属バットを採用することを決定した。「金属製バット導入の本来の目的は、耐久性と経済性であり、飛距離ではなかったが、[52]その後軽量で反発力の高い「試合用バット」の開発や、筋力トレーニング・ピッチングマシンの普及もあいまって、高校野球は急速に打撃力が向上していった。一九八〇年代以降、打撃力への対策として、スライダーやフォークといった空振りを取る変化球が普及したが、打撃力向上を抑制するほどの効果はなく、逆に捕逸・暴投が増加することとなった。[53]

夏四〇回（一九五八）記念大会で初めて導入された一県一代表校制は、その後、五の倍数回の記念大会で継続されていたが、夏六〇回（一九七八）記念大会で、一県一代表に東京を東西、北海道を南北に分けた四九代表校制が採用された。野球史家の森岡浩は、「一県一代表を実現したことで」「全ての人にとっての地元校の存在が高校野球を大きく発展させ」る一方で、予選参加校数の格差によって「高校野球を強化して甲子園に出場することを最優先として経営の安定をはかろうとする学校が出現」したり、「より甲子園に出場する確率が高い高校」を目指した野球留学が拡大するなど、「高校野球のさらなる隆盛を生むとともに、後にひずみが生じる源となった」と指摘している。[54]

全国大会出場校に占める公立の割合（後掲図5および巻末資料3参照）を見ると、選抜・選手権ともに大会創設時から七〇年代までは、常時公立が私立を上回っていた。しかし、選抜は春四七回（一九七五）、選手権では夏五八回（一九七六）に初めて私立の割合が公立を上回ると、次第にその傾向が顕著になっていった。そして、春六一回（一九八九）、夏七六回（一九九四）を最後に、選抜・選手権ともに甲子園出場校数で公立が私立を上回ることがなくなった。

一九七五年、ＮＨＫが教育放送も用いた高校野球の全試合完全中継を実現したことで、[55] 一県一代表校制、全試合完全テレビ中継、金属バットによる打撃戦といった現代の高校野球の特徴が出揃うことになった（第8章参照）。「お盆休みに帰省してテレビをつければ、郷土出身の高校が甲子園で金属バットで野球をしている」という高校野球のイメージができるのは、これ以後のことなのである。

一九八〇年三月、戦後の高校野球復活に貢献し、厳しい処分を下しながら「教育としての高校野球」を作り上げた第三代高野連会長佐伯達夫が死去し、牧野直隆が第四代会長に就任した。牧野は、高野連の組織運営方針を「上意下達」から「下意上達」へと転換するとともに、不祥事の処分を緩和し「情状酌量の余地がある場合には、対外試合禁止処分を下さない」方針を打ち出した。その結果、佐伯時代には不祥事件数の八〇％を超えていた対外試合禁止処分の割合が、四〇％台から二〇％台まで低下していった。連帯責任も緩和され、一般学生や指導者の不祥事での対外試合禁止処分は根絶されることとなった。一九八四年、門岡事件によって途絶えた元プロ野球選手の高校指導者復帰が、教員免許を取得して勤続十年を経た者から認められるようになった。一九九一年には朝鮮学校の高野連加盟承認、一九九六年には女子マネージャーベンチ入り許可など、牧野会長のもとで高校野球の規制緩和が進められた▼56（第7章参照）。

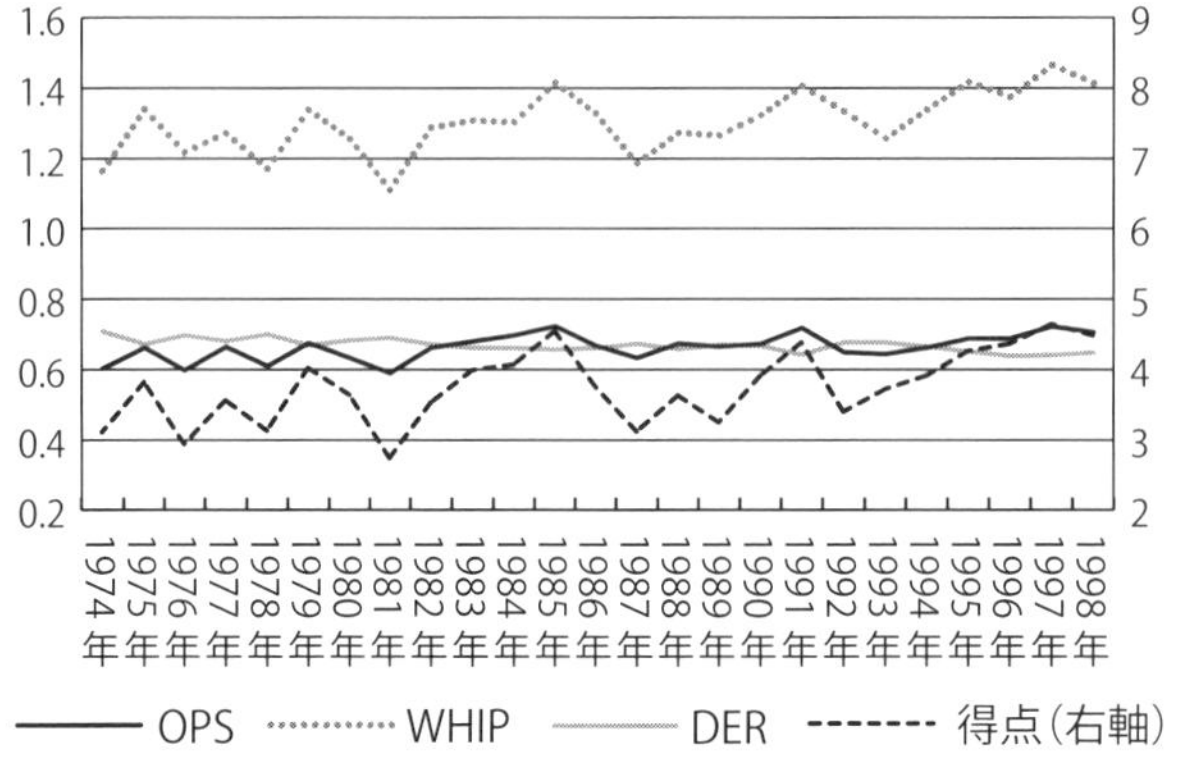

図4　ポスト高度成長期の選手権大会の打撃力・守備力・投手力・得点

（2）打撃力の上昇と投手負担の増大

一九七〇年代半ば以降、金属バットの導入により高校野球の打撃力は急激に上昇していった。特に注目を集めたのが、夏六四回（一九八二）と春五五回（一九八三）の夏春連覇を果たした徳島・池田であった。畠山準と水野雄仁を主軸とする「やまびこ打線」は、圧倒的な打撃力で早稲田実・荒木大輔ら好投手を攻略し、「打ち勝つ野球」の破壊力を全国に知らしめた。

打撃力の向上は、データでも明確に裏付けられる。夏二八回（一九四六）から夏五五回（一九七三）までの二八大会で、OPSが〇・六台を記録したのは、「飛ぶボール」時代を含めてもわずか六大会しかなかった。しかし、金属バットが導入された夏五六回（一九七四）から夏八〇回（一九九八）までの二五大会では、二三大会でOPSが〇・六を上回り、四大会では〇・七台にまで到達した。史上初めてOPSが〇・七台に突入したのは夏六七回（一九八五）、一大会で五本塁打の新記録を樹立した清原和博とエース桑田真澄の「ＫＫコンビ」率いるＰＬ学園が優勝した大会であった。

こうした打撃力の向上は、投手の負担増加にもつながっていった。夏二八回（一九四六）から夏五五回（一九七三）までの二八大会で、ＷＨＩＰが一・三以上を記録したのは、わずか三大会であったが、夏五六回（一九七四）から夏八〇回（一九九八）までの二五大会では、半数を超える一四大会にのぼり、八大会で得点が四点を越えた。

こうした打撃力の向上と投手負担の増加の中で問題視されるようになったのが、上位進出校のエースの連投・投球数である。夏七三回（一九九一）に準優勝した沖縄水産のエース大野倫は、決勝までの六試合で七七三球を投げ、三回戦からは四連投した。その結果、大野は肘を故障して伸ばすことができなくなり、投手としての選手生命が絶たれた。[57] 大野の故障は大きな反響を呼び、夏七五回（一九九三）からは大会直前に医師による関節機能検査が実施されるようになり、翌年には甲子園球場内にＸ線撮影装置が設置され、症状によっては投球が制限されることとなった。さらに、大会中に理学療法士によるメディカルサポートが実施されたり、春七二回（二〇〇〇）から延長戦が最大一五回に短縮されたりするなど、[58] 投手の故障への対策が進められていった。

五　高校野球新時代の到来（一九九九〜二〇一七）

(1) 沖縄・北海道代表校の優勝と選抜改革・連合チーム

一九九〇年代以降、従来は地理的・気候的な要因から不利とされていた東北・北海道・沖縄の代表校の活躍が目立つようになっていった。夏七一回（一九八九）、大越基投手が活躍した仙台育英、夏七二回・七三回（一九九〇・一九九一）の沖縄水産は旋風を巻き起こしたが、いずれも準優勝に終わり、優勝まであと一歩届かなかった。こうした条件不利地域のなかで最初に栄冠を手にしたのは、春七一回（一九九九）の沖縄尚学であった。同校優勝以後、沖縄県勢は春八〇回（二〇〇八）に沖縄尚学、春八二回・夏九二回（二〇一〇）に興南と、一一年間で四度も優勝した。

冬季の気候が厳しく、グラウンドでボールを使った練習をすることが困難だった東北・北海道も、雨天練習場など施設を整備するとともに、関西・関東からの「野球留学」の生徒を受け入れた学校が強豪となっていった。例えば駒大苫小牧は、一九九三年に野球など四つの部活動の推薦で入学した生徒が所属する「特別活動コース」を設置し、翌年には香田誉士史監督を招聘するとともに一二〇〇平米の室内競技場を建設するなど、野球部の強化を本格化した。その結果、夏八三回（二〇〇一）に三五年ぶり二度目の出場を果たすと、夏八六回・八七回（二〇〇四・二〇〇五）と大会二連覇を果たした。夏八八回（二〇〇六）もエース田中将大を擁して、決勝で早稲田実・斎藤佑樹と引き分け再試合の末に敗れるという激闘を演じた。[59]

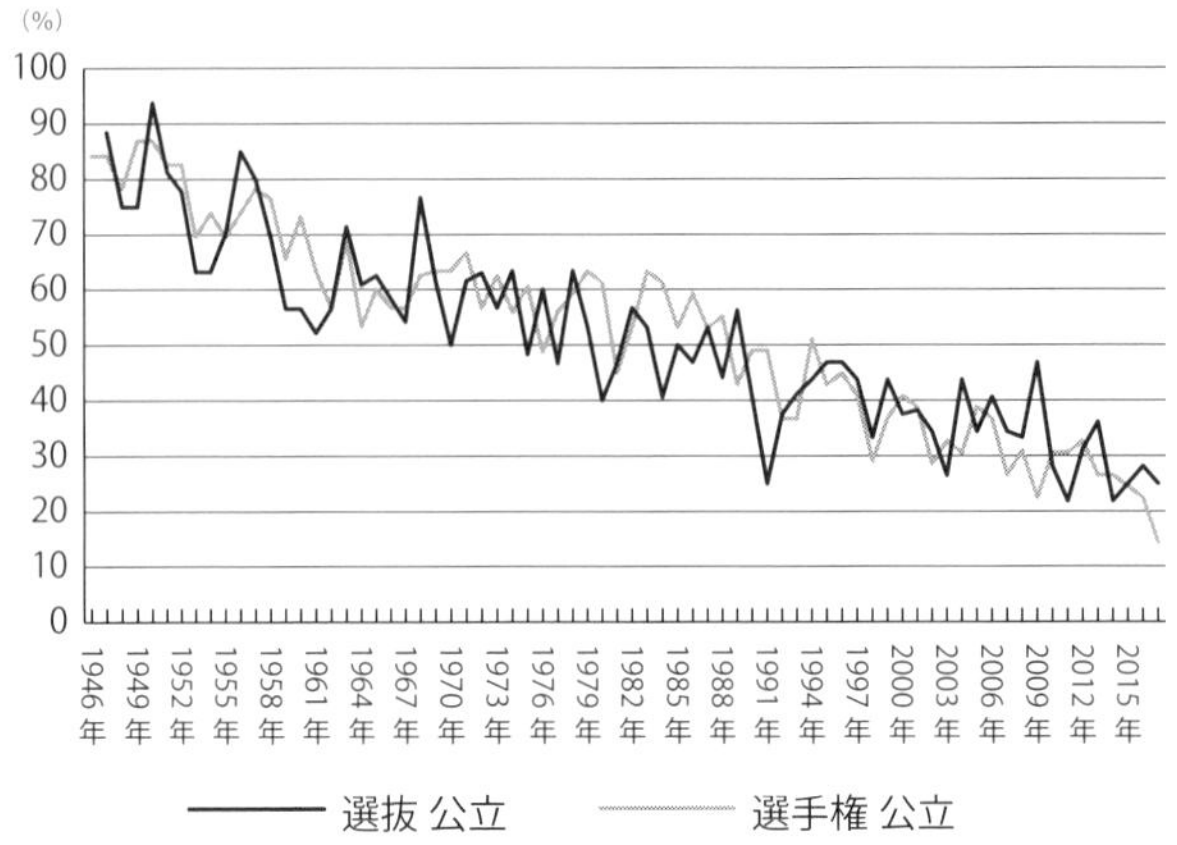

図5　戦後における春・夏の甲子園の公立高出場校割合

東北地方からは、いまだに全国優勝校は輩出されていない。しかし、春七三回（二〇〇一）・夏九七回（二〇一五）仙台育英、夏八五回（二〇〇三）東北、夏九三・九四回・春八四回（二〇一一・二〇一二）光星学院（現・八戸学院光星）と準優勝は六度も記録しており、強豪校はおおむね地理的・気候的な困難を克服するようになっている（第5章参照）。

地理・気候に基づく格差が緩和される一方で、拡大の一途をたどったのが公立・私立という学校設置者間の格差であった。一九九五年以降、全国大会出場校数で公立が私立を上回ったことは一度もなく、二〇一〇年代には三〇％を下回ることも珍しくなくなった（巻末資料3、第9章参照）。こうした私立・公立間の格差が顕著になるなかで高野連が打ち出したのが、選抜改革であった。

秋季大会が事実上の選抜の予選となり、「出場校の固定化」と「選考の形骸化」が起こるなかで、選手権との違いを強調し、選抜の存在意義を示すために「二一世紀枠」「希望枠」「明治神宮枠」が新設されたのである。[60] 二一世紀枠は、春七三回（二〇〇一）に創設され、秋季県大会でベスト8（二〇一三年以降はベスト16）以上に進出したなかで「少数部員」や「高校野球の理想的な姿を実践している」として都道府県高野連から推薦された学校から二校を選出するものであった。[61] 希望枠は、春七五回（二〇〇三）に創設され、二一世紀枠の補欠校で最も守備力の高い学校を選出するものであったが、春八〇回（二〇〇八）を最後に廃止された。[62] 明治神宮枠は明治神宮大会優勝校を輩出した地区に選抜出場枠を増やすもので、春七五回から始まった。

二一世紀枠は、春九〇回（二〇一八）までの一八大会で四八校が選出されているが、そのうち四七校が公立で、私立は春八五回（二〇一三）の土佐が唯一である。このことからも分かるとおり、選抜改革は私立優位となった高校野球における事実上の公立救済策であり、多様な出場校を選出することで選手権とは異なる選抜の独自性が打ち出されているのである。二一世紀枠の導入以後、選抜は選手権より公立の出場割合が高くなってはいるものの、平均するとその差はわずか三%程度にすぎず、私立優位の傾向は依然として続いている。

高校野球をめぐるもう一つの構造的な変化は、参加校の減少である。選手権の予選参加校は、草創期からほぼ一貫して増加してきたが、夏八四・八五回（二〇〇二・二〇〇三）をピークにして、以後減少の一途をたどっている（章末表4参照）。その背景にあるのは、日本社会の少子化に伴う高校数の減少で、二〇一七年にはピーク時から約七%減少した三八三九校となった。

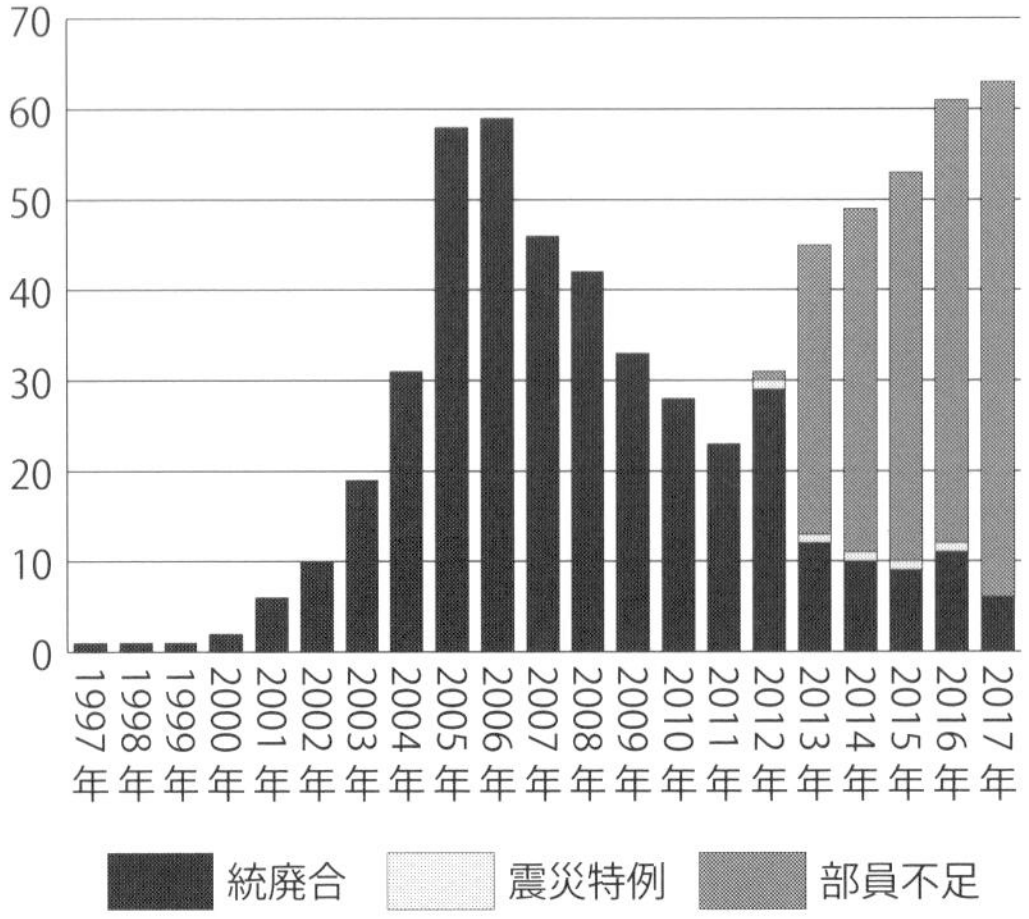

図6　選手権参加連合チーム数　出典：日本高等学校野球連盟「統廃合参加一覧」。（作成に当たっては、日本高等学校野球連盟の田名部和裕氏、井本亘氏に資料の提供をいただいた）

こうした参加校減少への対策として打ち出されたのが、統廃合される複数の高校や部員の少ない高校の野球部で一つのチームを作って大会に参加する連合チームであった。最初の連合チームは、夏七九回（一九九七）の高知海洋と高岡高宇佐分校であったが[63]、二〇〇〇年代には連合チームが急増し、夏八八回（二〇〇六）には五九チームに達した。夏九四回（二〇一二）からは、前年に発生した東日本大震災の影響による連合チーム（震災特例）とともに、部員不足による連合チームの結成も認められることとなった。学校の統廃合を理由とした連合チームは夏八八回（二〇〇六）をピークにして減少傾向にあるが、部員不足による連合チームは増加しており、夏九九回（二〇一七）には六三チームと過去最多を記録した（図６）。少子化に伴う野球人口の減少のなかで、参加校数の減少と連合チーム数の増加は今後も続くものと思われる。

（２）暴力事件・プロアマ規制と学生野球憲章の改正

高度成長期に拡大した高校野球界の暴力問題は、二一世紀になってからも続発した。夏八七回（二〇〇五）には高知県予選を優勝した明徳義塾と全国優勝した駒大苫小牧で暴力事件が発覚し、明徳義塾は選手権出場を辞退、駒大苫小牧は事件を起こした野球部長が謹慎処分を受けた。全国的な強豪二校での暴力事件発覚を受けて、高野連は「暴力のない高校野球を目指して」と題した通達を発し、「暴力のない、暴力を許さない野球部の確立」「事後の迅速な対応と決断」「校内審議機関での正しい処理」を加盟校に要請した。[▼64]

高野連の通達と上記二校への処分は、加盟校に対する不祥事の速やかな公開を求めるものであったため、二〇〇五年には高校野球の不祥事件数が前年の三倍以上に急増した（表３）。しかし、牧野会長による方針転換以後、不祥事の責任は個人に問われることが多くなっており、多くの現役部員が関係する場合を除いて、連帯責任に基づく対外試合禁止処分が下されるケースは少なくなっている。野球以外の競技でも暴力事件が発覚す

表３　1998～2008年の高校野球の暴力事件数

年	指導者による部内の暴力	部員同士の暴力・いじめ	合計
1998	5	17	22
1999	4	17	21
2000	11	18	29
2001	8	37	45
2002	12	46	58
2003	20	47	67
2004	18	46	64
2005	57	162	219
2006	37	186	223
2007	34	186	220
2008	35	153	188

出典：日本高等学校野球連盟「高校野球不祥事件発生件数推移（平成10年度～20年度）」より作成。本資料は、日本高等学校野球連盟の田名部和裕氏より提供いただいた

ると、暴力を行った個人の責任が厳しく追及されるケースが続発しており、暴力を行使することと連帯責任を問うことのいずれに対しても、社会から厳しい目が向けられるようになっている。

　こうした社会の変化のなかで、苦境に立たされたのがＰＬ学園であった。同校は、二〇〇一年に上級生による下級生への暴力で対外試合禁止処分を受けたのを皮切りに、二〇〇八年に監督の暴力、二〇一一年に部内の暴力、二〇一三年にも上級生による下級生への暴力で対外試合禁止処分を受けた。一連の不祥事を受けて、同校は二〇一三年に野球経験のない校長が野球部監督に就任し、翌年から特待生の受入を停止した。二〇一五年からは新入部員の募集も停止し、夏九八回（二〇一六）大阪府予選の初戦で敗退すると、以後休部となり、二〇一七年三月には大阪府高野連も脱退した。[65] 全国に名を馳せた強豪校も相次ぐ暴力事件とそれへの批判のなかで、部としての活動を終えることとなったのである（第一章参照）。

写真６　シンポジウム「夢の向こうに」会場風景
（2006年12月16日、島根県）

　一方、プロアマ規制はさらに緩和されていった。二〇〇三年から一一年まで、現役プロ野球選手が高校生を対象にしたシンポジウム「夢の向うに」を五〇回にわたって開催した。元プロ選手の技術指導や現役プロ選手の母校選手との練習・交流、選抜・選手権大会におけるスカウト席の設置等、プロアマ関係の規制緩和は大幅に進展した。

　二〇〇七年三月、プロ野球西武ライオンズが、栄養費の名目でアマチュア二選手に現金を支給していたことが発覚し、それを契機に全国の私立高校を中心にして学生野球憲章が禁止していた特待生制度の存在が明らかとなった。高野連の調査により、全国のべ三八四校（硬式三七六校、軟式八校）で七九七一人の特待生の存在が明らかとなった。特待生が発覚した学校の春季大会辞退が相次ぐ一方で、「特待生を禁止している方がおかしい」「時代にそぐわない」など、学生野球憲章改正を求める世論が大勢を占めた。

その結果、二〇〇七年七月に高野連は特待生問題有識者会議を発足させ、同会議は「一学年五人以下」「中学校長の推薦書があること」等を条件にして特待生制度を容認するよう答申した。これをうけて、学生野球協会による憲章の見直し作業が進められ、二〇一〇年に特待生の容認に加えて、「選手の教育を受ける権利」や「処分に対する不服申立の権利」の保障、プロアマ関係の規制緩和などを骨子とした改正学生野球憲章が施行された。

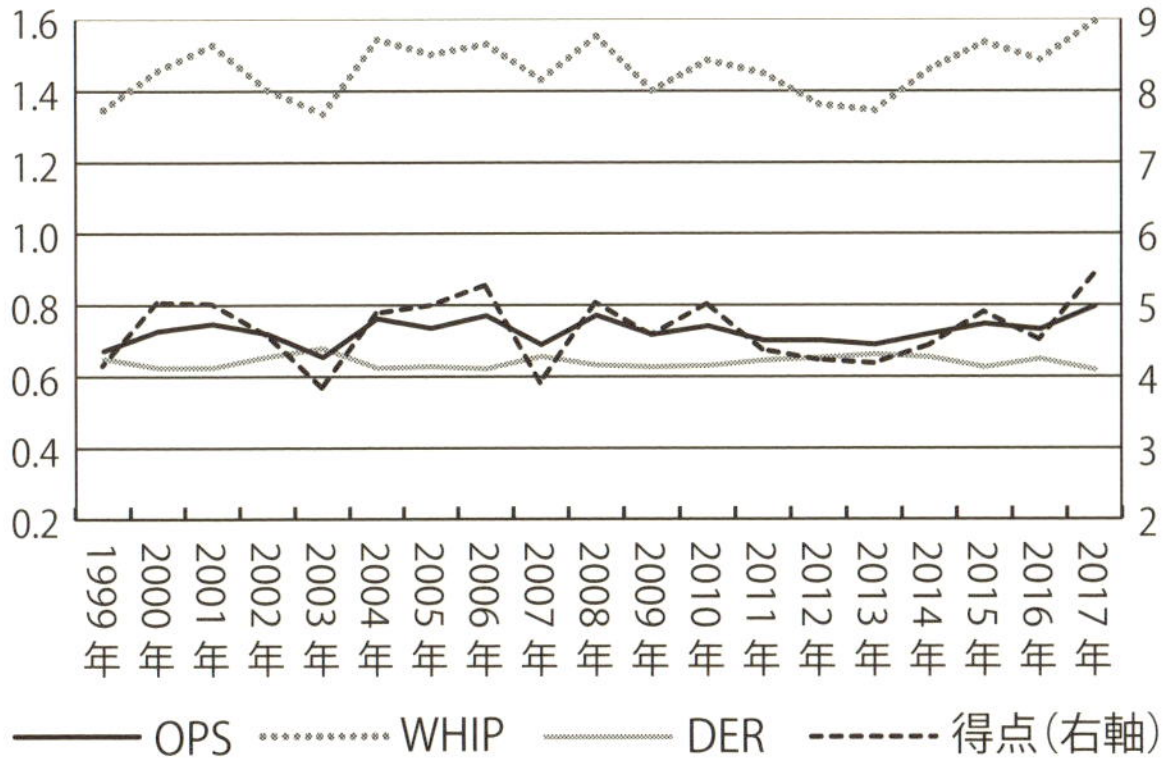

図７　1999年以降の選手権大会の打撃力・守備力・投手力・得点

⑶　打撃戦の時代

高校野球における打撃力の向上は、二〇〇〇年代に入ってからさらに拍車がかかり、高校野球は打撃戦の時代に突入した。夏八一回（一九九九）から夏九九回（二〇一七）までの一九大会中一五大会で、ＯＰＳが〇・七以上を記録した。夏八二回（二〇〇〇）には得点が五点台を記録したが、これは夏三二回（一九五〇）以来五〇年ぶりのことであった。得点五点台は、その後さらに五回も記録された。夏九九回（二〇一七）には、広陵の中村奨成が一大会六本塁打の新記録を樹立、同大会では大会通算六八本塁打の新記録も誕生した。同大会の打率・三〇三、長打率・四四二、OPS・七九六はいずれも過去最高であり、現代の高校野球は、史上最も打高投低の時代となっている。

打撃力の向上に伴う打球直撃事故の防止を目的として、二〇〇一年からバットの最大直径が三ミリ縮小され、最低重量も九〇〇グラムとする新規格が採用された。打撃範囲の縮小とスイングスピードの低下により、打撃力を抑制することが目的であった。[66] その結果、夏八四回（二〇〇二）・夏八五回（二〇〇三）はOPS・得点ともに減少したが、夏八六回（二〇〇四）には以前の水準に回復した。夏八九回（二〇〇七）からは低反発のゴム芯を用いた「飛ばないボール」が採用され、[67] OPS・得点ともに減少したが、やはり夏九〇回（二〇〇八）には元の水準へと戻っている。

ピッチングマシンを使ったバッティング練習、器具を使った筋力トレーニング、食事の改善による選手の体重増加などの結果、高校野球の打撃力は著しく高くなった。一方で、打撃力の向上に対応できるほど、投手力を高めるトレーニング方法や球種などは開発されておらず、高校野球の投手の負担は極めて重くなっている。投手の故障を予防するためには、投球数・連投制限の導入とともに、打撃力を抑制するための抜本的な対策が急務といえよう。

おわりに

これまで見てきたように、高校野球一〇〇年のあゆみは決して平坦なものではなかった。厳しい野球批判をうけての大会創設、米騒動や戦争による大会中止、ラジオ・テレビ中継に伴う人気の拡大、暴力やプロアマ問題などの不祥事、高校進学率の上昇による参加校数の拡大、少子化による参加校数の減少など、近現代日本の政治・経済・社会の変化のなかで隆盛を迎え、また危機を乗りこえて、大会は続いてきたのである。

この間に試合の様相も大きく変化した。投手が優勢な初期、守備が堅固な中期を経て、近年は打撃が極めて優勢になっている。「高校野球一〇〇年」と聞くと、なんとなく現代の高校野球と同じことが一〇〇年前にも行われていたと想像しがちだが、野球というスポーツは同じでも、野球を取り巻く社会環境や試合の様相は大きく変化しているのである。

今後の高校野球のあり方に大きな影響を与えるのは、少子化に伴う人口減少、およびそれに伴う経済規模の縮小であろう。人口減と経済の縮小に伴ってさらなるチーム数の減少や、用具・施設の不足といった問題が生起することが予想される。サッカーという世界的な人気スポーツの台頭が、野球の「危機」に拍車をかけるかもしれない。

二〇一八年五月、高野連は「普及」「振興」「けが予防」「育成」「基盤作り」を「五大目標」に掲げた「高校野球二〇〇年構想」を発表した。[68] ティーボール教室の開催・用具の配布を中心とした「普及」や、小中学校との連携や小中学校むけの野球教室を中心とした「振興」を重視している点に、野球の将来に対する高野連の強い危機感が伺える。この事業の成否を現時点で予想することは難しいが、今後も高校野球が盤石の地位を築いていられるかどうかは予断を許さないであろう。

表４　優勝・選手権大会予選参加校数・代表校数

年	回	全参加校数	代表校数
1915	1	73	10
1916	2	115	12
1917	3	118	12
1918	4	137	14
1919	5	134	14
1920	6	157	15
1921	7	207	17
1922	8	229	17
1923	9	243	19
1924	10	263	19
1925	11	302	21
1926	12	337	22
1927	13	389	22
1928	14	410	22
1929	15	465	22
1930	16	541	22
1931	17	634	22
1932	18	660	22
1933	19	671	22
1934	20	675	22
1935	21	666	22
1936	22	665	22
1937	23	654	22
1938	24	633	22
1939	25	608	22
1940	26	617	22
1941	27		
1946	28	745	19
1947	29	1,125	19
1948	30	1,256	23
1949	31	1,365	23
1950	32	1,536	23
1951	33	1,633	23
1952	34	1,653	23
1953	35	1,701	23
1954	36	1,705	23
1955	37	1,721	23
1956	38	1,739	23
1957	39	1,769	23
1958	40	1,807	47
1959	41	1,864	29
1960	42	1,903	30
1961	43	1,941	30
1962	44	1,996	30
1963	45	2,107	48
1964	46	2,270	30
1965	47	2,363	30
1966	48	2,415	30
1967	49	2,460	30

年	回	全参加校数	代表校数
1968	50	2,485	48
1969	51	2,523	30
1970	52	2,547	30
1971	53	2,569	30
1972	54	2,614	30
1973	55	2,660	48
1974	56	2,709	34
1975	57	2,798	38
1976	58	2,893	41
1977	59	2,985	41
1978	60	3,074	49
1979	61	3,170	49
1980	62	3,270	49
1981	63	3,394	49
1982	64	3,466	49
1983	65	3,568	49
1984	66	3,705	49
1985	67	3,791	49
1986	68	3,847	49
1987	69	3,900	49
1988	70	3,958	49
1989	71	3,990	49
1990	72	4,027	49
1991	73	4,046	49
1992	74	4,059	49
1993	75	4,071	49
1994	76	4,088	49
1995	77	4,098	49
1996	78	4,089	49
1997	79	4,093	49
1998	80	4,102	55
1999	81	4,096	49
2000	82	4,119	49
2001	83	4,150	49
2002	84	4,163	49
2003	85	4,163	49
2004	86	4,146	49
2005	87	4,137	49
2006	88	4,112	49
2007	89	4,081	49
2008	90	4,059	55
2009	91	4,041	49
2010	92	4,028	49
2011	93	4,014	49
2012	94	3,985	49
2013	95	3,957	49
2014	96	3,917	49
2015	97	3,906	49
2016	98	3,874	49
2017	99	3,839	49

註

1　厳密には一九四八年の学制改革より前を「中等野球」、それ以後は「高校野球」と呼称すべきであるが、本稿では学制改革以前に限定して述べるときのみ「中等野球」と記し、一九四八年以後および、その前後を通じたことについて述べるときには「高校野球」を用いることとする。
2　朝日新聞社編『全国高等学校野球選手権大会五〇年史』（朝日新聞社・日本高等学校野球連盟、一九六八年）三九～四二頁。
3　拙稿「近代日本の中高等教育と学生野球の自治」（一橋大学博士論文、二〇〇九年）五七～五八頁。
4　有山輝雄『甲子園野球と日本人―メディアの作ったイベント』（吉川弘文館、一九九七年）七二頁。
5　Sayuri Guthrie-Shimizu, *Transpacific Field of Dreams: How Baseball Linked the United States and Japan in Peace and War*, The University of North Carolina Press, 2012, p96.
6　坂上康博『にっぽん野球の系譜学』（青弓社、二〇〇一年）一三〇～一三八頁。
7　秦真人・加賀秀雄「一九一一年における野球論争の実証的研究（Ⅰ）―『野球と其害毒』をめぐって」（『総合保健体育科学』一四、一九九一年）。
8　秦真人・加賀秀雄「一九一一年における野球論争の実証的研究（Ⅲ）―『野球論争』から『第一回全国優勝野球大会』開催に至る朝日新聞の動向、及び同紙にあらわれた学生野球観について」（『総合保健体育科学』一五、一九九二年）。
9　前掲註4有山書、八六～九七頁。最初の試合前の礼式は、一九一一年一一月に二高で開催された東北六県中等学校連合野球大会とする説もある（伊藤正浩「仙台野球史再発掘10『野球道』の美徳『試合前挨拶』は仙台発祥である」『野球雲』一〇、雲プロダクション、二〇一七年、一五二～一五七頁）。
10　西原茂樹「近代日本におけるメディア・イベントとしての野球試合の成立・展開過程に関する社会史的研究―東京・大阪両都市間の比較を中心に」（立命館大学博士論文、二〇〇六年）六四～六七頁。
11　前掲註2朝日新聞社編、五一頁。
12　大和球士『真説日本野球史　大正編』（ベースボールマガジン社、一九七七年）一五一頁。

13　前掲註2朝日新聞社編、七四頁。
14　前掲註12大和書、二一八頁。
15　玉置通夫『甲子園球場物語』（文藝春秋、二〇〇四年）一三〜三八頁。
16　橋元良明『メディアと日本人　変わりゆく日常』（岩波書店、二〇一一年）一五〜一七頁。
17　前掲註4有山書、一二八頁。
18　同前、一三八〜一三九頁。
19　拙著『学生野球憲章とはなにか　自治から見る日本野球史』（青弓社、二〇一〇年）二一〜四二頁。
20　学校数は、文部省編『学制百年史　資料編』（帝国地方行政学会、一九七二年）より算出した。
21　大和球士『真説日本野球史　昭和編その二』（ベースボールマガジン社、一九七七年）二五〜四四頁。
22　前掲註2朝日新聞社編、二一五頁。
23　前掲註19拙著、七六頁。
24　毎日新聞社編『選抜高等学校野球大会五〇年史』（毎日新聞社・日本高等学校野球連盟、一九七八年）一五二頁。
25　前掲註2朝日新聞社編、二二四頁。
26　同前、二三八頁。
27　前掲註4有山書、一七九頁。
28　前掲註19拙著、八七〜九〇頁。
29　同前、九一頁。
30　早坂隆『昭和十七年の夏　幻の甲子園　戦時下の球児たち』（文藝春秋、二〇一〇年）三二〜三四頁、三二六頁。
31　前掲註19拙著、九三〜一〇五頁。
32　以下、本節の記述は前掲註19拙著、一一〇〜一四二頁参照。
33　日本高等学校野球連盟編・発行『日本高校野球連盟三十年史』一九七六年、一三一頁。
34　同前、八九〜九二頁。
35　前掲註16橋元書、三二〜三三頁。

36 森岡浩『高校野球一〇〇年史』（東京堂出版、二〇一五年）二〇四頁。
37 橘川武郎・奈良堂史『ファンから観たプロ野球の歴史』（日本経済評論社、二〇〇九年）三六〜三七頁。
38 山室寛之『プロ野球復興史―マッカーサーから長嶋四三振まで』（中央公論新社、二〇一二年）。
39 前掲註33日本高等学校野球連盟編、八〇、八三頁。
40 前掲註19拙著、一六四〜一六五頁。
41 前掲註33日本高等学校野球連盟編、八九頁。
42 前掲註19拙著、一六七〜一六八頁。
43 前掲註33日本高等学校野球連盟編、一二五頁。
44 同前、九五頁。
45 拙稿「運動部における体罰の構造と対応策」（『教育』八五六、二〇一七年）四三〜五〇頁。
46 日本学生野球協会編・発行『日本学生野球協会史』（一九八四年）二三五〜二三六頁。
47 前掲註19拙著、一七〇〜一七六頁。
48 前掲註2朝日新聞社編、二九三頁。
49 筆者の「飛ぶボールはいつまで用いられたのか」という質問に対して、高野連からは「夏三一回のみ」という趣旨の回答をいただいた。しかし、打撃指標をみると翌年の夏三二回（一九五〇）まで「飛ぶボール」は用いられ、夏三三回（一九五一）から従来の規格に戻されたと推測される。
50 前掲註2朝日新聞社編、二九五頁。
51 前掲註36森岡書、二二六頁。
52 前掲註33日本高等学校野球連盟編、二〇一〜二〇二頁。
53 福井元「高校野球界における金属製バットの導入と技術・戦術の変容―昭和四〇年代以降の甲子園大会を中心に」（『スポーツ史研究』一五、二〇〇二年）二九〜四五頁。
54 前掲註36森岡書、二七四〜二七六頁。
55 辻知弘・飯塚寿子「日本人とスポーツ」（『放送研究と調査』第四六‐一〇、一九九六年）四四頁。

56　前掲註19拙著、一八八～一九六頁。
57　「僕がエース　意地の七七三球」（『朝日新聞』一九九一年八月二三日付朝刊）。
58　牧野直隆『ベースボールの力』（毎日新聞社、二〇〇三年）一五一頁。
59　中村計『勝ち過ぎた監督　駒大苫小牧幻の三連覇』（集英社、二〇一六年）。
60　前掲註36森岡書、三四八～三五九頁。
61　「『二一世紀枠』で二校　連盟の推薦校から選出　来春の選抜高校野球」（『朝日新聞』二〇〇〇年一一月一五日付朝刊）。
62　「『希望枠』選考基準決まる　第七五回選抜高校野球の大会特別枠」（『朝日新聞』二〇〇二年一〇月一一日付朝刊）。
63　「連合チームで参加へ　高知海洋と高岡・宇佐分校　日本高野連／高知」（『朝日新聞』一九九七年三月二六日付朝刊）。
64　以下、本節の記述は特に注記のない限り、前掲註19拙著七～九頁、および一八八～二二二頁参照。ちなみに、筆者は第二回学生野球憲章検討委員会で説明者として、学生野球憲章の成立過程や問題点などを報告している（二〇〇七年）。
65　柳川悠二『永遠のPL学園　六〇年目のゲームセット』（小学館、二〇一七年）。および「PL学園が大阪府高野連を脱退」（『朝日新聞』二〇一七年三月三〇日付朝刊）。
66　福井元「金属製バットの新規制（二〇〇一年）が高校野球の戦術に及ぼした影響―野球の技術史に関する研究の一環として」（谷釜了正教授退職記念論集刊行会編・発行『スポーツの歴史と文化の探究』二〇一八年）三一五～三二八頁。
67　「高校野球　来季から飛ばないボール」（『朝日新聞』二〇〇六年九月一二日付夕刊）。
68　「高校野球、次の一〇〇年へ　野球教室など二四事業を発表」（『朝日新聞』二〇一八年五月一七日付朝刊）。

［図版出典］写真1～3・5：朝日新聞社提供
写真4：日本高等学校野球連盟編・発行『日本高校野球連盟三十年史』（一九七六年）より
写真6：日本高等学校野球連盟提供

第1章

明治期宗教系学校と野球・研究序説
―曹洞宗第一中学林を中心に―

谷川　穣

はじめに

二〇一六年、ＰＬ学園（大阪府富田林市）の硬式野球部が活動を休止した。「ＫＫコンビ」（写真1）と称されたスター選手の輩出や、一九八七年の春夏連覇を含む数度の全国大会優勝などで知られる名門野球部が、廃部同然となったのだ。野球にさほど関心のない人たちにとっても「ＰＬ＝野球」の知名度は高かったと思われ、このニュースも大きく報じられた。

写真１　「ＫＫコンビ」左：清原和博／右：桑田真澄

ＰＬ（パーフェクト・リバティーの略）は、一九四六年に教主・御木徳近が立教した新宗教教団である。その附属学校であるＰＬ学園は一九五五年に開校、同時に硬式野球部も創部された。創部当初の目的は、教祖が新宗教連合協議会対抗野球大会での「ＰＬ教団」チームの強化を見越したものであったという。[1] 入部者には本人と両親の入信義務が課され、六〇年代より「学力は東大、野球は甲子園へ」というポスターが貼られだすなど、信者の確保と子弟教育をはかりつつ、広告塔としての意義も付与されていく。それが部の強化と結びつき、一九六二年夏に甲子園初出場、七八年夏には初めての全国制覇を達成する。

しかし、二〇世紀末以後暴力事件等の発覚によって数度の対外試合禁止処分をうけ、教団は二〇一五年の事件を機に、部員の暴力と「世界平和」を掲げる教義とが矛盾するとして、部の強化をとりやめる方向へと舵を切っていった。信者数も一九五七年の六〇万人から六六年に一二二万人、八七年には二三一万人に達していたが、二〇一六年のそれは八一万八千人ほどにまで減少している。[2]

PL学園の例は私たちにとって理解しやすい。宗教系学校における野球部の役割は信者獲得とその結束強化にあり、教団イメージ向上の手段となる(逆に野球部のイメージダウンが教団のそれにもつながる)、という通念を思わせるのだ。PL学園と同じ戦後にできた新宗教系の学校として、創価学会の創価(東京都小平市)、弁天宗の智弁学園(奈良県五條市)など強豪校も目立ち、この印象をより強くさせる。ではこうした見方は、宗教系学校における野球部、とくに中等教育機関のそれに関して、野球の黎明期たる明治期から妥当するものなのだろうか。

本書総論でも触れられたが、一九一一年(明治四四)の「野球害毒論争」は中等学校野球史上の一つのハイライトと言ってよい。学生・生徒の野球の是非について、教育者や野球関係者らが新聞・雑誌や講演会で持論を応酬しあい、一九一五年(大正四)の第一回全国中等学校優勝野球大会開催へ至る「野球熱」にいっそう火を付けた出来事として、この論争についてはすでに多くの研究蓄積があるが、[3]そのなかで、宗教やその系列学校との関係はとくに着目されてこなかった。ただ、明治期の宗教が教育や福祉、社会事業を通じて自らの社会的有用性を示すことに腐心した点[4]を念頭におけば、学校を通した布教やイメージ形成は看過できない論点であり、野球部がそこに与えた影響、あるいは野球部の活動にそれが投影される面も、一考に値するのではなかろうか。

そこで本章では明治後期を中心に、宗教系、とりわけ仏教系中等学校[5]の野球部を主たる対象として、その動向を論じていきたい。キリスト教や教派神道に比して、日本国内の新規布教が喫緊の課題でなかった仏教にとって、附属学校の野球部創設はいかなる意味をもったのだろうか。まず戦前期における宗教系中等学校のそれを広く確認したうえで、野球害毒論争と仏教の関係に触れ、そこで発言した僧侶が校長を務めた曹洞宗第一中学林（現・世田谷学園、東京都世田谷区）における野球部の軌跡を追ってみたい。

一　明治期の宗教系中等学校における野球部創設

表1　宗教系高校（男子・共学）の野球部設置状況
（2017年4月現在）

宗　派	校数	硬式	軟式	無し
キリスト教系	115	70	18	33
＊カトリック系	53	24	12	19
＊プロテスタント系	56	40	4	14
＊聖公会系ほか	6	6	2	0
仏教系	84	64	21	15
＊真言宗系	9	4	2	3
＊天台宗系	2	2	2	0
＊曹洞宗系	7	7	2	0
＊臨済宗系	6	6	1	0
＊浄土宗系	13	12	5	0
＊真宗本願寺派系	16	10	3	5
＊真宗大谷派	14	12	1	2
＊真宗高田派	1	1	1	0
＊日蓮宗系	5	3	0	2
＊時宗系	4	3	2	1
＊その他	7	4	2	2
神道系	5	5	0	0
新宗教系	24	17	5	5
計	228	156	44	53

※日本カトリック小中高連盟、キリスト教学校教育同盟、日本聖公会関係学校協議会、仏教主義学校連盟の加盟校や、新日本宗教団体連合会加盟の団体による学校設立等を調査し、各校HP・沿革・部活動の状況を確認し作成。

（1）宗教系中等学校の野球部創設と県大会参加状況

最初に、宗教系高等学校の現況を確認しよう。二〇一七年現在で、日本国内の私立高校（全日制・定時制）は全国一三二一校[6]、そのうち宗教系にして男子校・男女共学校は二二八校ある。その硬式野球部の存在を確認しておく。表1は宗教・宗派による分布を示したものである。三分の二強にあたる一五六校に硬式野球部があり、キリスト教系、とくにカトリック系の高校では半分以下で、軟式も含めて存在しない割合が比較的高い。神道系の五校には全て硬式野球部がある。紙幅の関係上詳細を示せないが、一九九〇年代以降に開校ないし共学化した六八校のうち硬式野球部ができたのは二四校にすぎず、半数以上の三八校には軟式も含めて野球部はない。その前の三〇年間に開校ないし共学化した五七校中、五〇校で硬式野球部ができたのと比較すると、状況は大きく異なる。入学する男子生徒数、グラウンド面積の制約などが理由として想定されるが、こうした傾向は、おそらく宗教系には限らないだろう。なお、女子硬式野球部をもつ宗教系高校は、真言宗系の叡明、曹洞宗系の駒沢学園女子、プロテスタント系の折尾愛真の三校である。

では、宗教系学校における野球部はいつ創設されていったのか。戦前期、男子が入学する宗教系中等学校におけるそれを概観したのが、表2である。創部の有無・時期・各都道府県大会出場の状況を六六校について示した。戦前には四七校に硬式野球部が存在し、今日までないのは三校のみである（ちなみに二八校が甲子園出場を果たしている）。宗教・宗派ごとに特徴をみると、キリスト教系は二六校中二〇校で戦前に創部。カトリック系では、一九三〇年代以降に設立された学校の場合、創部や県大会出場は戦後になってからである。元来大規模な学校ではなかったこともあろうが、より一般的な事情として、当時におけるカトリック系学校の経営困難、そしてカトリック自体に対する国家的圧力も察せられよう。仏教に目を転じると、浄土宗系では六校全てが明治期創立の学校だが、硬式野球部はその半数が戦後の創部。他宗派の智山、駒込、花園なども同様である。曹洞宗系では明治期創部が四校あるが、うち三校が昭和に入ってから県大会に初参加。さらに真宗本願寺派では、（のち真宗から離れた高輪を除く）四校すべてで、明治期に野球部が創部されたものの、うち二校の県大会出場は戦後を待たねばならなかった。そして新宗教でも、一九世紀末創部の天理中が、奈良県大会に出場したのは一九三六年になってからであった。

これらから明らかなのは、野球部があるからといって、すぐ甲子園につながる府県の大会に出場したわけではな

表2　戦前の宗教系中等学校（男子校）における硬式野球部創部・都道府県大会参加状況

校名	都道府県	学校設立年	創部年	大会参加年	沿革等備考
カトリック系					
暁星	東京	1888	1921頃※	1930～66	暁星学校→1899暁星中。現在は軟式のみ ※それ以前の活動の記録もあり
海星	長崎	1892	1915	1923～	海星学校→1903海星商→11海星中
明星	大阪	1898	1905	1915～	明星商→1946明星中
南山	愛知	1932	1937	1940～	南山中
上智福岡	福岡	1932	?	1948～67	福岡公教神学校→1934平尾学院→36泰星中→2011現校名。現在は軟式のみ
札幌光星学園	北海道	1933	1938	1938～	札幌光星商→1944札幌光星工→46札幌光星学園中
サレジオ高専	東京	1934	?	1957～65	東京育英工芸学校→1942帝都育英工業学校→48帝都育英工→60育英工→63育英高専→67育英工業高専→2007現校名
六甲学院	兵庫	1938	×	×	六甲中→2016現校名
長崎南山	長崎	1940	1940	1947～	長崎東陵中→1952現校名
プロテスタント系					
明治学院	東京	1863	1898※	1916～64	ヘボン塾・ブラウン塾→1877東京一致神学校·83東京一致英和学校→87統合し明治学院（普通学部）→98同尋常中学部→1908同中学部。現在は軟式のみ ※1880年代から活動の記録もあり
東奥義塾	青森	1872	1922	1929～	東奥義塾→(1901弘前市立へ移管→10県立へ→13廃校)→22東奥義塾（再興）
青山学院	東京	1874	1883	1916～	女子小学校→1881東京英学校→83東京英和学校→94青山学院中等部
同志社	京都	1875	1891頃※	1915～	同志社英学校→1896同志社尋常中→99同志社中→1900同志社普通学校→16同志社中　※中学野球部独立は16年前後
鎮西学院	長崎	1881	1901	1921～	カブリー英語学校→1888鎮西学館→95同中学部→1906鎮西学院中学部→08鎮西学院中
関東学院	神奈川	1884	1923	1925～	横浜バプテスト神学校・東京学院中等科→1919中学関東学院→27関東学院中学部→48現校名
東北学院	宮城	1886	1922	1922～	仙台神学校→1891東北学院普通科→1915同中学部
名古屋	愛知	1887	1920	1921～	名古屋英和学校→1920名古屋中→68名古屋学院→2000現校名
東山学院	長崎	1887	1906頃	1915～31	スチール・メモリアル・アカデミー→1916東山学院中→33廃校
関西学院	兵庫	1889	1897	1915～	関西学院普通学部→1915同中学部
聖学院	東京	1903	?	1935·59～	聖学院神学校→1906聖学院中
九州学院	熊本	1909	1911	1920～	路帖神学校→1911九州学院→43九州中→46現校名
西南学院	福岡	1916	1921	1927～	中学西南学院→1921西南学院中学部
西南学院商	福岡	1939	?	1946	西南学院商業学校→1948西南学院高商業科→(61商業科廃止)
啓明学園	東京	1941	1990	1992～	啓明学園中学部→1948現校名
聖公会系					
立教新座	埼玉	1874	1898※	1915～	(ウィリアムズ私塾)→1890立教学校→96立教尋常中→99立教中→2000現校名　※それ以前の活動の記録もあり
桃山学院	大阪	1890	1903	1916～	高等英学校→1895桃山学院→1902桃山中→49現校名

真言宗系

洛南	京都	1881	?	1916•47～ 59·2009～	古義真言宗総黌→1902古義真言宗聯合中学林→17真言宗京都中→26東寺中→62現校名
高野山	和歌山	1880	1911	1915～	高野山大学林附属中学林→1886古義真言宗大学林附属中学林→98同宗尋常中学林→1908同宗聯合高野中学林→16真言宗高野山中→26高野山中
成田	千葉	1887	1900	1919～	成田英漢義塾→1898成田中
智山	東京	1926	1947	1947～53	1955廃校
清風	大阪	1932	?	1947～50	大阪電気学校→1937浅香山電気工業学校→45浅香山中→49現校名

天台宗系

比叡山	滋賀	1873	1912	1915～	天台宗総黌→1879中学→1919天台宗比叡山中→34比叡山中
駒込	東京	1873	1949	1953～	天台宗東部総黌→1904天台宗中学→26駒込中

曹洞宗系

世田谷学園	東京	1592	1903※·37	1940～ 48·83～	旃檀林→1876専門学支校→1902第一中学林→24世田谷中→48世田谷→83現校名　※1914年に一旦消滅
栴檀学園	宮城	1875	1903※·31	1931～72	専門学支校→1902第二中学林→26栴檀中→58東北福祉短大附→68栴檀学園→75廃校　※1915年に一旦解散
愛知	愛知	1876	1903	1917～	専門学支校→1902第三中学林→25愛知中
高川学園	山口	1878	1902	1929～	専門学支校→1896第十六中学林→1902第四中学林→28多々良中→48多々良学園→(2006曹洞宗から離れ現校名)
青藍泰斗	栃木	1908	1947	1947～	葛生中学館→1926葛生農商→40葛生商→44葛生工→46葛生商→48葛生→2005現校名

臨済宗系

花園	京都	1872	1948	1948～	般若林→1907花園学院中学部→25花園中→34臨済学院中学部→48現校名
鎌倉学園	神奈川	1886	1922	1932～	宗学林→1922鎌倉中→75現校名
紫野	京都	1892	?	1922	般若林→紫野中→1936廃校

浄土宗系

東山	京都	1868	1903·18※	1919～	勧学院→1912東山中　※1918年に復活
芝	東京	1887	1946	1946～	東京支校→1906芝中
東海	愛知	1888	1923	1924～	愛知支校→1909東海中
鎮西	熊本	1888	1948	1948～	鎮西支校→1905鎮西中
上宮	大阪	1890	1946	1947～	大阪支校→1905第六第七聯合教校→12上宮中
聖峰	京都	1899	?	1922・36～49	西山派普通学寮→1919聖峰中→51廃校

真宗大谷派系

名古屋大谷	愛知	1827	1917	1925～	名古屋別院閲蔵長屋→1887普通学校→1908尾張中
大谷	京都	1875	1902	1923～	小教校→94第一中学寮→1923大谷中

真宗本願寺派系

崇徳	広島	1875	1901	1947～	学仏場→1877進徳教校→1902第四仏中→(12武庫中と合併)→13崇徳中
龍谷大平安	京都	1876	1908	1916～	金亀教校→1902第三仏中→10平安中→2008現校名
龍谷	佐賀	1878	1907	1946～	振風教校→1902第五仏中→08龍谷中
北陸	福井	1880	1907	1926～	羽水教校→1902第二仏中→10北陸中
高輪	東京	1885	1916	1916～	普通教校→1902第一仏中→(06真宗から離れる)

真宗高田派系

高田	三重	1871	1924	1927～	貫練場→1900勧学院中→34高田中

日蓮宗系					
身延山	山梨	1556	×	×	善学院→1874身延檀林→1912祖山学院中等部→36祖山中学林→41祖山中→48現校名
立正大立正	東京	1872	1930	1931～	日蓮宗大学林中等科→1904同大学中等科→20同大学中等部→38立正中→2013現校名
時宗系					
藤嶺藤沢	神奈川	1894	1915	1919～	時宗宗学林→1915藤嶺中→18藤沢中→95現校名
藤沢翔陵	神奈川	1931	1931	1939～	藤沢商→1998現校名
その他					
東大寺学園	奈良	1926	×	×	金鐘中等学校→1948金鐘高→63現校名
聖徳学園	東京	1927	1956	1959～	関東中→1991現校名
神道系					
浪速	大阪	1923	1926	1926～	浪速中
新宗教系					
金光学園	岡山	1894	1947	1947～	金光教。神道金光教会学問所→1905金光中→49現校名
天理	奈良	1900	1900	1936～	天理教。天理教校→1908天理中
修徳	東京	1904	1953	1953～	天理教。東本夜学校→1913修徳夜学校→30修徳実→31修徳商→48現校名
練真	東京	1941	?	1946	練真道。練真中→1955廃校

・校名は現校名または統廃合直前のそれを記した。網掛け部分は戦後の創部および県大会参加、×は該当しない(硬式野球部がない)ことを示す。また「中等学校」の範囲は註5を基本的に踏襲している。
・各校の年史類およびHPに記載されている沿革に加え、夏の都道府県大会全出場校の戦績を網羅した「高校野球データベース　夏の地方大会　年度別データベース」(http://bibijr.com/)、校名変遷や硬式野球部創部年を都道府県別に集成した弘田正典氏作「高校野球創部調査β版(試作版)」(http://koushien.s100.xrea.com/koukouyakyuusoubuchousa/koukouyakyuusoubuchousa.htm)も利用しつつ作成。
・都道府県大会参加年のうち、途切れが長いもののみ「・」でその期間を示した。

い、という事実である。たしかに初期の全国中等学校優勝野球大会は急ごしらえで、各校への呼びかけなどに地域差もあり、県大会参加の時期にも多少ばらつきがあったことは知られている。ただ表2からは、創部から二〇年以上経っていながら、一九一五年の第一回全国大会開始より一〇年以上遅れて県大会参加というタイムラグが、天理を除き仏教系にのみ見られる。この点は、仏教系学校の野球部創設がキリスト教系学校に比して「やや乗り遅れた」様子に映る。▼7

(2) 野球の伝播とキリスト教系・仏教系学校の位置

こうしたキリスト教系と仏教系の相違は、日本に野球がもたらされた経緯を考えれば、ある程度説明はつくだろう。有力な説として、一八七二年ごろに東京の第一大学区第一番中学

（のち第一高等学校（一高））でアメリカ人教師ホーレス・ウィルソンが、学生たちに教えたのが野球伝播の最初とされており、[8]以後も明治学院や青山学院など、アメリカ人教師によって伝えられた学校に野球チームができ、横浜居留地のチームとの交流を通じて強化されていった。一八九〇年五月には、第一高等中学校（一高の前身）で行われた同校と明治学院との試合で、観戦中の同校生徒が同じく観戦にやってきた明治学院のアメリカ人教師インブリーの顔面を負傷させる事件が起こり、[9]試合は結局中止になった。この試合は明治学院が圧倒的に優勢で、その力量を見せつけた。一高はその雪辱戦を契機に、猛練習と「武士的野球」で一時代を築いていくことになる。[10]

また京都では、一八八九年ごろ京都御苑内で練習を開始したという同志社（のち同志社大学）が、一八九一年以降本格的に活動していく。そこには明治学院の名捕手であった白洲長平（白洲次郎の叔父）が、同志社へ転入してきたという事情があったとされる。[11]同時期に第三高等中学校（のち第三高等学校（三高））に野球部ができ、京都近辺の野球普及に大きな役割を果たしていくが、その三高も同志社と試合を重ねて強化した。キリスト系学校とその人的交流は、早稲田・慶応にとどまらない野球伝播のルートとして注目に値しよう。一八九二年から翌年にかけて、いわゆる「教育と宗教の衝突」論争（キリスト教は忠孝観念や愛国心が欠如しており、日本の学校教育に不適合との批判が高まる）が起こり、また一八九九年には文部省より宗教教育禁止訓令が出され、キリスト教系学校には苦難が続いた。だが日本野球の草創期においては、大きな役割も果たすことになったのだ。

他方で、仏教系はどうか。引き続き京都の事例では、先の表2でも見たように、一九〇二年に大谷中、〇三年に東山中で創部、さらに〇八年に創部した第三仏教中が翌年に彦根から京都へ移転してくる（一〇年に平安中と改称）。これらの学校も、三高を中心とした試合交流に加わるが、まだ対等の関係とはいかなかった。東山中に創設された「ベースボールクラブ」では、主流は三角ベース、着物に襷《たすき》という格好で練習していたようで、校地移転とグラウンド確保などの関係で一旦活動休止をへて、一九一八年に校友会が野球部再開を認めたという。[12] また平安中では、主たる運動部活動は剣道・柔道であり、野球は後れをとっていたとされる。[13]

このように明治期の仏教系中等学校では、野球部は創設されそれぞれに取り組まれてはいたものの、キリスト教系に比べるとその発展は後発のものであったと考えられよう。

二　野球害毒論争と仏教者——田中道光の「不良論」——

(1) 害毒論争とキリスト者

野球害毒論争でも、野球を擁護・推進する側にキリスト教徒が目立つ。たとえば早稲田大学の野球部長・安部磯雄は同志社英学校の出身、ハートフォード神学校などで学んだキリスト者である。彼は学歴社会や知育偏重を批判する文脈で野球を擁護したが、そこには私学が官立学校と異なり独自性・卓越性を備えているとの見解も示された。[14] 早稲田の自由闊達ぶりを強調する意図もあっただろう。また冒険小説で一世を風靡した作家・押川春浪も、プロテスタント系の東北学院を創始した押川方義を父に持ち（弟の押川清も早大野球部で主将）、自身も選手としてプレーした野球の魅力を大いに論じた。

野球の害毒を論じる者はおおむね、野球が生徒への感化ないし徳育に悪影響をもたらすと非難した。これに対して擁護派は、特定の野球選手を実例として挙げ、そうではないと切り返すこともあった。たとえば、東京近辺各校の有力選手を紹介する雑誌記事では、

名誉ある青山の投手となつたのは時の三塁手本多である。体格の偉大にして四肢よく発達し稀れに見る好体格

である。苦み走つたる顔、威あつて猛からずとも云ふ可きか、人格又其父君の如く然りと云ふ。模範的学生、彼れは立派なる青山のキャプテーンである…（中略）…青山のチームは此生ける大精神に存す、学校当局者此事を知らば其教育の功果が、此野球技によりて明に証明せられたる事を覚るであらう▼15

と、青山学院で三塁手から転じた主将・本多投手について紹介している。この年青山学院は実力上位の京都二中（現・鳥羽）を破ったのだが、記事はチームの「生ける大精神」ともいうべき、体格・人格とも模範的な本多あってのことだと称賛する。野球や対外試合のせいで教育の成果が阻害されるのではなく、むしろ野球は各校におけるそれを披露する場なのだ、そう訴えているのである。記事にある本多の「父君」とは前青山学院長・本多庸一のことであり、キリスト教系学校と野球の深い関係の一端を示すとともに、人格形成に力を入れる宗教系学校においても野球が有用であることを、強調した記事といえよう。

（2）禅僧・田中道光の「不良論」

いっぽう、仏教系学校の関係者はどうか。あまり発言した人物が見当たらないなか、一人目立つのが、害毒論者として『東京朝日新聞』に談話を掲載された田中道光（写真2）である。彼は曹洞宗の僧侶であり、当時、曹洞宗第一中学林の林長（校長）を務めていた。

さっそく、その談話記事を追ってみよう。冒頭はこうだ（引用文中の読点は適宜付しなおした）。

▲選手悉く不良少年　本年三月頃私の学校で十名程悪い事をした学生を出した、宗教家養成の学校で彼《こ》んな堕落学生が出たと云ふことは実に遺憾に堪へない次第です、併し夫れ等の学生が全部野球部の選手であつたと云ふ訳では無いが矢張り野球部に籍を置いて居る生徒が多い様だ▼16

写真２　田中道光

一九一一年三月ごろに野球部員を含む「悪い事」をした「堕落学生」の処分を行ったという。記事は一方的な断罪の見出しで始まる（以下この記事を「不良論」と呼ぼう）が、それが全員野球部の選手というわけではなかったと語っており、見出しには記者の誇張が含まれる。つづいて、そのリーダー的存在は野球部の選手だったが「宗教学校」なので過度の追及はせず、「退校処分をしたのは能く〳〵なのを二三名」、それ以外には停学を命じた、と述べる。そして、「不良学生」の「学課の成績は当時著しく不良になつた」が、以後は「特別に注意を払つて監督して居る為か、其後成績は漸次恢復し来つて今では別に目立つ程変ること無くなつた」と、生徒への監督を強化することで成績も改善したと強調する。では、こうした事態に至った理由は、野球のせいか。田中はこう語る。

宗教学校のことで余り他校とは交際せんから他校と対校試合と云ふ様な事も無いが、近頃生徒等の望みで二三の学校と対校試合を遣ることを許しました処、何うも其結果が好くないです、対校試合抔《など》を遣つて野球に熱中して来ると総ての挙動が粗暴になつて来るのみならず品性が劣等になる、之れは恐らく野球其者が然らしめるのではなく、他校に於て野球の選手をして居る人々の品性が劣等である為め自然と夫れに感染したものだと思はれる、本年三月処分した九名の生徒等の多くは、矢張り直接間接に他校の生徒と野球を一緒に行つて居て悪風に染まつたものだと信ぜられます…〔中略〕…今後は更に全然対校試合を禁止する積りです

対外試合のせい、もっと言えば他校の野球部員の「品性が劣等」なせいで、我が校の「三十名程」いる野球部員もそれに染まってしまった、悪いのは他校生との交流だ、と強調する。対外試合に対

する過度の熱中がもたらす弊害は、多くの害毒論者が提示する典型的な論点であり、特段珍しいものではない。ただ、あくまで他校のせいと言いつのる、裏を返せば自校のせいではないと主張する点は目をひく。

つづけて田中は、僧侶養成学校では「才智や体健」も必須だが、宗教家として品性の高潔が一般社会以上に求められると説く。そして、野球も他の運動部同様に奨励してはいるが、成績や品性に影響のない範囲でやらせており、今後は「運動に過ぎたるが為め学課の成績不良を来す者あれば当分運動を禁止す」という内規を徹底し、「害毒さへ伴はなければ他校と試合をしたからとて一向構はないが、試合に熱中し品性を堕落せしむる対校試合は絶対に禁止」との方針を強く打ち出して、談話を締めくくっている。害毒は他校がもたらすのだから、要するに対外試合は断然禁止、と繰り返すのである。

害毒論には、野球自体が相手のスキを突く、ペテンにかける欺き合いの競技であると非難する意見[17]や、ボールを受けた衝撃が「柔らかい学生の脳を刺戟して作用を遅鈍ならしめ異状を呈」するという身体的理由を挙げる論者[18]もいた。それらに比べると田中の意見は、ただ処分すべき生徒が野球部で、対外試合のせいで悪い影響を受けるから、という何とも一本調子なそれに映る。

三　曹洞宗第一中学林における野球部の位置

（1）中学林における野球の興隆

では、なぜ田中はそうした意見を披露したのか。田中の林長就任（一九〇八年八月）前後における、曹洞宗第一中学林での野球部の活動をめぐる変化とともに考察しよう。史料としては、校内団体である学友会が刊行する雑誌『学友』（世田谷学園校史資料室所蔵）や、教団本部との往復文書などを用いる。なお『学友』を典拠とする記述には、書名を略し［号数・西暦下二けた年数・ページ数］のみ記す。

まず第一中学林の成立について確認しておく。一五九二年（文禄元）、江戸駿河台（のち駒込へ移転）の吉祥寺《きちじょうじ》にできた曹洞宗の学寮が、のち旃檀林《せんだんりん》と称され、近世を通じてその僧侶養成機関として栄えた。明治に入ると、一八七六年に曹洞宗専門学支校と改称、仙台・名古屋・山口にも支校が設けられる。明治期の仏教各宗派は浄土真宗を筆頭に僧侶養成の組織再編を進めるが[19]、曹洞宗でも一八九九年の私立学校令を機に、中学校としての政府認可を得るべく支校の制度を改定、一九〇二年九月にそれぞれ第一～第四中学林と改めた（五年制）。曹洞宗大学（のち駒澤大学）を最高学府とし、その下で同宗僧侶の子弟教育を担った。第一中学林は駒込吉祥寺に開校、明治期には各学年およそ二〇～四〇名ほどが通った。一九一二年までの一〇年間で卒業生は二二八名、その半数近くが曹洞宗大学へ進学、三割ほどが寺務へ入り、高校から帝大、早稲田などへ進む者も年平均二～三名いた[20]。

さて開校まもなく、生徒の課外活動を統括する団体として学友会が創設された。その一セクションとして運動部が定められ、運動会の実施やテニスの試合を担うなか、庭球部・撃剣部に続き一九〇三年二月に野球部が新設されている。翌三月には、野球用ベースを四つ購入しており［1号03年35頁］、この時点から校内で野球の試合ができるよう準備されていくことがわかる。『学友』では、徳育のうえで運動場が重要であること、「テニス、フートボール、野球、綱引なんどの一寸した遊戯」も協同一致の公徳を要請する機会となるので、運動場をただ騒いで遊戯するだけの場にしてはならない、との旨の文章が掲載されている［1号03年38頁］。ここから、部の創設以前から野球は生徒間で楽しまれていたことがわかるが、学校公認の部を作ることで、試合や練習を通じた徳育の可能性へと結びつけられていく。裏を返すと、それを失えばただの「遊戯」に堕するとみる視線が存在していたことになろう。

創部当初の野球部には固定された部員はおらず、生徒が思い思いに練習に参加していた。そのなかでメインとなったのは、まず部内の紅白戦であった［2号04年121-123頁］。『学友』の活動日誌によれば、一九〇四年一〇月二一日、翌〇五年四月二一日、同六月二日にそれが行われている［3号05年1頁］。庭球部では対外試合も行われていたが、野球部ではまだその動きはなかったようである。

〇六年一〇月、はじめて「部員」と「選手」を定め置くことになった。運動部にはほとんど全生徒が何かの部の活動に加わっているので、その整理のためだという。まず、生徒たちに入部希望のノートを回して記帳させ、部員の範囲を確定した後、選手を決めることになった。庭球部は学友会本部理事と主要部員の合議で、撃剣部は教員と本部理事が「熟練熱心の程度」を踏まえて、それぞれ一六名・一〇名を選出した。他方、野球部は部員一同の互選によって九名を選出していた。ただそのうち三名は庭球部の、二名は撃剣部の選手にも選ばれており、いまだ兼部も可能であった［5号07年97頁］。

部の指導者・監督の存在は確認できない。ただおそらく、教員の中村春二が野球部の管理責任者だったのだろう。中村はそもそも学友会運動部全体の支援者で、その退職に際して『学友』は庭球・撃剣・野球各部の生みの親、「運動部の母」と讃えている［9号08年91頁］。中村は後に成蹊実務学校（のち成蹊大学）を開く人物だが、第一中学林在職中にはとくに『ベースボール術』なる技術書を学友会へ寄贈しており［6号07年87頁］、野球の基本的なルールや競技に関する啓蒙に心を配っていたと思われる。▼21

部の組織確定もあってか、主催する校内試合はより盛んに行われ、『学友』にも学年対抗試合などの経過がこと細かに記されるようになる。たとえば一九〇七年一一月一〇日の四・五年連合対一〜三年連合の試合について、八回表裏の攻防では「小西のS・Sデレクト大山のII・Bフライ共に敵をネガらせて出で、堀井三振金坂山本のS・S

ゴロ幸に危く命を拾ひて小西大山本塁に達せしも三沢山本三振して代る。山崎四球の恩沢を蒙りしも関根篠田河合皆一塁の土饅頭となり終る」といった書きぶりである［8号08年69頁］。現代風に言い直すと、八回表はショートライナー、セカンドフライであったがともにエラーにより出塁し、次の打者は三振、そのあと二者連続のショート内野安打かエラーで二点が入り、後続は連続三振。裏は先頭打者が四球で出塁も後続なく終了、となる。「土饅頭」とは墓の墳丘の意味だから、単に皆凡退だったと表現したにすぎないが、はからずも土まみれの奮闘ぶりをユーモラスに伝えてくれている。

そして同年一一月一七日、第一中学林は初めての対外試合を行った。相手は曹洞宗大学。翌〇八年二月九日には宗門外の中央商業学校（真宗本願寺派普通教校に学んだ仏教学者・高楠順次郎が創設、現・中央学院大学）とも対戦している［8号08年1頁］。この試合の審判は、曹洞宗大学の学生が務めた。『学友』には、対外試合だからといって特段熱を入れた描写はないが［8号08年69–71頁］、この対外二試合の敗戦に刺激を受けた野球部は、「練習に練習を重ね」紅白戦も行った。そして一九〇八年度の両校との試合では、相手をいずれもノーヒットに抑え勝利する。もっともこれは、投手の力量とは言えなさそうで、第一中学林は曹洞宗大学戦ではヒット二本、中央商業戦では両チームともノーヒットだった。しかしスコアは四対一、九対四。お互いほとんど四死球、暴投、エラーでの得点であったようである［10号09年93–94頁］。

（2）田中林長の考えとその背景

そうしたなか一九〇八年八月、曹洞宗宗務局は第二代林長・横尾賢宗に代えて、東京府西多摩郡小曽木村（現・青梅市）の聞修院住職・田中道光を新しい第一中学林長に任じ、田中は翌月に着任した。[▼22] 田中は埼玉県立師範学校出身で、小学校教員をへて曹洞宗大学林に入学、四一歳のとき卒業、宗門の大・中学林の学監を歴任し、六〇歳で林長となった[23]。

一九〇八年度に入り、学友会では学年選抜チームの対抗戦として、校内野球優勝旗大会を創設し、秋・春の二回開催と決定していた。運動場には同年一二月にボール防護用の金網が設けられ［10号09年1頁］、校内の野球熱はいよいよ本格化の様相を帯びてきた。

ところが、〇九年一〇月の第三回大会開催を前に、その規約に二つの変更が加えられた。一つは秋期一回のみの開催にすること、そしてもう一つは、優勝チームの「選手の動静は学友誌上にて報告」、つまり学術・操行・席次・及第落第などの成績と実名公表が義務づけられたのである。その報告によれば、第三回大会優勝の四年生チーム一一名のうち、学年席次一〇位以内が四名いた一方で、不受験による落第者と諭旨退学者とが一名ずついた［12号10年92頁］。

これは明らかに、野球への「狙い撃ち」であった。この大会規約変更と並行して学友会の規定にも変更が加えられ、運動部下の各部に教員のうちから部長を置くことが明文化されており（その結果、野球部長には早船慧雲が就任）［12号10年91頁］、運動部全体への介入もなされつつあった。だが、他の部にはそのような特定部員の成績報告は『学友』上に記載がなく、野球部だけに課されたことがわかる。対外試合も、〇九年一一月に曹洞宗大学と対戦して以降行われていない。この点も庭球部、撃剣部とは事情が違う。学友会の会長はまさに田中であり、こうした動きに関与していないとは考えにくい。

こうした処置に至ったのは、①田中のもともとの「野球嫌い」に起因するのか、それとも②田中の「不良論」にあったように、野球部員に問題が生じたためだろうか。

まずは①の可能性について考察してみたい。田中が「不良論」以外で、野球について述べた文章は管見の限り、残っていない。ただ『学友』に寄稿した二本の論説には、田中の考えをうかがえるものがある。

一九一一年の「内に自ら恃《たの》め」〔13号11年16-18頁〕という論説では、時代に流されず生きることを説いたうえで、「道心内に充ちて我自ら之を恃めば、百の魔軍、千の外賊来り逼《せま》ればとて、毫も我心が心王城を攪乱するに足らざるもの」と記す。仏道を極める心を充分に養え、そこに自信を持てれば煩悶を断てる、というのである。禅僧としての内面の鍛錬と、それへの強い自負、田中の教育面での信条がそこに示されている。日露戦争後、「煩悶青年」の社会問題化をめぐる議論が盛んになされるが、田中もその解決を意識しつつ、やや籠城主義的な態度を主張したとも言えよう。「不良論」で披瀝されたような、対校試合を問題視した点ともぴったり符合する。

もう一つが、一九一二年に掲載された「服装と修養」〔15号12年21-25頁〕である。田中は、僧侶の服装を現代社会に合わせて洋風に改良せよとする昨今の議論について、こう述べる。僧服改良論にも一理あるが、「世間の学者」ではない僧侶は「身を以て示す」必要もあり、人々に感化を与えるには法衣という身なりも有効である。学校の制服を変えろとは言わないが、「学林の教壇に立ち乍ら、非宗教家的態度に出でゝ憚らぬ連中さへもある」昨今では、やはり法衣を着ける機会を増やすべきだ。法衣を嫌う僧侶は生きた信仰を鼓吹する宗教者ではない――。田中が、結局のところ洋服の着用に感心しない、〈法衣党〉であったことは確かである。

この点につき、『学友』第一四号に掲載された二枚の口絵写真は象徴的である（写真3）。田中は、撃剣部の卒業試合の写真中央に法衣でおさまっている。これに対し校内野球大会優勝チームの写真には田中はおらず、選手以外に洋服姿の野球部長・早船慧雲が写っている。早船は東京帝大出身の若手宗教学者であったが[24]、田中の眼には「世間の学者」、あるいは「非宗教家的態度」をとる「連中」そのものに映ったのかもしれない。

写真３　上：撃剣部員と田中道光／下：野球選手と早船慧雲

以上二つの論説から、中学林は世間の学校とは大きく違う存在であるべきと、田中が強く意識していたことは明白である。そして野球、とりわけその対校試合は洋服同様（そもそもユニフォームも洋服）、画すべき一線をこえてくる「世間」の象徴であった。「不良論」で述べた自説は、こうした考えと対応している。

次に②について検討しよう。田中は「不良論」で、一九一一年三月に一〇名ほどの生徒が「悪い事」をしたため二～三名を退学、残りを停学処分にし、その多くが野球部員で、四・五年生ではなく三年生が中心だったと記している。しかし『学友』には一切そのことは記されず、現存する当時の生徒処分の記録簿冊にも、該当者は見当たらない。その記録には、一九〇三年から一二年の一〇年間でのべ九五名に対する処分がなされたこと、退学処分をうけた一四名の大半が、〇五年六月に前任の横尾林長や学監・寮監らに対する辞職要求書を宗務局へ提出した生徒たちだったことが記されている。[25] ただ、別の校内文書によれば、三月でなく二月二二日に、二～三名でなく一名だけが退学処分をうけている。「学科操行共ニ佳良ナラザル」ことと、同じ成績不良者たちと徒党を組み「生徒一般ノ動乱」を起こそうとしたことが、その理由であった。[26] 後年の回想で反学林的な「先生排斥」運動が当時存在したと示唆されてもおり、「悪い事」とは田中体制に対する不満など、学園紛争の動きの一環かと推測するほかないが、[27] 詳細は不明である。また当該生徒は、一九〇九年段階で野球部員であることが『学友』から確認できるが、前年には同時に庭球部員としても試合に出場している。しかも、一〇年度の記事には名前が出てこないのである。

もし、田中の「不良論」が実際に行った生徒処分を正確に踏まえない曖昧な談話だったとしたら、やはりもっぱら①の野球嫌いが理由である、と言うべきだろうか。たしかに、害毒論者として田中の意見が『東京朝日新聞』に掲載されたのは、ひとえに野球嫌いで有名な人物だったからだ、といえば話は早い。筆者も、①が大きな理由だろうと考えている。野球そのものより対外試合による悪影響が問題だと「不良論」で説くものの、成績公表を義務づけたのは校内大会の優勝メンバーに対してであり、対外試合と無関係に統制を行っていたからである。

ただ、野球部員への取り締まりを、わざわざ誇張を含む可能性の大きい処分者数を挙げてまで強調するのには、別の理由もあったと推測される。

その一つとして、入学者確保の問題が挙げられる。中学林は卒業者の徴兵猶予特典（一九〇三年一二月）、早稲田大学など専門学校への受験資格（〇四年三月）を認定される学校となり、文部省から中学校に並ぶ位置づけを獲得した。だが、生徒集めには例年頭を悩ましており、他の中学林と並んで欠員補充募集も行う状態であった。曹洞宗寺院およびその子弟にとって、同盟休校や教員排斥運動が折々発生していた中学林への進学は、魅力的でなかったのかもしれない。[28]これを問題とみた曹洞宗宗務局は、〇八年二月に曹洞宗子弟以外の「宗外生」を入学させる規則を制定した。[29]ただし第一中学林は都市部にあり、改善の余地ありとして当面適用外となった。田中の林長就任は、宗外生受け入れが浮上するなかでとられた一策であり、田中はなるべく宗外生を入れずに済むよう、学校の立て直しを期待されていた。そこで彼は、僧侶養成機関にふさわしい、厳格な校風であることを強く示そうとし、野球の対外試合に毒されない学校であるとアピールすることになったのだろう。

もっとも、田中が林長として専権を振るうことは少ない。彼は宗務局教学部長からの指示をうける身であり、教員の待遇改善を求めるなど、むしろ現場教員の側に立っていた。[30]「不良論」の断定的口調からはワンマンぶりが想像されるが、実際はそう単純ではなく、あくまで曹洞宗の意向に従って行動していたことになる。そうすると、教団の考えに即した結果が「不良論」となって出た、という面も考慮せねばなるまい。

その教団の動向として、当時重要な問題がもう一つあった。一九一〇年に社会主義者・無政府主義者が大量逮捕された、一連の幸徳事件（いわゆる大逆事件）である。そのなかで神奈川県箱根・林泉寺住職であった内山愚童が、大逆罪で捕らえられ、一一年一月に幸徳秋水らとともに死刑に処された。[31]教団は一〇年六月に内山の僧籍を剥奪していたが、この死刑執行をうけて、社会主義に傾倒する僧侶の輩出を強く問題視した。各学林長は一一年二月一六日から一八日にかけ愛宕青松寺に召集され、永平寺・総持寺両本山の貫首（教団のトップ）より直接に、同様の事態を繰り返さぬよう特段の訓示をうけた。その直後に教学部長は「校紀弁ニ風教ノ監督」のため制度強化を命じ、講演会開催の届け出・認可申請を義務づける一方、三月には「中学林生徒褒賞細則」を定めた。[32]まさにその時期に野球部員を退学・停学にした、と強調する田中の「不良論」は、個人的に野球への非難をならしたとのみ見るのではなく、教団の事情を強く反映したものと言うべきであろう。

（3）「不良論」のゆくえ

田中の「不良論」は、害毒論争のなかでは特別やり玉にあげられたというより、多くの愚かな意見の一つとして非難されていった。論争自体は、基本的には旧弊の害毒論者を擁護派が打ち負かし、一九一五年（大正四）の全国中等学校優勝野球大会の実現へと進んでいった、と理解されているようだ。実際、擁護派の橋戸頑鉄が雑誌『運動世界』に載せた論説では、「流石の朝日新聞も、輿論には勝てず、有耶無耶の中に兜を抜いだ《ママ》」と勝利宣言したあと、教員は自分の監督不行届きを野球のせいにせず、「忠良の臣民」と同時に「世界的国民を作らんと努められよ」と喝破している。[33] また他の論者からは「某々校長、某々博士の所論と云ふものも一向信用にならぬものである」として、害毒論の談話取り消しや記事ねつ造疑惑もある、との意見まで飛び出し、[34] 害毒論者は完敗という様相もみてとれる。

ただ、野球は技術優位でなく精神面強化が必要という議論が、同じ『運動世界』に併載されつづけてもいて、[35] こうした論争において野球を肯定的にみた側にも、ときに過剰にも映る精神優位論が学生野球を縛ることになる。[36] その点では、論争の意味は単に害毒論の敗北と済ませるだけでは足りない。

では、害毒論の波紋は、第一中学林にはどう及んでいったのか。その後を見ておこう。

『学友』には、正面からそれを論じた記事は出なかった。田中林長が害毒論者として談話したことは当然知られていただろうが、学友会の機関誌としての性格上ゆえか、触れることはなかった。ただし一一年一〇月開催の第五回校内野球大会に関する記事には、「今夏以来議論複雑なりし斯界の問題も何時の間にか消え失せて。而して以前と変る事なし」〔14号11年167頁〕とあった。害毒論争は起こったがいつの間にか雲散霧消した、との〈客観的な〉評価が、わずかながら記されていたのである。活動の発展が押しとどめられた学友会野球部としての、意地の一文であったのかもしれない。

ところがその後、野球部は「以前と変る事な」く活動することはかなわなかった。直接的な転機は、学校の移転である。一九一三年（大正二）一月、曹洞宗大学が数年来の計画をへて麻布から駒沢へ移転したのを機に、同年九月、第一中学林も郊外の田園地帯である世田谷村三宿（現・世田谷区）へ移転、一一月に開校式を行った。大学の

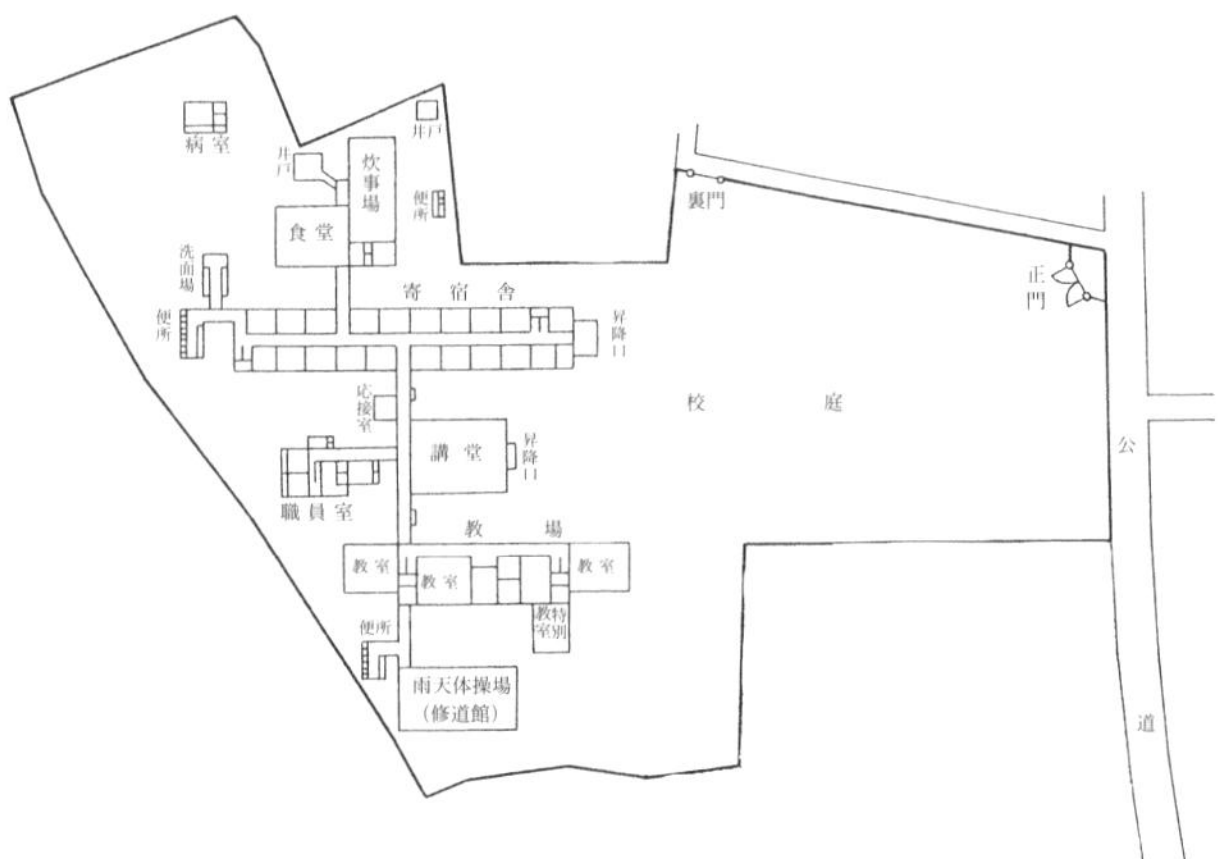

図　曹洞宗第一中学林の校地要図（1913年）

移転を前に宗務院は一二年春ごろから地主との交渉にあたり、校地を確保した。[37] これにより、それまで体操場が一二八〇坪（約四二八〇平米）[38] であったのが、かなり狭くなってしまったようだ。上の図に示された講堂と雨天体操場の面積が五〇平米[39] である点から割り出すと、せいぜい九〇〇坪強ほど（約三千平米）とみられ、野球ができる環境が乏しくなったのは確かである。

そして一九一四年二月にテニスコートが完成すると、五月に野球部は庭球部に吸収され「球技部」なる部になり、その活動は衰えていった。野球に代わって翌一五年には大弓（弓道）部、そして柔道部が創部される。またこの一九一四年は、懸案であった宗外生入学許可に結局踏み切った年となった。[40] 校地も移転し、教団外の生徒も受け入れる代わりに、武道中心の校風作りに力を入れることで、単なる「世間の学校」とならないようにする。教団および第一中学林の教育体制と運動部との関係は、このように固まっていった。田中は移転直前の一九一二年一二月、林長の座を去る。[41] だが田中の「不良論」の影響は、確かに中学林内に及んでいったように映る。

わずかに残った「野球部員」たちは、卒業時に活動を振り返り、こう嘆いた。

学校が移転してから運動場がせまくて野球の試合が出来なくなつてしまつた。野球部なるものが庭球部に合併して学校のグランドでは僅にキャッチボールおそろしくてノック位にとどまつて。非常に残念なことであったがいたしかたがなかつた、けれども花咲く頃即ち一学期は随分野球もした。日曜には練兵場へ行つて練習した。…〔中略〕…二学期になつてからは余りふるはなかつた。試合をしたことはなかつた。三学期になつたらキヤツチボールも余りしなかった、この分では野球も衰微してしまうが《ママ》らうと心配して居る〔18号16年132頁〕
僕は本年中には必ず運動場を広くして大々的に旃檀林下にあつた時の様にやつて見度いと思つて、春の中に学監様の所へ行つて聞いて見たら今の処仲々運動場を広げることは出来ない。若し広げるとすれば多大のマネーが必要だと言われた。極く静かにホンノ腕だめしに二三回此の狭いグラウンドで皆共に加減しながらやつて見たが矢張り天下はれての試合でないから何となし物足りぬ感がした〔19号17年157頁〕

第一中学林に野球部が復活するのは、じつに二〇年以上もあと、校名も世田谷中と改めて久しい、一九三七年（昭和一二）四月のことであった[42]。

おわりに

明治後期の仏教系学校における野球は、それまでの生徒の「遊戯」として広まっていた段階から、時期的には先行のキリスト教系学校にやや遅れて部として組織されていった。曹洞宗第一中学林の野球部もまた、そうした野球の普及過程のなかで創部された、一つの典型例であった。しかし同校野球部は、大正期の全国大会を頂点とした対外試合の広まりに背を向けるかのように、消滅してしまった。それは学校長の個人的な野球害毒論のせいというより、教団の意識に規定された結果だったのではないか。つまり、生徒確保に難をかかえる中学林にとって、ひいては幸徳事件に関与したとされる僧侶を輩出した教団自体にとって、自らの信用に関わる問題であるとの認識が、背景にあったように思われる。

戦前の宗教系学校においては、必ずしも運動部の創設や強化、野球部の全国大会出場が布教に益すると考えられたわけではない。少なくとも仏教系学校のなかには、むしろ対外試合や大会に出場しないことが学校としての信頼を高める、あるいは校風の厳格さのアピールにつながると考え、それを実践する学校もあったのだ――以上が、本章の見るところである。

もちろん、宗教・宗派間の比較や、宗派の教義と野球という競技の折り合いなど、いくらでも掘り下げる余地はある。明治後期から大正期にかけて、どの仏教系学校も宗門外生の受け入れを進める傾向はあり、その比較を通じて第一中学林の例を位置づけなおすこともできよう。また曹洞宗系学校同士でも相違点はある。たとえば第三中学林（現・愛知）の野球部は一九一七年の東海大会に初参加、二四年以後は全て参加している。[43]他方、第二中学林（のち栴檀学園、廃校）は県立の仙台一中（現・仙台一）とも対外試合を行い、盛んな活動ぶりを示しながら、一九一五年六月に突如解散している。数名の病気による「選手の欠乏」と「競技場の狭隘」がその理由だという。[44]

成立・形成過程と違い、こうした消滅・解散の詳細な事情は、野球以外の歴史研究でも往々にして不明になりがちである。しかし当然のことながら、「成った」「盛り上がった」場面のみが、歴史を形作るなどということはありえない。本章の考察を、ＰＬ学園の事例と直結させるのは性急ではあろう。だが、野球部の創部・発展史、あるいはその存在を善とする前提とは異なる野球史の描き方を示唆する点で、ともに興味ぶかく感じられるのである。

註

1　柳川裕二『永遠のPL学園　六〇年目のゲームセット』（小学館、二〇一七年）。以下この段落の記述は同書による。

2　各年度の数値は概数、それぞれ文化庁編『宗教年鑑』昭和三二年度版一六二頁、昭和四〇年度版一五六頁、昭和六二年度版八一頁、平成二八年度版八七頁。

3　木村吉次「いわゆる「野球害毒論」の一考察」（『中京体育学論叢』三、一九六二年）、秦真人・加賀秀雄「「野球害毒論争」（一九一一年）の実相に関する実証的検討」（『総合保健体育科学』一三−一、一九九〇年）、横田順彌『熱血児押川春浪』（三一書房、一九九一年）、有山輝雄『甲子園野球と日本人—メディアのつくったイベント』（吉川弘文館、一九九七年）、坂上康博『にっぽん野球の系譜学』（青弓社、二〇〇一年）、小野瀬剛志「野球害毒論争（一九一一年）に見る野球イデオロギー形成の一側面」（『スポーツ史研究』一五、二〇〇二年）、石坂友司「「野球害毒論争（一九一一年）」再考」『スポーツ社会学研究』一一、二〇〇三年）など。

4　安丸良夫は「日本型政教分離」の語で、天皇崇拝を前提とした諸宗教の並存・活動のありようを構造的に捉えんとした。『神々の明治維新』（岩波書店、一九七九年）二〇八〜九頁。

5　ここでの「宗教系」とは、アジア太平洋戦争後に開かれた新宗教のみならず、仏教・キリスト教・神道（教派神道）の宗教団体を広く含意している。また中等学校とは、第二次中学校令と実業学校令（ともに一八九九年制定）のもとで定められた、旧制中学校・実業学校を指している。

6　文部科学省学校基本調査「II　調査結果の概要［学校調査、学校通信教育調査（高等学校）］」一一頁。なお全国の高等学校（全日制・定時制）は四九〇七校、私学の割合は二六・九%。
http://www.mext.go.jp/component/b_menu/other/__icsFiles/afieldfile/2017/12/22/1388639_2.pdf（二〇一八年七月二〇日閲覧）。

7　夏の全国大会初出場の比較でも、第二回に関西学院、第三回に明星商業、第五回に同志社が出たのに対して、仏教系は第一一回に東山、第一三回に平安とやや遅れをとった。

8　君島一郎『日本野球創世記』（ベースボール・マガジン社、一九七二年）第二章ほか。

9　この「インブリー事件」とその後の処理については、中島耕二『近代日本の外交と宣教師』（吉川弘文館、二〇一一年）第五章に詳しい。

10　坂上康博『にっぽん野球の系譜学』（青弓社、二〇〇一年）参照。

11　『同志社大学野球部部史』前編（同志社大学体育会硬式野球部・同野球部ＯＢ会、一九九三年）六～一〇頁。

12　『東山高等学校硬式野球部百年史』（同部ＯＢ会、二〇〇三年）四三頁。

13　龍谷大学付属平安高等学校野球部史編集委員会編『平安野球部一〇〇年史』（平安学園、二〇〇八年）二〇～二一頁。

14　前掲註3石坂論文、一二三頁。

15　春秋子「都下中学選手月旦」（『運動世界』四一号、一九一一年一〇月）一六頁。

16　「野球と其害毒（十二）」『東京朝日新聞』一九一一年九月八日付。以下の引用も同じ。

17　「野球と其害毒（一）」同前、同年八月二九日付、第一高等学校長・新渡戸稲造の意見。

18　「野球と其害毒（九）」同前、同年九月六日付、順天中学校長・松見文平の意見。

19　谷川穣『明治前期の教育・教化・仏教』（思文閣出版、二〇〇八年）第二部参照。

20　世田谷学園校史編纂委員会編『獅子児の伝統　校史』（世田谷学園、二〇〇一年）一四五頁。

21　この寄贈書籍については確定が困難である。というのも、この時点で「ベースボール術」という書名の書籍は二冊あり（高橋慶太郎『ベースボール術』同文館、一八九六年、高見沢宗蔵・鳥飼英次郎『ベースボール術』尚栄堂、一九〇二年）、「新式」「最新」「秘訣」と付されたものも含めると五冊もある。当時の野球の知識および実践的技術に対する関心の高まりがうかがえよう。

22　『宗務院指令　自明治三十六年至全四十三年』世田谷学園校史資料室所蔵。

23　前掲註20『獅子児の伝統　校史』一三二～一三三頁。

24　早船は東京帝大文科大学哲学科（宗教学）を一九〇七年に卒業（『東京帝国大学一覧　従明治四十年至明治四十一年』学生欄二二三頁）。一九一六年には、近代宗教学の祖の一人コルネリス・ティーレの『宗教学原論』を邦訳・刊行している。

25　前掲註20『獅子児の伝統　校史』一二三～一二五頁（もととなった史料は『警誡録』世田谷学園校史資料室所蔵）。

26　『宗務院往復書類　自明治四十四年至大正十三年』同前所蔵。この史料については、同学園の西岡久善教諭よりご教示を得た。

27 前掲註20『獅子児の伝統 校史』一四二頁。

28 曹洞宗大学を中心とした曹洞宗の雑誌には、大正期に入ってもなお「宗教学校らしき特異点がドコにある、宗余乗は傍科よりも低級視して居るではないか、他の県公立の中学に比して品性はドウだらう…〔中略〕…他の中学には根絶したとまで云はるゝストライキは慢性中毒の症状を呈して居るではないか」と批判する声が掲載されていた（『和融誌』一八-七、一九一四年、五三九頁）。

29 前掲註20『獅子児の伝統 校史』一三〇～一三一頁。

30 たとえば一九一〇年一月、欠席・欠課届や生徒の成績判定に関する責任なども負う各級主任に、「一般学校ノ触合ニ」歩調を合わせて月額五円を給与に上乗せしてもらいたいと、田中は教学部長・財務部長に掛け合っている。『宗務院往復書類 従明治三十六年至四十三年』世田谷学園校史資料室所蔵。

31 内山愚童と事件との関わりについては、柏木隆法『内山愚童と大逆事件』（JCA出版、一九七九年）、眞田芳憲『〈大逆事件〉と禅僧内山愚童の抵抗』（佼成出版社、二〇一八年）などに詳しい。

32 『宗務院往復書類 自明治三十五年十一月至大正二年』世田谷学園校史資料室所蔵。

33 橋戸「野球の諸問題」（『運動世界』四一号、一九一一年一〇月）九～一〇頁。橋戸は第二代早稲田大学野球部主将。一九五九年の第一回野球殿堂で、正力松太郎、安部磯雄、沢村栄治らとともに表彰され殿堂入りを果たしている。現在でも、都市対抗野球大会の最優秀選手賞にその名を残す（橋戸賞）。

34 小鰐生「公明を欠ける朝日の記事」（同前）四八頁。

35 たとえば准々球客「精神的野球たれ―当今の野球選手を警む」（同前）一一～一三頁、針重敬喜「選手選定に関する意見」（『運動世界』四二号、一九一一年一一月）二三～二八頁。

36 中村哲也『学生野球憲章とはなにか』（青弓社、二〇一〇年）参照。

37 前掲註20『獅子児の伝統 校史』一五〇～一五一頁。

38 「校舎寄宿舎及校地図面附録」（前掲註32『宗務院往復書類』）。

39 前掲註20『獅子児の伝統 校史』一五二頁。

40　同前、一七四〜一七五頁。
41　同前、一四九頁。
42　同前、一七三頁。
43　愛知県の「曹洞中学」が一九〇八年八月初め、「富田中」（三重二中、現・四日市）や「豊橋中」（愛知四中、現・時習館）と対戦したという雑誌記事もあり（「東海聯合野球試合」『運動世界』六号、一九〇八年九月、一〇〇〜一〇二頁）、すでに当時から県内外の学校との交流試合を行っていたことがわかる。
44　『教友会雑誌』一三号、一九一五年、部一一頁（東北福祉大学図書館所蔵）。

［図版出典］写真１：朝日新聞社提供
写真２：『学友』第一五号、一九一二年
写真３：『学友』第一四号、一九一一年
図：『獅子児の伝統　校史』一五一頁。必要部分のみ掲出

［追記］本章で用いた史料の閲覧に際して、世田谷学園中学校・高等学校教諭の西岡久善さんにたいへんお世話になり、また貴重なご教示も賜りました。記して感謝申し上げます。

第2章

地域の野球を護るもの
——京阪の運動具店と中央運動社——

黒岩康博

はじめに

左の写真1は、一九一一年（明治四四）創刊の雑誌『野球界』第一四巻第四号（一九二四年〈大正一三〉三月）に掲載された、「野球大戦小戦」と題する彙報欄のカットである。ショーウィンドウにかかる「運動のシーズンが参りました」という言葉、見つめる学生の服装から考えて、早春の一コマであろうか。「試験当日でも」ではなく、試験当日「だから」ボール・バット・カップ・ユニフォームに向ける熱いまなざしがあったことを記者も知らないはずはないだろうが、右端に描かれている看板から見て、この図のモデルとなったのは、東京の美満津商店かと思われる。一八八二年五月、安濃津藩校有造館や同志社・同人社に学んだ伊藤卓夫により本郷五丁目に創設された同店は、「わが国で最初の体操器械・スポーツ用品製造販売業者であり、19世紀末期から20世紀初頭におけるスポーツ用品業

写真1　店頭の学生（『野球界』第14巻第4号、1924年3月）

界の中心的役割を果した」[1]という。

明治三〇年頃には、製品の全国的な販売網を有していた[2]東の美満津に対し、西の雄たる水野兄弟商会、後の美津濃商店（現・美津濃株式会社）が、靴下・シャツなどの学生向け洋品雑貨の他に野球用ボール等を販売する店として創業したのは、一九〇六年（明治三九）であった。[3]スポーツ用品の製造販売という面においては、美満津に後れを取った美津濃であったが、早くも一九一一年から大阪で実業団野球大会を開催する（後述）など、個人商店によるスポーツ大会主催という事業展開においては、先鞭を付けていた。[4]また一九一三年に、美津濃は関西学生聯合野球大会（〜一九二四年。全一二回。中断あり）も創設しているが、このように野球という舶来のスポーツが地域社会へと浸透する過程において、運動具店は、本業の用具製造及び販売に加え、公式戦の機会を提供することで大きな役割を果たした。

そして、右のような運動具店の地域スポーツへの貢献は、京都・大阪だけを見ても、美津濃一社に限った話ではなかった。以下本章では、明治末の野球害毒論争を経て、漸く大きく華を開こうとする野球というスポーツを、地域の運動具店がいかに支えたかという点について、社会人と学生の垣根が低かった――関西学生聯合野球大会の第一回には天狗倶楽部・錦華殿倶楽部という社会人チームも参加していた――黎明期大正の京阪地域を中心に、考察する。第一節では、京阪の運動具店による野球大会の開催状況を、主に『運動年鑑』より拾い上げる。第二節では、実業団野球大会を主催し、運動具の取次・販売も行った中央運動社（大阪）の活動を、その機関誌『スポーツマン』より明らかにする。

一　京阪地域の運動具店と野球大会

（1）美津濃商店と梶本運動用品店

先述した美津濃主催の関西学生聯合野球大会の第一回は、一九一三年（大正二）八月一日から五日にかけて豊中球場で開催され、中学校・実業学校・師範学校・クラブチームから成る四二チームが対抗戦方式で対戦したが、[5] その三年後の一九一六年に創刊された『野球年鑑』（一九一九年より『運動年鑑』に改題。以下『年鑑』と略）は、毎年内地・外地においてさまざまな規模で催された試合の存在を教えてくれる。その前年に始まった全国中等学校優勝野球大会を盛り上げるために作られたという同書は、[6] 創刊号凡例で「野球奨励の目的にて編纂」と謳う通り、「全国中等学校野球大会」の項を設けるだけでなく、「大正四年各学校戦績」の項では、各地の練習試合結果まで取り上げている。それを見ると、土浦中（現・土浦第一）は東京アマチュア倶楽部・早稲田倶楽部、彦根中（現・彦根東）は彦根体育倶楽部、兵庫県立第二中（神戸二中、現・兵庫）は慶應ナニワ倶楽部と対戦しており、大正初期には学生と社会人とを隔てる壁は非常に低かったことが分かる。

翌一九一七年発行『年鑑』第二号の「大正五年度各学校戦蹟」でも、地元社会人チームと練習試合を行う中学校・実業学校・師範学校の姿が見て取れるが、さらに同号の「各地実業団野球大会」には、南満工業・旅順工科学堂が参加した関東州野球大会（満洲日日新聞主催、於大連西公園）の記録がある。[7] これは外地に限った話ではなく、『年鑑』第四号（一九一九年）によると、前述の関東州野球大会の他、崎陽野球大会（長崎医専主催。以下括弧内は主催者）・神戸野球協会リーグ戦（神戸野球協会）・高知県野球大会（高知新聞社）・静岡県野球大会（東京朝日新聞社

写真２　梶本運動用品店広告（『野球界』第14巻第3号、1924年２月）

静岡通信社）・長崎高商野球大会（長崎高商）が催されており、学生チームと社会人チームが入り乱れて戦っている。こうした混淆大会がいつ頃まで催されたのかは興味深い問題であるが、『年鑑』を見るに、各地域において中学生は全国中等学校優勝野球大会の地方大会、社会人は実業団大会を主戦場として徐々に分かれて行くようである。後者の最も古いものの一つが、先述した美津濃主催の大阪実業野球大会であろう。

美津濃は東京支店主催で東京実業野球大会も開催し、一九一八年秋で四回目となっていたが、[8] 大阪ではすでに一五回目を数え、二部四〇チームを集めていた。

　大阪美津濃本店主催の同大会（大阪実業野球大会）は（一九一八年）九月二十二日より鳴尾運動場にて挙行最後迄残りしは第一部十六チームの内阪神電車、津田商店の二チーム、第二部二十四チームの内大阪色素化学、伊藤忠綵店の二チームにして二部優勝戦は十一対四にて大阪色素化学勝ち、第一部優勝戦は二A対零にして阪神電車の優勝に帰したり[9]

他地域においては、地元の新聞社や野球協会が実業団野球大会を主催する姿も見えていたが、大阪においては運動具店による開催が目立った。それを先駆者たる美津濃と共に担ったのが、梶本運動用品店である。梶本は、「競技の捷利は器具の精選にあり」と謳い、野球諸大会の「公認試合球」からライン引き器までを取り扱う「全般運動具・服装製造元」であった（写真2）。『年鑑』には、京阪神の運動具店として、中村商店内国部（大阪市）・山崎商店内地部（同）寺田運動具店（同）・丸善運動具（神戸市）・山本商店（京都市）なども広告を出していたが、梶本は用具製造・販売だけでなく、美津濃に対抗するかのように野球大会も主催し、大阪の実業野球界を牽引した。美津濃の大阪実業野球大会と梶本の浪華実業野球大会は、運動具店が主催した最も長期にわたるイベントであった。[10]

(2) 山本商店と京都の運動具店

美津濃社長水野利八は「野球大会は、決して宣伝するために開いたんやありません」[11]と述べたというが、大会が開かれることになれば、多くの用具が使用されることは事実である。その中で最も大量に消費されるのはボール（硬式球）であろうが、現在全国高等学校野球選手権大会本大会使用球が美津濃一社のものである状態とは異なり、当時は多くの運動具店が規定[12]に従ってボールを製造し、さまざまな大会で用いられた。先の『年鑑』に掲載された京阪神運動具店の広告でも、「米国桑港万国博覧会 金牌受領品」[13]と誇るOlympic Ball（中村商店内国部）や、League Ball（山崎商店内地部）、Official Asahi League（山本商店）など各店独自のボールが見られる。中でも「本球ハ野球仕合球トシテ公認セラレタル**パブリックスクールリーグボール**ヲ今般改称セシモノニ有之候」と謳う山本商店は、自社の「オツフキーシアル アサヒリーグ」ボール（九〇銭）を、「大阪朝日新聞社主宰 全国野球大会仕合球」と誇らしげに記す。[14]その後、アサヒリーグボールは、全国中等学校優勝野球大会の指定用球に採用され続け、価格は一個二円二五銭にまで跳ね上がっている（写真3）。

写真3　山本商店広告（『スポーツマン』第3巻第6号、1924年6月）

写真4　美賀登運動具店広告（『スポーツマン』第1巻第8号、1922年12月）

大連にも支店を持った[15]山本商店は、一九二〇年（大正九）の小菅慶太郎・藤井尚義編『京都商工人名録』（合資商法会社発行）では、唯一の運動具店（文具兼業）として掲載されている（一〇九頁）。京都市中で野球大会を開催する力のある店であり、実際「京都実業野球大会」なる大会を主催していたようである[16]が、ほぼ同時期に同じく京都実業野球大会を開催した店として、美賀登運動具店がある（写真4）。同店は、大正期の商工人名録や昭和戦前期の電話帳には全く名前が見られず、雑誌広告にある店の位置（四条堀川東入）以外の情報がなかったが、筆者が古書市で入手した史料によると、美賀登の第一回京都実業野球大会は一九二二年九月から一〇月にかけて、今村惟善京都市助役を審判委員長として催されたようである。[17]その大会規定を一部左に抜粋する。

二、参加チームハA組（商店、会社）B組（倶楽部）各拾六チームトス[18]
六、出場選手ハ必ズ一定ノユニホームヲ着用シテ試合開始予定時刻ヨリ三十分前ニ来場セラレタシ
九、試合球ハ試合都度参加チームヨリ壱個ヅツ持参セラレタシ
十、選手席ニ着席スルモノハ監督者一名及ベンチコーチ一名及ユニホームヲ着シタル選手ニ限ル
十一、用球ハ美賀登リーグボール二号ヲ使用ス

筆者が所蔵する一群の京都社会人野球関係史料は、この時B組球友倶楽部の一員として大会に参加した中岡利兵衛（五辻通大宮西入）の旧蔵史料と思われるが、その中には、翌二三年京都運動協会主催の第一回京都実業野球大会規定が含まれている。二三条から成る規定には、美賀登主催大会のものと似通った部分も多いが、第七条に「優勝旗ハ次大会ノ際返還スルモノトス　但シ本会ハ前年、位野花、山本、美賀登、ヱビスヤ、四商店主催ノ各野球大会ヲ継承セルモノナルヲ以テ同大会ノ優勝旗ハ本会へ返還スルモノトス」とあることに鑑みると、それも自然なことのように思われる。山本・美賀登以外の二店が主催した「各野球大会」の実態ははっきりしないが、第一七条に「用球ハ位野花、山本、美賀登、ヱビスヤ四商店ノ発売ニカヽル規定ニ合シタルボールヲ用ヒ、試合

写真5　ヱビスヤ商店広告（『スポーツマン』第2巻第9号、1923年9月）

毎ニ壱個宛審判者ニ提出スルモノトス」とあるように、それぞれの大会では各店が製造・販売するボールを用いることが必須とされたのであろう。位野花に関しては、一九二八年（昭和三）の松尾音治郎ほか編『京都商工人名録』（京都商工人名録発行所）により店舗の位置（新京極三条上）が分かる（一三五頁）くらいであるが、少なくともエビスヤについては、Asahi Match Ballなる「大阪朝日新聞社公認」球を発売していたことを、雑誌広告から窺うことが出来る（写真5）。やはりボールの製造・販売と、大会開催には密接な関係があったのである。

二　中央運動社の活動

（1）『スポーツマン』の発行

先に示した写真4・5のように、『年鑑』や『野球界』には見られないような京阪の小さな運動具店の広告を掲載していたのは、大阪にある中央運動社の機関誌『スポーツマン』であった。一九二二年（大正一一）五月の同社設立及び同誌創刊に際し、社長木下武之助▼[19]は次のように述べている。少し長いが引用しよう。

> 最近我国運動界の発達普及は漸く民衆の自覚に依り驚く可き進歩をなしつゝありますが未だ以て全般的と云ふ域に達しませぬ、抑々体育運動は単に一般学生の専有物のみならず国民全般の理解を必要とし且自から嗜好して体力の改善発達に資し以て国家百年の安泰を期す可き時代であります
>
> …〔中略〕…
>
> 而して東都運動界に名声を博せし多数の運動家は京阪神の地に或はクラブ団として或は実業団として活躍せられ現に東都に於て暁（驍）名を馳せつゝある、斯界の名手の多くも我が関西人に依り占められて居る実況で中等学

校、青年団、小学校の運動熱は非常な勢を示して居ります、然るに運動の普及宣伝機関とし一方各運動家相互の親睦機関として此れが中心となり運動界の指導者として権威ある機関たる可きものなき有様で東都の一、二雑誌に依り纔かに活躍の跡を止むるのみであります、吾人関西に籍を置く運動家に取りましては頗る残念の次第で今回運動界の多数の名士及び運動に多大の嗜味を有せらるゝ多数の紳士諸彦の発起及賛成を得て関西運動界を中心とする宣伝機関とし且運動家相互の研究発表機関として月刊雑誌を発刊し其他或は講演に或は運動競技の主催後援に依りて一般運動を愛好せらるゝ諸君の好伴侶となり其趣味の一端を満足せしめ運動競技の普及発達に資せんとの遠大の抱負を以て本社の創立を計画したる次第であります。[20]

〔後略。圏点ママ〕

社長木下の宣言にその一端が垣間見られるが、中央運動社は、①月刊運動全般雑誌『スポーツマン』[21]の発行、②一般運動競技に関する知識普及のため各運動界の権威者が執筆した運動叢書の発行、③運動競技の主催・仲介・後援、④毎年春秋二季又は臨時に運動競技に関する展覧会及講演会の開催、⑤「地方運動家」のための適当かつ廉価な運動具の紹介・取次・代理販売、の五つを主たる事業と謳い、中でも①・③を軸として活動した。①の『スポーツマン』には、創刊号編集後記に「関西の知名運動家は殆ど網羅して誌友と云ふ格で本社なり本誌の御面倒を見て頂ける」とあるように、特に初期には早稲田大学野球部監督飛田穂洲、大阪毎日新聞社運動部長木下東作、大阪朝日新聞記者橋戸頑鉄といった論客による寄稿も多く見られた。中でも大阪野球協会理事宇津信義は、「実際此頃の中等学校（特に関西）選手程嫌に生意気で品性劣等なものは恐らく他にあるまい」「球界の中心が関東を離れて関西に転じ、学生万能時代が実業団に移りつゝある」として、

関西球界を二分するダイヤ、スター両倶楽部、大朝、大毎、時事の後援を以て関西に割拠せる群雄を統一すべ

く生れた中央運動社が其指導者として最適任者ではあるまいか。此意味に於て、大朝主催の全国中学大会、運動具店主催の実業大会も総て同社の事業とする事を切望する[22]」とまで述べている。

同誌の編集には木下武之助・高瀬養という大阪体育協会の役員が深く関与したこともあり、啓蒙一辺倒の雑誌と思われそうだが、読者参加のページや企画も見られた。前者の代表が「読者欄」という投書欄で、「フイルダーチヨイスは野手の失策として記録するなりや」「失策としません」、「神鉄（神戸鉄道局）の遊撃柏原君は御誌に高松中学出とありましたが曾つて立教大学に籍を置いた人ですか」「立教の人とは違ふやうです[23]」、といった野球規則や選手の経歴等に関する問答が交わされ、進路については個別に「最近野球選手異動録」というコーナーも時折設けられた。また銀・銅製のカップやメダルを懸けて「全国中等学校野球大会優勝校予想」も催され、数千もの投票を集めている（写真6）。

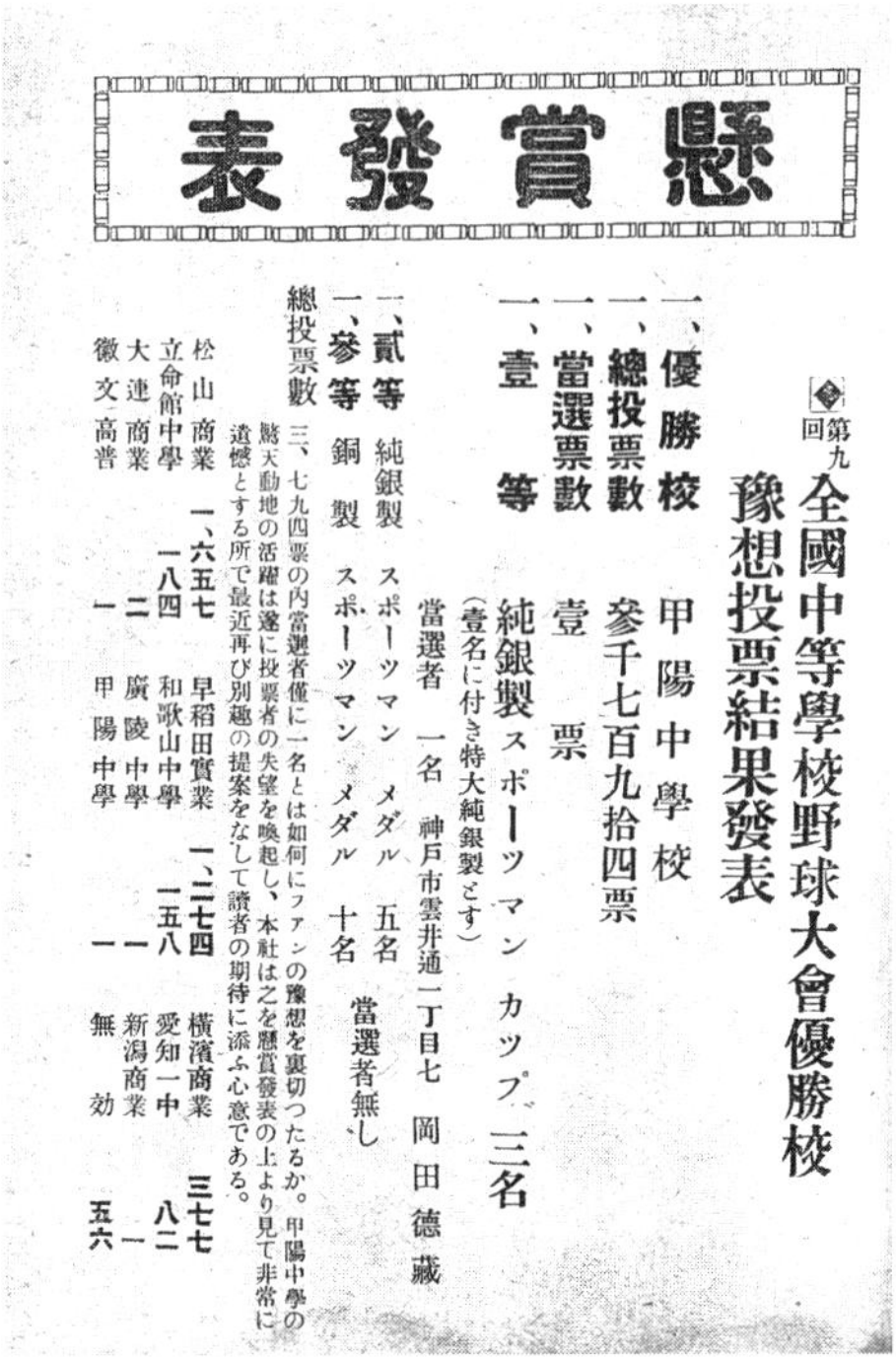

懸賞發表

第九回 全國中等學校野球大會優勝校豫想投票結果發表

一、優勝校　甲陽中學校
一、總投票數　參千七百九拾四票
一、當選票數　壹票
一、壹等　純銀製スポーツマンカップ　三名
（壹名に付き特大純銀製とす）
當選者　一名　神戸市雲井通一丁目七　岡田德藏
一、貳等　純銀製　スポーツマン　メダル　五名
一、參等　銅製　スポーツマン　メダル　十名　當選者無し
三、七九四票の内當選者僅に一名とは如何にファンの豫想を裏切つたるか。甲陽中學の驚天動地の活躍は遂に投票者の失望を喚起し、本社は之を懸賞發表の上より見て非常に遺憾とする所で最近再び別趣の提案をなして讀者の期待に添ふ心意である。

總投票數

松山商業	一、六五七	早稲田實業	一、二七四	横濱商業	三七七
立命館中學	一八四	和歌山中學	一五八	愛知一中	八二
大連商業	二	廣陵中學	一	新潟商業	一
徽文高普	一	甲陽中學	一	無効	五六

写真6　優勝校予想投票結果発表（『スポーツマン』第2巻第9号、1923年9月）

（2）野球大会の開催

「余り野球記事に偏重して居るとの御叱り」を受け、「陸上競技、庭球、フットボール、水泳等」も網羅すると明言[24]したものの、やはり『スポーツマン』の記事は野球中心であった。そして、先の木下武之助の宣言や宇津信義の希望に沿ったように、中でも頁を多く割かれたのが、社会人野球についてであった。在阪実業団チーム（クラブチームを含む）の取材記事「大阪実業団膝栗毛」は、現在とは異なる勢力図や一時隆盛を極めたチームの存在を知ることが出来、非常に興味深い。「御承知の通り刻々と価格の変動する株式業者にとりまして、事を瞬間に決する明敏なる判断力を要する野球競技は最も推奨すべき運動であると思ひます」とマネージャーが語り、「本春慶應から高濱君同志者《ママ》から竹内君京一商から佐藤河瀬の諸君の入部を見最近京二商から近藤君が入部」した野村商店（現・野村證券）もその一つである。

大阪株式現物団の覇王、野村商店がある、此所の野球部は近来高濱益雄氏（旧慶大）の入店以来メキ〳〵とテイームが充実して盛んに活躍して居る。大阪実業団中有数の強テイームとなつた。幹部以下店員全体の野球熱は素晴らしいもので野球部の試合の節は店が総動員して応援に出ると云ふ熱心さである。[25]

しかし、最も詳細に報じられたのは、③の中央運動社が主催する実業団野球大会であった。一九二〇年に大阪朝日新聞社が開催した全国実業団野球大会を、「本社の創立さるゝや最初の事業として之を譲り受け、朝日新聞の後援を得て今後年中行事の一として本社の主催する事となつた」[26]という事情により、第二回（一九二二年）より全国実業団優勝野球大会として主催したものである。大阪朝日の主催した第一回には、増田貿易（神戸）・阪神電車（大阪）・呉火薬（中国）・森村商事（名古屋）・大丸呉服店（京都）・門司鉄道局（九州）が参加したが[27]、第二回では東京電気（東京）・日本共立生命（京都）・杉村倉庫（大阪）・全三菱（神戸）・呉造船（中国）・門司鉄道局（九州）・中島鑛業（九州）とほぼ一新し、以後も中央運動社の選抜した実業団チームが覇を競うというスタイルが踏襲された。

同大会は、後の都市対抗野球大会（一九二七年〜現在）において、企業チームとして初めて優勝（第一〇回、一九三六年）[28]することとなる門司鉄道局が当初よりその片鱗を見せているが、草創期に無類の強さを見せ、大会を軌道に乗せたのは、大阪の杉村倉庫であろう。第二・三回に出場し、本部事務所を飯塚炭鉱に置いて従業員厚生施設として五〇〇〇坪の運動場を備えた中島鑛業[29]と同じく、社員の親睦と福利厚生のため一九一八年に創設された杉村倉庫野球部は、社内同好会が監査役・社長の指導・援助を受け、大学の優秀選手を採用することにより「大阪倉庫業界の雄」となったという。[30]確かに第三回（一九二三年）の全チーム選手一覧を見ていると、東京電気の如くほとんどが大学野球出身であるチームや、名古屋鉄道局・神戸鉄道局・全呉工廠のように全て中学校・実業学校卒業者であったチームに対し、杉村倉庫・全三菱・中島鑛業は、中学校・実業学校・高等商業学校卒に混じって大学出の選手が要所を占めていた。「学校時代各々主将級を以て専門学校に活躍し老熟洗練を経た名士の集団[31]」である杉村は、第二回・四回の全国実業団優勝野球大会に優勝し、「数多のファンの血を湧かした[32]」のであった。

「毎年春期に挙行する本社主催全国実業団野球大会の準備として[33]」中央運動社が秋期に主催した京阪神実業団大会でも、第二・三回（一九二三・二四年）と優勝を重ね、「子供も知っている野球に強い杉村倉庫[34]」の名は轟いたが、第一次大戦後の反動不況に伴う「社内整理」の結果大正末に廃部となり、杉村と鎬を削った中島鑛業も、経営権の譲渡等により一九二三年消滅の憂き目に遭った。春の全国実業団優勝野球大会は、一九三一年の第九回まで継続したことは確実だが、翌年以降の『スポーツマン』の存在が不明であるため以後の実施は確認出来ず、一九四三年までの『年鑑』でも開催は窺えない。第九回は甲子園球場で開催され、都市対抗野球の常連となる八幡製鉄所が優勝している。当初の「実業団チームと云ふものに対して一般は之を極めて低級下視し実業団のゲームを見て満足し得ない」[35]という心配はもう必要なかった。中央運動社が大会を開催したこの一〇年ほどが、「大学野球のスターたちが卒業後もプレーする場所を求めはじめて、社会人野球の技術的向上につながった。プロ野球が成立する以前の段階で、ようやく社会人野球が最高の舞台として認識されはじめる時期」[36]だとするならば、それを支えていたのはこうした諸大会だったのである。

おわりに

中央運動社の事業のうち、⑤「地方運動家」のための適当かつ廉価な運動具の紹介・取次・代理販売については、創刊号で早々に同様の文言の社告を出していたが、『スポーツマン』第二巻第一〇号（一九二三年一〇月）でようやく「最も完全なる運動具一切／最も適当な運動服装一切／最も価値ある内外運動書籍」の代理取次開始を告知している（一三七頁）。戎橋南詰に開いた「スポーツマン運動具店」は、その後移転に伴い用具販売スペースが狭くなるなど、余り積極的な展開は行われなかったようである。「読者欄」の「和製のバットでは何が一番上等ですか」という問いに対し、「それは云へません、各個人の好き嫌がありますので中々一言に善悪は申せません」と答えているところから見ると、自ら用具製造を行わない、純粋な小売店だったのだろう。[37]

スポーツマン運動具店をはじめ、本章に登場した運動具店は、美津濃を除き現存しないようだ。「運動具店が主催せる野球大会は、縦へソレが敵本主義的な心算が加味せられてあつたにもせよ野球史の一頁を占むる功績は認めて宜からう」[38]などと偉そうに言われなくとも、前節で述べたように、それらの大会には一定の意義があった。中央運動社顧問の高瀬養は、「運動家を中心とした社交機関を作れ」と掲げて、「多くの運動家は自然のうちに而も手軽る《ママ》に、モット判りよく曰へば懐中物と相談の必要なく、丸腰で立寄り得る集会所を欲してゐる」[39]と訴えた。ここで高瀬が想定しているのは、「ソーファアーもあり時刻となれば食堂も開かれ」ている「運動会館」のようなものであるが、実際にテストを控えた学生《こども》や、仕事を早上がりして練習に励む社会人《おとな》が、一プレイヤーとして交差したのは、運動具屋の店先だったのではないだろうか。そして、そうした球友交際を紙上に再現したのが、『スポーツマン』のようなスポーツ雑誌であったと言えよう。私が練習帰りに訪れた母校最寄りのスポーツ用品店は既になくなってしまったようだが、これまで見てきたように、交際の拠点たる運動具店＝スポーツショップから地域スポーツの基盤形成を構想するのも、強ち間違いではないように思われる。この小さな赤い灯は消してはならない。

註

1 中嶋健「伊東卓夫、「美満津商店」創業までの経歴」（阿部生雄監修、大熊廣明・真田久・榊原浩晃・齋藤健司編『体育・スポーツの近現代―歴史からの問いかけ』不昧堂出版、二〇一一年）二一八頁。

2 大熊廣明「明治・大正期における体操用具の製造と販売」（同前）一一四頁。

3 同書編集事務局編『スポーツは陸から海から大空へ―水野利八物語』（美津濃株式会社、一九七三年）一二七～一二九頁。

4 同前、一四一～一四三頁。

5 「優勝旗物語―関西学生聯合野球大会」（同前）六～九、五四～五六頁。

6 伊東明「解説」（朝日新聞社編『運動年鑑』第一巻、日本図書センター復刻版、二〇〇一年）九頁。

7　他の参加チームは、埠頭倶楽部・満鉄本社・大連駅・実業団等（一八六頁）。

8　朝日新聞社編・発行『運動年鑑』第四年（一九一九年）一九六〜一九七頁。

9　同前、一九六頁。

10　一九二九年の時点で、前者は三六回、後者は二八回を数えた（朝日新聞社編・発行『運動年鑑』第一五年、一九三〇年、九五頁）。

11　前掲註3、一四三頁。

12　重量は五〜五と四分の一オンス（一四一・七〜一四八・八グラム）、周囲は九〜九と四分の一インチ（二二・九〜二三・五センチ）。

13　朝日新聞社編・発行『野球年鑑』第二号、一九一七年、広告。

14　同前。

15　大連商工会議所編・発行『大連商工名録』昭和二年版（一九二七年）には、運動具・銃剣道具の卸売・小売業者として山本運動具店（山本卯兵衛）の名前がある（二三二頁）。

16　「山本運動具店主催の同大会〔京都実業野球大会〕は、鈴木倶楽部が市役所軍を三A対零で撃破して優勝した」（『野球界』第一二巻一一号、一九二二年八月、一五二頁）。

17　副審判委員長巌西真乗（京都市聯合青年団主事）、競技進行委員は森田正二（同大）、審判委員は林修（一中）・新村秀一（三高）・田中福太郎（明大）・高田（同大）・辻英一（帝大）・奥幸次郎（同大）・安田義信（立命）・小林重三（同大）・赤座真喜太（一中）・柴田兄（帝大）・柴田弟（一中）となっている（筆者所蔵史料）。正副審判委員長を除いて、全て学生である。ちなみに、新村秀一は言語学者新村出の長男で後の広島高等学校教授、「柴田弟」は京都大学教授となる歴史学者柴田実、「柴田兄」は京都帝国大学経済学部を卒業し、精華高等女学校・平安中学校で教鞭を執った柴田謙二郎のことかと思われる。

18　A組—共立生命、山口銀行、山本運動具店、西村貿易店、弘田商店、市事業部、井上利商店、井上清商店、西陣製織所、島津製作所、専売局、伊吹合名会社、松風工業会社、日新電気株式会社、日本精工会社、経済新報社
　B組—鈴木倶楽部、旭野球団、商友倶楽部、カクタス倶楽部、キング倶楽部、染料倶楽部、球友倶楽部、酒友倶楽部、

京友倶楽部、陶青倶楽部、ホワイト倶楽部、葵倶楽部、錦倶楽部、錦盛野球団、渥美倶楽部、熊野倶楽部
『野球界』第一二巻第一五号（一九二二年一二月）によると、A組優勝は松風工業会社、B組優勝は鈴木倶楽部であるという（一四八頁）。

19 『鉄道時報』を創刊し、理工図書株式会社社長もつとめた出版人木下立安の弟で、著書の『鉄道道路曲線測量表』は、明治から戦後まで増補訂正して刊行され続けた。

20 木下武之助「中央運動社設立趣意と本誌創刊に際して」（『スポーツマン』第一巻第一号、一九二二年五月）二～四頁。

21 同誌を最もまとまって所蔵するのは野球殿堂博物館図書室であり、第一〇巻第九号（一九三一年九月）の発行までが確認できる（途中欠号あり）。閲覧に際しては、小川晶子・茅根拓の両氏にお世話頂いた。感謝申し上げます。

22 宇津信義「中央運動社の使命」（『スポーツマン』第一巻第一号、一九二二年五月）三一～三二頁。

23 『スポーツマン』第二巻第七号、一九二三年七月、一九九・二〇〇頁。

24 『スポーツマン』第一巻第六号、一九二二年一〇月、編集後記。

25 霊潮「大阪実業団膝栗毛（5）」（『スポーツマン』第一巻第七号、一九二二年一一月）一一二頁。

26 「本社主催大朝後接《ママ》 第二回全国実業団優勝野球大会戦記」（『スポーツマン』第一巻第一号、一九二二年五月）一六四頁。

27 「本社主催第三回 全国実業野球大会記」（『スポーツマン』第二巻第五号、一九二三年五月）六六頁。

28 同書編さん委員編『都市対抗野球大会60年史』（日本野球連盟・毎日新聞社、一九九〇年）四二～四三頁。

29 古園井昌喜「戦前の北九州地方における企業内スポーツの研究―中島鑛業所野球部について」（『久留米大学保健体育センター研究紀要』二―一、一九九四年）二〇頁。

30 社史編集委員会編『杉村倉庫創業七十五年史』（杉村倉庫、一九七二年）五二頁。

31 前掲註26、一七五頁。大学令施行まで、早稲田・明治・慶應義塾大学等は制度上専門学校であった。

32 福長光蔵「勝ちは勝つたが教訓を得た」（『スポーツマン』第一巻第二号、一九二二年六月）一三八頁。

33 「本社主催 京阪神実業野球大会記」（『スポーツマン』第一巻第八号、一九二二年一二月）一三四頁。

34 前掲註30、五二頁。

35 安藤北海「全国実業団代表優勝野球大会に就而」（『スポーツマン』第一巻第二号、一九二二年六月）一三九頁。

36　澤野雅彦『企業スポーツの栄光と挫折』（青弓社、二〇〇五年）二四頁。
37　『スポーツマン』第三巻第一号、一九二四年一月、二一九頁。
38　奮狂生「間口は広く美しくなつた…奥行の方は什麼乎」（『スポーツマン』第一巻第三号、一九二二年七月）七九頁。
39　高瀬養「時言」（『スポーツマン』第四巻第六号、一九二五年六月）四〜五頁。

［図版出典］写真3〜6：野球殿堂博物館提供

コラム

書いて楽しむ野球
―大正期、京都一中の回覧雑誌から―

谷川　穣

明治以降、中等学校で生徒が同人雑誌を作ることは、数多く行われてきたようだ。各部活動の統括団体（学友会など）による定期雑誌とは違い、仲間同士で思い思いの書き物をして編集し、印刷はせずそれを回し読むものも見られた。京都府立京都第一中（現・洛北）の『近衛』は、その同人雑誌の一例である（写真1）。

写真1　『近衛』創刊号の表紙（同誌1号、1919年）

雑誌『近衛』

一九一九年（大正八）一月、当時の学校所在地にちなんだ誌名を付して、雑誌は産声を上げた。編集長はのちの北海道銀行頭取・島本融、副編集長格は仏文学者で京都大学人文科学研究所長となる桑原武夫。メンバーは堀江保蔵（日本経済史）、難波捷吾（電子工学）、小川茂樹（のち貝塚、中国史）ら、学界で名をなす者も含んだ二・三年生二〇名ほどであった。創刊号「発刊方針」で島本は「本誌は自由である、米国のやうに偽自由じやない、従つて会則等の必要を認めない」と意気を示し、詩や小説、校風や天下国家をめぐる評論、教員・生徒の人物評、友人との旅行記などが、硬軟とりまぜて数十ページに収載された。閲覧者が巻末にかなり辛辣なものも含む批評を加える、あるいは「之は素敵」「をかしな絵やな」と記事に直接コメントを書き込むなど、第一次世界大戦後を生きるエリート候補生たちの、交流ぶりや気質の一端が伝わってくる。

近衛倶楽部かく戦えり、楽しめり

そのなかに、「近衛倶楽部」なる野球チームの活動をめぐる評論が毎号のように載っている。これは創刊前年の三月、松村泰雄ら当時二年甲組有志が作ったもので、一八九四年創部、同志社中（現・同志社）や京都二中（現・鳥羽）などと覇を競った一中の野球部（一九一七年に第三回全国大会へ出場）とは全く別の、同好の士によるチームであった。近衛倶楽部は、随時対戦できる相手を熱望していた（写真2）。校内には「流星、ホワイトタイガー、神陵、モンスター等の」チームがあり（「近衛に就きて」『近衛』三巻三号、一九二二年）、実際に対戦して、メンバーや試合経過、スコアも時折掲載された。

もっとも、これらの試合は必ずしも九人同士で行ったものではなかった。戦績を振り返る記事では、「朝に一軍を破り夕べに又一軍を抜き」いよいよ「威を振はんとし」ていると勇ましい書きぶりだが、実際の試合は一年時に七試合（四勝二敗一分）、うち六試合は四人チームの「三角ベース」。二年時にも一〇試合で三勝六敗一分、それも内野だけの六人、外野一人の七人といった対戦形式が大半であった。また、長打力に乏しいのが課題であると率直に述べてもいる（近衛倶楽部野球団員「戦の跡」同誌五号、一九一九年）。必ずしも九人でなくとも、強豪でなくとも、自ら記事を書いて盛り上げつつ、「対外試合」を楽しんでいたのである。

また、選手評も載った。エースの加藤晶を評した記事ではこうだ。加藤は入学後に野球を一から覚え、つい

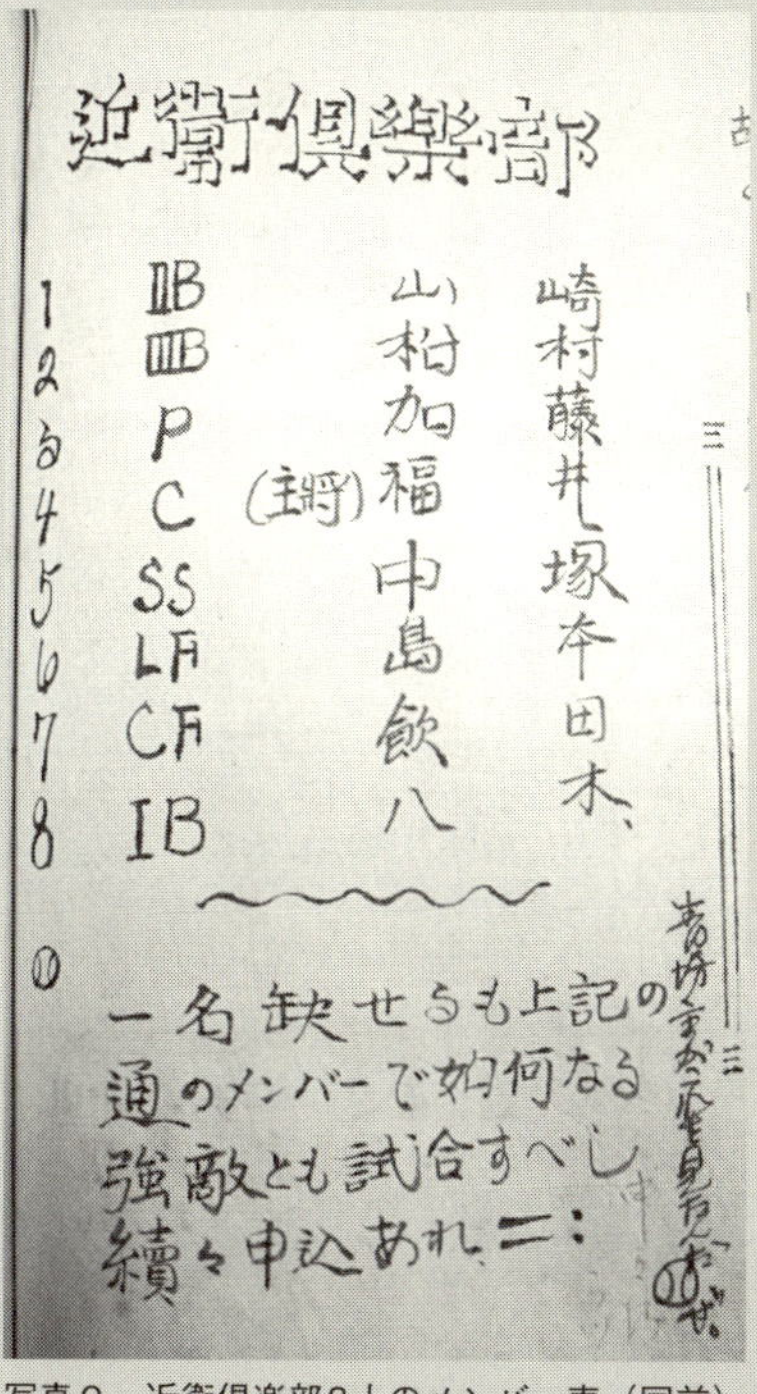

写真２　近衛倶楽部８人のメンバー表（同前）

に「同倶楽部の正投手たる重任を双肩に負ひ花々しくプレートに立つて敵を封ずる」に至った。そして甲組の「プロフエツショナルテイム」と対戦して抑え込んだ。だが実は「アンダーとサイドのちゃんぽら」から繰り出す「怪球」「極度の緩球」で強打者たちの調子を狂わせたのであって、かえって乙組の「素人チーム」には滅多打ちされた。ランナーがいるときはモーションをもう少し小さくするなど、より成長を望む、と。真剣に書き出しつつユーモアをまじえたエールで、ただの提灯記事で済まさぬあたりに、逆に思い入れの強さが感じられる（木戸郎「近衛名投手加藤晶氏論」同誌三号、一九一九年）。

観戦記や選手評には、おそらく「型」があった。『運動界』『ベースボール』といった野球の専門雑誌が明治後期には創刊され、ジャーナリストの鳥谷部春汀や『日本之下層社会』で知られるルポライター横山源之助らの活躍によって、二〇世紀初頭に人物評の流行も起こっていた。それらの流れのなかに『近衛』も位置していたと言えるかもしれないが、それらの型におさまらない個性的な筆が並んでいるのは、同人雑誌という仲間内のゆえであろうか。

野球部と異なる野球の広がり

他方、『近衛』における一中の野球部に関する記事は、管見の限りでは一九二〇年一一月に行われた同志社中との定期戦のものが唯一である（写真3）。試合前は「殺気共にみなぎり意気は地を蔽《おお》ふの壮観」、試合中は「選手の面は青白く決死の色」「応援は益《ますます》熱烈を

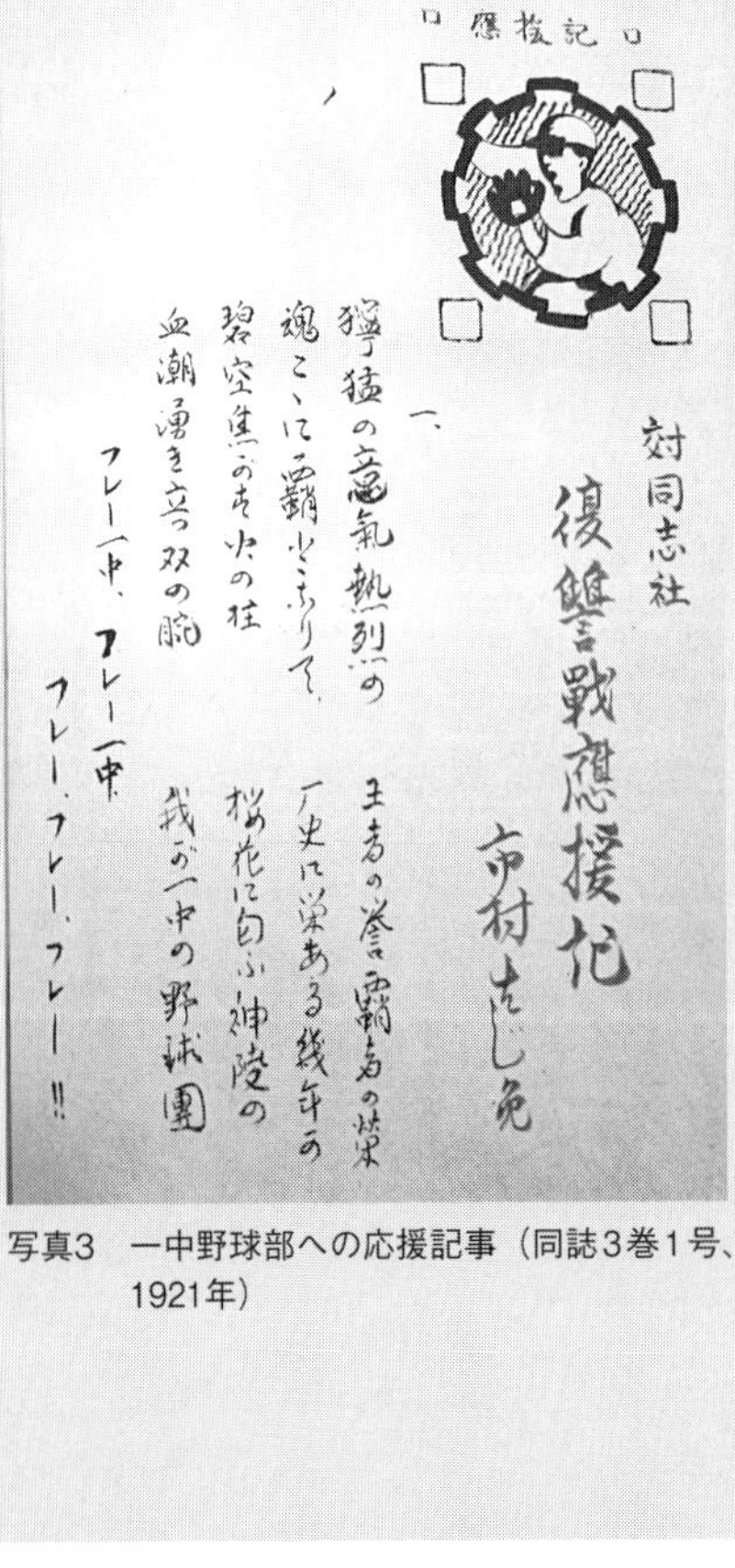

写真3　一中野球部への応援記事（同誌3巻1号、1921年）

極め天地は為めにくつがへらんばかり」と表現され、勝利をおさめ「オー我等が選手よ、我等がチャンピオンよ、栄ある一中の野球史の華やかな一頁を飾つたのだ」と歓喜する応援記であった（市村はじめ「対同志社復讐戦応援記」同誌三巻一号、一九二一年）。その悲壮感すらある筆致は、近衛倶楽部に関する記事とは大きなへだたりがある。明治末期から大正期にかけて、他校との試合での過熱ぶりは全国的に広まっていたが、この記事はまさにそれを示す典型だろう。

だが、これは『近衛』では例外的だった。基調としては、そうした「型」の文章や勝負のありようを承知しつつ、部の外にいることにいささかのプライドも持って、校内での野球のほうに楽しさを見いだしていたと言えそうである。

学校の代表選手たちが他校と勝負し覇権を争うことが、その全国大会の盛り上がりとともに前面に押し出されていく。これまで、そうした檜舞台だけが、「高校野球の歴史」と見られてきた観もある。しかし、それとはまた別種の全国津々浦々での「試合」が、「書き記すこと」とともに楽しまれて、野球は日本社会に根付いていったのである。創刊者たちが在学していた三年ほどで消えた『近衛』は、そのことを示唆する興味ぶかい記録であり、野球の歴史資料が新聞や専門雑誌、あるいは学校史以外に、まだまだ眠っていることも教えてくれている。

参考文献

岡島昭浩「明治中期の回覧雑誌「共究会文章会」」（『大阪大学大学院文学研究科研究紀要』五四、二〇一四年）。
『京一中洛北高校百年史』京一中百周年洛北高校二〇周年記念事業委員会、一九七二年。
『近衛』京都府立第一中学校、一九一九〜二一年（京都大学人文科学研究所所蔵）。

第3章

植民地朝鮮と甲子園
――在朝日本人中等学校の野球史――

小野容照

はじめに

一九三一年の夏の甲子園で準優勝した台湾代表の嘉義農林学校を描いた映画「ＫＡＮＯ１９３１海の向こうの甲子園」（馬志翔監督、二〇一四年）が台湾で制作されたのとは対照的に、戦前の甲子園（本章では一九二三年以前は全国中等学校優勝野球大会と呼称する）の予選が朝鮮でも開催されていたことは、韓国ではほぼ忘れ去られている。その理由は、ふたつ考えられる。

ひとつは、朝鮮地区予選を勝ち抜いて本選に出場したチームのほとんどが、日本人だけか、日本人と朝鮮人の混合チームだったからである。表にあるように一九二一年に朝鮮地区予選がはじまってから戦前最後の甲子園大会となる四〇年までの計二〇回のうち、日本人だけのチームが実に一二回も地区予選で優勝している。残りは七回が混合チームで、朝鮮人だけのチームが代表になったのは二三年の徽文高等普通学校（現・徽文高等学校）のわずか一回であった。もちろんこれは実力によるものであり、実際は日本人チームよりも朝鮮人チームのほうが多く予選に参加した年もあったのだが、韓国で甲子園が所詮は日本人の大会に過ぎないという認識を持たれてきたことは否めない。

表　朝鮮地区予選の参加校数と優勝チーム

	日本人	朝鮮人	混合	合計	地区優勝校	本選の成績
1921年	4	0	0	4	釜山商業学校	二回戦敗退
1922年	5	0	0	5	京城中学校	初戦敗退
1923年	7	1	0	8	徽文高等普通学校☆	準々決勝敗退
1924年	5	1	0	6	京城中学校	初戦敗退
1925年	6	1	0	7	釜山中学校	二回戦敗退
1926年	9	1	0	10	京城中学校	二回戦敗退
1927年	8	3	2	13	京城中学校	初戦敗退
1928年	10	4	4	18	京城中学校	二回戦敗退
1929年	12	4	5	21	平壌中学校	二回戦敗退
1930年	13	3	10	26	大邱商業学校★	二回戦敗退
1931年	16	9	10	35	京城商業学校	二回戦敗退
1932年	16	9	8	33	平壌中学校★	初戦敗退
1933年	12	8	11	31	善隣商業学校★	初戦敗退
1934年	14	8	12	34	京城商業学校	準々決勝敗退
1935年	13	8	12	33	新義州商業学校★	二回戦敗退
1936年	12	14	12	38	仁川商業学校★	二回戦敗退
1937年	12	11	13	36	龍山中学校	初戦敗退
1938年	10	8	13	31	仁川商業学校★	二回戦敗退
1939年	7	9	10	26	仁川商業学校★	初戦敗退
1940年	8	8	12	28	平壌第一中学校	二回戦敗退

注記：地区優勝校のうち、☆は朝鮮人チーム、★は混合チームを指す
出典：小野容照『帝国日本と朝鮮野球―憧憬とナショナリズムの隘路』（中央公論新社、2017年）、237頁

もうひとつは、植民地時代に朝鮮人が主催する野球大会があったからである。とくに朝鮮体育会が主催した全朝鮮野球大会は民族運動とも関係が深く、朝鮮体育会は現在も大韓体育会に名を変えて活動している。そのため、大韓体育会が編纂した『大韓体育会史』は、植民地期の野球に関する叙述の多くを全朝鮮野球大会に費やしている。反面、甲子園については、徽文高等普通学校を除いて、あまり触れられていない[1]。

このように、韓国で甲子園は朝鮮人主催の野球大会の歴史の陰に隠れ、否定こそされていないものの忘却された。一方、植民地期に朝鮮に住んでいた日本人の間では、甲子園は青春の思い出のひとつとして戦後も語られてきた。在朝日本人の通った中等学校の卒業生たちは戦後に各種の同窓会誌を発行しているが、それらには部活動の思い出を綴ったエッセイが多数載っており、母校の甲子園出場を回顧したものも多い。朝鮮の日本人にとっても、甲子園は一大イベントだったのである。

そこで本章では、植民地朝鮮と甲子園との関係について、在朝日本人の視点から描いていく。とくに内地の地区予選との違いに着目することで、野球の観点から在朝日本人の植民地経験を浮き彫りにしていきたい。まず第一節で朝鮮地区予選の展開過程を概観したのち、第二節では在朝日本人が通った学校の野球部にスポットをあて、いくつかの事例を紹介しながら、その特色を考察する。なお、朝鮮人の野球の動向については拙著『帝国日本と朝鮮野球』[2]ですでに論じてあるので、本章では必要最小限の叙述にとどめる。

一　朝鮮地区予選の創設と展開

(1)　朝鮮地区予選の中止

朝鮮人の間で本格的に野球が広まったのは一九〇四年頃、皇城ＹＭＣＡ（現・ソウルＹＭＣＡ）でアメリカ人宣教師が会員たちに野球を教えたときからである。ただ、朝鮮半島で野球が行われた記録はもう少し古く、一八九六年に首都の漢城（現・ソウル）でアメリカ人が、九九年に仁川で日本人が野球をしていたことが確認されている。

仁川は釜山、元山に次いで一八八三年一月に開港し、同年九月には日本人居留地も置かれた。主に商人が移住し、八五年には仁川日本人商業会議所も設立されている。九六年末の時点で、四一四八人の日本人が仁川に居住していた[3]。

首都に近い開港場の仁川は貿易が盛んだったため、仁川の居留民たちは子弟に英語教育を施す必要があると考え、一八八七年に仁川英語夜学校（設立当初は仁川英学舎）を設立した[4]。この学校の生徒たちが記録上では朝鮮で最も早くから野球をしていた日本人である。九九年二月三日付のある生徒の日記には、商業会議所の所員や仁川英語夜学校の教師とともに「ベースボールという西洋球打ちをし」たと記されている。[5] 以降、仁川では商業教育を重視するようになり、仁川英語夜学校も一九一〇年の韓国併合後の一二年に仁川商業専修学校という中等学校に改組され、野球部もつくられた。

一方、首都の漢城では皇城ＹＭＣＡなど朝鮮人が中心であり、日本人が野球をした記録が残っているのは韓国併合後、漢城が京城に改称されてからである。最初に結成された日本人チームは、専門学校である東洋協会専門学校京城分校の野球部であり、一九一二年には皇城ＹＭＣＡと試合している（結果は一勝一敗）。[6] 東洋協会専門学校は一八年に拓殖大学に昇格、京城分校は本校とは別組織となり、二〇年に京城高等商業学校に改組される。本章では詳しく触れないが、京城高等商業学校野球部は、三八年に甲子園球場で開催された全国実業専門学校野球大会の全国大会に出場している。[7]

社会人野球は、韓国併合当初は朝鮮銀行の行員や東洋拓殖株式会社の社員が有志で野球を楽しむ程度だったが、一九一二年に朝鮮総督府鉄道局が龍山鉄道倶楽部（設立当初は龍峡倶楽部）を結成したことにより活性化する。鉄道局は一三年に野球専用のグラウンド「鉄道球場」を開設、さらには早稲田大学野球部のレギュラー選手だった投手の荻野喜代志を雇用した。荻野の指導によって朝鮮銀行で正式に野球部が誕生するなど、鉄道局は瞬く間に朝鮮の野球環境を整えた。[8]

こうした社会人野球の活性化を背景に、一九一三年六月、朝鮮総督府の御用新聞社である京城日報社の主催で全鮮野球大会が開催された。参加チームは、龍山鉄道倶楽部、朝鮮銀行、国策会社の東亜煙草会社、そして京城中学校の野球部である。[9]

京城中学校は一九〇九年に京城居留民団立京城中学校として創立された。朝鮮の植民地化にともない一〇年一〇月に朝鮮総督府中学校として官立化され、一三年四月に校名が京城中学校に改称された。[10] 在朝日本人の子弟を対象とする最初の中学校である。なお、朝鮮人向けの中等教育機関は高等普通学校と呼ばれ、例外はあるが、一九一〇年代は基本的には日本人と朝鮮人は別々の学校に通った。後述するように二〇年代に入ると朝鮮人も中学校に通えるようになるが、以下、本章では中学校など主に日本人が通う学校を日本人学校、高等普通学校など朝鮮人が通う学校を朝鮮人学校と呼ぶ。また、校名については、「中学校」→「中」、「商業学校」→「商業」のように、「学校」を略して表記する。ただし、「高等普通学校」は「高普」と略記する。

京城中でいつ野球部が設立されたのかは定かでないが、全鮮野球大会は朝鮮の日本人が通う中等学校が参加した最初の公式戦だった。同校は東亜煙草会社には勝利したが、荻野が先発した龍山鉄道倶楽部には一四対三で大敗した。[11] 一九一五年にも朝鮮野球大会が鉄道球場で開催され、京城中は龍山鉄道倶楽部や朝鮮銀行、朝鮮総督府逓信局などの社会人チームに交じって参加したが、一勝もできなかった。[12]

このように、日本内地で全国中等学校優勝野球大会がはじまった一九一五年頃、朝鮮の日本人野球は社会人が中心であった。地方については次節で述べるが、当時の京城の中等で野球部が設立されていたのは、朝鮮人学校を除けば、京城中と仁川商業専修くらいしかなかった。そのため京城中は社会人チームと積極的に対戦しており、結果的に格上の社会人チームとの試合の機会に恵まれたことが、のちに同校が黄金時代を築く一因となる。

そして一九一六年、大阪朝日新聞社は早くも第二回全国中等学校優勝野球大会の地区予選を朝鮮でも行うことを目指した。全国中等学校優勝野球大会の地区予選の開催は、基本的には大阪朝日新聞社の各地方通信部が計画した。第一回大会は一〇地区、第二回大会は一二地区に拡大するが、[13] 本来はここに朝鮮が加わり一三地区になる予定であった。

朝鮮地区予選は大阪朝日新聞社の京城通信部によって企画され、朝鮮でも流通している『大阪朝日新聞』の「鮮満附録」で、一九一六年四月中旬に京城で開催予定であることが告知された。[14] 参加を申し込んだのは、京城中と仁川商業専修に、朝鮮人学校三校を加えた計五校である。[15]

大阪朝日新聞社が朝鮮人学校にも参加を呼び掛けたのは、日本人学校だけではチーム数が少ないという事情もあったに違いない。しかしより大きな理由は、全国中等学校優勝野球大会に「新領土たる朝鮮中学生の参加なきを遺憾とし、朝鮮を以て海外植民地視せず内地と同一の気分を味はしめたしという総督生平の希望」を汲んだからであった。[16]

京城通信部は四月二九、三〇日の二日間で朝鮮地区予選を開催すべく準備を進めたが、開催直前の四月二一日、朝鮮の教育を管轄する朝鮮総督府学務局から各学校に参加禁止の内訓が下った。学校関係者は朝鮮地区予選の開催に賛成し、野球部員たちも練習に励んでいたが、朝鮮総督府学務局からの内訓のためどうすることもできず、直前で中止となった。[17] すなわち朝鮮総督の「希望」を汲んで企画されたはずの朝鮮地区予選が、朝鮮総督府学務局によって中止に追い込まれたのである。

一見すると矛盾した事態が生じたのは、端的にいえば、大阪朝日新聞社が「総督生平の希望」を読み違えたからである。「海外植民地視せず内地と同一の気分を味はしめたし」という表現は「内鮮融和」政策と通じるものがある。朝鮮人の同化を促すことで日本人と融和させる政策のことであり、一九二〇年代に本格化する。事実、のちに大阪朝日新聞社は「野球とか庭球とかの競技によつて、内鮮人を相互に親しましめる機会を与へた方が、却つて融和を早くする」と述べている。[18]

しかし、韓国併合から一九一九年まで、日本の朝鮮統治政策は武力を以て朝鮮人のあらゆる活動を制限する「武断政治」であり、「融和を早くする」ことは優先すべきものではなかった。朝鮮人と日本人が別々の学校に通ったのもそのためである。学務局は朝鮮人と日本人の試合が両者のナショナリズムを高揚させ、融和どころか「対立的観念」を生み出すことを危惧して中止に追い込んだのであった。[19] このことは京城中の生徒にも伝わっていたようであり、ある卒業生は戦後、「甲子園大会に出られなかったのは、半島《ママ》人の学校との試合が許されなかったせいである」[20]と回顧している。

日本の朝鮮統治政策の多くは、当然ながら朝鮮人を対象にしたものである。しかし、日本人街に住み、日本人学校に通っていても、統治政策の余波は在朝日本人にも及ぶことを、朝鮮地区予選の中止は示している。朝鮮総督府に対して大阪朝日新聞社は、「朝鮮の地が単なる運動競技といふが如きものに対しても、尚活発発地の自由を得る能はざるを最も遺憾とするものなり」[21]と苦言を呈することしかできなかったが、スポーツの「活発発地の自由」が奪われていたのは、朝鮮人だけではなく、日本人も同様だったのである。

（2）朝鮮地区予選の開始

一九二一年七月五日、大阪朝日新聞社は『大阪朝日新聞』の「鮮満版」に社告を出し、同月末に京城で第七回全国中等学校優勝野球大会の朝鮮地区予選を、朝鮮体育協会の主催、大阪朝日新聞社京城支局（通信部から支局に昇格）の後援で開催することを発表した。

朝鮮体育協会は一九一九年二月に設立された日本人によるスポーツ振興団体である。初代会長に朝鮮銀行総裁の美濃部俊吉、副会長に鉄道局の久保要蔵と三井物産京城支店長の高野省三が就任した。[22] 先述したように朝鮮銀行と鉄道局は野球チームを所有していた。一方、三井物産京城支店は野球チームを持っていなかったが、高野省三はテニス好きで知られていた。[23] とはいえ、朝鮮体育協会は単純なスポーツ愛好家の団体ではなく、名誉顧問に朝鮮総督府学務局長の関屋貞三郎が名をつらねるなど、[24] 実質的には半官半民の団体だった。

大阪朝日新聞社はかつて京城通信部が単独で朝鮮地区予選を計画した結果、直前になって総督府学務局に中止させられた経験を踏まえて、半官半民の性格を持ち、とくに学務局長が関わっている朝鮮体育協会に協力を求めることで、総督府との交渉を円滑に進めようとしたのである。なお、地区予選における両者の役割分担は、参加受付は共同で行い、朝鮮体育協会が審判を手配する一方、大阪朝日新聞社側は地区予選の優勝校の兵庫県鳴尾球場への渡航費および宿泊費などを負担することになった。[25]

このように朝鮮体育協会の協力はあったものの、朝鮮総督府、とくに学務局が朝鮮地区予選を許可した背景には朝鮮統治政策の転換がある。

一九一九年三月一日に勃発した朝鮮民衆の万歳示威運動、すなわち三・一独立運動によって、朝鮮総督府は統治政策を従来の武断政治から「文化政治」に転換させた。文化政治は朝鮮と日本内地の制度的差別を緩和することで、日本の支配に対する朝鮮人の不満を和らげつつ、内鮮融和を進める政策である。その結果、朝鮮人の言論や結社の自由がある程度認められたり、朝鮮人も制度上は日本人学校に通えるようになったりした。

一九一九年八月に関屋貞三郎に代わって学務局長に就任した柴田善三郎は、朝鮮地区予選を開催することについて「野球の奨励はしないが、禁止することもしない。寧ろ校長にその賛否を一任」すると述べている。[26] 一九一六年の地区予選中止のプロセスは、学校関係者は朝鮮地区予選に賛成していたにもかかわらず、学務局が各学校に参加不可の内訓を下したことにより参加校が消滅するというものだった。しかし、日本内地では各種野球大会の参加の判断は各学校の校長が下しており、それに文部省が介入することは一九三二年に野球統制令が施行されるまで基本的にはなかった。[27]要するに、内地とは異なり、日本人、朝鮮人を問わず朝鮮の学校の校長には大会参加の判断を下す権限がなかったのである。学務局長の柴田が「校長にその賛否を一任」したことは、文化政治への政策転換にともない、朝鮮と内地の制度的差別が縮小するなかで、内地の学校と同様、校長が大会参加の判断を下せるようになったことを示している。三・一独立運動後の制度的差別の緩和は朝鮮人の不満を和らげたり、同化を促したりすることが主目的だが、結果的には朝鮮在住の日本人生徒たちが全国中等学校優勝野球大会に参加する道を切り開くものとなった。[28]

かくして、一九二一年七月二三日、大阪朝日新聞社にとって念願の朝鮮地区予選はついに実現した。これについて『大阪朝日新聞』の「鮮満版」は「当局の圧迫下に力強く根を張った野球界」[29]と報じており、一九一六年に学務局に中止に追い込まれた恨みの根深さが垣間みえる。

第一回朝鮮地区予選は、一九一六年の時点で参加予定だった京城中、仁川商業専修に加え、一八年に創立された京城の龍山中、地方から釜山商業専修が参加し、釜山商業専修が優勝した。続く一九二二年の第二回は、前年度の四校に釜山中が加わり、京城中が優勝した。鳴尾球場で行われた本選では、釜山商業専修が二回戦敗退、京城中が初戦敗退の結果に終わっている。

参加校はいずれも日本人学校である。これらの日本人学校には、多くはないが次第に朝鮮人も通うようになり、朝鮮人野球部員も登場することになるが、第一回と第二回地区予選の時点ではいずれも日本人のみのチームであった。朝鮮総督府も一九二二年頃から内鮮融和政策に朝鮮地区予選が活用できると認識するようになっており、第二回予選の開会式では、朝鮮総督府のナンバー2である有吉忠一政務総監が始球式を務め、「明年は是非とも鮮人《ママ》学生も代表選手として大阪の檜舞台〔正しくは兵庫県の鳴尾球場〕に出場して花々しくやるようにして貰いたいものだ。之が延いては日鮮融和の上にも少なからぬ効果を収め得らるゝのである」と述べた。[30]

第一回と第二回に朝鮮人学校が参加しなかった理由はふたつあった。ひとつは、文化政治に転換したことにより朝鮮人の結社の自由が認められた結果、一九二〇年に本章冒頭でも触れた朝鮮体育会が結成されたからである。その朝鮮体育会が同年に初めて開催したイベントが全朝鮮野球大会であり、当初、朝鮮人経営の中等学校はこの大会を重視していた。

写真１　有吉忠一の始球式（『鮮満体育会』創刊号、1922年10月）

しかし、朝鮮人の中等学校が全国中等学校優勝野球大会に無関心だったわけではなく、全朝鮮野球大会も全国中等学校優勝野球大会を参考にして運営されていた。それゆえ、全国中等学校優勝野球大会への参加を希望する朝鮮人学校もあったが、日本人が主催し、日本人が審判を務める大会で、果たして朝鮮人にも公平なジャッジが下されるのか不安視していた。これがふたつめの理由である。

こうした状況のなかで、朝鮮人学校として初めて一九二三年の第三回朝鮮地区予選に出場したのが徽文高普であった。徽文高普は初出場にして地区予選の決勝で京城中を破り朝鮮代表校となり、本選でもベスト８入りした。これは朝鮮代表校の最高記録であり、徽文高普が輝かしい成績を残したことは、全国中等学校優勝野球大会が朝鮮人にも公平な大会であることを示す証拠となった。以降、コンスタントに朝鮮人学校が参加するようになる。

とはいえ、一九二〇年代に関していえば、朝鮮地区予選の参加者は日本人が圧倒的に多かった。二一年にわずか四校ではじまった朝鮮地区予選は、二九年には五倍以上の二一校となったが、そのうち一二校を日本人チームが占めている（表）。内訳は、京城やその近郊にある龍山中、京城商業、京城師範、善隣商業、仁川南商業（仁川商業専修から改称）に加え、朝鮮半島北部の新義州商業、羅南中、平壌中、中部の群山中、大邱中、南部の釜山中、釜山第一商業（一九二二年に釜山商業専修から改称）と地方からも満遍なく出場している。また、残りの九校は朝鮮人チームが四校（大邱高普、東莱高普、釜山第二商業、培材高普）、混合チームが五校（京城中、光州中、清州高普、鎮南浦商工、大邱商業）だが、京城中と光州中は日本人学校で、補欠選手として朝鮮人がひとりずつ混じっているだけである。[31]

こうした一九二〇年代の朝鮮地区予選において、王者として君臨していたのが京城中である。二一年の朝鮮地区予選の開始から二九年までで五回も制覇しており、準決勝にたどりつけなかったのは、二一年と二九年のわずか二回しかなかった。

一九二〇年以降に少しずつ朝鮮人も通うようになるとはいえ、京城中は朝鮮の日本人が通う最初の中学校で、一〇年代の前半から日本人の社会人チームと試合をしてきた。同校は日本人中心の二〇年代の朝鮮地区予選を象徴するチームだったといえる。

（3） 朝鮮地区予選の発展

一九三〇年の朝鮮地区予選は、前年の二一校から五校増加した二六校が参加した。日本人チームと朝鮮人チームは前年と比べて増減はほとんどないため、この五校の増加はそのまま混合チームの増加であった。混合チームには二種類ある。

ひとつは、先の京城中や光州中のように、内鮮融和政策に転換して一〇年が過ぎ、少しずつ中学校に通う朝鮮人が増えた結果、大部分の日本人のなかに数名の朝鮮人が紛れているチームである。もうひとつは、日本人と朝鮮人の双方が主力になっているチームで、実業学校に多く、その代表例が一九三〇年に地区優勝した大邱商業である。

朝鮮人と日本人が同じ学校でともに学ぶ「内鮮共学」は中学校ではそれほど進展しなかった。しかし、実業学校では学務局や地方官庁によって意図的に進められる場合があり、大邱商業は内鮮共学のモデル校として一九二二年に創立された。同校は生徒の民族構成を半々にしており[32]、当然ながら朝鮮人の野球部員も多かった。大邱商業は甲子園出場を決めたことにより、朝鮮の教育界で「野球を中心に内鮮融和が理想的に実現されて居る大邱商業」という評価を得ることとなった[33]。翌年の三一年には台湾代表で日本人、漢人、原住民の三民族の混合チームである嘉義農林が甲子園で準優勝し、民族融和政策の成功例として評価されることになる。大邱商業はその先駆けだったが、甲子園の本選では二回戦敗退に終わった。

そして一九三一年には参加校が三〇校を超え、三六年には三八校に達した。これは同年の日本内地の山陽地区予選（広島県、岡山県、山口県）と同じ数である[34]。朝鮮地区予選の規模は、ついに内地に比肩するものとなったのである。

一九三一年以降に参加校が激増したのは、朝鮮人チームが増加したからであり、その背景には地区予選の制度変更がある。従来は京城でトーナメントを行っていたが、三一年から京城、大邱、全州、平壌の四ブロックでそれぞれ一次予選を行い、一次予選の勝者が京城で行われる二次予選に進み、優勝校を決めることとなった。三六年にはさらに一次予選に咸興が加わり五ブロックとなった。これにより地方の学校の参加が容易になったのだが、その恩恵を受けたのは、地方の朝鮮人学校であった。先述したように、すでに日本人学校の場合は制度変更前から地方の学校も万遍なく参加していたが、資金力に乏しい朝鮮人学校の場合、とくに地方の学校は予選のために京城まで遠征するのは難しかった。二次予選制になったことによりこの問題が解消されたのである。

こうして、朝鮮地区予選は、ついに日本人も朝鮮人も多数参加する大会となった。しかし、一九三七年に日中戦争が勃発すると、朝鮮地区予選は支配政策との結びつきが深まるとともに、次第に縮小していくことになる。

支配政策との関連でいえば、日中戦争が勃発するまで、朝鮮地区予選は内鮮融和政策の成功のアピール材料の域をでなかった。朝鮮総督府政務総監が朝鮮人学校の出場が「日鮮融和の上にも少なからぬ効果」をもたらすと期待していたことは先述したが、実際に徽文高普が地区予選に初出場した際には、大阪朝日新聞社は内地で流通している『大阪朝日新聞』の紙面で、同校が本選に進めば「内鮮融和の上から見ても非常に結構な事」[35]だとその意義をアピールしていた。甲子園に出場した大邱商業が「内鮮融和が理想的に実現されて居る」という名声を得たのも同様である。

ただし例外もあり、一九二六年には朝鮮地区予選を「天皇杯」化させる計画があった。京城日報社の元社長で、のちにIOC委員となり東京オリンピック（一九四〇年）の招致活動に従事する副島道正は、斎藤実総督に「昨日〔一九二六年七月二日〕関屋〔貞三郎、当時は宮内〕次官を訪問。国葬儀に皇族の御参列なかりしは朝鮮統治に悪影響。皇族が朝鮮人に接近する方法として全鮮野球大会〔朝鮮地区予選のこと〕に摂政盃下賜を提案。閣下幷〔湯浅倉平政務〕総監御意向御洩し下さらば幸甚」[36]という書簡を送っている。

書簡にある「国葬儀」とは、一九二六年六月一〇日に執り行われた純宗〔韓国併合時の大韓帝国皇帝〕の国葬を指す。一九一九年の三・一独立運動は純宗の父である高宗の国葬にあわせて計画されたため、純宗の国葬の際も万歳示威運動の勃発が懸念された。結果的には小規模な万歳示威運動しか起こらなかった。しかし、純宗ら旧韓国皇帝一族は韓国併合以降、皇族に準ずる身分である「王公族」としての待遇を受けていたにもかかわらず[37]、日本の皇族は葬儀に参列しなかった。副島はこのことが朝鮮民衆の反感を買いかねないと認識し、「摂政」つまり裕仁親王（のちの昭和天皇）が朝鮮地区予選の賞杯を下賜することで、朝鮮民衆のナショナリズムが高揚するのを防ごうとしたのだろう。

一九二六年の朝鮮地区予選は日本人学校九校に対して朝鮮人学校は一校しか参加しなかった。裕仁親王の賞杯を下賜したところで効果は見込めず、実際に、この計画は実施されなかった。ただ指摘すべきは、地方予選は原則としてどの予選も同じルールで行われるにもかかわらず、[38]朝鮮地区予選だけ、朝鮮人を懐柔する目的で「天皇杯」化させる可能性があったということである。

そして一九三七年七月の日中戦争勃発以降は、朝鮮地区予選はとくに開会式などで内地のそれとは乖離し、支配政策との結びつきが深まっていく。三七年の地区予選は戦争勃発直後だったため影響はなかったが、三八年の地区予選から、開会式のプログラムで「宮城遥拝」「〔戦没兵士への〕黙祷」「皇国臣民の誓詞」が行われるようになった。

そのなかで、「宮城遥拝」と「黙祷」は一九三八年の内地の予選の開会式でも行われている。[39]内地では三七年八月から国民を戦争に動員するための教化運動である国民精神総動員運動がはじまり、これを受けて文部省は一二月に開会式などでの「宮城遥拝、国旗掲揚、国歌斉唱等ヲ励行」した。[40]戦争勃発にともなう開会式のプログラムの追加が内地と朝鮮でほぼ同じなのは、三八年七月から朝鮮でも国民精神総動員運動が開始したからである。しかし、「皇国臣民の誓詞」は朝鮮地区予選のみで行われたものであり、このことは朝鮮地区予選と「皇民化政策」との密接な結びつきを示している。

戦争勃発後、朝鮮総督府は朝鮮人を戦争に動員するために、従来の内鮮融和をよりエスカレートさせた同化政策である皇民化政策を開始した。一九三七年一〇月に制定された皇国臣民の誓詞はその初期の政策を代表するものであり、「我等は皇国臣民なり　忠誠以て君国に報ぜん」ではじまる、皇国臣民となる決意を表明する文章を朝鮮人に自発的に唱えさせるものであった。しかし、自発性に頼っていては誓詞を唱えさせることはできないので、学務局は学校や社会教育の場でこれを唱えさせるよう強制していった[41]。

　皇国臣民の誓詞は朝鮮人の皇民化を目的としたものであり、それゆえに朝鮮地区予選の開会式に組み込まれ、内地の予選にはみられない独自の要素となった。では、朝鮮在住の日本人も皇国臣民の誓詞を唱えていたのだろうか。一九四四年当時、小学生だったある日本人は、それまで日本人小学校では唱えることのなかった皇国臣民の誓詞を「朝鮮人が転校してきたばっかりに、覚えさせられ」たと回想している[42]。詳しいことは分からないが、朝鮮人生徒のいない日本人学校では誓詞を唱える機会はほとんどなかった一方、朝鮮人と日本人の双方が通う学校、両者が参加する地域の会合などでは、日本人も誓詞を唱えていたようである[43]。

写真２　1939年の朝鮮地区予選のポスター（『大阪朝日（中鮮版）』1939年7月21日付）

　朝鮮地区予選の対象となる中等学校の場合、わずか数名であっても日本人学校に朝鮮人が通っていることが多く、それらの学校では皇国臣民の誓詞を唱えていた可能性がある。しかし、一九三八年の朝鮮地区予選の参加校のうち京城商業は、当時、朝鮮人はひとりも通っていなかった[44]。同校の野球部員は朝鮮地区予選の開会式で初めて誓詞に接した可能性もあるだろう。開会式に応援団や保護者といった日本人観衆もいたことを考えれば、朝鮮地区予選は皇国臣民の誓詞を、朝鮮人のみならず在朝日本人にも普及させる役割も果たしていたといえるだろう。

こうして皇民化政策と結びついた朝鮮地区予選だったが、戦局の悪化のなかで次第に野球部を廃部にする学校が増え、それにともない参加校が減少していった。一九四一年に甲子園大会自体が中止となり、復活したのは戦後になってからであった。そのとき朝鮮は植民地ではなく、結果的には一九四〇年が最後の朝鮮地区予選となった。[45]

二　野球部の特色

(1) 敵としての朝鮮人、仲間としての朝鮮人

前節でみたように、朝鮮地区予選は創設の経緯や開会式、また実現はしなかったが「天皇杯」化計画など、朝鮮人に対する支配政策に左右されてきた。たとえ朝鮮人生徒のいない日本人学校に通っていても、日本人野球部員はその影響を受けざるをえなかった。その意味では、朝鮮半島で朝鮮人と同居している点に在朝日本人の野球部の最大の特徴がある。そこで、まずは日本人選手が朝鮮人選手をどう認識していたのかをみていこう。

日本人と朝鮮人の混合チームが増加する以前の一九二〇年代は、日本人選手は朝鮮人選手と仲間ではなく、対戦相手として接することが多かった。そのなかで、日本人選手にとって最も印象に残ったチームは、徽文高普だろう。

一九二三年に本選でベスト8まで上り詰めて以降、徽文高普は一九二〇年代の覇者である京城中とともに「第一の優勝候補」と目されるようになった。[46]京城中が二七年に地区優勝した際にレギュラーだったある日本人は

「〔二七年の〕予選決勝〔実際は準決勝〕で対戦した徽文高普は最大の強敵で、体格、平均年齢ともに遥かにわが軍を上回」っていたと回想している。[47] この年の決勝の相手（日本人チームの京城師範）ではなく徽文高普の名を挙げていることからも、同校がいかに「強敵」として認識されていたかがうかがえるが、その理由は朝鮮人選手の「体格と平均年齢」にあった。

年齢と体格の問題については京城中の別の卒業生も、「中等野球は五年生〔一七歳〕野球で、〔戦後の〕高校野球は六年生〔一八歳〕野球」だが、体格の成長の面では「この一年が誠に重大」なので「屁理屈の一つも云いたくなると述べている。[48] 要するに年齢が高いほうが身体的に成長しており有利だということだが、同じ中等学校生でも、朝鮮人は日本人に比べて平均年齢が高かった。

地区予選出場選手の年齢がわかる一九三五年を例にとると、京城中の平均年齢一七・二歳に対して、徽文高普は一八・五歳で、そのうちバッテリーをはじめとする四人は二〇歳を超えている。[49] こうした傾向は徽文高普に限られたものではなく、たとえば二四年の京城中野球部の部報には、同年の地区予選決勝で対戦した培材高普について「侮り難き技量と偉大なる体格」を持つ同校は「私達の一大恐怖だった」とある。[50] 当時の培材高普の選手の平均年齢はわからないが、この試合には三四年の日米野球の際に朝鮮人として唯一全日本軍入りする李栄敏《イヨンミン》が出場している。李栄敏のような実力者を擁していたことが「侮り難き技量」という認識につながった一方で、彼もやはり、当時「偉大なる体格」を持つ一九歳だった。[51]

朝鮮人選手の平均年齢が高いのは、資金の問題などで普通学校（朝鮮人が通う小学校のこと）を卒業しても、そのまま高等普通学校に進学できない朝鮮人が多かったからだと考えられ、当然ながら野球に勝つために意図的に年齢の高い生徒を集めていたわけではない。ただし在朝日本人選手にしてみれば、自分たちよりも数歳年上の選手と常時対戦しなければならなかったのである。

このこともまた内地とは異なる朝鮮地区予選の特徴だといえるが、徽文高普が優勝した一九二三年の地区予選ではトラブルに発展した。地区予選の決勝翌日、徽文高普野球部には「三十歳に近い」選手がいるので、実際は生徒たちのチームではなく、学校側が選手に給与を支払っている「職業チーム」だという噂が流れた。[52] 結局、徽文高普の野球部監督が「選手達が非常に年齢が多いと云ふ事は鮮人《ママ》中等学校としては普通な事」であり、選手に給与を支払うことは「絶対にない」と事情を説明することとなった。[53] あくまでも噂にすぎず、その出所も不明のため日本人学校側がクレームをつけたとは限らない。しかし、平均年齢や体格の異なる朝鮮人チームと対戦することに不満を持つ日本人がいたことは間違いないだろう。

一九三〇年代に入ると、実業学校を中心とする内鮮共学の進展により、野球部でも仲間として朝鮮人と接するケースが増える。内鮮共学校の代表格で、三〇年の地区予選を制した大邱商業の場合、四番とバッテリーは日本人だが、朝鮮人も一番から三番、そして五番打者を担うなど主力として活躍していた。同校では「サインにはすべて朝鮮語を用ひ」ており、[54] 内鮮融和政策へのアピールの可能性はあるにせよ、日本人選手が朝鮮語を使うきっかけになっていた。

大邱商業で朝鮮人選手が主力を担っていたことは、レギュラー選手の選抜に民族の別はなく、実力重視だったことを示すものである。これは日本人学校でも同様であり、たとえば朝鮮北部の名門校である平壌中は、一九三二年に地区優勝した際、朝鮮人生徒はわずか五%だったが、[55] 四年生の朴万慶《パクマンギョン》がレギュラーになっていた。彼は翌年にはエースで四番にまでなるが、同校のある日本人の後輩は、「〔卒業した〕朴先輩が来校して…〔中略〕…三日間程コーチして下さった」ことを思い出として綴っている。[56] 実力のある朝鮮人選手は、日本人選手から敬意を持たれていたといえる。

朝鮮人と敵として対戦する際は、年齢とそれにともなう体格の違いに「恐怖」を感じたり、ときには不満を持ったりすることもあったに違いない。また、京城中と徽文高普の試合は、球場を埋め尽くす日本人と朝鮮人の観衆が「一塁側と三塁側にはっきりと二つに分れて」おり、[57]単なる対校試合にとどまらず、今日の日韓戦を彷彿とさせる民族対抗試合の要素もあった。他方、混合チームでは、日本人選手は、朝鮮人選手の実力を認め、敬意を払っていた。混合チームは内鮮融和政策の結果として生まれたものだが、甲子園を目指す仲間としての連帯感を生みだしてもいたのである。

(2)「地方の地方」の野球部

ところで、帝国日本全体でみれば朝鮮半島自体が一地方だが、大邱商業や平壌中が所在する大邱や平壌は朝鮮半島内の地方都市でもある。いわば「地方の地方」の学校は、朝鮮を代表して甲子園に行ったのだろうか。あるいは、その地方を代表してだろうか。以下、地方の学校野球部についてみていこう。

朝鮮地区予選(一九三一年以降は二次予選)が京城で行われたように、朝鮮野球の中心地は京城であり、参加校も仁川を含めた京城周辺が多い。しかし意外にも、二一年の最初の地区予選を制したのは、釜山商業専修(釜山第一商業)であった。実業学校ではあるが、釜山には朝鮮人学校の釜山第二商業もあったため、朝鮮人はほとんど通わなかった。

釜山商業専修は京城中よりも三年早い一九〇六年に創立された。それゆえ、「半島最古の記念すべき中等学校」といわれているが、[58]内地ではほぼ無名の学校だった。しかし、二〇年に早稲田大学に入学して以降エース左腕として活躍し、社会人野球の大連実業団を経て戦後は読売ジャイアンツでコーチも務めた谷口五郎が同校の卒業生だったため、内地でも「谷口五郎さんがいた釜商」として知られるようになった。[59]
　京城と同様に釜山も韓国併合からしばらくの間は社会人野球が中心であり、[60]釜山商業専修も社会人チームとの試合が多かった。そうした社会人との試合のなかで谷口は頭角を現し、三年生だった一九一八年には社会人を中心とする「オール釜山」のメンバーに選ばれ、「釜山球界の寵児」となった。同年、満洲遠征の途中で釜山に立ち寄った慶應義塾大学とオール釜山の試合で活躍したことが大学関係者に注目され、早稲田大学への進学につながったという。前節で述べたように、この時期は朝鮮総督府学務局によって朝鮮地区予選の開催が認められていなかった。谷口の同級生は「もしこれに参加していたら必ずや相当の成績を納めたにちがいない」と回想しているが、[61]地区予選中止の影響は京城だけでなく、釜山にも及んでいたのである。

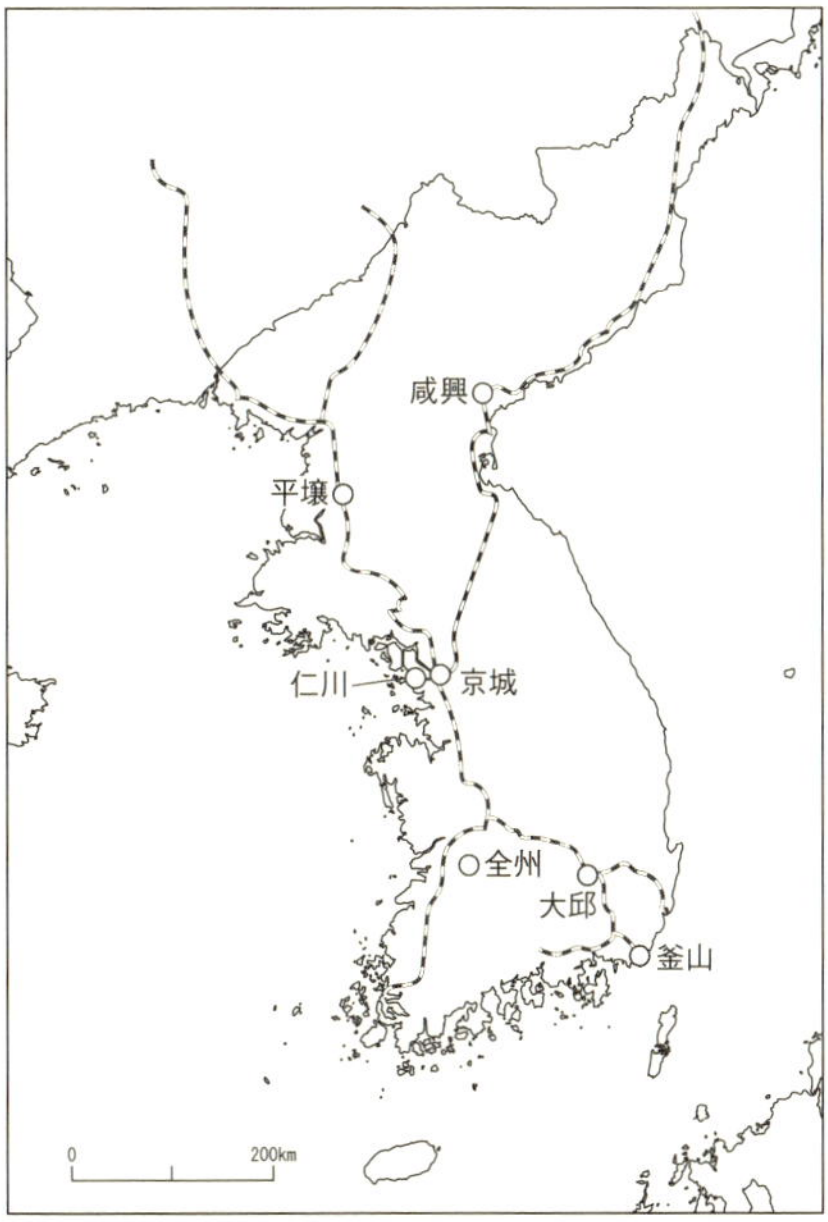

図3　関係都市図

　そして谷口が卒業した二年後の一九二一年、釜山商業専修は第一回の朝鮮地区予選を制し、鳴尾球場で行われる本選に出場することとなった。その際、野球部主将は「朝鮮球界を内地の方に紹介する」ことが「目的の第一」であり、「第一回の朝鮮代表チームとして出場する責任の上から…〔中略〕…朝鮮学生の面目を傷つけぬよう」にしたいと意気込みを語っている。[62] 釜山ではなく朝鮮全体を代表して本選に出場するという意識が表れている。以降、一九二五年の釜山中を除いて、しばらく京城の学校の優勝が続くが、二九年と三〇年は連続して地方の学校が優勝する。二九年に平壌中（この年は日本人チーム）が地区優勝した際は、平壌府尹（市長に該当）が「我が大平壌の誇りである…〔中略〕…平中を全国に広く紹介し、同時に我が大平壌を全国に紹介宣伝せらるゝ効果は実に甚大」だと喜んだ。[63] 残念ながら選手のコメントは確認できないが、平壌中の甲子園出場は、朝鮮というよりも、平壌の紹介や地域振興という意味合いを持っていた。

この点は、日本人と朝鮮人の混合チームで優勝した一九三〇年の大邱商業も同じである。同校の優勝は内鮮融和の成功例としてだけでなく、地域振興の要素もあった。戦後、かつて大邱に住んでいたある日本人は、名産物のリンゴ、大邱出身の日本人力士大邱山、そして「邱商の甲子園出場」が「地方都市大邱を全国ブランドにひろめた」と回想している。[64] 当時の野球部の主将も、「朝鮮球界のために」努力するとともに、「地方色を出して健闘します」とコメントして甲子園の本選に挑んでいる。[65]

他方、朝鮮の顔である京城の学校が地区予選で優勝した場合、野球部主将が母校や朝鮮を代表するという趣旨のコメントをすることはあっても、[66] 一都市としての京城を紹介するといった発言や、地域振興と関連させた報道などはみられない。平壌や大邱といった地方の優勝校も朝鮮を代表する意識は持っていなかったわけではないし、そもそも意識の問題は学校や選手一人ひとりによって異なる。しかし、一九二一年の地区予選開始から回を重ねながら、「地方の地方」の野球部では京城とは異なる地域振興と結びついたアイデンティティが芽生えていったことは間違いないだろう。

ところで、平壌中の野球部を指導していたある教員は、「朝鮮は冬のトレーニングに恵まれないので内地チームに歯が立たない」ため、凍り付いたグラウンドでスケートを履いてキャッチボールしたと回想している。[67] 平壌より南の京城中も、一九二八年に甲子園に出場して初戦で北陸代表の敦賀商業（現・敦賀）と対戦することになった際、主将が「朝鮮は気候の関係から練習期間が短い」が、「敦賀といへばその点吾等とたいした相違はない」ので、「力一杯の戦ひが出来る」と自信をみせ、実際に勝利した。[68] さらに、京城より南の、三〇年に地区優勝した大邱商業も、「朝鮮では到底不可能なりとして顧みられなかつた冬季練習」に強さの秘訣があると報道されている。[69]

朝鮮人チームの徽文高普など例外はあるが、概して朝鮮代表校は本選では振るわなかった。そのことと具体的にどう関連するのかはともかく、内地に比べて朝鮮は冬季練習が難しく不利だという認識は、朝鮮の中等学校の野球部に共通して持たれていたといえよう。

おわりに

一九二〇年代の朝鮮地区予選が日本人中心であり、その象徴が京城中だとすれば、三〇年代は優勝校や参加校数からみても、日本人と朝鮮人の混合チームの時代だったといえる。その混合チームの時代を象徴するのが、三六、三八、三九年の地区予選を制した仁川商業学校である。最後に、同校について簡単に紹介することで、[70] 本章のまとめに代えたい。仁川商業学校の野球部の歩みは、在朝日本人中等学校の野球史の縮図といっても過言ではないからである。

第一節で述べたように、一八九九年に仁川英語夜学校の生徒が野球をしたというのが、朝鮮における日本人野球の最古の記録である。仁川英語夜学校は一九一二年に仁川商業専修学校に改組され、中等学校となった。一六年には朝鮮地区予選に京城中とともに出場予定だったが、朝鮮総督府学務局によって中止となった。二一年に地区予選が開始すると、第一回から仁川商業専修学校は毎年のように出場し続けたがしばらくは地区優勝には遠かった。

一九二二年には校名から「専修」をとって仁川南商業学校に改めたが、「南」と付いているのは、仁川には「仁川商業学校」という朝鮮人学校もあったからである。そのため、仁川南商業学校に通う朝鮮人は少なく、日本人チームとして地区予選に出場した。二三年の地区予選の初戦の相手は徽文高普で、大会史上初の朝鮮人学校との試合だった。

転機は一九三三年で、仁川南商業学校は「仁川商業学校」と合併した。新しい校名は朝鮮人学校のそれを引き継ぐ仁川商業学校だったが、実際は仁川南商業学校側の吸収合併であった。低学年から日本人と朝鮮人の比率を半々にしていき、約五年かけて内鮮共学化していった。[71] その過程で野球部の朝鮮人部員が増えていき、主力の多くは日本人だが混合チームで三度の地区予選を制した。

朝鮮地区予選は朝鮮人に対する支配政策に左右されてきたが、地区予選の中止や年齢層の高い朝鮮人チームとの対決、一転して内鮮共学による混合チームでの制覇など、そのすべてのプロセスを経験したのが、仁川商業学校の野球部だったのである。

終戦（韓国人にとっては「解放」）後、日本人が通った中等学校の多くは廃校になるか、韓国人の高校として再スタートし、仁川商業学校も仁川高等学校に改組された。朝鮮の日本人たちは日本に引き揚げ、甲子園や地区予選は彼らの思い出となる一方、韓国では忘却されていった。しかし、地区予選や日本人野球の痕跡は、たしかに韓国に残っている。

現在、仁川では野球が同地の文化のひとつとして認識されており、韓国のある野球ライターは「球都仁川」と表現している。[72] その理由のひとつは、仁川商業学校が一九三六年に甲子園に出場した際、左翼手のレギュラーだった金善雄《キムソヌン》が、「解放」後に日本人の去った同校で野球部の監督となり、名指導者として活躍したからであった。当然ながら「解放」後の仁川野球の発展は、アメリカ軍政期の米軍の支援をはじめ様々な要因がある。しかし、日本人によって早くから野球が根付き、仁川商業学校という強豪チームを生み出したことと、仁川が現在「球都」と呼ばれていることは、決して無関係ではないのである。

註

1 大韓体育会編・発行『大韓体育会史』（一九六五年）。なお、韓国野球史刊行委員会編『韓国野球史』（大韓野球協会・韓国野球委員会、一九九九年）にも同様の傾向がみられる。

2 拙著『帝国日本と朝鮮野球―憧憬とナショナリズムの隘路』（中央公論新社、二〇一七年）。本章の第一節のうち、朝鮮人に関する叙述には注を付さず、同書による。

3 高崎宗司『植民地朝鮮の日本人』（岩波新書、二〇〇二年）三四～三五・五二・六四頁。

4 仁高百年史編纂委員会編『仁高百年史』（仁川高等学校同窓会、一九九五年）一八〇～一八一頁。

5 同前、四七〇頁。

6 大島勝太郎『朝鮮野球史』（大阪屋号書店、一九三二年）一〇頁。

7 京城高等商業学校創立七〇周年記念文集編集委員会編『一粒の麦』（京城高等商業学校同窓会崇陵会、一九九〇年）四八～五二・二七四頁。

8 前掲註6大島書、二二二頁。
9 林靖一「半島野球史話（五）」（『朝鮮朝日（南鮮版）』一九三一年七月一七日付）。
10 京城公立中学校編・発行『慶熙史林』（一九四〇年）二四～二六頁。
11 前掲註9林記事。
12 一記者「朝鮮野球大会」（『朝鮮公論』三―七、一九一五年七月）八八～八九頁。
13 有山輝雄『甲子園野球と日本人―メディアのつくったイベント』（吉川弘文館、一九九七年）八三～八四頁。
14 「在鮮中学野球試合」（『大阪朝日新聞（鮮満附録）』一九一六年三月二五日付）。
15 「海外に於ける邦人野球団」（『運動年鑑（大正五年）』朝日新聞合資会社、一九一六年四月）二七二頁。
16 「全鮮野球大会中止」（『大阪朝日新聞（鮮満附録）』一九一六年四月二九日付）。
17 同前。
18 朝日新聞社編『全国中等学校野球大会史』（朝日新聞社、一九二九年）四一頁。
19 同前。
20 京中開校百周年記念事業実行委員会編『さらば京中！―時人を待たず』（二〇〇九年）一一〇頁。
21 前掲註16「全鮮野球大会中止」。
22 「朝鮮体育協会々則」（『鮮満体育界』二、一九二二年一二月）一二八頁。なお、朝鮮総督府鉄道局は一九一七年から一九二五年まで南満洲鉄道株式会社（満鉄）に朝鮮鉄道の経営を委託しており、鉄道局が所有していた龍山鉄道倶楽部は、当時満鉄のチームになっていた。同様に鉄道局出身の久保要蔵も当時は満鉄の京城管理局の局長だったが、本文では満鉄委託について触れないこととする。
23 西尾達雄『日本植民地下朝鮮における学校体育政策』（明石書店、二〇〇三年）二八四頁。
24 前掲註22「朝鮮体育協会々則」一二八頁。
25 「悉く新進気鋭の球団　栄ある優勝旗は誰の手に？」（『大阪朝日新聞（鮮満版）』一九二一年七月五日付）、「好球児は早くも熱狂」（同七月六日付）、「朝鮮野球大会　七月二十五日から」（同七月九日付）。
26 「当局の圧迫下に力強く根を張った野球界」（『大阪朝日新聞（鮮満版）』一九二一年七月一〇日付）。

27 野球統制令は、内地では文部省、朝鮮では朝鮮総督府によって施行された。内地については中村哲也『学生野球憲章とはなにか 自治から見る日本野球史』（青弓社、二〇一〇年）第一章および第二章ならびに本書総論を、朝鮮については前掲註2拙著、二七四～二七六頁を参照。

28 もっとも、文化政治に転換していた一九二〇年ではなく、なぜ二一年から朝鮮地区予選がはじまったのかは不明である。外地では、朝鮮と同様に二一年から満洲地区予選もはじまっているため、外地全体の動向を踏まえる必要がある。この点については、本書の第四章を参照。

29 前掲註26「当局の圧迫下に力強く根を張った野球界」。

30 「有吉総監語る」（『大阪朝日新聞（鮮満版）』一九二二年八月一日付）。

31 一九二九年の『朝鮮朝日（南鮮版）』、『アサヒ・スポーツ』に掲載されている出場校の選手一覧による。

32 稲葉継雄「大邱商業学校について―在朝鮮「内地人」学校の事例研究」（『大学院教育学研究紀要』五五、九州大学大学院人間環境学研究院教育学部門、二〇〇九年）一～二頁。

33 同前、一頁。

34 「全国中等学校優勝野球大会」（『運動年鑑（昭和十二年）』朝日新聞社、一九三七年四月）六一～六二頁。

35 「新同胞の参加を得た朝鮮大会」（『大阪朝日新聞』一九二三年七月二二日付）一一面。

36 副島道正より斎藤実宛書簡（一九二六年七月三日、国立国会図書館憲政資料室所蔵「斎藤実関係文書」九五五―三一）。同史料は李昇燁氏（佛教大学）に御教示いただいた。

37 朝鮮王公族については、新城道彦『朝鮮王公族―帝国日本の準皇族』（中公新書、二〇一五年）を参照。

38 たとえば、日本内地では一九二二年の大会から在学証明書と健康診断書の提出を義務付け、選手の出場資格を厳密に審査するようになった（前掲註18朝日新聞社編、四六頁）。朝鮮地区予選でも一九二二年から内地の予選と同様の方法で資格審査を行うなど（「朝鮮野球大会 七月二十五日から」『大阪朝日新聞（鮮満版）』一九二二年七月九日付）、内地での規定の変更は朝鮮地区予選でもその都度反映されていた。

39 「中等野球東京大会（第一日）」（『東京朝日新聞』一九三八年七月二四日付）一〇面。

40 前掲註27中村書、七六頁。

41 水野直樹「皇民化政策の虚像と実像―「皇国臣民の誓詞」についての一考察」（国立歴史民俗博物館編『「韓国併合」一〇〇年を問う―二〇一〇年国際シンポジウム』岩波書店、二〇一一年）一〇三～一〇四頁。
42 林ひろたけ『戦中戦後、少年の記憶―北朝鮮の難民だった頃』（私家版、二〇〇八年）六〇～六一頁。
43 前掲註41水野論文、一〇五～一〇六頁。
44 朝鮮総督府学務局『朝鮮諸学校一覧（昭和十三年）』（一九三九年三月）一三九～一四〇頁。
45 朝鮮で参加校が減少していく経緯については、前掲註2拙著、第五章を参照。
46 「粗削りなプレイで内地を驚かした徽文高普のプレイ」（『朝鮮朝日』一九二七年七月一七日付）。
47 小杉良和「随想」（『慶熙』三、一九七二年一一月）二〇頁。
48 鈴木俊三「野球の思い出」（『慶熙』一一、一九八〇年一二月）一一頁。なお、この記事は戦前と戦後の甲子園を比較したものであり、朝鮮人との体格差を述べたものではない。
49 西脇良朋編・発行『朝鮮中等学校野球史』（二〇〇〇年）四二七～四二八頁。
50 「野球部」（『校友会誌』一六、京城中学校校友会、一九二五年二月）一八六頁。
51 李栄敏については、前掲註2拙著、二七〇～二七七頁を参照。
52 「徽文の野球選手に奇怪な噂が立つ」（『京城日報』一九二三年七月二八日付）三面。
53 「選手を優遇する　そんな事は絶対にない」（『京城日報』一九二三年七月二九日付）三面。
54 「松山商業に一泡吹かすか」（『朝鮮朝日（南鮮版）』一九三〇年八月一六日付）。
55 朝鮮総督府学務局『朝鮮諸学校一覧（昭和七年）』（一九三二年五月）一〇七～一〇八頁。
56 荒井憲治「球音は今も（Ⅱ）」（『浿江』三〇、一九九九年三月）六七頁。
57 前掲註47小杉記事、二〇頁。
58 稲葉継雄『旧韓国～朝鮮の「内地人」教育』（九州大学出版会、二〇〇五年）二六九頁。
59 谷口剛「球界の偉才　谷口五郎投手」（『近畿九徳会』三、一九六五年五月）一四頁。
60 前掲註6大島書、二七頁。
61 前掲註59谷口記事、一五頁。

62 前掲註49西脇書、八頁。
63 「平中の出場は平壌の誇り」(『朝鮮朝日(西北版)』一九二九年八月一三日付)。
64 前掲註32稲葉論文、一頁。
65 前掲註54「松山商業に一泡吹かすか」。
66 「激励をあびて京商出発」(『朝鮮朝日(南鮮版)』一九三一年八月九日付)。
67 丹生谷章「平中の思い出」(『浿江』七、一九六一年八月)五四頁。
68 「條件が似よつた敦賀との戦ひは」(『朝鮮朝日(南鮮版)』一九二八年八月一二日付)。
69 「冬季練習の例を開きみつちり技を練る」(『朝鮮朝日(西北版)』一九二九年七月二一日付)。
70 仁川商業学校については、前掲註4仁高百年史編纂委員会編による。
71 昭和八年から一三年にかけての朝鮮総督府学務局『朝鮮諸学校一覧』による。
72 김은식『삶의 여백 혹은 심장 야구』(한겨레출판、二〇一三年)。同書は仁川文化財団の「文化の道」叢書の一冊として刊行された。本文で述べている金善雄については、同書の四一~四七頁による。

第４章　満洲・台湾と甲子園

高嶋　航

はじめに

二〇一五年に台湾映画「ＫＡＮＯ１９３１海の向こうの甲子園」（馬志翔監督、二〇一四年）が日本で公開され、戦前の甲子園に台湾代表が出場していたことは広く知られるようになった。近年、台湾の学界では日本植民地時代のスポーツに対する関心が高まっており、「ＫＡＮＯ」はその副産物という側面もある。[1] これに対して、台湾と同じくかつて清朝の支配下にあった満洲（基本的には関東州、満鉄附属地を指すが、満洲予選に参加した天津、青島を含むこともある）の代表についてはほとんど知られていない。[2]

満洲と甲子園、台湾と甲子園の関係は、現在だけでなく、当時にあっても対照的であった。一九二四年と一九三六年の満洲と台湾における地区予選参加校数と内地人人口を比較してみよう。一九二四年の地区予選参加校数は満洲が三校、台湾が四校だったが、一九三六年にはそれぞれ三校、一二校となっていた。この間、内地人人口は満洲で一九・七万人から四〇・五万人に、台湾で一七・八万人から二八・四万人に増加していた。満洲では人口が倍増したにもかかわらず予選参加校が増えなかったのに対して、台湾では人口の伸び以上に予選参加校数が増えたことになる。また、多くの「台湾人」が甲子園に憧れ、予選に参加し、本大会に出場しさえしたが、満洲の「中国人」は基本的に甲子園とは無縁だった。[3]

本章では、満洲と甲子園、台湾と甲子園の関係がこれほどまで異なるに至った要因について考えてみたい。具体的には、第一節でなぜ満洲では予選参加校が増加しなかったのかを、第二節でなぜ台湾では「台湾人」が予選に参加したのかを明らかにし、最後に朝鮮とも比較しつつ、甲子園野球に対する情熱が満洲と台湾でかくも異なるに至った原因について、私見を提示したい。

一　満洲と甲子園

(1)　初参加まで

大連で野球が始まったのは南満洲鉄道株式会社（以下、満鉄）の本社が東京から移転してきた翌年、すなわち一九〇八年のことであった。水戸中（現・水戸一）、一高で野球選手として活躍した平野正朝は一九〇七年七月に京都帝大を卒業し、満鉄調査部に就職した。翌年初、大連で旧知の黒澤礼吉（大連税関長）にあい、野球を始めようと意気投合した。かくて一九〇八年三月八日に虎公園で満鉄見習と税関吏の試合がおこなわれ、これが満洲における野球の嚆矢となった。その後、平野が地理を教えていた満鉄見習夜学校で若葉会という名の校友会が結成され、野球部が創設された。一九〇九年九月、若葉会はアメリカ東洋艦隊の野球チームと対戦するが、二戦二敗、いずれも大敗だった。平野も出場し、「技に於ては到底彼等に勝つことは出来ないから体当り」で挑んだところは、かつて一高で武士道野球を唱え、横浜の外人チームを打ち負かした時のことを彷彿とさせよう。[4] 満鉄総裁中村是公はこの若葉会とアメリカ東洋艦隊の第二戦を観戦していたが、そのために中村に招待されて大連にやってきた夏目漱石は夜になるまで待ちぼうけを食らった。[5] 日米戦の審判を務めたのは、新橋アスレチック倶楽部を結成し野球殿堂入りした平岡凞の弟、平岡寅之助であった。[6] 平岡寅之助はのちに第一回全国中等学校優勝野球大会の審判を務めることになる。

大正初年に関東州に存在した中等以上の学校は関東都督府中学校（一九〇九年設立、のち旅順中）、旅順工科学堂（一九〇九年設立）、大連商業（一九一〇年設立）、南満洲工業（一九一二年設立）で、大正初年に始まった南満工業と大連商業の定期戦が満洲中等野球の始まりとされる。一九一二年には社会人チームの満洲倶楽部と大連実業団が結成され、翌年より両チームの対抗戦が実施されている。一九一六年六月、満洲日日新聞社主催の第一回関東州野球大会が開かれ、社会人チームに混じって南満工業、大連商業が参加した。南満工業と大連商業の定期戦は応援過熱のため一九一七年に中止されるが、一九二〇年四月に『遼東新報』記者長澤千代造の斡旋で再開することが決定し、七月一五日に第一回戦、九月一〇日に第二回戦がおこなわれた。[7] そして、一〇月には旅順工科学堂主催、遼東新報社後援の第一回関東州中等学校野球大会が開催された。満洲日日新聞社と遼東新報社は激しいライバル関係にあった。本大会も満洲日日新聞社主催の関東州野球大会に対抗して設立されたもので、旅順中、南満工業、大連商業（棄権）、若葉会が参加し、旅順中が優勝した。

一九二一年の第七回全国中等学校優勝野球大会に朝鮮と満洲の代表が初めて参加した。満洲地区予選（以下、満洲予選）開催までの経緯は、この前後の時期の『遼東新報』（遼東新報社は満洲予選の主催者だった）が残っていないために、詳細がわからない。ただし、満洲予選開催の背景として、全国中等学校優勝野球大会の規模が第一回の一〇地区七七校から第六回には一五地区一五八校へと拡大していたことが挙げられる。加えて、外地チームの参加は時代の趨勢であった。一九二一年の四月から五月にかけて、上海で開催予定だった極東選手権競技大会の陸上競技日本代表を選抜するための地方予選が全国各地で実施され、朝鮮と台湾でも外地として初めての予選が開催された。野球は満洲倶楽部に参加の要請があった。[8] これに先立ち、朝鮮では一九一九年二月に、また台湾では一九二〇年一一月に体育協会が設立されていた。要するに、この時期までに日本の体育組織が植民地にまで拡大し、植民地をも含む形で競技会を開くことが可能になっていたのである。[9] ただし、満洲の場合、全満競技連合（のち満洲体育協会）の成立は一九二二年八月のことであり、満洲の選手は朝鮮予選に出場しなければならなかった。[10]

朝鮮と台湾ではそれぞれ朝鮮体育協会と台湾体育協会が地区予選を主催した。なぜ一九二一年に体育協会がなかった満洲で地区予選が開催され、体育協会があった台湾では開催されなかったのか。台湾については後述することとし、ここでは満洲の事情に触れたい。一九二〇年時点で中等学校が参加する野球大会は以下の三つがあった。

①第六回関東州野球大会、満洲日日新聞社主催、五～六月、参加校：大連商業、南満工業、旅順中

②第五回満洲野球大会、九月、参加校：大連商業

③第一回関東州中等学校野球大会、旅順工科学堂主催、遼東新報社後援、一〇月、参加校：旅順中、南満工業、満鉄若葉会、大連商業（棄権）

このうち②は主催者・開催地が毎年変わり（一九二〇年は奉天）、旅順、大連の学校は参加しにくかった。時期的には①がふさわしいが社会人チームが主体であった。③は毎年秋に開催が予定され、関東州野球大会とならぶ満洲球界の権威とすることが目指されており、大阪朝日新聞社のライバルである大阪毎日新聞社から優勝旗が贈られていた。[11] 結局、③を後援した遼東新報社の主催で一九二一年七月に満洲予選が開催されることになった。予選開催をめぐって遼東新報社と満洲日日新聞社の間で駆け引きがあったであろうことは、予選を報じる記事の温度差から

もうかがえる。『満洲日日新聞』は朝鮮については大阪朝日新聞社の全国中等学校優勝野球大会の朝鮮予選として報じたが、満洲についてはあたかも学校対抗戦のような形で報じ、決勝になってようやく「遼東紙主催中等学校野球争覇決勝戦」と記したものの、全国大会との関係はついに明示しなかった。[12] 満洲日日新聞社が全国中等学校優勝野球大会を大々的に報じるのは、予選が自社主催となってからである。[13]『大連新聞』もさして変わらず、最後の試合になってようやく「此の一戦を以て大阪に出場すべき覇権を掌握する大事な試合」と報じている。[14]

第一回満洲予選（一九二一年）の参加校は大連商業、南満工業、旅順中の三校である。内地の地区予選には平均一三・八校が参加していたから、この数字はきわめて低い。[15] この時点で満洲の中等学校は上記三校のほか、大連中、奉天中（一九一九年設立）、長春商業（一九二〇年設立）があった。このうち、大連中は野球の対外試合を禁止しており、奉天中と長春商業は創設してなお日が浅く、予選に出場するのはそれぞれ一九二四年、一九二六年のことである。このほか、満洲で最初に野球チームを結成した満鉄見習夜学校は、のち満鉄育成学校と改称し、満鉄若葉会の名で各種の中等学校競技会に参加していたが、満洲予選には一度も出場しなかった。これには資格の問題が関係しているようである。実際、満鉄育成学校を中等学校と認めるかどうかについては何度か問題が起きている。[16] また若葉会チームにはＯＢが混じっており、一九二七年の関東州野球大会でようやく現役のみのチームを結成するが、翌年には野球部が廃止されてしまった。原因は、授業が夜間制に変わり学業が疎かになったこと、野球部が運動部の中で一番経費を食うことだった。[17] 以上を考慮すると、第一回予選に参加した学校は、満洲の基準で言えば、「多かった」と評価できる（参加率五割は一九二一年と一九二二年のみ）。

第一回満洲予選は南満工業戦を制した児玉政雄（のち早大を経て満洲倶楽部、一九二七年の都市対抗野球大会優勝投手）率いる旅順中と大連商業が三回戦制の決勝をおこない、初戦を落とした大連商業が連勝して満洲代表に選ばれた。「満洲予選前記」には、満洲では満洲倶楽部と大連実業団が鎬を削り、内地のチームが試合に来るなど、「一般には野球を見る目が肥え、自然中等学校チームの技量も年一年上達して昨年度の大連商業の如きは確かに全国大会に出ても優勝圏内に入るべきチームだという評判だった」とある。[18] 実際、本大会で大連商業は龍ケ崎中(現・竜ヶ崎一)、岡山一中(現・岡山朝日)を破り、準決勝でエース竹内愛一を擁する京都一商(現・西京)に大敗したものの、ベスト4の成績を残している(竹内は早大卒業後、満洲倶楽部に入る)。その大連商業について、植村陸郎は「殖民地チームでは大連商業が強くもあるし、凡てに於て優れて居た。選手許りでなく、応援団の態度なども頗る見上げたものであった」と高い評価を与えている。[19] 大連商業はチーム打率〇・二三九(全参加校中五位)、守備率〇・九一五(同五位)と投打のバランスが取れたチームで、とくに守備率はベスト4に残ったチームのなかで最も良かった。

(2) 満洲代表の盛衰

満洲の二大社会人野球チーム、大連実業団と満洲倶楽部をそれぞれバックにもつ大連商業と南満工業は互いをライバルとして切磋琢磨し、その「決死的戦闘」は往年の早慶戦にも喩えられた。[20] 一九二二年の第二回満洲予選では、大連商業と南満工業がそれぞれ旅順中に勝ち決勝戦に進んだ。前年に大連商業と覇を競った旅順中は主力選手が卒業して大幅に戦力ダウンし、折田有信のコーチのもと猛練習を積んだが決勝に進めなかった。[21] 大連商業と南満工業の決勝戦は三対一で南満工業リードのまま九回裏を迎えた。大連商業は一点を入れ、なお三塁に走者を置いていた。センターフライの間に三塁走者が本塁を衝いたが、折田審判はアウトを宣告した。大連商業側は抗議するが認められず、南満工業が代表権を得た。[22]

折田は全国中等学校優勝野球大会と縁の深い人物である。そもそもこの大会は、一九一五年春に三高野球部の選手だった折田、京都帝大の高山義三、小西作太郎らが構想を練り、大阪朝日新聞社に持ち込んだことで実現したものである。[23]そして折田は第一回大会の審判を務めている。ただし、折田は満洲予選の創設には関わらなかったようである。京都帝大を卒業し満鉄に入社したばかりだったからであろう。

第三回満洲予選（一九二三年）では奉天中が初出場したが、旅順中は参加しなかった。満洲代表となった大連商業は一回戦で朝鮮人チーム徽文高等普通学校と対戦、四対九で破れた。徽文の監督は朴錫胤だった。朴は一九一七年に折田と内村祐之が投げ合った一高三高戦で三高の右翼を守っていた選手である。[24]会場を甲子園球場に移して開かれた一九二四年、満洲代表大連商業は愛知一中（現・旭丘）、市岡中（現・市岡）を破り、準決勝で広島商業に延長一二回サヨナラ負けした（広島商業は優勝）。この年、大連商業は新たに創設された明治神宮競技大会にも参加している。

第五回満洲予選（一九二五年）は、南満工業が専門学校に昇格したため参加できず、奉天中は実力不足、長春商業は学期試験と重なるとの理由で不参加となり、予選を開催できないという異常事態になった。[25]結局、大連商業が推薦され、本大会に出場、準決勝まで駒を進めた。優勝は準決勝の対戦相手だった高松商業で、このため甲子園では大連商業に勝ったチームが優勝するという噂が生まれた。[26]

第六回満洲予選（一九二六年）は、長春商業、青島中が初めて参加、長春商業を破った青島中と大連商業の間で決勝戦がおこなわれ、大連商業が勝った。円城寺満と桜井修のバッテリーを擁する大連商業は本大会で浪華商（現・大体大浪商）、敦賀商業（現・敦賀）、京城中、和歌山中（現・桐蔭）を撃破、静岡中（現・静岡）との決勝に臨んだ。同点で迎えた九回表に一点を取られて惜敗したものの、準優勝の栄誉を勝ち取った。大連商業が強かった理由を、その当事者は「部活先生方の指導による所も多いが、日頃の練習試合の相手が、凡て年長のチームで、特に国際運輸、大連埠頭、満鉄消費組合、南満工専などに鍛えられたことが幸いであった。また実業団チームの安藤忍さんや石本秀一満倶監督、中澤不二雄（後のパ・リーグ会長）さん等の指導も忘れ難い人として母校の球史に残しておきたい」と述べている。[27] 投手にとっては予選の負担の軽さも有利に作用したかもしれない。一九二六年の各地区予選平均参加校数は一五校あまり、地区代表になるには三〜四試合を勝ち抜く必要があった。これに対し、大連商業はわずか一試合で代表を勝ち取っている。

第九回満洲予選（一九二九年）では小平美国投手を擁する青島中（青島日本中学校）が大連商業を破り、初めて満洲代表の座を射止めた。青島中に野球部が誕生したのは、一九一七年四月に学校が設立してまもない頃であった。当初は校内大会や邦人チームとの対戦が主な活動であった。一九二〇年に山東野球大会、一九二五年に青島野球大会、翌年に青島リーグ戦が始まると、青島中はそのいずれにも参加し活躍した。[28] 青島と大連の関係は、一九一五年に日本軍が青島を占領したさい大連から多くの日本人が青島に渡ったことで深まる。青島と大連はスポーツの面でもさまざまな交流があった。一九二六年の青島中野球部の満洲予選参加はこうした交流の一環に位置づけられる。青島中は初戦で長春商業を破り、大連商業との決勝戦に臨むが、五対八で惜敗した。翌年夏には、国民革命軍の北進を受けて日本軍による第一次山東出兵が実施され、青島中の校舎にも軍隊が駐屯することになり、満洲予選には参加できなかった。この年八月に浦和中（現・浦和）から赴任した小林隆助校長は「野球好き」で、一九二八年五月の済南事件やその前後の第二次、第三次山東出兵といった厳しい情勢にもかかわらず、日本民団の協力を得て、満洲予選にチームを派遣した。[29]

第一〇回満洲予選（一九三〇年）から第一四回満洲予選（一九三四年）までは再び大連商業が満洲代表を務めた

が、本戦での成績は精彩を欠き、結果的に第一六回大会（一九三〇年）の初戦、台北一中戦が唯一の勝利となった。大連商業が不振に陥った最大の原因はライバルの不在であろう。南満工業の専門学校昇格後、大連や旅順で中等学校の対戦相手を見つけることができなくなった。さらに、満洲の野球関係者はとある座談会で不振の原因を次の如く語っている。

E：一体大商の萎薇は何に原因するのでせうかね。

中島謙：あれもまあ一口に言へば専任のコーチがついてゐなかつたからです。現在では全然素人がコーチするから伸びないんです。満倶か実業の選手がコーチすればあんな事はないけれど。

A：前はコーチしてゐたのでせうか。

中島：以前は必ず実業か満倶の選手がやつて居ましたが最近三、四年はちつともやつてない。

安藤忍：校長の山崎さんが止めてから頼みに来なくなりました。[30]

中島謙と安藤忍はともに大連実業野球団、そして山崎正矩は一九二六年まで大連商業の校長を務めた人物である。山崎は「野球部育ての親」と慕われ、「山崎校長を語れば野球部の全盛時代」が呼び起こされるほどの人物であった。山崎が離任した翌年から大連商業は本戦で勝てなくなったから、この指摘は的を射ているかもしれない。

一九三二年四月、関東庁視学官の長尾宗次が大連商業校長に就任する。長尾は野球に理解がなく、一九三三年には「今年負けたら野球部を廃す」ことを部員に通告した。その年も、その翌年も野球部は満洲代表の座を勝ち取ったのだが、一九三五年春に突如解散を命じられた。野球部復活運動に奔走した麻生簡靖によれば、表向きの理由は野球部の借金であった。麻生は債権者である運動具店と交渉し、借金の棒引きまで約束してもらったが、野球部の復活はならず、山崎校長に申し訳ない気持ちで一杯になったという。[31]

大連商業野球部解散後の満洲代表は、一九三五年から一九三七年までが青島中、一九三八年と一九三九年が天津商業で、純粋の「満洲」代表と言えるのは最後の満洲代表、すなわち一九四〇年の奉天商業のみである。この間、満洲予選に参加したのは、以上三校に加えて、奉天中、安東中、新京商業で、奉天中が一九三五年、安東中が一九三六年、青島中が一九三九年に姿を消した。予選参加校数は、一九三八年の二校、一九三九年の四校を除くと、いずれも三校にとどまった。一九三〇年代後半には満洲の日本人が爆発的に増加し、一三校の中等学校が新設されたにもかかわらず、である。もちろん、主催者側が手をこまねいていたわけではなく、たとえば満洲野球連盟は一九三六年から大連ほか各地の中等学校に参加を働きかけようとしたのだが、参加校数の増加には結びつかなかった[32]。

満洲中等野球界の不振は本大会の成績に如実に反映されている。先述の通り、大連商業も後半は初戦敗退が続いたが、それでも一点差のゲームがほとんどだった。これに対して、一九三五年以降の満洲代表は、一九三八年の天津商業が二対三の接戦で敗れたのを除くと、いずれも大敗で、一九三五年から一九四〇年までの得失点差はなんと一試合平均八・二点に達している。

結局、満洲予選の参加校数が最多の五校に達したのは、一九二九年から一九三一年までであった。満洲事変と野球統制令が隆盛に向かいつつあった満洲中等野球を頓挫させたと解釈したくなるが、各学校の状況を見ていくと、校長の意向が大きく作用したことがわかる。

(3) 関東州の中等学校

満洲の教育行政は関東州と満鉄附属地の二系統に分かれ、担当部局は関東庁と満鉄の学務課であった。一九二一年の第一回満洲予選のさい、『大阪朝日新聞』は「満洲の中等学校は朝鮮に比して更に少数であるが、監督官庁の圧迫が無かつただけに、野球技にかけては比較的自由な発達を遂げている」と記していた[33]。しかし実際には、一九三〇年代前半までに設立された関東州内の中等学校、すなわち、旅順中（一九二四年に旅順一中と改称）、旅順二中（中国人学校）、大連中（一九二四年に大連一中と改称）、大連二中、大連商業、南満工業のうち、予選に参加したのは三校にすぎず、うち旅順中は一九二二年まで、南満工業は一九二四年までの参加である。

満洲で最初に創設された官立学校、旅順中の初代校長勝浦鞆雄は、前任地である東京府立一中（現・日比谷）で野球の対外試合を禁止していた（勝浦の後任、川田正澂は『東京朝日新聞』の野球害毒キャンペーンに野球反対派の校長として登場した）。とはいえ、同校の野球部は何度か例外的に対外試合を実施している[34]。勝浦は旅順中でも野球の対抗試合を禁止したが、一九一九年七月に赴任した伊藤正美教諭の働きかけで野球部が成立、一九二一年と一九二二年の満洲予選に参加した。ところが伊藤によると、翌年春に主力選手がごっそり抜けてしまい、再起をはかったものの、結局解散せざるをえなかった[35]。一方、高塚岩雄によれば、野球部は解散したのではなく、柳生昌勝部長のもとで存続していたという。実際、旅順中はその後も全旅野球大会に出場し、一九二九年秋にはみごと優勝している[36]。ところが、一九三二年に今井順吉が校長に就任すると、「対外試合を行えない同好会的野球部の存在を許さず解散を命」じた。このことは、一九三三年度の校友会予算より野球部の予算が削除されたことからも裏付けられる[37]。

旅順中に次いで古い歴史をもつ大連中は、一九一八年の開校と同時に校長の服部精四郎が野球の対外試合を禁止すると宣言していた[38]。服部が野球の対外試合に反対した理由として、「野球部は費用がかゝり野球部一つの予算で、他の運動部全部を賄える程なので、思い切って創設を認めなかったと云うのが真相の様である」「私が野球は？とお尋ねすると、従来より野球は校内競技としては奨励しているが、対外競技としては認めていないとのことを申された。これは経費の問題と、勉学時間の出来難いという理由であった」「英国に留学されていた由でヤンキー振りの野球は奨励されず」などが挙げられている。[39]最後のものはややこじつけの感がなくもないが、一九三〇年のある座談会で服部校長は「仏蘭西人なり、英国人なりはそんなに競技に生命をかけるやうなことはありませんが、日本人や亜米利加人は未だ若いからさうはいかぬ[40]」と述べており、あながち根拠のない話ではない。[41]いずれにせよ、服部が禁じたのは野球の対外試合であって、野球そのものではない。校内で野球がおこなわれていたことは、一九二七年のある投書からも確認できる。

大連には同校〔大連商業〕の外に大連第一、二の両校があつて毎日校庭で不断の練習をなしつゝあり其の技倆も著しく進歩せるに拘らず両校の校規として対外試合を絶対に禁じてゐるのは好球家にとつては誠に遺憾に堪へない事であります。[42]

満洲事変の前後には大連一中の満洲予選参加が噂されたが、実現はしなかった。[43]

服部は野球以外のスポーツの奨励にはきわめて熱心で、まだ日本ではそれほど普及していなかったサッカーを学校創設後すぐに校技に指定した。対外試合についても積極的で、陸上競技、水泳、バスケットボール、ラグビー、テニス、バレーボール、氷上競技など、野球以外のほとんどの競技で大連一中の活躍が見られる。

大連一中服部校長のもとで教頭を務めた丸山英一は、一九二四年に大連二中が設立されると、同校の校長に就任した（一九二四〜一九三六年在任）。大連二中で野球をやらないことを不思議に思った木村三男（一九二八年入学）が先輩に尋ねたところ、「一中の西内〔＝服部〕校長と二中の丸山校長が協定してやらないことになっていた」という。一年後輩の河村幸一によれば、丸山校長自身が「いまの高校野球の名門・海草の野球部は、ぼくがつくった」

と言っていたという。河村は丸山が海草中（現・向陽）時代に野球部長をしていたから、野球が嫌いなはずはないとも述べている。[44] ただし、海草中で正式に野球部が設立されたのは丸山が大連二中に移って以後のことである。ここでは、丸山自身は野球に理解があったものの、元上司の方針に逆らえなかったと解釈しておきたい。満洲の官立学校が揃って満洲予選に参加しなかったことは、満洲中等野球界の発展に大きな影響を及ぼしたであろう。

（4）満鉄附属地の中等学校

満鉄地方部学務課が管轄する一九三五年以前に設立された中等学校には、満鉄立の奉天中、長春商業（新京商業）、鞍山中、撫順中と、東洋協会立の安東中、奉天商業、新京中があったが、このうち一度も満洲予選に出場しなかったのは鞍山中と新京中だけだった。

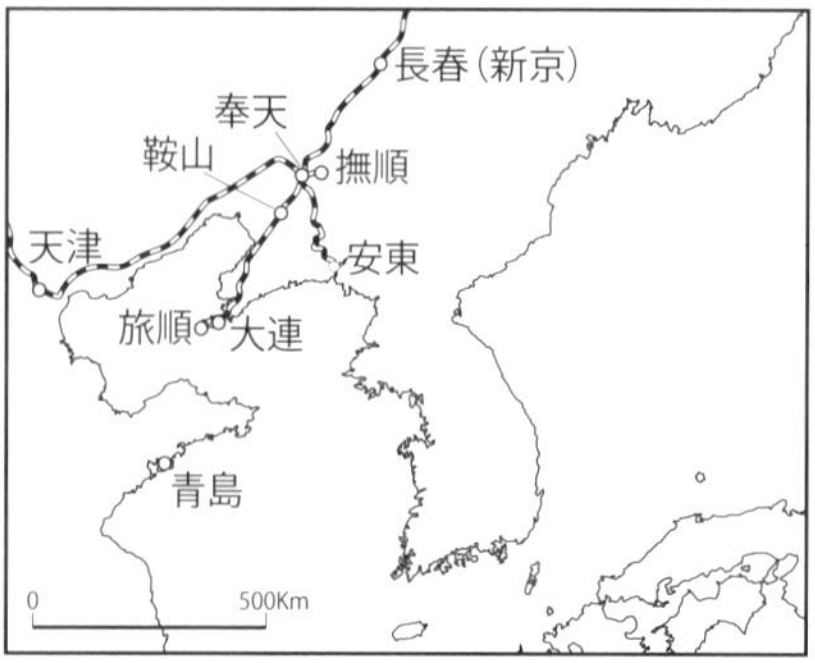

図1　関係都市位置図

一九一九年に設立された奉天中は一九二三年に初めて満洲予選に参加した。遠来（大連–奉天は約四〇〇キロ）であることに加え、最終学年である五年生が不在のチームは大連商業に一対一一と惨敗した。翌年五月の奉天野球リーグに優勝した奉天中は満洲予選で再び大連商業と対戦したが、二対一〇のスコアでまたもや大敗した。一九二五年の満洲予選では「メンバーは昨年通り殆ど異動なく投手森は一層凄味を加え、攻守共に益々精錬されてきた」[45]と期待されながら棄権した。翌年六月、州外野球大会で初戦に完敗した奉天中は満洲予選出場を断念した。その背景には、熊谷政直校長が、他の中学校長にも働きかけ、中学校が主催する以外の対校競技への参加に反対していたことがあった。[46]一九二七年六月に新校長名和長正を迎え、ようやく満洲予選への参加が再開された。この間の事情は翌年の新聞で「奉天中学は永年学校当局が対抗試合を避けるという方針があったため、選手一同はただ切歯扼腕して機会を窺っていたが、一昨年〔昨年の誤りか?〕学校当局は永年の方針を変更し、予選会に出場する事になった」と報じられている。[47]名和校長は自らグラウンドに出て練習につきあうほどの野球好きであった。[48]奉天中は一九三五年まで連続で満洲予選に出場するが、一九三六年に予選への参加を取りやめる。この年、寺田喜治郎校長は「部の維持に金がかかるし、グラウンドを広く使う」との理由で野球部を廃止した。[49]その前年に入部した埜沢鉄男によれば、部員はわずか一二人で、監督はスポーツ用品販売店の主人であり、職員会議の決定で硬式野球部は廃止されたが、軟式野球部は残されたという。[50]この証言には問題も多いが、野球部の廃止が寺田校長の意向によるものであったことは、彼の「前科」からほぼ間違いない。

寺田の前任校は撫順中である。同校は一九二三年に『遼東新報』主筆の栗本已巳蔵を校長に迎えて設立された。まもなく野球部が創設され、[51]一九二九年から一九三一年まで満洲予選に出場していた。しかし、寺田校長就任三年目に満洲予選出場を取りやめた(奉天中もやはり校長就任三年目だった)。「斬新的な教育を実践されたリベラリスト」[52]と評される寺田のスポーツ観の一端はその著書『大陸の教壇』にうかがうことができる。寺田は「早いが勝ちより辛抱が勝」だとして、「小器用な、スピーデーな、頭のもの」となった近代都市的スポーツを否定し、持久力と機械的操作を体育の目標に置いた。寺田は都市的なスポーツのなかでも、とくに野球に対して批判的だった。[53]

一九二〇年に設立された長春商業が満洲予選に初出場したのは一九二六年のことである。このときは遠来の青島中と対戦して惜敗した(大連-長春は七〇〇キロ、大連-青島は四三〇キロ)。翌年の予選では奉天中に勝利したが、大連商業に大敗した。その次の参加は一九三三年で、新京商業と名を改めていた。この間の経緯は「新興満洲国の首都新京を代表して出場する新京商業は去る昭和三年夏出場敗退の憂き目に雌伏以来五年鋭意再起の努力を続けて来り、既に一度昨年度は出場するばかりになつて居たが経費の都合上已むなく中止され爾来本年の出場を期して練習を続け、愈々本夏大会出場の待望を達する」と報じられている。[54]新京野球倶楽部や満洲国野球部の指導を受け、炎天下のなか猛練習を続けたが、大連商業に〇対一三と惨敗した。翌年からまた出場を取りやめるが、経費の問題が原因だったと思われる。赤塚吉次郎校長の時期には人身事故もあって野球部が廃された。一九三七年一一月、志崎九五郎が校長に就任、翌年秋に学生たちは「年間予算案や校内外指導者、練習場の確保、参加部員数の人員等の資料を校長に提出、許可を受け、正式に野球部の発足にこぎつけ」た。[55]幸い一九三九年から満洲予選は奉天で開催され（新京–奉天は三〇〇キロ）、この年から最後の満洲予選（一九四一年、ただし本大会は中止）まで参加した。野球部は一九四二年になっても満洲予選を目指して練習に励んでいたが、結局予選は開催されなかった。[56]

一九二五年に設立された安東中は、全学年が揃った一九二九年に満洲予選出場を果たした（安東–大連は六六〇キロ）。一九三二年の新聞記事によると、一九二五年九月に早くも一年生が軟式野球を始め、一九二六年に一、二年生のチームが地元の小学校高等科生に敗れた。一九二七年に柏原一馬教諭を部長に硬式のチームが編成され、安東満洲倶楽部の指導を受け、練習に励んだ。一九二九年七月には朝鮮の新義州商業との対戦で快勝し、満洲予選に乗りこんできた。[57]安東中の下馬評は芳しくなく、「中等学校選手が強くなる条件は歴史・球場・好い試合を見る・好投手・試合数・夏の大会前の猛練習等であって、そのあらゆる要件に恵まれていない気の毒なチーム」と紹介されている。[58]初戦の相手はやはり初出場の撫順中だった。九対四でみごと初陣を飾ると、伊東善吉校長は「「よく戦つてくれた。よく勝つてくれた」と涙を浮かべて喜び、観衆を大いに感嘆せしめた」。[59]続く準決勝では大連商業に三対五で敗れた。一九三四年、安東中は満洲予選の参加を取りやめる。その理由は、「隔年に出場するといふので参加するという前例から今年は丁度出場しない年に当る」からであった。[60] この「前例」は柚原益樹校長の方針で立てられたものであろう。しかし、次に参加したのは二年後の一九三六年であった。この間、学校当局は「選手養成主義を捨てて体育主義の指標のもと実に200余名の部員を擁する大野球部を建設、校内試合で錬磨に努めてい」た。[61] 一九三七年に大久保準一校長が着任すると、「従来の消極的運動方針を捨てゝ全生徒に各種の運動を奨めスポーツにより純正な中学生精神を養成することゝなり、先づ歴史ある同校野球部の再建を企図し、安東野球倶楽部のマネージヤー筒瀬〔茂雄〕氏を正式コーチヤーに依頼し猛練習を行ひ、往年の黄金時代再現を目指して進むことになつた」。[62] しかし日中戦争の勃発を受け、大会直前に出場を取り消した。一九三八年も参加の意向を持っていたが、やはり出場はならなかった。校長が交代した一九四〇年に職員会議の決定で満洲予選出場が中止された。もっとも、同年五月に平壌一中と、秋に新義州商業と対戦しており、対外試合そのものが禁止されたわけではない。[63] それどころか、同校には職員の野球チームもあり、対外試合すらしていた。[64]

満洲予選に一度も参加しなかった満鉄立の鞍山中、東洋協会立の新京中は、いずれも矢沢邦彦が創設に関わり長らく校長を務めた学校である（鞍山中は一九二三〜一九三二年、新京中は一九三三〜一九四〇年在任）。矢沢校長について、鞍山中の生徒は、「皆から親しまれていたが、なぜか野球嫌いで有名だった」、新京中の生徒は、「野球部はなかった。これは矢沢校長の方針だったらしいが、イギリス流にいうと野球はまともなスポーツと認められなかったという。我々は、たまに宿敵新京商業の野球の練習や、甲子園への遠征〔奉天での満洲予選か?〕をみて、校長の無理解をうらんだものである」と述べている。[65] もっとも、矢沢はスポーツそのものには理解があり、ラグビーは両校の大きな特色となっていた（鞍山中は一九三四年に、撫順中は一九三八、一九三九年に全国制覇を成し遂げる）。鞍山中では一九四〇年にようやく野球部が創設されたが、新校長を迎えた一九四二年に「時局」を理由に廃部となっている。[66]

（5）満洲中等野球の特徴

中等野球の不振とは対照的に、満洲では野球そのものはたいへん盛んだった。一九二〇年に明大を卒業して来満した安藤忍は、「私が大連へ来て一番驚いたのは野球熱の盛んなことです。殊に婦人に迄其の趣味が普及してゐる事は内地にも余り見られない現象です」と述べている。[67]内地でも実力が知られていた社会人野球は言うまでもないが、少年野球も盛んだった。それゆえ、中学で野球部に入るのを楽しみにしていた小学生も多かったはずである。一九四一年に鞍山中に入学した吉村禮志は、「私は小学生の時から野球大好きの少年だった。ポジションはファーストで、レギュラーを通していた。だから中学に行けば、もっと大きなグランドで、試合もグレードの高い舞台で活躍できると期待していた。それは中学進学の重要な動機のひとつだったことは間違いない」と述べている。[68]しかし、多くの中学校で野球部は存在しなかった。

硬式野球をやらさなかった事は子供心に不思議であり、大連商業が毎年無競《ママ》争で甲子園に出場する事が、うらやましくて仕方がなかった。然しこれは野球部の運営費が非常に高額であり、野球部一部の予算で他の競技部の費用を優に賄えるものであって、限られた予算の中で巾広い競技を身につけさせたいという教育方針であった事が長ずるに及んで解って来て感服したものである。それだけに球技のレベルは大変高級なものであり地理的条件のため当時は満洲だけの対抗試合しかできなかったが、もし、日本に遠征を許されておれば何時かは優勝していたであろうと思われる。[69]

こう証言した大連一中の富田龍彦（一九三一年入学）のように、中学生たちは野球ができないことを納得し、他の競技にその情熱を注ぎ込んだのだ。[70]

中等学校の校長たちは、しばしば経費の問題を挙げて野球に反対したが、実際にはどれくらい費用がかかったのだろうか。部費の詳細がわかる青島中（一九二二―一九三四年）、奉天中（一九二八年）、旅順中（一九三二年）、天津商業（一九三九年）の例をみると、[71]校友会費に占める野球部費の割合は最多の天津商業でさえ三四・一％であり、最少の旅順中は四・八％にすぎない。一方、運動部費に占める割合をみると、最多の青島中は四四・五％なので、野球部費が他の運動部費の合計よりも多いという非難は、決して根拠がないわけではないことがわかる。

一度満洲予選に出るとどれくらいの経費がかかるのだろうか。天津商業が一九三七年に満洲予選出場のために支出した金額は一七二八円余りであった。これは詳細なデータが残っている一九三九年度の野球部費の三倍近くに相当する。このとき学友会から支払われた費用は一〇〇円のみで、経費のほとんどを後援会の寄附に仰いでいる。こうした事情は内地の野球部もさほど変わらないかもしれないが、満洲の場合、地理的な事情もあって、予選に参加するだけで相当の経費を必要とした。甲子園の場合、本大会の旅費は主催者から支給されたが、旅費が支給されない場合、たとえば一九二四年に明治神宮競技大会に参加することになった大連商業野球部は旅費が工面できず「一時行悩みの体であつたが」、片山義勝（朝鮮銀行理事）、乙竹茂郎（正金支店長）、村井啓太郎（前大連市長）らの斡旋によりようやく参加が実現した。一九二六年の満洲予選直前には、経費不足のため野球部解散かとの報道がなされた。[72]

したがって、予選不参加の理由にたびたび経費が挙がるのは当然だった。しかし、たんに経費の問題なら、大連の学校は参加しやすいはずだが、実際には一九二〇年代半ば以降、大連商業しか参加しなかった。それゆえ、経費は主たる問題ではなかったと考えるべきである。地元の人々はむしろ参加に前向きで、喜んで経費を負担しようとさえした。一九二六年に全満少年野球大会に優勝した安東小学校が全国大会に参加しようとしたさい、一〇〇〇円はかかるという経費の問題に直面した。太田雅夫地方事務所長が地方委員会で諮ったところ、「安東より満洲を代表すべき健児を全国大会に出場せしむる事は啻に安東の誇りであるばかりでなく一方児童の見学を広め且つ体育奨励上にも最も有益なれば進んで之を送るべし」と満場一致で寄附を募ることに決まった。[73] 一九二九年に安東中が満洲予選に初めて参加したときも、安東の人々は激励の電報、手紙を送っていた。[74]

要するに、学校（とくに校長）が野球に意義を見いだすかどうかが本当の問題であった。野球部に次いで経費のかかるラグビー部に対して経費が問題とされなかったのもそのためである。学校側が意義ありと認める活動であれば、経費の問題は無視された。たとえば旅順中学の職員会議でボート部廃止の意見が出たさい、平田芳亮校長は「他の学校はいざしらず、日本戦史をいろどるこの旅順港の水に育てられてゆく本校創立の精神にてらしても、ボート部だけは廃したくない。そこには、多大の犠牲を払はねばならぬだらうが、やむを得まい。むしろもつと〳〵海事思想を養成してやりたい」と存続を主張した。[75] とはいえ、校長がどれほど支持しても、希望者がいなければ部活動は成り立たない。校長が今井順吉に代わった翌年度の校友会予算にボート部は見えない。校友会は基本的に生徒の自発的活動であり、学校側の思惑だけで事は動かなかったのである。ただし、禁止は可能で、すでに見てきたように、いったん廃部になると、よほど好条件が整わない限り、復活することはなかった。

二　台湾と甲子園

（1）台湾と中等野球

台湾に野球が伝わったのは一八九七年ころで、満洲よりも一〇年ほど早い[76]。最初期の野球は、在台日本人の余暇としておこなわれた。正式な野球チームは、一九〇四年に田中敬一校長の支持のもと台湾総督府国語学校中学部（のちの台北一中）に設立された野球部である。同野球部は一九〇六年三月に国語学校師範部と対戦するが、これが台湾で最初の正式な野球の試合とされる[77]。しかし、一九〇八年秋に本荘太一郎校長（一九〇七年五月に就任）が野球を禁止した。野球に対する方針転換の背景には、全国中等学校校長会議の野球に対する態度の変化があった。同会議は一九〇二年に野球を奨励したが、一九〇七年には野球の弊害を防止すべく、一転して野球を規制することになった[78]。本荘校長の禁止令は野球の発展を一時的に停滞させたが、一九〇九年八月に国語学校中学部、夜学校中学会、成淵学校、霜月倶楽部が混合チームを結成して野球の試合をしたことが示すように、野球への情熱を抑えることはできなかったようである。これと前後して、社会人チームも次々と結成され、一九一五年には台北と台南に北部野球協会と南部野球協会、さらに一九一六年には嘉義に嘉義野球協会が設立された[79]。

一方、中等野球の組織化は遅々として進まなかった。台北工業（一九一二年設立）と台北商業（一九一七年設立）に野球部ができたのは一九二〇年になってからである[80]。この年、台湾総督府総務長官下村宏の主導で台湾体育協会が結成され、下村が会長に就任した。一九二一年六月に台湾体育協会の主催で第一回台北野球団争覇戦が挙行され、中等学校同士の対戦が実現することになった。台北一中、台北工業、台北商業が参加し、台北一中が優勝した。この年に満洲と朝鮮の代表が初めて全国中等学校優勝野球大会に出場することを考えれば、台北一中が台湾代表として鳴尾球場へ行ってもよかったはずである。もちろん、この大会は台湾全土を網羅していたわけではなかったが、それを言えば満洲予選も大連と旅順から三校のみの参加だったので大差はない。

大阪朝日新聞社は台湾にも参加を呼びかけるつもりだったか、もしくは実際に呼びかけたのかもしれないが、夕イミングが悪すぎた。というのも、同年六月下旬に東京を訪れた下村総務長官が七月一一日に突然辞表を提出し長官を辞任してしまったからである。台湾総督府専売局長の賀来佐賀太郎が後任に決まるものの、東京へ来て辞令を受け取り、さらに台湾に戻って総務長官に着任したのは七月下旬であった（満洲、朝鮮の予選は七月下旬に開かれている）。台湾体育協会は元会長である下村のために送別陸上競技会を開きはしたが、中等野球まで手が回らなかったに違いない。

その後、大阪朝日新聞社専務取締役に就任した下村は一九二二年六月に台湾を訪れ、台湾体育協会に全国中等学校優勝野球大会への参加を求めた。そこで台湾体育協会は各学校と交渉を始めたが、前月下旬に体協が主催した第二回台北中等学校野球大会の覇者、台北一中が真っ先に辞退を表明した。台北では台北工業以外の学校がみな辞退したため、台北工業を台湾代表として推薦することになったが、結局派遣は中止された。翌一九二三年には各校との交渉もうまくいき、七月中旬に台湾体育協会の主催で第一回全島中等学校野球大会が開かれ、台北一中、台北商業、台北工業に加えて台南一中が参加、台北一中が初代代表の座を勝ち取った[81]。台北一中は初戦で立命館中に四対二三と惨敗する。このチームでレフトを守った島浦精二は、台北一中を卒業後、水戸高校、東京帝大を経て日本放送協会に入る。一九三二年のロサンゼルスオリンピックにさいして日本放送協会は「実感放送」で競技の模様を中継したが、この放送を担当したアナウンサーの一人が島浦だった（あとの二人は松内則三と河西三省）。ちなみに、下村も一九四三年に会長として日本放送協会入りし、玉音放送をプロデュースしたことはよく知られていよう。

一九二〇年代を通じて、台湾代表は台北一中、台北工業、台北商業のいわゆる「北三校」と呼ばれる学校が独占していた。そして、華々しい活躍をしていた満洲代表とは対照的に、台湾代表の成績は低迷が続いた。唯一の例外は一九二九年の台北一中で、準々決勝で台湾人留学生を擁する平安中（現・龍谷大平安）を撃破して準決勝に進出した。一九三〇年代に入ると南の嘉義農林（以下、嘉農）と嘉義中の活躍が目立つようになる。とりわけ嘉農は一九三一年に決勝戦まで進んだ。だが、その後は初戦敗退か、よくて一勝に止まっている。本戦での成績は芳しくなかったが、予選の参加校は着実に増加し、その数は一九二八年に八校、一九三一年に一二校、そして一九三九年と一九四〇年には一三校に達している。満洲との大きな違いは、途中で参加を取りやめる学校が少なかったことである。予選出場経験のある一九校のうち、一九四二年の予選まで出場し続けたのは一〇校、一九四一年までは二校、一九四〇年までは一校である。校長の意向に大きく左右された満洲と違い、台湾では半官半民の体育協会が予選を主催していたこともあってか、中等野球に対する反発は少なかったようである。

それにもまして顕著な違いは現地人の参加の有無である。台湾では（朝鮮と同じく）、現地人が野球に参加した。公式試合に台湾人の名が現れるのは一九一九年のことで、北部野球大会に出場した医専（台湾総督府医学校医学専門部）チームに、李と林という二名の「本島人」選手の存在が確認できる。[82] 中等学校に目を移すと、一九二三年、花蓮港庁長江口良三郎は、アミ族少年の野球チームの選手を花蓮農業補習学校に入学させ、能高団を創設した。一九一五年に台湾人のための最初の中学校として設立された台中中（一九二一年より台中一中）には、一九二五年の時点で野球部が存在していた。[83] 台湾予選についてみると、一九二八年に初参加の嘉農には三名の高砂族と二名の本島人がいた。[84] 一九二九年の台北工業チームには黄永清なる名が見える。[85] 台湾人を主体とするチームでは、一九三〇年に台中一中が、一九三二年に台南二中がそれぞれ予選に初参加を果たしている。以上のように、一九二〇年代に台湾人野球選手の姿が見られるようになった背景には、教育制度の改革があった。一九一九年一月、「同化主義」を掲げる明石元二郎総督のもとで台湾教育令が制定され、台湾人向けの教育機関の整備が進められることになった。こうして同年四月に台湾総督府嘉義農林学校が設立された。同年一〇月には日本人と台湾人の共学を認める内訓が総督府より出され、一九二二年の第二次台湾教育令によって日本人と台湾人の教育制度が一本化された（初等教育では小学校と公学校の区別があったが、台湾人でも小学校に入ることはできた）。こうした一連の措置を通じて、台湾人の教育機会が増し、結果的に野球に触れる機会も増えることになった。

（2）「日本人化の使命」と野球

同じく現地人に対する教育でも、台湾と満洲のそれには根本的な違いがあった。一九二〇年代以降、台湾のそれは「日本人」を養成すること（＝同化）を目的としていたが、満洲はそうではなかった。したがって、台湾では野球、そしてスポーツは同化の手段とみなされた。その早い事例として、一九一九年の「運動競技を本島人に及ぼせ」を紹介しておきたい[86]。著者は、同化を言うなら、学生たちに運動を勧め、知らず知らずの間に日本人としての精神を吹き込むことが大事で、このほか、「大稲埕辺の若い紳士」には「多少の反抗的気分」があり、「嫌に気取つて色酒にでも耽るのが、現代紳士の気風だ」と考えているものが居るので、こうした「多数の有為の青年紳士に、真に日本の魂といふものを吹き込む」のはきわめて重要だとする。具体的には野球やテニスのチームを作って、内地人とともに運動することを提案している。

これに対して、花蓮港庁長の江口良三郎は自ら組織した「蕃人チーム能高団」について、次のように述べている。

見よ、そのプレヤースの如何にも男性的なる岩畳造りの体格を。その眼ざしは向上を欲するの光りに燃えてゐる。その相貌の全体から来る感じは唯だ従順そのものゝみでありながら又たどこかには豹のやうな慓悍さを蔵してゐる。…〔中略〕…生蕃が野球をやる——唯だそれだけでも非常な驚異である。併し生蕃だつて人間であるし、況んや皇化に浴し、教育を受け、文明の環境に接触してゐる彼等としては野球は愚か将来は撞球もやれば飛行機にも乗り、或は彼等の中から大科学者、大政治家が生れぬとも限らぬ。…〔中略〕…能高団は実に潔く且つ男らしく戦つた。[87]

ここに見えるように、動物のように頑強でありながら、従順で規律化された身体は、まさしく植民者である日本人が被植民者である台湾人に求めていたものである。こうして「皇化」に浴した彼らは「男らしい」という賛辞を贈られた。[88] 野球を通じた現地人の「文明化」には先例がある。台湾の南隣、アメリカの植民地だったフィリピンである。アメリカ植民地政府は野球やスポーツを通じて、首狩族として恐れられたイゴロト族を「文明化」した。「文明化の使命」はアメリカによる植民地支配を正当化するのに役立った。[89]

軽薄な(=過度に文明化した)漢族の若者に対するときと野蛮なアミ族の若者に対するときでは、野球の具体的効用は必ずしも同じではなかったが、野球が被植民者を「日本人」化する手段であったことは一致していた。ただ、江口のプロジェクトはそれで終わりではなかった。能高団を日本に連れて行き、「対外的に台湾に於ける蕃人教化の実質を広く世の中に知らせ」ることができれば、「幸ひは彼等のみに止まらないであらう」と江口は言う。これはジョルダン・サンドが内地観光団を「植民地のため内地を演出するのと同様に内地のため植民地を演出する試み」と論じたことに通じるであろう。サンドは内地観光団の訪問先が一九二九年を境に軍事施設から文化施設に変わることを指摘するが、一九二五年の能高団の日本遠征はそれに先駆けるものと見てよい。[90] 能高団からはアミ族の青年が相次いで平安中に入り、甲子園で活躍した。このうち一九二七、一九二九年夏と一九三〇年春の大会では台湾代表(日本人チーム)と対戦し二勝一敗の成績を収めている。

「文明化=日本人化の使命」を通じて演出された帝国日本は、まさに理蕃政策の先進地域であった台中州霧社で起こったセデック族による大規模な暴動により、その虚構性が暴かれることになる[91]。台中で霧社事件が起こった一九三〇年一〇月二七日、台北では文化三百年記念全島中等学校野球大会が開催されていた。この大会で嘉農は決勝に進み、高雄中に二対一七で惨敗した[92]。翌年、三民族で構成された嘉農（主将は漢族だが監督は日本人）が甲子園で成し遂げた準優勝の快挙は、帝国日本の綻びを繕うことに大きく貢献した。準優勝に終わったことで日本人の優秀性を脅かすことなく、日台融合を体現して帝国日本に安定をもたらした嘉農の貢献について、アンドリュー・モリスは「三民族の調和、二番目のフィニッシュ、一つの統合された帝国」とまとめている[93]。こうして一九三七年に『台湾日日新報』は「野球も今日では理蕃に重要な一役を勤めてゐる」ということができたのである[94]。

もちろん、野球を通じた日台融合は理想であって、日本人と台湾人が対立する局面もあった。その一例が謝仕淵の挙げる一九二九年の第一回全島少年野球大会である。日本人の小学校チームと台湾人の公学校チームが参加したこの大会で優勝したのは高雄第一公学校だった。敗戦に納得がいかない日本人の観衆のせいで球場は混乱に陥り、日本人と台湾人の衝突が起きた。このように、台湾人チームの実力が日本人チームと拮抗するようになれば、野球は日台融合の象徴とはなりえず、また日台の対抗が融合の物語に回収されることもなかったはずである。しかし、帝国日本にとって幸いなことに、日本人チームは総体的に優位を保ち続けた。嘉農の台頭に前後して、台中一中、台南二中、屏東農林、私立台北中のような台湾人を主力とするチームが誕生したが、いずれも成績はいまひとつであった[95]。公学校ＯＢが設立した白英団も地方的な活躍にとどまった[96]。このほか、個人としては、嘉農の出身で、巨人や阪神で活躍し、野球殿堂入りした呉波（呉昌征）のような優秀な選手もいた。呉に関しては、一九四三年（もしくは一九四四年）に巨人軍が兵士の慰問のため満洲に遠征したさいに同行を拒否したという逸話から、彼の漢人としての抵抗を評価する研究がある[97]。しかし、呉は一九四〇年のプロ野球満洲リーグには参加している。また、一九四三年に巨人軍の遠征が予定されていた痕跡もない。巨人軍は一九四三年にマニラへ遠征する話があったが実現していない[98]。むしろ一九九〇年代初頭になぜこのような逸話が出現したのかが問われねばならないだろう。結局のところ、台湾人が集団（チーム）として日本人に脅威を与えることはなかった。そしてそれゆえに、野球は、それを通じて優秀性を確かめたい日本人と、それを通じて日本人（国民）であることを認めさせたい台湾人との交渉の場となりえたのである。

おわりに

はじめにで提示した問いは、①なぜ満洲では予選参加校が増加しなかったのか、②なぜ台湾では「台湾人」が予選に参加したのか、であった。①に関して、第一回満洲予選の参加率は決して悪いものではなく、満洲（青島、天津は除く）に既存の中等学校六校のうち半分の三校が参加していた（台湾は一四校中四校）。また、一九三三年以前に設立された中等学校一二校のうち、満洲予選に一度も参加しなかったのは四校だけである。このように見ると、満洲の中等学校が必ずしも満洲予選に消極的だったとは言えない。しかしながら、満洲予選に出場経験のある一〇校の参加回数は延べ七六回、各校平均七・六回で、一回の予選には平均二・五校しか参加しなかった。一方、台湾では一九校の参加回数が延べ一八四回、各校平均九・七回で、一回の予選に平均九・二校が参加している。全国の地区予選参加校の平均が一九二一年の一二校から一九四〇年の二八校へと大きく増加したことを考えると、満洲予選参加校の少なさは際立っている。その主たる要因は校長の野球に対する否定的態度である。関東州では、大連一中の服部精四郎校長と大連二中の丸山英二校長が野球（の対外試合）に反対し、旅順中は今井順吉校長、大連商業は長尾宗次校長の判断で廃部に追い込まれた。満鉄附属地では、鞍山中と新京中の矢沢邦彦校長が野球部の設立を認めず、五校にあった野球部のうち二校が寺田喜治郎校長によって廃部にされた。野球好きの校長もいたが、いったん廃部や活動停止になると、名門大連商業がそうだったように、復活は困難だった。このような校長の態度に影響を与えたのが主催者の問題である。台湾と朝鮮では半官半民の台湾体育協会と朝鮮体育協会が地区予選を主催したのに対して、満洲では一新聞社の主催だったから、校長たちの理解が得られにくかったであろう。もちろん、校長の問題は満洲に特有のものではないが、満洲ではそもそも学校の数が少なかった。満洲のスポーツの中心地である関東州の学校が参加しなかったことは中等野球への情熱に水を差したであろう。満鉄附属地では、学校が広範囲に散らばり、中等学校同士で切磋琢磨する機会に恵まれなかった。

②については、同化＝日本人化の政策が鍵であった。台湾の本格的な近代化は日本による植民地化後に始まった。言い換えれば、台湾では近代化＝日本化であり、近代化の一端としてのスポーツも在台日本人のそれに従属する形で発展した。その結果、半官半民の台湾体育協会が台湾で唯一のスポーツ統括機関となり、現地人のそれは存在しなかった。一九二〇年代に同化＝日本人化が政策として推進されると、日本の人気スポーツである野球がその手段と認識されるようになった。一方、朝鮮では、日本に併合される前から近代化もスポーツも始まっていた。民族意識が高まる前に植民地化された台湾と違って、朝鮮では近代化＝日本化だけでなく、近代化＝独立という道を想像することができた。スポーツ界でも、半官半民の朝鮮体育協会とは別に、朝鮮人が自らのために設立した朝鮮体育会が存在した。一九二〇年代にスポーツ、なかでも野球は日本人にとっては内鮮融和の道具として、朝鮮人にとっては独立のための実力養成の手段としての意義を高めた。ただ、台湾と違って、朝鮮では野球は日本人と対抗する唯一のスポーツではなかった（朝鮮人はサッカーで日本人を圧倒することができた）。

植民地であった台湾、朝鮮と違って、満洲は租借地であり、また満洲国は傀儡国家であったから、そもそも日本人化の使命は存在しなかった。在満日本人と中国人のスポーツは別々に発展し、満洲体育協会と大満洲帝国体育聯盟がそれぞれを統括した。五族協和を掲げた満洲国にとっては、中国人に人気のない野球よりも、中国人に人気のあるサッカー、バスケットボール、バレーボールのほうが重要であった。満洲では、日本人が中国人に野球を広めることも、中国人が野球に関心を示すことも、ほとんどなかった。

現在の台湾で戦前の中等野球が追憶の対象となっているのとは対照的に、朝鮮で拒絶され、満洲で忘却されているのは、このような当時の中等野球のあり方に起因するのではないだろうか。

註

1 代表的なものとして、林丁国『観念、組織与実践―日治時期台湾体育運動之発展』(稲郷出版社、二〇一二年)、謝仕淵『国球誕生前記―日治時期台湾棒球史』(国立台湾歴史博物館、二〇一二年)。謝は「KANO」の文化・歴史顧問を務めた。

2 資料集として、西脇良朋編・発行『満州・関東州・華北中等学校野球史』(一九九九年)がある。川西玲子『戦前外地の高校野球―台湾・朝鮮・満州に花開いた球児たちの夢』(彩流社、二〇一四年)はほぼ西脇の引き写しだが、天津商業のエースだった著者の父に関する記述は資料的価値がある。

3 唯一の例外は天津商業の金黄龍である。天津は一般に言う「満洲」には含まれない。天津はアメリカの影響で、二〇世紀初より野球の伝統があった。

4 『満洲日日新聞』一九〇九年九月二・四・六・七日。

5 夏目漱石「満韓ところどころ（五）」『東京朝日新聞』一九〇九年一〇月二七日。

6 上西隆男編『平野正朝先生還暦記念集』（平野正朝先生還暦記念集刊行会、一九四一年）第一編八二頁・第二編八～一〇頁。

7 前掲註2西脇書、一頁。

8 『満洲日日新聞』一九二一年四月一二日。

9 拙著『帝国日本とスポーツ』（塙書房、二〇一二年）一八六～一八七頁。

10 『満洲日日新聞』一九二一年三月一三日。

11 『満洲日日新聞』一九二〇年九月六・二四日。

12 『満洲日日新聞』一九二一年七月二八・二九日。

13 遼東新報社は一九二七年一一月に満洲日日新聞社と合併し、一九二八年以降の満洲予選は満洲日日新聞社が主催した。

14 『大連新聞』一九二一年七月二九日。

15 朝鮮予選の参加校は四校。内地で参加校が最も少なかったのは紀和予選の七校だった。

16 一九二六年九月の始政二十周年記念運動会にさいして、育成を中等学校競技から除外するという発表がなされたが、調査の結果、中等学校としての参加が認められた（『満洲日日新聞』一九二六年七月九日・八月二三日）。一九三四年六月には全日本中等学校剣道大会満洲予選にさいして育成排斥運動が起きたが、日本学生剣道連盟は育成の中等学校としての参加資格を認めた（『満洲日日新聞』一九三四年六月一〇日）。

17 石井一男編「満鉄育成学校抄史」、石井一男「野球部始末記」（いずれも満鉄若葉会編・発行『曠野に生きた若者たち』一九八二年）。

18 『大阪朝日新聞』一九二一年七月二〇日。

19 植村陸郎「大会所感」（『運動界』二巻一〇号、一九二一年一〇月）。

20 長澤千代造「満洲大会　本年度は商業が雪辱」（『アサヒスポーツ』一巻一一号、一九二三年八月一五日）。

21 白井保夫「その二　野球部物語」（旅順中学校桜桂会『旅順のこと　母校のこと　旅順中学桜桂会五十年記念誌』旅順中学桜桂会本部、一九六三年）。

22 『大阪朝日新聞』一九二二年七月二日。
23 高山義三「大会の由来」『全国中等学校野球大会史』（朝日新聞社、一九二九年）。ただし、大会創設の経緯については諸説ある（森岡浩『高校野球100年史』（東京堂出版、二〇一五年）六四〜六七頁）。なお折田は三高校長折田彦市の息子である。
24 小野容照『帝国日本と朝鮮野球―憧憬とナショナリズムの隘路』（中央公論新社、二〇一七年）二二五〜二二九頁。
25 前掲註2西脇書、四九頁。
26 『満洲日日新聞』一九二六年一月一日。ただし、一九二一年の京都一商は準優勝、一九二三年の徽文はベスト8だった。
27 大連商業学校同窓会本部編・発行『想い出の紅葉ヶ丘　大連商業学校九十周年記念誌』（一九九九年）二五八頁。
28 青島日本中学校校史編集委員会編『青島日本中学校校史』（青島日本中学校校史刊行会、一九八九年）八七〜八八頁。
29 「満洲の覇者は誰れ（下）」『満洲日報』一九二八年七月二一日。
30 「実満野球座談会」（『新天地』一〇巻五号、一九三〇年五月）。
31 宗正要「栄光の日を偲ぶ」、麻生簡靖「山崎校長の事跡と野球部復活運動を想い起こして」（いずれも大連商業学校同窓会誌編集本部編『大商　創立60周年記念誌』大連商業学校同窓会連合会、一九七三年）。野球部は軟式に転じてなお存続したが、一九三六年六月に市民大会に参加したことがバレて翌月に廃部となった（老田厳「大商最後の野球部員」（『大商―大連商業学校同窓会会報』三二号、一九八四年一月））。
32 芥田武夫・久保田高行「本社主催全国中等学校優勝野球地方大会予想記（下）」（『アサヒスポーツ』一四巻一五号、一九三六年七月一五日）。
33 『大阪朝日新聞』一九二一年七月二〇日。
34 東京府立第一中学校編・発行『東京府立第一中学校創立五十年史』（一九二九年）一五四頁。
35 伊藤正美「旅中スポーツ誌―野球部物語を中心に　その一　野球部が対抗試合を許可されるまで」（旅順中学校桜桂会『旅順のこと　母校のこと　旅順中学桜桂会五十年記念誌』旅順中学桜桂会本部、一九六三年）、前掲註21白井記事。
36 高塚岩雄「野球部後日譚」（『桜桂会誌　六十周年記念号』、一九七〇年）。
37 「桜桂会各部の活躍」（『桜桂会誌同朋会報』二十五周年記念号、一九三四年）。今井はながらく服部校長時代の大連一中で教頭を務めたあと、旅順高女校長を経て、旅順一中に赴任した。

38 野崎保平「創立のころ」（大連一中創立五十五周年記念誌編纂委員会編『柳緑花紅 大連一中創立五十五周年記念誌』大連一中校友会、一九七三年）。

39 富田龍彦「大連一中の思い出」、藤井実「思い出の記」（いずれも昭久会編『昭久会 会報』四三号、昭久会事務所、一九九四年）、山本芳松「随想―われ、生けるしるしあり」（大連一中創立五十周年記念行事実行委員会編集部会編『大連一中 創立五十周年記念』大連一中校友会、一九七〇年）。服部は一九二七年三月に「西浦」に改姓するが、本稿では服部に統一する。

40 「現代少年少女中心の座談会」（『新天地』一〇巻八号、一九三〇年八月）。

41 服部が欧米視察に出かけたのは一九二五年だから、創設以来の方針の理由としては無理がある。

42 一好球家「両中学よりも出場せしめよ」（『満洲日日新聞』一九二七年五月一八日）。

43 立上武三「再び凱歌を奏した大連商業」（『アサヒスポーツ』九巻一七号、一九三一年八月一五日）、T生「大連商業連勝して出づ」（『アサヒスポーツ』一〇巻一七号、一九三二年八月一五日）。

44 「座談会　中興期の母校」（『晨光』大連二中創立五十周年記念号、一九七二年）。

45 「全国大会を目前にして各地中等学校球界の形勢」（『アサヒスポーツ』三巻一五号、一九二五年七月一五日）。

46 『満洲日日新聞』一九二六年六月一一日。

47 「満洲の覇者は誰れ（中）」（『満洲日報』一九二八年七月二〇日）。

48 前掲註47「満洲の覇者は誰れ（中）」、「全国中等学校満洲予選会」（『満洲日報』一九三〇年七月二一日）。

49 「奉天一中運動部史（編集座談会）」（『楡の実』創立七十五周年記念文集号、一九九五年）。同文は一九三六年に鮮満大会で仁川商業に〇対二〇でコールド負けしたあと、寺田校長の命令で廃部となったとするが、奉天中は同年八月の満鮮選抜中等学校野球大会に参加していない。前年の同大会では奉天商業に二七対〇と圧勝したが、鎮南浦商工に三対四で惜敗した。

50 埜沢鉄男「一中の思い出」（『楡の実』創立七十五周年記念文集号、一九九五年）。埜沢の証言には、天津商業に一〇対〇で破れた（奉天中は天津商業と対戦したことはない）、これまでどのチームにも一度も勝ったことがない、など事実誤認も多い。なお中等野球の軟式野球化は朝鮮でも進行していた（前掲註24小野書、第五章）。

51　撫順中学校同窓会炎会編・発行『撫順中学校沿革史』（二〇〇三年）二二一頁。

52　同前、一〇頁。

53　寺田喜治郎『大陸の教壇』（吐風書房、一九四一年）二二一〜二二五頁。この文章はベルリン・オリンピックを念頭に書かれたもので、一九三六年一二月の日付がある。寺田自身はラグビーを高く評価し、奉天中に赴任したさい、ラグビー部強化のため山本芳松（後述）を呼び寄せている（都沢知多夫「ラグビー部小史」（全満ラガーマンの集い『全満ラグビー史・概要―1999』全満ラガーマンの集い事務局、一九九九年））。

54　『満洲日報』一九三三年七月二七日。

55　松村十三男「17歳、若き日の思い出」（前掲註2西脇書、二六三頁）。志崎は東京高等師範学校時代、陸上競技の選手だった。

56　城谷謙助「京商野球部時代の思い出」（前掲註2西脇書、三一九頁）。

57　「満洲予選参加チーム物語【四】」（『満洲日報』一九二九年七月一九日）、『満洲日報』一九三一年七月二六日。

58　前掲註57「満洲予選参加チーム物語【四】」。

59　「雑観」（『満洲日報』一九二九年七月二六日）。

60　前掲註2西脇書、一七五頁。

61　同前、二〇六頁。

62　『満洲日日新聞』一九三七年六月五日。大久保自身はサッカーを好んだ（満洲日報社臨時紳士録編纂部編『満蒙日本人紳士録』昭和四年版、満洲日報社、一九二九年）。

63　渡辺栄二「安中野球部」（安東中学校同窓会編・発行『安東中学校同窓会会報』四号（同窓会再建50周年特集）、二〇〇二年一〇月）。同年に朝鮮代表として甲子園に出場した平壌一中に対して、安東中は一対二で惜敗している。

64　「学校日誌」（安東中学校第十二期生会卒業五十周年記念誌編集委員会編・発行『鎮江流芳』、一九九一年）。

65　細田実「勇気を与えてくれたラグビーに感謝」（鞍中ラグビー部ＯＢ会編・発行『鞍山中学ラグビー部史』、一九八七年）、田中英明「新京の思い出の友人たち」（新京一中・六期会編『新京一中六期会―卒業四十周年記念誌』卒業四十周年記念誌編集委員会、一九八三年）。

66 前掲註2西脇書、二七九頁、吉村禮志「野球が出来なくなった口惜しさと思いがけずホメられた思い出と」（鞍山中学校19期同期会『遠きにありて思うもの―鞍中時代「思い出」の記（1941-1945）』二〇〇五年五月）。

67 安藤二塁手「野球の科学的見解」（『満洲日日新聞』一九二〇年八月三一日）。

68 前掲註66吉村記事。

69 富田龍彦「遙かなる追憶」（前掲註39大連一中創立五十周年記念行事実行委員会編集部会書）。

70 ただし、スケートやアイスホッケーなど冬のスポーツは野球と両立可能であった。

71 前掲註28青島日本中学校校史編集委員会書、七七頁、「雑録」（『楡の蔭』八号、一九二九年）三五三～三五四頁、前掲註37「桜桂会各部の活躍」、前掲註2西脇書、二七〇頁。

72 『満洲日日新聞』一九二四年一〇月一七日、『大連新聞』一九二六年七月二一日。

73 『満洲日日新聞』一九二六年七月二〇日。

74 「雨に閉ぢ籠められた遠征軍の合宿廻り」（『満洲日報』一九二九年七月二五日）。

75 木村喆「思ひ出はすべて美し」（『桜桂会誌同朋会報』二十五周年記念号、一九三四年）。平田は、一九二一、一九二二年に和歌山中が全国中等学校優勝野球大会連覇を果たしたとき、同校の教諭をつとめていた。

76 蔡宗信「日拠時代台湾棒球運動発展過程之研究―以1895（明治28）年至1926（大正15）年為中心」（修士論文、国立台湾師範大学体育研究所、一九九二年）。

77 湯川充雄編『台湾野球史』（台湾日日新報社運動具部、一九三二年）一頁。

78 前掲註1謝書、五〇頁、坂上康博『にっぽん野球の系譜学』（青弓社、二〇〇一年）一三七～一三八頁。本荘の禁令を台湾人に対するものと解釈し、日本の植民地支配とスポーツの関係を論じる研究がある（Chien-Yu Lin and Ping-Chao Lee, "Sport as a Medium of National Resistance: Politics and Baseball in Taiwan during Japanese Colonialism, 1895–1945," *The International Journal of the History of Sport*, Vol. 24, No. 3, March, 2007; Andrew D. Morris, *Colonial Project, National Game: A History of Baseball in Taiwan*, University of California Press, 2011, p. 13）が、彼らが依拠する不老生「北部野球史（一）、（二）」（『台湾運動界』一巻一～二号、一九一五年一〇月）にそのような記述はない。

79　前掲註1謝書、五〇～五四頁。
80　前掲註77湯川書、三三九頁。
81　前掲註1謝書、一二四頁。
82　前掲註77湯川書、六一頁。
83　西脇良朋編・発行『台湾中等学校野球史』（一九九六年）三一頁。
84　同前、五八頁。
85　同前、七六頁。
86　台中園部生「運動競技を本島人に及ぼせ」（『運動と趣味』四巻三号、一九一九年四月）。
87　緋蒼生「東台湾へ—花蓮港庁下の部」（東台湾研究会編『東台湾研究叢書』第一七編、一九二五年）九～一六頁。能高団と理蕃政策については、林勝龍「日本統治下における理蕃政策と蕃人野球チーム「能高団」」（『スポーツ人類学研究』一三号、二〇一一年）に詳しい。
88　植民地における男性性については、Sinha, *Colonial Masculinity: The 'Manly Englishman' and the 'Effeminate Bengali' in the Late Nineteenth Century*, Manchester University Press. 1995; 拙稿「「東亜病夫」とスポーツ—コロニアル・マスキュリニティの視点から」（石川禎浩、狭間直樹編『近代東アジアにおける翻訳概念の展開』京都大学人文科学研究所、二〇一三年）を参照。
89　拙稿「フィリピンカーニバルから極東オリンピックへ—スポーツ・民主主義・ビジネス」（『京都大学文学部研究紀要』五六号、二〇一七年）、Stefan Hübner, *Pan-Asian Sports and the Emergence of Modern Asia, 1913-1974*, NUS Press, 2016; Gerald R. Gems, *The Athletic Crusade: Sport and American Cultural Imperialism*, University of Nebraska Press, 2006 などを参照。一九一六年にフィリピンで刊行されたスポーツのハンドブックには、野球をするイゴロトの生徒の写真が掲載されている（Philippine Amateur Athletic Federation, *Official Rule and Handbook, 1916-1917*, Manila Trading and Supply Company, 1917, p. 42）。
90　ジョルダン・サンド著、天内大樹訳『帝国日本の生活空間』（岩波書店、二〇一五年）二四一～二四五頁。
91　魏徳聖は霧社事件を題材にした『セデック・バレ』（魏徳聖監督、二〇一一年）の制作中に嘉農のことを知り、自らも

「ＫＡＮＯ」の脚本を手掛けている。

92　前掲註1謝書、一五五頁。

93　Andrew D. Morris, "Kanō Baseball and 'Triethnic' Identity in 1930s."（前掲註1謝書、二六頁より重引）。モリスはまた嘉農の準優勝に比べて、同じ年の都市対抗野球で台北交通団が準決勝まで進出したことはあまり注目されなかったと指摘し、その理由として、台北交通団が純粋な日本人チームで植民地的重要性を持たなかったことを挙げる。別の箇所でモリスが指摘するように、エースの渡邊大陸は前年度の大会では全京城から出場しており、こうしたチームがどれほど地元の人びとの同一化の対象となりえたかは疑問である（Andrew D. Morris, *Colonial Project, National Game*, pp. 40, 45–46）。

94　「蕃人は野球家」（『台湾日日新報』一九三七年四月一四日）。

95　前掲註1林書、二六四頁。

96　前掲註1謝書、三四三〜三四六頁、Chien-Yu Lin and Ping-Chao Lee, "Sport as a Medium of National Resistance."

97　Chien-Yu Lin and Ping-Chao Lee, "Sport as a Medium of National Resistance."

98　Andrew D. Morris, *Colonial Project, National Game*, p. 49はこの逸話の出所を高正源『東昇的旭日—中華棒球発展史』（民生報社、一九九四年）に求めるが、Lin and Leeに引く痩菊子〔翁嘉銘〕『棒球新楽園』（張老師、一九九二年）のほうが刊行時期が早い（いずれも未見）。モリスはこの逸話に疑問を呈するが、そもそも一九四三年の遠征が存在しなかったことには触れていない。マニラ遠征の話については、山際康之『兵隊になった沢村栄治—戦時下職業野球連盟の偽装工作』（筑摩書房、二〇一六年）二一九〜二二七頁を参照。

【付記】本稿は、サントリー文化財団人文科学・社会科学に関する学際的グループ研究助成（「満洲の体育・スポーツに関する学際的研究：基礎的資料の作成と総合的実証、二〇一六–一七年度」、科学研究費基盤研究（Ｂ）（「帝国日本と東アジアスポーツ交流圏の形成」二〇一八–二三年度）、三菱財団人文科学助成（「満洲国とスポーツ：国際承認と国民統合の戦略」二〇一八年度）の助成を受けておこなった研究成果の一部である。

コラム

女子野球

高嶋　航

極東のインドアベースボール

一九二九年五月二二日、奉天で奉天高女（日本人学校）と奉天女子師範学校（中国人学校）のインドアベースボール試合がおこなわれた。四年生同士の試合は四四対二二、五年生同士の試合は二二対七で、いずれも奉天高女が勝った。この試合はおそらく日本人と中国人の最初の女子野球戦だったが、その歴史的意義を理解するには極東全体を見渡す必要がある。

インドアベースボールは一八八七年、アメリカ・シカゴのジョージ・ハンコックが考案したとされるスポーツで、名前の通り室内で競技可能な野球のヴァリエーションである。野球に比べて危険が少なく、簡易であることから、女性の間でも広がった。この競技を極東にもたらしたのは、ＹＭＣＡ体育主事のエルウッド・Ｓ・ブラウンだった。一九一〇年一月に新任地マニラへ向かったブラウンは、トランクにバレーボールとインドアベースボールをしのばせていた。フィリピンでブラウンが普及に努めた結果、一九一三年に女子インドアベースボールはカーニバル競技会（フィリピンの全国運動会）に採用された。一九二一年の極東選手権競技大会開催中に開かれた極東体育協会総会でフィリピンのカミロ・オシアスは次回大会に女子のテニスとインドアベースボールを公開競技として加えることを提案したが、その背景にはフィリピンにおける女子インドアベースボールの発展があった。しかしながら、インドアベースボールはこの時点で中国でも日本でも普及しておらず、採用には至らなかった。

一九一五年、カーニバルを参観した元駐米公使で弁護士の伍廷芳は、少女たちのプレイを見て、ぜひとも中国の女性にも見せたいと申し出た。そこでブラウンはその年に上海で開かれた極東大会に女子インドアベースボールチーム二組を連れていき、各地で模範試合をおこなわせた。北京では袁世凱の前で試合をおこない、その後奉天まで足を伸ばした。インドアベースボールはすぐには根付かなかったが、一九二〇年代に入ると徐々に広まり、一九二四年の第三回全国運動会で公開競技として採用され、一九三三年の第五回全国運動会で正式競技となった。

日本の女子野球

一九〇二年、京都市第一高等小学校は女生徒に野球を教え始めた。野球といっても、ゴムマリをテニス用ラケットで打つ簡易なもので、ほどなく同校の校技とみなされるようになる。その後、一九一六年に京都市第一高等小学校の教師らが京都市少年野球研究会を結成し、ゴムマリベースボールのルールを制定した。ゴムマリベースボールは男児用、女児用があり、女児用の「少女野球」は関西から東海にかけて広まった。一九一七年末からテニスボールで野球をしていた今治高等女学校（現・今治北）にも少女野球が伝わり、その刺激を受けて愛媛県の他の高女も少女野球に取り組んだ。

日本にインドアベースボールが紹介されたのは一九一三年（大連では一九一二年）のことであった。京都YMCAでインドアベースボールを学んだ新愛知新聞社員の林正雄は、一九一八年一月、インドアベースボールの規則を『新愛知』に発表し、その普及に乗り出した。一九一六年春からテニスボールを使った野球を教えていた名古屋女学校（現・名古屋女子大高）もインドアベースボールに切り換えた。一方、一九一八年二月、マニラのカーニバル競技会に参加した早稲田大野球部の選手は、フィリピン人女子学生のインドアベースボールに大きな関心を示し、これを愛知県立女子師範学校に伝えた。一九一八年六月、新愛知新聞社主催で日本最初の「インドアベースボール大会」が開かれ、淑徳高女（現・愛知淑徳）と県立女子師範がそれぞれ紅白戦を演じた。

一九一八年、京都市少年野球研究会は少年野球用ゴムボールを開発、このボールを用いておこなわれる野球はのちに「軟式野球」と名付けられた。女学校でこれをいちはやく取り上げたのが京都府立女子師範学校で、一九二一年から一九二四年にかけて女子の軟式野球は全国的に広がっていく。しかしながら、女子軟式野球のブームは長くは続かず、一九二四年末にはわずかに関西で見られるのみとなった。一方、東海ではインドアベースボールに代わり、屋外向けに開発されたキッツンボールが採用され、一九二三年から一九二五年にかけて東海女学生キッツンボール大会が六回にわたって開催された。

一九二四年秋、文部省普通学務課長関屋龍吉が女子野球に否定的な話をしたところ、教育関係者が過剰に反応して女子野球を禁止してしまった。先行研究では、全国高等女学校長会議（一九二五年一月）でバスケットボールとインドアベースボールが過激なため「深慮を要す」とされたこと、改正学校体操教授要目（一九二六年）でインドアベースボールが採用されなかったこと、あるいは和歌山県で県学務課が女子に不適切で不妊の恐れがあるとして女子野球の中止を命じたことなどを挙げ、女子野球が消滅したと理解している。もしそうだとすれば、冒頭の奉天高女の事例をどう考えればよいのか。

満洲のインドアベースボール

大連の神明高女（関東庁立高女）でインドアベースボールが始まったのは一九一八年春のことである。神明高女がインドアベースボールを始めるや、「女子を男性化せしむる」との非難が向けられた。日本ではこの種の批判が女子野球を窒息させていくのだが、幸い満洲では神明高女に続いて、旅順高女、奉天高女、安東高女、撫順高女がインドアベースボールを採用した。

一九三一年に満鉄が全社員に対して実施した運動趣味の調査では、女性社員八八一名のうち、九三名が野球をした経験があると答えており、女子野球の拡がりを確認できる。一九三二年に文部省が実施した調査によると、野球部を持つ女子中等学校は福島県と神奈川県に各一校あり（外地は調査対象外）、一九四一年の文部省による別の調査では、インドアベースボールを実施している女子中等学校が三校あった（東京恵泉女学園、長崎鶴鳴高女（現・長崎女子）、大連神明高女）。鶴鳴高女は一九二〇年代にもインドアベースボールをしていたことが確認できる。女子の軟式野球はたしかに消滅したかもしれないが、より女性的とみなされたインドアベースボールは内地でも

姫御前達の妙技

大連高等女學校生徒の野球試合

輕快に大連高女生の野球練習

写真　大連高女の野球（『満洲日日新聞』1921年5月15日）

細々と続けられていたのである。

　ここで冒頭の奉天高女と遼寧女子師範の試合に立ち返るなら、一方にアメリカとフィリピンから日本内地を経て大連、奉天と伝わった野球があり、一方にアメリカからフィリピン、上海を経て奉天に至った野球があった。ただし、一九二八年秋まで満洲の日本人と中国人の間にスポーツを通じた交流はほとんどなかった。両者の交流を促進したのは、皮肉にも張学良政権と日本側の緊張の高まりであった。こうして、極東各地を別々の経路でめぐってきた野球がつながった瞬間、それが冒頭の野球試合だったのである。

参考文献

竹内通夫「わが国野球史の一側面 ― 明治・大正期における女子野球について」篠田弘監修、井上知則・加藤詔士・高木靖文編『歴史のなかの教師・子ども』福村出版、二〇〇〇年。

庄司節子「近代日本における女性スポーツの創造 ― 大正期の東海女学生キッツンボール大会への視線」東海体育学会編『創造とスポーツ科学』杏林書院、二〇一一年。

拙稿「満洲における日中スポーツ交流（一九〇六―一九三二）― すれちがう「親善」」『京都大学文学部研究紀要』五七、二〇一八年。

拙稿「女子野球の歴史を再考する ― 極東・YMCA・ジェンダー」『京都大学文学部研究紀要』五八、二〇一九年。

第5章 高校野球「雪国のハンディ」論の形成

白川哲夫

はじめに

高校野球において長年、「雪国のハンディ」という言葉が使われてきた。すなわち、冬場に雪が多く降る地域では、グラウンドが使えなくなって練習が十分にできないため、他地域よりも実力的に不利になるというものである（なお、「雪国」がどの地域をさすかについては本章ではひとまず、北海道・東北・北陸・山陰の各地域をさすものとする）[1]。事実、一九一五年（大正四）に全国中等学校優勝野球大会が開始されて以来、右の「雪国」と言われる地域の代表が優勝を果たすのは、二〇〇四年（平成一六）の駒大苫小牧まで八九年を要した。春の選抜大会においても、二〇一五年の敦賀気比まで九一年を要している。二〇世紀の間には、「雪国」から春・夏の全国大会を制する学校はなかったのである。ところで、日本地図を広げてみると（図1）、こうした「雪国」のうち、北陸及び山陰地方はある時期まで「裏日本」とも呼ばれていた地域である[2]。また、東北地方や北海道が歩んだ日本近現代の歴史ともあわせて考えるとき、はたして、「雪」だけが野球での戦績不利を強いられた原因だったのだろうか。「雪国のハンディ」というものの中身は、近現代の日本社会を踏まえて、もう少し慎重に検討してみなければいけないのではないか。本章の問題設定は、そこにある。なお管見の限りでは、こうした高校野球における「雪国のハンディ」に

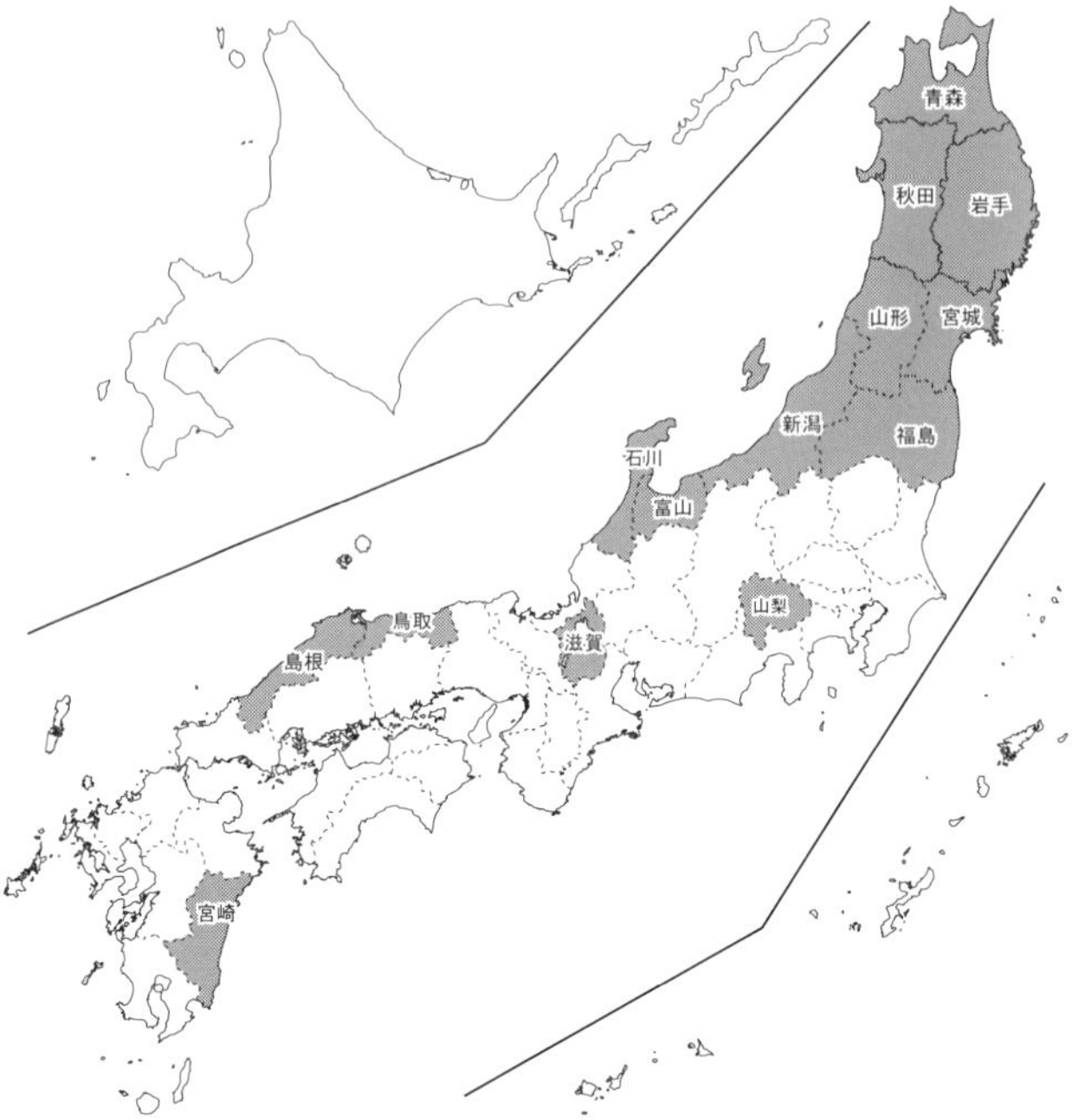

図１　全国制覇未経験の県（2017年現在）

ついて少なくとも歴史的な観点から検討をした研究は存在しない。

本章では、まず中等野球時代以来の「雪国」勢の全国大会での戦績と、新聞報道などで「雪国」勢の野球について論じられていた中身を分析し、「雪国のハンディ」論が形成されていく過程を明らかにしていく。次に「雪国」勢の例外的存在として、第一に北海道の北海高校の事例を取り上げながら、北海道勢の動向を分析していく。第二に、中等野球時代に全国制覇を達成したものの、その後低迷することになる長野県の事例を取り上げ、その強さと弱さの要因について分析する。この二つの事例は、ともに「雪」に悩まされる環境にありながら、全国大会で実績を残した学校・地域であるが、その事例をみることにより、「雪国のハンディ」の本質的な部分がかえって浮き彫りになると考えられる。

一　「雪国のハンディ」論の形成

（1）「雪国」勢の健闘

一九一五年の第一回大会で京都二中（現・鳥羽）と優勝を争ったのは、「雪国」である秋田県の秋田中（現・秋田）であった。決勝戦は延長一三回にもつれこむ熱戦であり、優勝ということに限るなら、「雪国」から長く出なかったのは多分に歴史の偶然だったといえる。第一回大会を制した京都二中は翌年も全国大会に出場したが、東北代表の一関中（現・一関一）に敗れ、さらに第二回大会を制した慶応普通部（現・慶應義塾）は翌年の大会でまたも東北代表の盛岡中（現・盛岡一）に敗れた。第五回大会では盛岡中、第六回大会では鳥取中（現・鳥取西）がそれぞれ準決勝に進出しており、第六回大会まではさきに示した「雪国」勢のいずれかが準決勝に進出している。さらに、一九一〇～二〇年代の戦績を詳しく示す表1を参照すれば、岩手県が八勝九敗、鳥取県は一五勝一一敗など、まずまずの健闘を見せていることがわかる。これらの成績は、勝率で比較すれば同時期の大阪府（一五勝二一敗、・四一七）を上回っている。現在、都道府県別で夏の大会勝率トップに立つ大阪府が、この時代は苦戦を強いられていた。また、地域別では雪の少ない

表1　中等野球雪国勢全国大会戦績（1915～41）

地域	1915～29計	1930～41計
北海道	6勝10敗 .375	3勝12敗 .200
青森	0勝 3敗 .000	0勝 3敗 .000
岩手	8勝 9敗 .471	1勝 5敗 .167
秋田	2勝 5敗 .286	4勝 6敗 .400
山形	—	0勝 4敗 .000
宮城	0勝 2敗 .000	1勝 2敗 .333
福島	—	0勝 2敗 .000
新潟	3勝 5敗 .375	—
富山	—	0勝 3敗 .000
石川	0勝 2敗 .000	1勝 2敗 .333
福井	2勝 5敗 .286	3勝 7敗 .300
鳥取	15勝11敗 .577	5勝12敗 .294
島根	5勝 7敗 .417	2勝 4敗 .333
計	41勝59敗 .410	20勝62敗 .244

表2　中等野球地域別全国大会戦績（1915～41）

地域	1915 ～ 29 計	1930 ～ 41 計
北海道	6 勝 10 敗 .375	3 勝 12 敗 .200
東北	10 勝 19 敗 .345	6 勝 22 敗 .214
関東	21 勝 35 敗 .375	31 勝 58 敗 .348
北信越	25 勝 27 敗 .481	19 勝 29 敗 .396
東海	24 勝 29 敗 .453	134 勝 57 敗 .702
近畿	100 勝 74 敗 .575	146 勝 129 敗 .531
中国	48 勝 39 敗 .552	45 勝 44 敗 .506
四国	38 勝 22 敗 .633	36 勝 32 敗 .529
九州	12 勝 25 敗 .324	31 勝 43 敗 .419
外地	21 勝 25 敗 .457	11 勝 36 敗 .234

九州勢の勝率が・三二四と、東北・北海道を下回っている（表2）。少なくとも一九二〇年代には、明らかに「雪国のハンディ」とは違う力関係があったといえるだろう。当時の気候がのちの時代と大きく違っていたわけではないから、この力関係には「雪」以外の要素があったに相違ないのである。その一つとして考えられるのが、野球というスポーツの普及年代である。東北地方は一八八〇年代に多くの地域で野球が伝わっており、これは全国的にみても早い。また北信越地域では、新潟県に一八八〇年代後半には伝わっていて、他の地域ではそれより遅れたという。逆に関東・九州は年代が全体的に遅い[3]。この差が、初期の中等野球に反映していたのではないだろうか。まずはこの事実を踏まえながら、以下本論に入っていくことにしたい。

右の戦績からわかるように、一九一〇~二〇年代にあっては、実態として「雪国」勢が全国のレベルから大きく劣っていたというわけではなかったが、当時の野球界においてはすでに、「雪国」の不利ははっきり語られていた。当時の代表的な野球雑誌『野球界』に寄稿した明治大学の野球部マネージャー、上田経武は以下のように述べている。

> 要するに北国は矢張り名の様に冬の間は殆ど球と云ふ物から離れて仕舞ふ様に思はれ他の東海、関西等の様に四時共に球を手にすることの出来ないことは誠に残念に思はれます[4]。

そしてこの認識は当の「雪国」に属する選手自身にも共通していた。陸軍歩兵聯隊の野球部に属していた永野東次郎は次のように述べる。

我々東北の地に住むもの〻最も不利なる点は、運動シーズンが余りに短い間に限られて居ることであります。私共東北人には一年の過半は殆ど冬眠期である云《(ママ)》ふ大なるハンデイキャップがつけられて居ることであります。[5]

こうした「雪国のハンディ」がある地域は、北海道・東北・北陸が主に挙げられているが、論者によっては「関東」が加わることもあり、[6] さらには「東日本」が全体的に不利と語られることさえあった。[7] 一方で、本章では「雪国」に含めた山陰地方は当時の議論では含まれておらず、強豪地区として知られていた長野県ももちろん挙がることはなかった。とはいえ長野県の気候に不利な要素があることはやはり語られており、「畢竟松本の敗因の第一は地域の関係――練習不足――といふことが投手の減勢延いては敵投手の球に対する不馴れといふ点が加はって」[8]と、敗因に挙げられてしまうこともあった。

もう少し客観的なデータをみてみよう。文部省が一九三三年（昭和八）にまとめた「府県中等学校ノ野球部ニ関スル調査一覧」という資料である。この資料は全国の中等学校野球部について、一九三〇年度の対外試合数・部の年間経費予算決算・年間寄付金額を調査したものである。これをみると「雪国」地域は対外試合数が全体的に少ない傾向にあり、また年間経費額も低い（表3）。

ただ、戦績が上がらないのは「雪国」勢だけではなかった。たとえば当時全国大会に参加していた台湾代表については、「台北遠く海を隔て〻新戦術の輸入も遅れるであらう、なんとかよき工夫なきか」[9]と、日本本土から遠いことによる情報の不足もハンディであることが指摘されていた。また東京や大阪など、大都市の学校の戦績が上がらないことについては、選手が生意気・練習不足・都会病・グラウンドが少ないなどの要因を指摘する議論が

表3 1930年度全国の中等学校野球部の対外試合数・経費状況

府県	対外試合数			経費決算（円）		寄付金（円）	
	県内	県外	計	合計	1校平均	合計	1校平均
北海道	248	10	258	13,624.15	425.75	1,898.16	59.32
青森	106	18	124	4,855.80	346.84	762.40	54.46
岩手	71	10	81	4,229.55	302.11	2,723.79	194.56
宮城	113	2	115	5,412.20	360.81	846.64	56.44
秋田	84	10	94	5,246.20	437.18	2,749.08	229.09
山形	93	5	98	4,900.27	376.94	1,171.64	90.13
福島	155	17	172	7,881.79	394.09	1,426.92	71.35
茨城	133	17	150	6,104.90	381.56	1,619.18	101.20
栃木	164	15	179	8,521.89	501.29	987.20	58.07
群馬	225	68	293	9,166.74	611.12	3,563.91	237.59
埼玉	100	32	132	7,522.94	417.94	1,037.76	57.65
千葉	112	13	125	6,758.06	482.72	872.90	62.35
東京	280	27	307	10,018.95	250.47	1,159.52	28.99
神奈川	194	42	236	7,681.18	512.08	2,581.50	172.10
新潟	47	11	58	6,309.35	525.78	934.01	77.87
富山	98	3	101	4,813.00	481.30	1,023.28	102.33
石川	150	10	160	6,124.26	360.28	1,661.56	97.74
福井	78	27	105	4,692.23	586.62	1,706.38	213.30
山梨	103	9	112	2,923.93	243.66	1,786.28	148.86
長野	198	51	249	13,477.26	612.60	2,659.85	120.90
岐阜	123	31	154	5,990.78	460.83	3,466.72	266.67
静岡	192	29	221	8,568.48	428.42	3,929.47	196.47
愛知	366	57	423	20,871.45	834.86	3,499.52	139.98
三重	104	9	113	8,656.35	577.20	1,176.34	78.42
滋賀	101	19	120	7,088.07	545.24	1,690.71	130.05
京都	131	68	199	7,327.29	915.91	3,788.16	473.52
大阪	509	120	629	23,967.99	656.23	2,322.91	66.37
兵庫	294	95	389	21,479.34	650.89	2,333.15	70.70
奈良	15	18	33	2,689.25	672.31	184.88	46.22
和歌山	110	106	216	8,070.20	504.39	5,106.64	319.17
鳥取	10	21	31	2,999.05	749.76	93.88	23.47
島根	41	10	51	4,507.21	563.40	1,699.00	212.38
岡山	56	20	76	4,345.21	482.81	93.88	10.43
広島	95	71	166	10,416.70	496.03	12,091.26	575.77
山口	168	92	260	11,717.89	732.37	1,999.49	124.97
徳島	63	11	74	3,889.83	648.32	874.88	145.81
香川	112	68	180	7,933.55	610.27	4,316.41	332.03
愛媛	134	50	184	10,588.57	962.60	4,565.49	415.04
高知	52	14	66	4,341.25	868.25	-	-
福岡	152	32	184	12,003.15	500.13	3,494.82	145.63
佐賀	62	42	104	5,052.23	561.36	3,103.19	344.80
長崎	80	6	86	6,188.53	386.78	818.80	61.18
熊本	177	10	187	5,629.28	402.09	331.68	23.69
大分	81	43	124	3,939.27	358.12	1,120.64	101.88
宮崎	46	10	56	2,331.13	291.39	387.76	23.47
鹿児島	89	46	135	8,982.75	598.85	980.07	65.34
沖縄	85	2	87	2,893.75	413.39	822.04	117.43

出典：「府県中等学校ノ野球部ニ関スル調査一覧」（文部省、1933年）より

あった。[10] このように戦績が上がらない地区については、雪に限らずその原因を何か探して論じている。しかしすでに「雪」という問題についても長野県という例外があったし、日本から遠かった「満洲」からの代表も、大連商業学校が健闘を見せるという例外があった[11]（第4章参照）。東京や大阪といった大都市の学校も、もちろん上位進出をすでに果たしており、これらの議論がどこまで妥当だったかといえば、少なくとも一九二〇年代までについては疑問が残るのである。しかし一九三〇年代に入ると、戦績によりはっきりとした地域差が出てくる。表1にみるように、「雪国」勢の戦績は下がり、それに従って「雪国のハンディ」が定型化された常識と化していった。

（2）「雪国のハンディ」論の定着

一九三〇年代半ばを過ぎると、「雪国」勢と外地勢を一括した次のような論評が登場する。

盛岡商業、山形中学、青島中学、福井商業は何れも、遠隔の地にあつて試合数が少く、従つて試合馴れてゐない[12]

この両雄〔北海中学・青島中学〕はそれぞれ地の利に恵まれざる境遇に絶えざる努力を払つて来たチームであり[13]

また朝鮮代表についても中央からの距離や、気候的なハンディを指摘する議論があった。[14] このことを考えると、「雪国のハンディ」だけではなく、戦前の中等野球においては「遠隔地のハンディ」についても言及されていることが目立つ。たとえば北海道の北海中（現・北海）の場合、一九二〇年の初出場時には札幌から兵庫県まで約六一時間を要したという。[15] これだけの時間移動するとなれば、コンディションへの影響もある。雪による練習不足のほかに、交通が不便であること、試合経験が少なくなることが不利として指摘されるとすれば、その要因の第一は開催地からの遠さということになってくる。さらに北海道については暑さの問題も指摘されていた。したがって健闘を見せたときには、「北海が終りまで元気であつたのはい丶。遠く北海道より出てきて暑さにも怯けず連日試合したことは健気である」[16]という称賛を得ることができた。一九三一年夏に台湾代表・嘉義農林が準優勝を果たしたことが大きな称賛を呼んだのも、こうした「ハンディ」克服の文脈で考えてみることができるだろう。

第二次大戦後、外地勢の参加が消滅すると、高校野球における「ハンディ」論を受け持つのは「雪国」勢ということになる。その中でも、もっとも多く言及されているのは東北勢であった。東北勢については、「ハンディ」もさることながら地域に投影されるイメージと結びつけてたびたび語られている。いくつかを拾うと、「地味で好感が持てる」「素朴愛すべき」「東北人らしい剛健な気風」「気立てのいい山形人」などと、チーム紹介の際に言及され、それとともに語られるキーワードとして「日本海側」を挙げることができる。「日本海側」という分類は、それまでの「裏日本」に代わって使われるようになった言葉である。「今大会の一つの特徴として日本海沿岸チームがみな善戦健闘している」[17]と評されたのは一九五八年夏のことだった。

そして一九六〇年選抜大会では準決勝に残った四校のうち、北海・秋田商・米子東と三校を「雪国」勢が占め、大いに注目された。しかし優勝を果たしたのはもう一校の香川・高松商であり、頂点に立つことはなかったのである。こうした文脈で考えるときに、一九六九年夏の青森・三沢の活躍が与えたインパクトの大きさがみえてくる。エースの太田幸司が「甲子園のアイドル」となり、以後多くのスター選手が登場するきっかけにもなるが、これまで語られてきた「雪国のハンディ」という「困難」への挑戦が、高校野球に期待するイメージと見事に合致したともいえるだろう。そして三沢の活躍が、以後継続的なものとならなかったこともまた重要である。青森県勢はその後二〇年にわたって夏の甲子園での勝利から遠ざかった。「雪国のハンディ」が容易に乗り越えられない困難として印象づけられ、また実際に厳然として残ったのである。

しかし「雪国のハンディ」にもかかわらず、全国大会で安定的に実績を残した学校・地域は存在していた。なぜそれが可能であり、またなぜそれは持続しなかったのか。以下ではそうした事例について検討する。

二　北海道の場合――北海高校を中心に――

（1）戦前

北海道にあって、高校野球の強豪校としてもっとも知られている高校が北海である。夏の甲子園大会出場回数は全国最多の三八回にのぼり、全国準優勝が春夏それぞれ一回ずつある。二一世紀に入って駒大苫小牧が二連覇を含め三年連続夏の大会決勝進出を果たしたが、それ以前では北海道の高校としては図抜けた実績を残してきた。本節では北海の事例を中心としながら、北海道の高校野球についてみていくこととしたい。

北海道の野球の歴史は全国的にみてもかなり古い。一八七五年（明治八）に東京で開校した開拓使仮学校で生徒が野球に接しており、翌年学校が移転し札幌農学校となったが、野球を学んだ生徒たちも移ることで、北海道に野球が伝わったという。ホーレス・ウィルソンが日本に野球を伝えたのが一八七二年と言われているから、わずか四年後のことであった。中等学校では、一八九九年に函館中（現・函館中部）、翌年には函館商業、三年後には札幌中（現・札幌南）で野球部が創部された。その間の一九〇一年に、北海の前身である北海英語学校の中学部が設立され、同時に野球部も発足し、これらの学校の間では対校試合が繰り返された。

しかし学校間の対抗意識がエスカレートして応援団同士のトラブルがたびたび起こり、一九一〇年一〇月には道内の中等学校の対校試合禁止が決定された。翌年には『東京朝日新聞』による「野球害毒論」のキャンペーンが展開されたこともあり、北海道では以後一〇年にわたり禁止が解除されなかったのである。北海道の野球史叙述では、この一〇年間が北海道の野球界に大きく響き、全国とのレベルの差につながったという認識がある。[18] この間、一九一五年（大正四）には全国大会が始まっており、もし北海道で大会が実施されていれば参加校は一〇校以上は考えられ、「全国有数の激戦区となったことが考えられる」[19] としている。とはいえ試合禁止は地域によりその厳密さに差があったようで、函館地区では比較的ゆるやかであったり、また全国大会の予選にも東北大会への参加という形ながら函館商業や小樽中（現・小樽潮陵）が参加しており、一九一九年には函館商業が東北大会の決勝戦で敗れている。その翌年、大阪朝日新聞社主催、北海道帝国大学・函館太洋倶楽部後援という形で北海道大会が開催され、北海中が初代王者に輝いた。

その後北海中は実績を上げていき、一九二二年に全国大会で初勝利、一九二四年夏には甲子園球場完成後最初の全国大会で開幕戦に登場して勝利を挙げ、一九二八年（昭和三）夏には二勝して準決勝進出を果たした。そして一九三八年の選抜大会に戦前では北海道・東北地区から唯一の出場を果たしている。この時の野球部長、飛沢栄三（写真1）はチームについてこのように発言した。

写真1　飛沢栄三

十月ごろから大地が凍り出して春の四月ごろまでは全く練習らしい練習が出来ませんので大弱りです。…〔中略〕…体力を作るためには選手はスキー、スケートなどによりまして体の鍛錬をしてゐます。…〔中略〕…室内ではキヤツチボールやランニングを行ふ以外

にはなんにも出来ません[20]

また戦後のことであるが、北海道の高校野球の問題点について次のようにも発言している。

北海道のチームは平素競争相手になるような好敵手が少いために果して自分たちが全国的に見てどの程度の力であるか測定が困難である。往々にして力を過信したり小成に安んずる傾向があると思う。[21]

飛沢にとっては雪による練習不足の問題に加え、北海道内では競争が困難なことも問題としてとらえていた。このため飛沢は打開策として法政大学の選手をコーチとして招いたり、英語力を生かしてアメリカの文献から野球理論を学ぶとともに、しばしば東京や大阪へ出かけてその経験を持ち帰って選手に伝えていた。

夏の全国大会には一九二〇年から一九四〇年までの二一大会で一四回の出場があり、これは戦前を通じては和歌山中（現・桐蔭）の一六回につぎ、早稲田実業・鳥取一中（現・鳥取西）と並んで全国二番目だった。全国大会の勝敗ではこの間の数字が六勝一四敗で勝率は三割にとどまっていたが、他の北海道の学校は函館商業・札幌一中（現・札幌南）・札幌商業（現・北海学園札幌）がそれぞれ一勝を挙げたのみだったので、ベスト4一回を含む北海中学の戦績が飛びぬけていたのは確かである。ただ、北海中学とそれ以外の学校との力量差は大きく、表3にみたように遠征もなかなか難しかったためレベルアップをはかる点で制約があったことは事実であろう。

(2) 戦後

その後戦争を挟んで一〇年の空白ののち、一九五〇年夏に北海高校として出場を果たした際には二勝を挙げて準々決勝に進出する。その際にはラジオ放送で「今大会は北海-済済黌戦の勝者が優勝するだろう」と放送されたほど、評価が高まった。[22] また大会屈指の人気校となりマナーも良いと評判だったという。[23] 一九五四年には春夏とも勝利を挙げ、一九六〇年代に入ると、一九六〇年春にベスト4、同年の国体優勝（写真2）、六三年には準優勝を果たすなど、全国のトップレベルに入る実績を何度も残した。一九六〇年代の一〇年間については、全国の高校で第四位の勝利数を挙げており[24]、北海は全国を代表する強豪となったのである。

写真2　国体優勝を喜ぶ北海ナイン（1960年）

この時代の北海について、どのように評価されていたのであろうか。当時対戦した高校の選手が共通して述べているのは、以下の点である[25]。

・伝統校。北海道といえば北海

北海の名前は北海道を代表する伝統校として全国に知られており、対戦相手校はその点では簡単な相手ではないと認識した。しかし同時に、次のような考えも根強かった。

・しょせんは北海道のチーム

「雪国」の野球のレベルはそれほどでもない、というイメージは広く浸透しており、それは東北や北陸勢を含めたものであっただろう。また、この時代は相手を研究することがほとんどなく、したがって学校の名前や過去の実績に加え、地域のレベルでとりあえず相手の判断をするしかなかった。しかし対戦相手が北海の選手を目にした印象は、共通していた。

・体格がいい。日焼けしている

共通して対戦校が言及している体格のよさは、北海が力を入れていた冬場のトレーニングの成果だったと考えられる。後年、北海道・東北など「雪国」勢のチームに対して頻繁に指摘される「ひ弱さ」とは逆であり、少なくとも見た目には力量がありそうに思われたのである。そして、

・北海道のチームであっても北海は例外

という評価が、甲子園でも定着することになった。一九六〇年春にベスト4に進出したときは、前述のとおり秋田商・米子東とともに「雪国」勢が三校進出したが、その共通性について、いずれも古くからの伝統校であり、冬場に体を鍛え上げる練習法を身につけていることなどが報道で指摘されている。[26] 春の選抜大会については、雪が残っていて必ずしも練習は十分ではなく、夏の大会よりも差は顕著だと通常は考えられる。しかしそれでも勝ち進むことができたのは、伝統校であることによって継承されていたある種の甲子園でのノウハウがあったからだという。

しかし北海の活躍は、その後途絶えていく。一九六七年、三〇年以上にわたって指導を担った飛沢が引退して間もなく死去した。七一年には選抜大会への出場を決めたが、学校で発生した暴力事件により出場辞退に追い込まれた。この一件は野球部員が関係していなかったのだが、当時の選抜大会では学校自体にも品位が求められ、いわゆる連帯責任が事件に関係のない野球部にも適用されたのである。さらに、七三年には監督による暴力事件が発覚し、夏の大会予選の出場を辞退した。この案件も、選手ではなく監督の問題だから、現在なら出場辞退することはない事例であった。この二度の不祥事を機に北海は、創部以来道内で圧倒的だった地位を失い、一九七〇年代の一〇年間では出場は夏一回にとどまった。

その一九七〇年代に入ると、北海に代わって新たな私立高校が続々と出場を果たすようになった。一九七三年夏には北の旭川竜谷(現・旭川龍谷)・南の函館有斗(現・函館大有斗)がそろって初出場し、東海大四(現・東海大札

幌）や北海道日大（現・北海道栄）といった大学の系列校も台頭してきた。これらの学校の前に、北海は一一年間甲子園出場が途絶えるのである。

しかしこの間、北海道勢は甲子園で大苦戦する。一九七〇年代の甲子園での戦績は七勝三三敗、勝率は一割七分五厘と、過去最悪の状態に陥った。すでに一九七〇年夏には、「このところ本道の高校野球は停滞気味」[27]と『北海道新聞』が評し、社会人野球協会理事の山本英一郎は北海道の学校について「試合運びが荒い」と指摘していた。この間に四度出場して三度初戦を勝利した旭川竜谷以外は戦績が振るわなかったのである。その旭川竜谷が出場した際に神経をとがらせていたのは、現地の暑さだった。「暑さにやられないうちに早いところで試合がやりたかった」[28]と監督の𨂊池均は述べており、翌年には「昨年、宿舎のクーラーのきき過ぎるなどで風邪をひいたり下痢をする選手が続出」[29]と、体調管理の難しさが指摘され、連続出場したことで十分な対策をとったというわけである。一九七九年の釧路工の場合は、明確に敗因として暑さが挙げられていた。「選手はよくやった。ただこの暑さは想像以上に選手にこたえたようです。」[30]こうした暑さとの戦いという問題は、以前から当然存在していたはずだが、「雪国のハンディ」においては練習の制約が第一に挙がっていた。しかし一九七〇年代から八〇年代にかけては、暑さの問題がそれ以前より目立って指摘されるようになる。周知のとおり、長期的な気候変動の中で、日本でも気温が上昇していったことが明らかになっているが、その影響が及んでいるとみることが可能だろう。また、この時期は参加校数の増加に伴い、大会が八月八日前後に開幕することが多くなった。それ以前はお盆休みに入った八月十二日前後の開幕であることが多く、数日間の差とはいえ暑さの影響という観点では、より暑い時期に試合を行う可能性が上がったのである。

また、飛沢は北海のレベルを上げることで北海道全体の底上げがはかれると考えていたが、北海が出場回数を重ねることで蓄積していたさまざまなノウハウは、新しい学校が続々と出場する中で継承されず、同様の対応はできなかった。たとえば飛沢はウエイトトレーニングに力を入れたが、他チームにも共有されていたとはいえないようで、一九八五年段階でもプロ野球選手の佐藤義則が、北海道勢の課題としてウエイトトレーニングの問題を挙げている。[31] つまり昔からはっきりしていた雪による練習や試合の制約に加え、夏の暑さの激化、さらに出場校の経験不足という要素が合わさって、低迷に陥っていったと考えられるのである。こうした中で、一九八三年、北海道大学教授の室木洋一がこのように指摘した。

> 道内のチームには、雪国で練習のハンディがあるんだから、という負けた場合の弁護、弁解が心の中で常に用意されてきた。だから、負けても当然なんだという考え方が、選手や周辺の底流にある[32]

客観的な条件によって「ハンディキャップ」に対する意識が選手・指導者の間で内面化される。地域性とそこにいる人々の「気質」を安易に結びつけることには慎重でなければならないが、そこにいる人々自身が「気質」を自己規定してしまうことは考えられよう。もう少し野球に則して分析すると、冬の間に鍛え上げた身体を生かして投打に豪快だが、試合経験が少なくてシンプルな野球になってしまう、と最近の議論ではまとめられている。[33]

北海道では全国的にみても早い時期に野球が伝わり、盛んに行われていた。しかし応援団同士のトラブルや野球害毒論争の影響による、一九一〇年からの一〇年間の対外試合禁止が、地域の野球レベルに影響したと認識されており、事実として甲子園での戦績は戦前は三割台と振るわなかった。しかし北海については、出場回数を重ねたことトレーニングの成果によって「雪国のハンディ」を克服し、一九五〇年代から六〇年代にかけては、全国を代表する強豪としての戦績を残すに至った。しかし不祥事や他の有力校の台頭によって北海が低迷すると、北海道勢全体の戦績は極度の不振に陥った。甲子園経験の浅い学校の出場が増えるとともに、以前のノウハウが継承されず、気候の変化とあいまっての結果と考えられる。

近年では、北海道勢は北海だけでなく、複数の学校が実績を残すようになってきた。二〇〇四年（平成一六）に初優勝を果たした駒大苫小牧の香田誉士史監督（当時）は佐賀県の出身であり、また彼自身が教えを乞うたのが沖縄県出身で社会人野球大昭和製紙北海道の我喜屋優監督（当時）ということであり、他地域の視点が導入されていることは大きいと考えられる。それは野球留学でやってくる他地域出身の選手の存在も含めていいだろう。また現在では飛行機での移動が一般的になっており、移動の負担も大幅に軽減されている。二〇〇四年から北海道にプロ野球の日本ハムファイターズが球団本拠地を移転し、北海道内各地で野球の普及活動に力を入れていることも大きいだろう。一方で夏の大会では南北地区に分かれている中で、全国大会での上位進出を果たしているのは南地区に属する学校だけであり、北地区は予選参加校数の減少が激しくなるなど、実力の「南北格差」がみられることも事実である。[34] こうした北海道内部の「地域格差」については、他地域の問題を考えるときにも留意すべき視点であろう。

この節では「学校」としての例外的な事例をみた。次節では、「地域」としての例外的な事例として、長野県を取り上げる。

三　長野県という例外

(1) 野球王国長野

長野県は周辺を山に囲まれた内陸県であり、冬は冷え込みが厳しい気候で知られている。したがって冬場に野球の練習がままならないという意味では、「雪国」勢と同じ条件を抱えている。しかし一九一〇年代から三〇年代にかけては、長野県勢はたびたび全国大会で上位に進出することがあった。一九一九年（大正八）の第五回大会では長野師範が準優勝し、師範学校としては全国大会での最高成績を達成している。松本商業（現・松商学園）は二四年春、二六年夏に準優勝、二八年（昭和三）夏には優勝するなど、全国を代表する強豪校として知られていた。また諏訪蚕糸（現・岡谷工）も三〇年夏に準優勝しており、農業系の学校としては現在に至るまで全国大会最高の成績として残っている。

だが一方で、戦前に比べて戦後の戦績がかなり悪いのも、他地域にはみられない特徴である。戦前は勝率が五割を超えているのに対し、戦後は三割台前半に落ち込んでいる。なぜ戦前、冬の気候が厳しいにも関わらず戦績が良く、そしてなぜ戦後に低迷するのだろうか。その分析を通じて、かえって「雪国のハンディ」の内実がみえてくると考えられる。

長野県では明治三〇年代には松本中（現・松本深志）、長野中、上田中などで野球部が活動していたとされ、また長野師範は一八九七年（明治三〇）から県小学生の野球大会を開催し、数千校が集まっていたという。[35] 師範学校出身の教員が、各小学校で野球指導にあたり、県内に野球を普及させていった。また当時長野県の小学生は、特別注文のM5と呼ばれた硬式のボールを使用しており、硬球に早くから触れることができ、全国的にみても進んでいた、とのちにプロ野球で活躍した中島治康が語っている。[36]

長野県でも北海道と同様に、学校間の対抗意識の激化からトラブルが続発したため、一九二三年に県立中等学校は全国大会に出場しないことを申し合わせるに至った。[37] この結果実業学校や私立学校が台頭することになり、その中でも松本商業が強豪になっていくのである。松本商業は一九一九年、製糸業で財閥を形成した片倉家が戊戌商

写真3　台湾遠征時の諏訪蚕糸ナイン

業の経営を引き継ぐ形で設立された。そして二三年には専用グラウンドが整備され[38]、前述のように翌年には選抜大会で準優勝を果たした。さらに甲子園出場の際には、「雪の信州ではろくな練習もできないから、学年末試験が終わったら大阪に来て練習せよ。そのくらいの滞在費はすべて出そう」と大阪信州人会が申し出たという[39]。こうした環境整備や気候の温暖な地域での練習という方法によって野球部を強化するというあり方は、現在の「雪国」勢にもみられるものである。

また諏訪蚕糸は、明治大学出身の御子柴三郎が指導者となってから野球部の強化をはじめ、冬季の年末から年始に温暖な地域への遠征を実施していた。一九二八年には姫路・名古屋、二九年には台湾、さらに三〇年には徳島に出かけている。なかでも二九年末からの台湾遠征では現地の学校と試合して八戦全勝の成績を残し、その様子は映像に残されている。そしてこれらの遠征が可能だったのは製糸業界の厚意があったからだ、と御子柴がのちに回想している[40]（写真3）。長野県勢は一九三〇年代に入るとやや戦績が低下するものの、勝率は五割近くに達しており、他の「雪国」地域に比べると健闘している。

さらに第一節の表3で示した文部省の調査について長野県のデータをみてみると、県外で計五一試合を行っており、東日本勢では群馬・愛知に次いでいる。部の経費については一校平均六一二円六〇銭であり、愛知県に次いで二番目である。学校別にみると、松本商業は県外で二九試合の実施、部の経費一五九四円一二銭といずれも全国トップクラスに位置していた。長野商業・諏訪蚕糸も県外で試合を一定数実施していたほか、松本中の経費が一二二〇円に達しているのも、東日本の公立中学としてはトップクラスであった。

　この事実からわかることは、たとえ雪という気候的な条件があっても、それを「克服」することは戦前においても可能であり、その手段は現代と共通するということである。すなわち、早期に硬球に触れること、練習環境を整備すること、温暖な地域へ遠征して練習することなどである。そしてこれらの裏付けとなるのは端的にいって経済力であり、長野県の場合は製糸業だったのである。

表4　器械製糸工場数等の推移

年度	工場数	釜数	工女数	生産高（千貫）
1927	727	84,413	99,010	2,455
1928	802	88,448	101,599	2,559
1929	847	89,702	104,407	2,735
1930	856	87,441	101,168	2,565
1931	816	83,660	96,126	2,510
1932	771	68,896	79,577	2,210
1933	775	67,158	73,446	2,111
1934	715	58,159	64,672	2,355
1935	658	54,652	62,937	2,239

『長野県史』通史編第9巻　近代3　192頁から抜粋

　長野県の製糸業の動向を参照すると、一九二八年から三〇年にかけ、ひとつのピークを迎えている。この時期に松本商業の優勝、諏訪蚕糸の準優勝という結果が出ているのは、決して偶然とはいえないだろう。しかし、世界恐慌に見舞われた長野の製糸業は、以後急速に衰退していき（表4）、戦時体制に突入する中で再起することはなかった。諏訪蚕糸の御子柴は「〔昭和〕六年〔一九三一〕以後の糸価の暴落や世界的不況の影響するところは自ら諏訪蚕糸野球部にも及ぼすところが大きかったのである」[41]とのちに語っている。

　また戦後、一九五三年夏の大会に出場した松商学園監督の胡桃沢清は、敗退後に次のように発言している。

　　毎年甲子園の土をふみながら緒戦に敗れ去った松商の敗因は、一つには対外試合の経験が少ないことだ。…〔中略〕…鳥取西はその意味では大阪に遠征、浪華商などとも試合を重ねているだけにうちより一日の長を認めた[42]

戦前の松本商業は遠方に遠征していたが、戦後は同様の遠征ができなかったこ

表5　長野県全国大会年代別勝率

年代	勝数－敗数	勝率
1915～29	20－15	.571
1930～41	15－17	.469
1946～59	11－17	.393
1960～69	6－12	.333
1970～79	2－13	.133
1980～89	4－15	.211
1990～99	11－13	.458
2000～09	11－14	.440
2010～17	3－11	.214

春・夏の合算

とがみてとれる。その直接的な原因として考えられるのは、学校の経営体制の変化である。一九四七年、同校の理事に就いていた片倉一族が一人を残して辞任し、事実上経営から撤退した。これに伴い学校は赤字財政に転落している。[43] もちろん片倉については財閥解体の影響であろうが、製糸業が戦前の繁栄を取り戻せず、経済的な支援ができなくなったことも想定されよう。また交通事情も戦前の水準を回復していなかったとすれば、遠征そのものが困難だったと考えられる。一九五〇年代、長野県勢は一九五四年春の飯田長姫（現・飯田ＯＩＤＥ長姫）の優勝はあったものの、勝率は三割台に落ち込んだ（表5）。さらに一九六〇年代に入ると、暑さに悩まされていることが選手のコメントで語られるなど、「雪国」勢と共通の課題に直面している。[44] 一方で対戦相手からは「長野のレベルは高いし、伝統のあるところで激戦地じゃないですか[45]」と言われているように、まだ戦前のイメージも残っていた。

（2）苦戦の時期へ

しかし一九六〇年代半ばになると、野球レベルは全国的にみると低いと、県の高校野球関係者ははっきり自己認識するようになった。その理由として「雪」は理由にならないが、「教育課程の遂行に非常に忠実なため、つい野球の方に力が入らない」と、勉強に力を入れることが原因であるという分析をしている。[46] 戦前は長野師範に代表されるように、熱心な教員が野球を普及させるなど、教育熱心であることが野球レベルの向上に有利だったが、戦後はそれが反転したということを述べている点に注意を要する。「教育」とスポーツの間の関係について、戦前はエリート校がそのまま野球強豪校でもあった面があるが、戦後は進学に力を入れた場合運動部の活動との両立が難しくなったと整理できるだろう。実際に、一九六〇年代から七〇年代にかけ、長野県勢の戦績は顕著に低下した。一九七〇年代には勝率一割台と、全国的にみてももっとも不振な地域の一つとなっていた。この時期には、不振の原因として様々な指摘がされるようになっている。

・中学校での野球熱の低下

文部省が体育教課から野球を外し、その結果としてクラブ活動が下火になり、野球に代わってサッカーが台頭したとしている。ただ文部省の政策は全国に共通しており、またサッカーの台頭も同様であることからすると、必ずしも正しいとはいえないだろう。

・過疎

一九七〇年には参加校のうち部員一五人以下が一三校、新入部員七人以下の学校が半数に達したと指摘されている。[47] 過疎も長野県に固有の問題ではないが、「雪国」とされる地域がこの時期、人口流出に見舞われていたという共通性はある。

そして状況は好転しないまま、一九八〇年代も不振は続いた。夏の選手権大会についていえば、一九七〇年から九〇年までの約二〇年間で二勝にとどまり、この数字は全国的にみても、一九七〇年から八八年まで勝利がなかった青森県についで悪い。青森県は予選の関係で甲子園に代表校自体を送っていなかった時期があるのに対し、長野県はこの間必ず代表校が出場していたことを考えると、不振はより深刻であった。

一九八九年（平成元）に実施された監督アンケートの回答をみると、「知育偏重」や「大学スポーツに打ち込んだ人材を教員として採用しない」などの教育の問題や、「いい球場がない」などの設備面、「山が多く、県内での遠征も大変」といった交通事情、「学校の数が多く、中でも公立が多いから選手が分散する」「いわゆる野球学校がない」などといった学校事情などが指摘されている。▼48 一九八〇年代になると野球留学した県外出身者を主体としたチームが甲子園に多く登場するようになるが、長野県にはそうしたチームが少ないことも、戦績が上がらない原因の一つとされた。

長野県勢が不振をようやく脱したのは、一九九一年に松商学園が春準優勝、夏ベスト8という戦績を残したことがきっかけであった。その後佐久長聖や東海大三（現・東海大諏訪）、長野日大など野球部強化を進める私学勢が全国大会出場校の大半を占めるようになると、二〇〇〇年代にかけて戦績が上がっていく。結局は県外出身選手を含めた強化策を行う私学勢、アンケートにいう「野球学校」が増えることによって、ある程度盛り返したとみることができる。

長野県は気候的には「雪国」として認識される地域であったが、戦前においてはその不利を克服することのできる複数の条件を持っていた。師範学校を通じた野球の普及や硬球に近いボールを早くから扱えるという教育や用具の先進性、そして製糸業を背景とする経済力である。しかしそれが失われた戦後は、「雪国のハンディ」にいわば飲み込まれてしまったといえるのではないだろうか。さらに、教育に力を入れるということが野球に与える影響が、戦前と戦後で変化した側面にも注目しなければならない。とくに戦後については、教育に力を入れることと野球の力量を上げることが背反するようになったと、長野県ではみられていたのである。

おわりに

「雪国のハンディ」論とはなにか。本稿が示しているのは、それが言説に過ぎなかったということではない。「ハンディ」はあるにしても、それが決定的な要因となるには、少なくとも中等野球大会の初期の動向を見る限りでは、一定の時間を要したといえる。「ハンディ」については他の要因を含めて考えねばならないということだ。初期の中等野球大会においては、野球の普及度の差も重要な要素だったのではないだろうか。北海道・東北地方は普及度については全国的にみて高い水準にあった。初期の「雪国」勢が比較的いい戦績を残したことの説明としては、合理性がある。一方で、現在よりも移動に時間を要するという肉体的・精神的な消耗も無視できない。戦前において頻繁に語られるのは、開催地から遠く離れていることの「ハンディ」である。

本稿で取り上げた北海の場合は、北海道という地域の「雪国のハンディ」を背負っていたものの、出場経験を積み重ねることによって全国のレベルに近づいていった。選手の体格面でみれば、むしろ相手よりも勝っている場合も少なくなかった。ところが同高が不祥事を契機に弱体化すると、代わって出場した学校は全国大会で勝てなかった。北海の持っていた経験と蓄積がない場合、「雪国のハンディ」が大きくのしかかってきたということになる。

加えて北海道勢にとっては、夏の暑さが激しくなったことも不利に働いたようである。

長野県の場合は、気候面では確かに「ハンディ」を持っていたが、他の面ではむしろ有利な条件を持っていた。教育熱心であったことや、特殊なボールの普及である。そして、隆盛する製糸業界の資金力が、野球界を支えていた。北海道はほぼ北海だけが戦績を残していたのに対し、長野県勢は複数の学校が実績を残しているが、それは

「雪国のハンディ」を克服するに足る他の諸条件がそろっていたからといえるだろう。しかし製糸業は戦中・戦後にかけて衰退し、松商学園の場合はそれが直接的に響き、全国大会では勝てなくなっていった。そして他の学校も成績を残せず「雪国のハンディ」に沈んでいった。

近年、「雪国」勢の甲子園での活躍はめざましい。すでに「雪国のハンディ」は関係なくなったと言われている。その要因については様々に論じられているが、本章で明らかなように、「ハンディ」の克服は近年可能になったわけではない。他の条件を整えることができれば、はるか以前から可能だったのである。問題は、近年まで条件を整えることができなかった社会的要因にこそある。はじめにで述べた「裏日本」勢が甲子園で苦戦してきたのは、その意味では決して偶然ではない。現在の高校野球においては、地域格差はほぼなくなったとさえ言われている。ただ必ず戦績は差がつくので、その要因は語られ続けるだろう。今後は、もし地域格差の観点から考える場合、第一に少子化の進展に伴う選手や学校の減少の顕著な地域が不利を語られるのではないだろうか。さらに、地域経済の状況が与える影響も無視できないだろう。また、公立と私学の学校間格差のほうが勝敗の要因として大きくなってきているというのが、現代の高校野球の特徴ともいえる。

冒頭で「雪国」の定義を筆者なりに設定したが、それとて自明ではない。最後に次の新聞記事を引いておく。

> ハンディ克服のため、東北の各校は雪の少ない福島県の太平洋側を目指す。青森山田は昨年、暖房付きの室内練習場を新設したが、月に1・2回は福島県相馬市で練習する。…〔中略〕…今春の選抜8強の東海大山形も、土日は同県大熊町に遠征。東北も昨冬、同県いわき市内で合宿をした。[▼49]

東北の強豪校が、福島県の太平洋側で冬季に練習しているという事実を伝えるこの記事は、「東北」を一括りにしてしまうことの問題性を示す。「東北」といっても条件はもちろん一様ではない。高校野球における「東北」あるいは「雪国のハンディ」をめぐる語りは、たとえば震災後の「東北」をめぐる語りの問題とも共通するのではないだろうか。こうしたことを踏まえ、野球史においても「地域史」がもっと研究されてしかるべきであろう。

註

1 本章で取り上げる長野県は周知のとおり、雪に悩まされる地域だが、戦前から強豪地区として知られており、「雪国のハンディ」で論じられる「雪国」には含まないものとする。

2 「裏日本」をめぐる問題については、古厩忠夫『裏日本』(岩波書店、一九九七年)を参照。同書の問題設定と、本章は重なり合う部分がある。

3 森岡浩『高校野球一〇〇年史』(東京堂出版、二〇一五年)。

4 『野球界』一四巻四号、一九二四年三月。

5 『野球界』一六巻六号、一九二六年五月。

6 『野球界』一九巻一〇号、一九二九年八月。

7 『野球界』二一巻一三号、一九三一年八月。

8 『アサヒグラフ』四巻八号、一九二六年四月一五日。

9 『大阪朝日新聞』一九二七年八月一六日付。

10 『野球界』二〇巻一二号、一九三〇年八月。

11 大連商業は一九二六年夏の準優勝など、全国大会で通算一二勝一二敗の戦績を残している。

12 『アサヒスポーツ』一四巻一九号、一九三六年八月。

13 『大阪朝日新聞』一九三六年八月二五日付。

14 『アサヒスポーツ』一五巻一五号、一九三七年七月。
15 北海高等学校野球部史制作委員会編・発行『北海野球部百年物語』（二〇〇九年）四一頁。
16 『大阪朝日新聞』一九二二年八月一七日付。
17 『朝日新聞』一九五八年八月二一日付。
18 白野仁『北の野球物語』（北海道新聞社、二〇〇七年）。
19 前掲註15『北海野球部百年物語』、一九頁。
20 『サンデー毎日』一七巻一四号、一九三八年三月二〇日。
21 飛沢栄三「北海道における高校野球の指導」（『教育新潮』五巻八号、一九五四年八月）。
22 前掲註15『北海野球部百年物語』二八七頁。
23 同前、二八一頁。
24 『スポーツ・スピリット　三三　高校野球年代別強豪ランキング』（ベースボール・マガジン社、二〇〇九年）。
25 以下の記述は前掲註15『北海野球部百年物語』による。
26 『毎日新聞』一九六〇年四月七日付。
27 『北海道新聞』一九七〇年八月一三日付。
28 『北海道新聞』一九七三年八月七日付。
29 『北海道新聞』一九七四年八月七日付。
30 『北海道新聞』一九七九年八月九日付。
31 『北海道新聞』一九八五年八月一六日付。
32 『北海道新聞』一九八三年四月九日付。
33 中村計『勝ち過ぎた監督　駒大苫小牧　幻の三連覇』（集英社、二〇一六年）六二～六四頁。
34 二〇〇七年には参加校数の南北バランスを調整するため、南北海道の南空知地区を北北海道の北空知地区に統合し、空知地区として北北海道予選に参加することとした。すると従来南空知地区から参加していた駒大岩見沢が二年連続で甲子園出場を果たした。

35 『東京朝日新聞』一九二〇年七月三一日付。
36 『プロ野球人国記』信越・北陸編（ベースボール・マガジン社、二〇〇四年）六頁。なおボールの現物は発見されていない（長野県立歴史館編・発行『信州の野球史』二〇一三年）。
37 長野県岡谷工業高等学校硬式野球部創部一〇〇周年記念事業実行委員会編・発行『球道　岡工硬式野球部100年』（二〇一五年）二七頁。
38 窪田文明『甲子園からの手紙　松商野球の源流』（一草舎出版、二〇〇八年）一一三頁。
39 同前、一八七頁。
40 『長野県高等学校野球大会記念誌』（長野県高等学校野球連盟二〇周年記念誌編集委員会、一九六七年）五〇頁。
41 同前、五〇頁。
42 『朝日新聞長野版』一九五三年八月一五日付。
43 松商学園九十年史編纂委員会編『松商学園九十年史』（松商学園創立九十周年記念事業委員会、一九九一年）八三頁。
44 『朝日新聞長野版』一九六〇年八月九日付。
45 『朝日新聞長野版』一九六〇年八月一五日付。
46 『朝日新聞長野版』一九六四年八月三日付。
47 『朝日新聞長野版』一九七〇年七月一六日付。
48 『朝日新聞長野版』一九八九年七月一六日付。
49 『朝日新聞』二〇〇四年八月二三日付。

［図版出典］図2・3：北海高等学校野球部史制作委員会編・発行『北海野球部百年物語』（二〇〇九年）
図4：長野県立歴史館編・発行『信州の野球史』（二〇一三年）

第6章　全日本少年野球大会始末
――もうひとつの甲子園――

冨永　望

はじめに

本章の目的は、一九五〇～五三年にかけて開催された、全日本少年野球大会という、軟式少年野球の全国大会について考察することである。といっても、この大会について知る読者は――当時の参加者を除けば――ほぼ皆無であろう。簡単に概要を述べると、当時米軍統治下にあった沖縄を除く全国での予選を勝ち抜いた、主に中学生で構成される軟式野球のクラブチームが、後楽園球場に集ってトーナメント形式で日本一を争った大会である。開催時期も八月であり、いわばもう一つの〝甲子園〟であった。

球場以外で高校野球と大きく異なるのは、主催者が各都道府県の防犯協会であり、読売新聞社と警視庁が後援していたこと、そしてマスコミの扱いが小さかったことであろう。それ以外は全国大会としての形式を整えており、決勝戦は高校野球同様ラジオ中継があった。順調に発展していれば、西の高校野球と並ぶアマチュア野球の大会になる可能性を秘めていたと筆者は考える。

しかしながら、この大会は今日では忘れ去られてしまったといっていい。管見の限り、先行研究といえるものは二つしかない。一つは大会が開催されていた一九五三年のもので、日本体育学会少年野球研究班による、大会参加者の実態調査をまとめたレポートである。[1]これによると、当時防犯協会主催の全日本少年野球大会と日本少年野球協会主催の東京都少年野球大会が、八月に前後して開催されていたことがわかる。選手個人の野球との接点や練習環境について報告しているが、回答内容についてそれほどの違いはない。もう一つは中道厚子論文である。[2]中道は偶然発見した「第1回大阪府少年野球大会」ポスターについての考察を進めるうちに、一九五〇年代前半の大阪で、青少年の保護育成を目的とした少年野球大会が開催されていた事実にたどり着いた。検証の過程で全日本少年野球大会にも言及しているが、中道の関心は大阪に限定されており、全国大会にはそれほど踏み込んでいない。

ただ、中道論文で興味深いのは、中道がポスターに後援者として名を連ねていた読売新聞社に問い合わせても、同社の方では大会の記録が全く残っていなかったという事実である。実際、同社の社史をひもといてみても、全日本少年野球大会の記述はほとんどない。同社の八十年史[3]では、読売新聞社が企画したスポーツ大会を羅列した本文中に記述があり、百年史[4]では巻末の年表に記載があるが、どちらも大会についての説明はない。一二〇年史[5]に至っては一切記述がない。同社は同大会を忘却してしまったといっていい。

一方、他の関係団体はというと、全日本軟式野球連盟の年史[6]には若干の記述があるが、詳細な調査はしなかったと推測される。警視庁は年史[7]の中で比較的まとまった記述を残している。その他の道府県警察の年史を調べてみたが、青森[8]・宮城[9]・茨城[10]・鳥取[11]・広島[12]・山口[13]のみ、簡単な記述があった。さすがに主催者であった東京防犯協会連合会の年史[14]には記述があるが、警視庁の年史よりも簡潔である。

このように、関係者の記憶からもほとんど抹殺されてしまった大会の検証にどれほどの意味があるのか、読者は疑問を持つかもしれない。だが、消えていった者もまた歴史の一部である。全日本少年野球大会は高校野球のライバルとなる可能性を持ちながらも、中途にしてその道を絶たれ、歴史の中に埋もれていった。その短い光芒を復元することで、高校野球を異なる角度から照射してみたい。

なお、史料については残念ながら新聞・雑誌の記事に依拠するしかない。特に重要なのが、後述する東京防犯協会連合会の機関誌『蜘蛛』（後に『防犯と家庭』、さらに『家庭と防犯』に改称して現在に至る）および最大の後援者であった『読売新聞』と系列紙の『報知新聞』である。

一　第一回東京少年野球大会——大会の黎明——

敗戦後の日本は治安状況が著しく悪化した。理由は多くの人々が空襲によって家と生業をなくしたことに加えて、外地からの引揚・復員により、大量の失業者が出現したこと、そして食糧難および敗戦による人心の荒廃があげられるであろう。特に深刻だったのが、少年少女の非行の急増であった。保護者を亡くした少年少女が、生きるために窃盗・強盗・売春等に手を染めることは珍しくなかった。一方、犯罪を取り締まる側の警察も敗戦により権限が縮小し、自治体警察・国家警察への改組後は捜査能力が著しく低下した。このような状況に対応するため、住民の自主的な防犯意識の向上が求められ、各地に防犯協会が創設されて、自治体警察・国家地方警察と協力して防犯活動に努めることになった。以上は各都道府県警察の年史にほぼ共通して述べられている。

東京においては、一九四六年一月一四日、警視庁が各警察署に「防犯協会整備要綱」を示して、民間有志による防犯活動の組織化に努めた。翌一九四七年五月二六日には「民主的組織による防犯協会の設置について」の指示が出されて、新しい防犯協会の結成が進んだ。さらにそれらの防犯協会の連絡組織として、同年九月一日に警視庁において東京防犯協会連合会が設立されたのである。同組織は一九四八年一二月一日に財団法人となった。▼15

そして東京防犯協会連合会は、防犯活動のみならず、非行防止活動にも乗り出した。その一環として、野球を通じて少年の健全育成を期す目的で、一九四九年七月から八月にかけて、東京少年野球大会を開催したのである。以下、時系列に沿って同大会の経過をたどる。[16]

主催者は東京防犯協会連合会と東京都教育庁である。そして読売新聞社と警視庁が後援、東京都軟式野球連盟が協賛に名を連ねた。発案したのは警視庁の方だったらしい。[17] 参加資格は小学生を除く一六歳以下の少年で、防犯協会地域内に居住、通学または通勤していることが条件だった。一チームは監督を含めて一五人以内、ただし監督の年齢は制限しない。全試合が七回制で行われる。学校が夏休みに入っている期間を利用して、少年のスポーツ精神の涵養と心身の鍛練を図るという目的を謳っていたが、都内から一〇九六チーム、一四七二四名が参加した。この時期、既にこれだけの少年野球チームがあったことが驚きである。逆に、競技人口の多さゆえに野球が競技種目に選ばれたといえるかもしれない。七月下旬から始まった地区別の一次・二次予選を経て、九方面ごとに勝ち残ったチームが代表となり、後楽園で行われるトーナメント形式の東京少年野球優勝大会に出場することになった。

八月一八日の開会式では、警視庁音楽隊を先頭に九チームが行進し、日の丸掲揚と君が代演奏が行われた。黒川武雄東京防犯協会連合会会長（自由党参議院議員）の挨拶、ブルースター（荻窪）主将による選手宣誓、黒川による始球式を経て、試合が始まった。開幕戦はブルースター対帝京（板橋）[18] だったが、一対一のまま延長一一回で決着がつかず、翌一九日に再試合を行い、ブルースターが四対一で勝利した。その後は二〇日に二回戦四試合、二一日に準決勝二試合、二二日に決勝戦と順調に日程を消化し、ブルースターが優勝した。決勝戦では田中栄一警視総監とGHQ公安課のW・G・フリッツ（W. G. Fritz）行政官がバッテリーを組んで始球式を行った。両名は表彰式でも祝辞を述べている。ブルースターには東京防犯協会連合会が用意した優勝旗と、警視庁・読売新聞社からの賞品・賞状が贈られた。そして参加選手全員が記念品を手にした。大会は『読売新聞』のみが簡単に報じている。東京ローカルのイベントでありながら、東京新聞は全く報じていない。読売新聞社のイベントという認識だったのではないだろうか。

大会が関係者にとって成功裡に終わったものと認識されたことは疑いない。同年一一月、アメリカの独立リーグに属するサンフランシスコ・シールズが交流試合のために来日し、F・J・オドゥール（F. J. O'Doul）監督が東京少年野球大会にトロフィーを寄贈した。[19] 翌年から優勝トロフィーとして使用されることになるが、後述するように、この時点で第二回大会の開催が企画されていたのである。

二　第一回全日本少年野球大会――十大都市への拡大――

東京少年野球大会の成功に手応えをつかんだ警視庁は、一九四九年一〇月に開催された六大都市防犯部長会議において、都市対抗少年野球大会の開催を提案した。更に翌一九五〇年二月、京都で開催された全国自治体警察長会議で、田中警視総監が全日本少年野球大会の開催を提案し、これが満場一致で採択された。三月一五日には東京に全国少年野球運営委員会が設置され、全国大会が実現する運びとなった。[20]

当初は札幌・仙台・東京・横浜・名古屋・京都・大阪・神戸・広島・福岡の十大都市が参加する予定だったが、最終的に福岡は不参加となった。この間の事情はわからない。参加資格は同年一月一日時点で満年齢一二歳以上一六歳以下であること。他は第一回東京少年野球大会と同一である。大会運営に要する費用は主催者負担であり、各都市代表チームの旅費は市が負担するものとした。これを受けて、第二回東京少年野球大会は東京代表を決める予選として行われることになった。大会の全国化については、前述のフリッツとH・S・イートン（H. S. Eaton）なる人物が肩入れをしたと伝えられている。[21] 全日本少年野球大会の開催は『読売新聞』でも報じられ、告知された。[22]

参加チーム数が多い東京は早くも五月に一次予選が始まったが、十大都市以外にも、鹿児島市・富山市・前橋市当局や各地の少年団体から問い合わせがあった。[23] 都市別の参加チーム数を列挙すると、東京が一五五〇チーム（二〇四三〇名）、大阪が六二六、名古屋が四五六、仙台二九二、横浜二九〇、京都二一二、神戸一四四、広島一〇一、札幌八五であり、東京が約半数を占めている。[24]

では、各地の予選がどのようなものであったかというと、全く情報がない。各都市の新聞を調査してみたが、一つも記事を見つけることができなかった。なかでも北海道新聞社・京都新聞社・神戸新聞社は、七月から八月の夏休み期間にかけて、それぞれが少年野球大会あるいは中学野球大会を主催しており、そちらの報道にかかりきりであった。いずれも道府県内で完結する大会であり、全日本少年野球大会とは関係ない。この時期は野球に限らず、地方新聞社主催のスポーツ大会がさかんに催されていたことが、地方紙の記事からわかる。対照的に、高校野球についてはどの地方紙も予選から詳細に報道しており、大会の認知度の格差は歴然としていた。

だが、後発の大会であったためか、第一回全日本少年野球大会は、高校野球にはないイベント性を持たせる試みを行った。それが、参加選手とプロ野球読売ジャイアンツの選手とが交流する、前夜祭の開催である。『読売新聞』はその様子を以下のように伝えている。

きようからはじまる全日本少年野球大会の前夜祭が三十日午後五時から読売ホールでひらかれた。晴れの大会にのぞむ十チームの少年野球をかこむ豆フアンがぎつしりつまつたうえ十六歳未満の子供ばかりなのでホールは球場以上の大さわぎ。

黒川厚生大臣から激励の言葉、少年ジャイアンツ代表（巨人三原監督令息忠彦君）選手代表からそれぞれあいさつの言葉があつて、さていよいよ巨人軍川上、千葉、藤本選手らが相ついで登壇、少年時代からの苦心談を語つたときにはさすがにシーンと静まりかえつて神妙に耳をかたむけた。

これが終つて野球漫談に腹をかかえ、アメリカ映画『歓呼の球場』で本場の野球に目を見はつた後〝明日は後楽園で会いましょう〟と仲よく散会した。[25]

おりしも一九五〇年は二リーグ制発足の年であり、プロ野球は興隆への道を歩み始めていた。野球少年たちが、川上哲治、千葉茂、藤本英雄らスター選手と直に触れ合うことに感動を覚えたであろうことは、想像に難くない。これは球団を保有する読売新聞社にしかできないことであった。

大会は予定通り七月三一日から八月二日までの三日間、後楽園球場において開催された。初日は二万人の観客が集まる中、警視庁音楽隊を先頭に九チームが入場行進して、日の丸掲揚・君が代演奏が行われた。大会にはＧＨＱからフリッツが出席して、Ｗ・Ｆ・マーカット（W. F. Marquat）ＥＳＳ（経済科学局）局長の祝辞を読み上げた。[26] ＧＨＱのお墨付きを得た大会であることが明示されたことになるが、マーカットに対してはフリッツが働きかけていたことを示す文書が残っている。[27] 田中警視総監も前年に続いて祝辞を寄せ、名古屋チーム主将の選手宣誓、厚生大臣に就任していた黒川武雄東京防犯協会連合会会長による始球式の後、開幕試合が始まった。初日は一回戦一試合と二回戦三試合、二日目は二回戦残り一試合と準決勝二試合、最終日は決勝戦と三位決定戦という日程であった。報知新聞がやや詳細な試合内容を報じているほか、『北海道新聞』と『京都新聞』が地元チームの試合のスコアのみ報じた。優勝した大阪チームには黒川から優勝旗、読売新聞社から読売旗、フリッツからオドゥール杯、岡崎勝男官房長官から総理大臣杯、田中から警視総監杯が贈られた。初の全国大会も盛会に終わり、[28]大会規模のさらなる拡大が関係者の視界に入ってきた。

だが、このとき既に暗雲も見え始めていた。というのも、文部省が一九四八年三月二〇日付で出した学徒の対外試合に関する通達では、小学生は対外試合禁止、中学生は宿泊を要しない程度、高校生の全国大会は年一回に制限するという方針を定めていたからである。[29]これによって窮地に陥った選抜高校野球をめぐって、関係者が奔走したことはよく知られているが、[30]中学生を対象とする全日本少年野球大会は本来ありえないはずであった。実際、第一回大会の開催が発表された後に、異議申し立てがあったことを伝える新聞記事がある。

今度日本防犯協会の主催で全国少年野球大会が開催されることになつているが、これに対して文部省でもその趣旨に賛成して許可を与えているにも拘わらず、体協や某新聞社あたりから横ヤリが出ているというのはどう考えても納得がゆかない。…〔中略〕…こんどの大会を防犯協会が主催したについては恐らくアメリカのPALにまねたと思われる。PALとはポリス・アスレテイツク・リーグ（警察官競技連盟）の略で、これは警察の外郭団体であつてスポーツによつて少年を善導するのがその任務である。[31]

同記事によると、PALは野球に限らず、様々なスポーツを指導している。東京防犯協会連合会や警視庁がPALに触発されたかどうかは史料的に裏付けられないが、考えられる話ではある。また、第二回全日本少年野球大会の開催が決定した直後にも、以下のように文部省が微妙な反応を示したことが報じられている。

文部省が警視庁や防犯協会に対して命令したり指導する権限はないし、また中止命令を出したことはない。ただ発育期にある生徒の肉体的負担および教育上の影響から文部省としてはこの催し以外の別の方法を考慮してほしいと思つているので主催者と話合つて何とか善処したい。[32]

文部省の方針に反することが明らかであるにもかかわらず、大会が実施にこぎつけた背景に、ＧＨＱの支持があったと見ても間違ってはいないであろう。たとえば、次のような証言がある。

文部省としては、この大会が発足する際に、中学生が全国大会に参加することは望ましくないとして関係者と交渉したのであるが、当時占領下にあり駐留軍の指導も手伝いそのまゝ開催されることになった。[33]

三　全国大会への道――大会の飛躍――

第二回から第四回は、十大都市に加えて六つの地域（北海道・東北・関東信越山静・北陸東海近畿・中国四国・九州）で予選を行い、代表一六チームが後楽園での全国大会に駒を進めた。ただし第三回大会は第一回同様、福岡市が不参加であった。なお、東京大会と関東信越山静代表決定戦[34]も後楽園で行われた。試合は七回制だが、決勝戦のみ九回制であった。その他の大会規則は従来通りであり、読売ジャイアンツの選手が参加する前夜祭も毎回行われている。また、一九五二年四月二八日にサンフランシスコ講和条約が発効して日本が独立したことにより、第三回大会以降は、ＧＨＱからの来賓がなくなった。

参考までに、第二回から第四回大会の参加チームを掲げる（表）。『蜘蛛』と新聞でチーム名表記にズレがあるが、興味深いのは第四回大会における福岡市代表が三宅中学となっていることである。第二回大会の関東信越山静代表決定戦にも千葉代表として館山一中クラブが出場しており、[35]中学校チームの参加を認めていたことは明らかだが、基本的にはクラブチームの大会であり、選手の中には高校生もいた。[36]また、第三回大会の名古屋市代表中村クラブは予選を経ていない、推薦チームであった。[37]

表　第二回〜四回の出場チーム

大会	第二回	第三回	第四回
札幌	北海スターズ	北海スターズ	札幌クラブ
仙台	仙台北クラブ	青葉クラブ	★青葉クラブ
東京	オール根津	オール月島	早稲田クラブ
横浜	紅葉クラブ	オール西潮田	浦風
名古屋	中京クラブ	春岡クラブ	中村クラブ
京都	オール下鴨	西院クラブ	西院クラブ
大阪	西船場	大正クラブ	都島ミュースターズ
神戸	☆鷹匠クラブ	上野エンゼル	飛松クラブ
広島	中広鯉城クラブ	鯉城スターズ	草津桃市クラブ
福岡	千代	不参加	三宅中学
北海道	夕張市	室蘭クラブ	函館少年クラウンズ
東北	八戸インデアンス（青森）	★八戸インデアンス（青森）	郡山球親（福島）
関東信越山静	★八幡イーグルス（神奈川）	葛塚（新潟）	オール蕨（埼玉）
北陸東海近畿	岐阜駒鳥クラブ	高石（大阪）	舞鶴中筋少年（京都）
中国四国	呉三津田（広島）	☆呉三津田（広島）	☆呉市両城（広島）
九州	大川町（福岡）	諫早市（長崎）	長崎市

第一回大会は東京代表オール戸塚以外のチーム名が確認できない。
☆は優勝、★は準優勝を表す。

注目すべきは、第二回大会から決勝戦のみ、NHKによるラジオの実況中継が行われていることである。高校野球は一回戦から中継が行われていたので（放送時間は正午以降限定）、格差は歴然だが、メディアから全国大会としての認知を受けたといっていいだろう。試合内容についても、『報知新聞』が毎試合詳細に報じるようになった。

しかしながら、地方紙の扱いは相変わらず小さかった。『北海道新聞』『京都新聞』『神戸新聞』『西日本新聞』のように、地元チームの試合のスコアだけでも報じている例はまだよい方で、大半の新聞が、地元チームが全国大会に出場でもしない限り、報じていない。『中部日本新聞』は試合結果のみとはいえ、地元チーム以外の試合も全て報じているが、これは稀な例である。そのような状況において、例外的に詳細な報道をした『東奥日報』と『中国新聞』の事例を紹介したい。

一九五〇年七月、『東奥日報』は青森県自治体警察長連絡協議会と東奥日報社の主催で、第一回県下少年野球

写真１　『蜘蛛』５巻９号より第３回大会の光景

大会を開催すると告知した。[38]県内一一地区で七月に予選を行い、代表チームによるトーナメントが八月九日・一〇日に行われた。『東奥日報』は試合内容について詳報している。特徴的なのは、ＣＩＣ（対敵諜報部）から隊長のスミス中尉なる人物が開会式に出席して、始球式を行ったことである。[39]この時点で全日本少年野球大会とは直接の関係がないが、参加資格等の大会要項も共通であるので、大会の性質は同一のものと考えてよいだろう。その証拠に、一九五一年六月に第二回県下少年野球大会の開催が告知された際には、優勝チームが東北六県で開催される東北代表決定戦に出場し、そこで優勝すると全国大会に出場するということが明示されている。[40]県下少年野球大会は、全日本少年野球大会の青森県予選に位置づけられたのである。

　第二回県下少年野球大会は、一九五一年七月二二・二三日に開催され、やはりＣＩＣ隊長が始球式を行った。このとき優勝した八戸インデアンスは東北代表となり、全国大会の二回戦で中京クラブに敗退した。こ

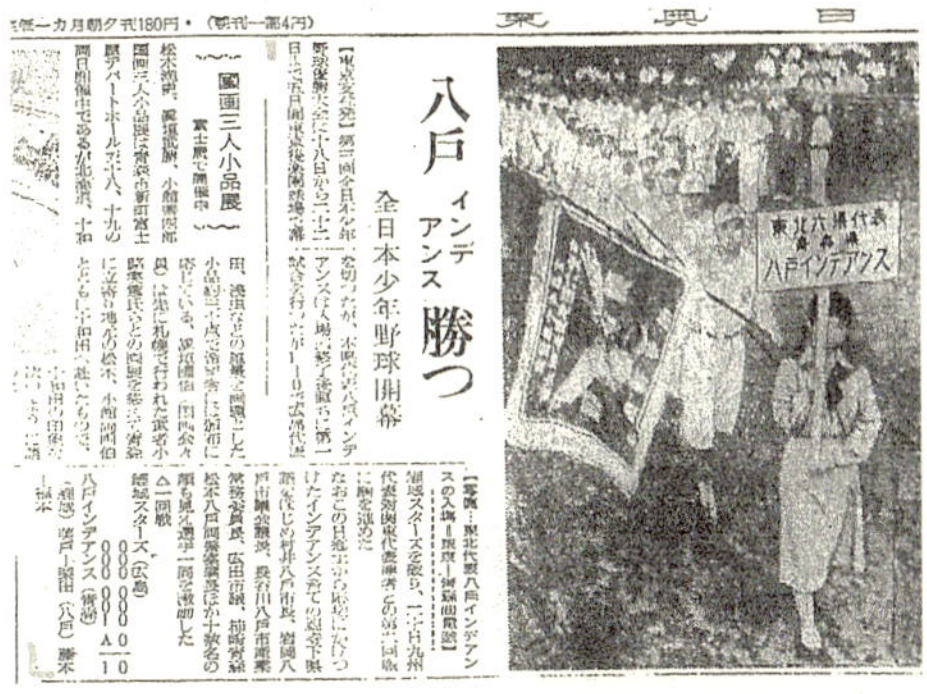

写真２　『東奥日報』1952年8月19日付より八戸インデアンス入場行進

のときの『東奥日報』は、県大会・東北代表決定戦・全国大会ともに、試合のスコアしか報じていない。関心の低さが如実に現れている。

　ところが、第三回大会は東奥日報社の力の入れ方が変わったことが紙面から窺える。名称も第三回全日本少年野球青森県予選となっていた。既に占領が終わっていたものの、在日米軍から引き続きロンバードＣＩＣ隊長が始球式に参加し、同社が優勝旗を寄贈した。[41]県大会を連覇した八戸インデアンスは東北代表となり、全国大会でも快進撃を続け、準優勝した。『東奥日報』は東京支社の取材により、試合内容について詳報するだけでなく、監督のインタビューや八戸インデアンスというチームの成り立ちについての記事も掲載している。ちなみに同紙によると、八戸インデアンスは次のような背景のチームである。

　八戸インデアンスは八戸市小中野町在住の野球好きの十四歳から十六歳までの少年達からなるチーム。現在監督の田名部隆生君（二〇）が八高一年のとき同級生十五、六名がいつとはなしに集つて作つたチームで、大人の指導も受けず自分たちだけの努力でここまでのびたもの…〔後略〕…[42]

　一九五三年の第四回全日本少年野球青森県予選は、青森北洋が初優勝した。八月一二日には東北代表決定戦に出場する同チームの壮行会が開かれ、ランバードＣＩＣ隊長、横山實青森市長、柿崎自治体警察連合協議会長らが送辞を行った。[43]関係者の期待の大きさが窺えるが、北洋は東北代表決定戦で敗れた。『東奥日報』は、全国大会については呉両城の優勝を伝えるのみである。
『中国新聞』は、一九五〇年の第一回全日本少年野球大会については、広島市代表オール草津が大阪市代表オール中本に敗れた試合のスコアと、その後の中本の優勝を伝えた。[44] 一九五一年の第二回大会では、広島市予選で中広鯉城クラブが優勝したことと、監督の談話を伝えているほか、[45] 中広鯉城クラブと中国代表呉三津田の全国大会での試合結果のみ報じている。[46] 一九五二年の第三回大会では、広島市代表の鯉城スターズの初戦敗退と、呉三津田の優勝を伝えているが、スコアを掲載しているに過ぎない。[47]
しかし、一九五三年の第四回大会については、全国大会のみの報道ではあるが、広島市代表草津桃市クラブと中国代表呉市両城の試合内容について詳細に報じるようになった。同大会では呉市両城が広島勢として連覇を飾るが、試合記録の分析などをしている。[48]
『東奥日報』と『中国新聞』の事例から見えてくるのは、地元チームが全日本少年野球大会に出場することによって大会への関心が増し、報道に力を入れていくようになるという流れである。決勝戦のみとはいえ、ラジオ中継もされており、大会の認知度は上向く傾向にあったのではないだろうか。第二回大会で地元神戸鷹匠クラブが優勝した『神戸新聞』はこの例に当てはまらないが、神戸新聞社は全日本少年野球大会の時期に兵庫県中学校野球選手権大会を開催しており、そちらの方に注力したため、東京での大会に関心が高まらなかったのであろう。第四回大会で仙台市代表青葉クラブが準優勝したことを考えると、翌年以降も大会が継続していれば、『河北新報』がどのような報道をしたかが、想像をかき立てられるところであるが、全日本少年野球大会は第四回をもって打ち切りとなってしまった。次節ではその経緯を検証したい。

四　突然の縮小とその後――東京ローカルイベントへの転落――

一九五三年一二月五日、文部省は中学生の対外試合について協議を行い、これを全面的に禁止するとの結論を下した。[49]この結果、全日本少年野球大会は開催が不可能となってしまったのである。文部省の意向によって大会が打ち切られたことは、先に紹介した全日本少年野球大会について言及している年史等がそろって述べているところだが、[50]ここで文部省が学徒対外試合についての通達[51]を出した一九四八年三月に遡り、文部省の側からみた大会打ち切りに至る経過をたどってみたい。ただ、残念なことに文部省の公文書からは、関係する史料を見つけることができなかったので、二次史料を用いざるをえない。

教育基本法の制定後、体育雑誌が相次いで創刊された。東京高等師範学校（後に東京教育大学を経て現在の筑波大学となる）が創刊して日本学校体育研究連合会に受け継がれた『学校体育』（一九四八年一月創刊、二〇〇三年三月休刊）、東京教育大学体育研究会編集の『体育』（一九四九年七月創刊、一九五二年三月休刊）、日本体育指導者連盟編集の『体育科教育』（一九五三年九月創刊）などである。この他に、戦前から継続して刊行されていた『新体育』（一九八〇年一二月休刊）もあった。これらの雑誌は教育学者や学校の教員のみならず、文部官僚が寄稿することもあり、間接的に文部省内の議論を伝えているので、利用価値が高いと思われる。

全日本少年野球大会、というより中学生の対外試合について早くから問題提起をしていたのは、佐々木吉蔵である。彼は陸上選手としてベルリンオリンピックに出場した経歴があり、一九四三年に文部省に入省していたが、[52]文部省事務官の肩書きで度々寄稿している。まず一九四九年末の段階で、同年六月に文部省体育局が廃止されてから、学徒の対外試合についての原則が軽んじられていることに警鐘を鳴らしていた。[53] 一九五〇年に第一回全日本少年野球大会が開催されるに際して、文部省は「長期休暇中に個人が競技会に参加するのは自由」と認めた。[54] これによって同大会は文部省のお墨付きを得た形になったわけだが、佐々木はこの矛盾を厳しく指摘した。そもそも中学生の対外試合は宿泊を要しない程度に留めるというのは、中学生の心身の発達に配慮してのことであるのに、学校の責任による参加でなければ心身に害がないといえるのか、ということである。[55] 今村嘉雄東京教育大教授は、犯罪防止の目的でスポーツをとりあげるならば、できるだけ全員が参加できるようにすることが大切であるという観点から、選手を少数に絞らざるをえない全国大会の形式をとることについて疑問を呈した。

> 日本人は、ともすると手段と目的の区別がつかなくなり、手段を目的化する場合が少くない。犯罪防止の立て前からすれば、スポーツはどこまでも手段でなければならないにも拘らず、次第にその手段に熱中して、県下大会とか、全国大会とかをやつてみたくなる。[56]

文部省も手をこまねいていたわけではなく、一九五一年一月には警視庁に対して、全日本少年野球大会に賛同できないという申入れをしていた。警視庁はすぐにフリッツに報告しているが、フリッツの対応は史料で確認できない。[57] とはいえ、大会が継続したということは、それだけＧＨＱの後ろ盾が大きかったことを意味するであろう。同年一〇月二五日に広島で開かれたスポーツ振興会議では、一一の総会議題の中に「全国行事に対す《ママ》年少者の出場制限通牒に関する件」が含まれていたが、これは全日本少年野球大会を直接の標的としていた。[58] 文部省始め体育関係者のフラストレーションは蓄積の一途であった。

独立が目前に迫った一九五二年四月二三日、第三回全日本少年野球大会の開催が告知されたが、[59] 直後の二四・二五日に仙台で開かれた全国体育主管課長会議において、全日本少年野球大会と高校野球の地区大会が議題となった。佐々木吉蔵は次のように述べている。

少年野球大会は警視庁、防犯協会等が中心となり一昨年後楽園で、文部省の助言を無視して開催され、今年で三年目。この間文部省の虚心坦懐な助言も、本年に至つて殆んど水泡に帰したといつてよい状態のまゝで開催されようとしているが、全国の体育主管課長がこれを安易に見逃す筈もない。それは、文部省の問題であるとともに各都道府県の問題であり、それぞれの権威が踏みにじられる性質のものだからである。とくに本年問題の焦点となるのは、中学生である少年が県外の大会に遠征すること、教育関係団体が何等企画と運営に関与しない組織であることの二点である。[60]

この文章が示唆するところは、全日本少年野球大会が文部省のメンツをつぶしていると認識されていたことである。ちなみに、高校野球地区大会についても、文部省は中止にもっていきたい考えであったが、こちらは運営主体である学生野球協会が文部省と決裂してもかまわないという強硬姿勢であったため、文部省も手の打ちようがなかったらしい。[61]

では、いよいよGHQの後ろ盾がなくなった一九五三年の第四回大会はなぜ開催できたのか。一九五三年三月、文部省と警視庁がある合意に達した。それは「中学生である少年は県内大会に止め、県外には出さないこと」「教育関係団体が主催者となること」の二点である。その結果、文部省が後援に、中央青少年問題協議会と全日本軟式野球連盟が主催者に加わることになり、大会は開催されたと伝えられている。[62]つまり、中学生選手は県大会までしか参加できず、地方予選および全国大会は高校生の選手のみで参加するということになるが、実情はそのようになっていない。推測するに、文部省が加わることでメンツを立て、例外措置化するという落としどころを見つけたのではないだろうか。

ところが、同年七月三〇日から八月二日にかけて開催された全日本水泳選手権大会に二五名の中学生が出場したことから、[63] 文部省は一〇月に学徒対外試合の規準作成協議会を発足させ、改めて中学生の対外試合出場禁止を徹底する方向で動き出した。[64] 藤田明日本水泳連盟理事長は、「中学生中から天才的選手を輩出し得る日本の水泳競技にあつては、先ず其の素質のある者を見つけ出すためにこそ中等学校の全国大会を実施する必要があることは論をまたない」「水泳は幼年から成年に至るまで各年齢層を通じ理想的全身運動であることは、既に常識となつている」と主張したが、[65] 文部省の姿勢は変わらなかった。

警視庁もこの動きに反発したし、[66] 中学生の野球指導者の間では全国大会を希望する声が多かったが、西田泰介文部省体育課長は次のように切り捨てている。

> これ以上全国大会を行つて野球を盛んにしようということは、野球の為か、野球指導者の為か、一部強い子供達の為にはなるかも知れないが、より多くの中学生の為に利益になるとは何うしても考えられないことであつて、私には野球指導者たちの言うことが了解出来ない。[67]

さて、学徒の対外試合基準作成協議会は一九五四年三月末に答申案を作成した。基本線は「学徒の対外試合について」と変わらないが、かなり細かく規定している。小学校は対外試合を行わない、中学校は宿泊を要しない範囲に限定、高等学校は国民体育大会参加を例外として地方大会と全国大会への参加を年一回程度にとどめるという内容である。また、学徒の参加する競技会は教育関係団体が主催するものに限るとした。[68] この答申を得た文部省は、これに基づいて基準を作成し、各都道府県教育委員会に通達することになった。[69] 結局、中学生の参加する全国大会は不可能となり、文部省および教育関係団体の支援も得られず、運営主体も学生野球協会のような強い力を持たない全日本少年野球大会は、第四回限りで消滅したのである。それも明確に大会中止の通告を出すことなく、

第五回大会が告知されないという形での終焉であった。まさに打ち切りというほかない。

ただし、消滅したのは全日本少年野球大会であって、東京少年野球優勝大会はその後も継続した。一九五四年は第六回東京少年野球優勝大会として開催され、八八四チーム一一三五〇名が参加し、各方面代表八チームが後楽園でトーナメントを戦った。[70] 読売新聞社が後援者となり、『報知新聞』も試合内容を報じた。準決勝以降は九回制になったのが変更点である。一九六一年の第一三回大会は大会史上最多となる三四七七チームが参加した。[71] 東京ローカルのイベントになったが、東京においては盛り上がっていたのである。

しかし、一九六五年の第一七回大会[72]を最後に、後楽園での決勝トーナメントが行われなくなり、各地区の防犯協会が主催して、地区レベルで完結する大会となった。参加者の年齢制限は防犯協会ごとの裁量にゆだねられ、全体的には小学生以上一八歳未満が対象となり、次第に小学生が増加し、高学年が減少していった。[73] 地区によっては読売ジャイアンツの関係者が参加した事例もあり、読売新聞社との関係が消滅したわけではなかった。[74] 大会は現在も開催されているが、参加者は小中学生のみとなっている。[75]

おわりに

第二回全日本少年野球大会の開催を控えた時期に、読売新聞欧米部員佐伯文雄（後に読売ジャイアンツ常務取締役）が、アメリカの少年野球事情について紹介している。それによると、アメリカでは学校で野球チームが結成されるのは中学校以上で、三月から六月までの野球シーズンに他校とのリーグ戦をやる。小学校にはチームがなく、基本的に学外での試合はない。[76] この記事だけでは、アメリカで中学生が宿泊を伴う対外試合を行っているかどうかはわからない。一方でＧＨＱがスポーツにおける占領政策で重視したのは、シーズン制による学業とスポーツの両立、そして対外試合よりも校内競技に重点を置くということであった。逆にいうと、夏期休暇中に限定して学外のクラブチーム主体で開催する全日本少年野球大会は、アメリカ人にとって高校野球よりも受け入れやすいものではなかったかと思われる。ＧＨＱが文部省の反対にもかかわらず、大会を支援し続けた理由がそこにあると筆者は推測する。

しかし、文部省の理解を得ることに失敗したことから、占領が終わってＧＨＱの後ろ盾がなくなると、大会はあっさり打ち切られることになった。学生野球協会のような、文部省に対抗しうる力を持った団体が主催者にならなかったことも、短命に終わった要因であろう。この時点で防犯協会連合会は都道府県レベルの組織であり、全国団体ではなかった。[77] 付け加えると、読売新聞社もこの時点で全国大会を企画するには力不足であった。というのも、朝日新聞社と毎日新聞社が戦前において全国紙であったのに対して、読売新聞社が大阪に進出するのはようやく一九五二年一一月になってからである。[78]

では、中学生を主体とした全日本少年野球大会には最初から勝算がなかったかといえば、そうでもない。というのも、戦後の教育改革によって義務教育が九年間となり、創設されたのが新制中学であった。中学校は誰でも通わなければならない教育機関であり、中学生はごく普通の存在である。それに対して、旧制中学の流れを受け継いだ新制高等学校は、高度経済成長期に高校進学率が急上昇するまでは、限られた者が進学する教育機関であった。[79] 新幹線が開通する以前は、東京と西宮の距離も決して短くはなかった。西の甲子園で開催される高校野球とは別に、東の後楽園で開催される全日本少年野球大会が、もう一つの大衆的娯楽として定着する可能性はあったと考えられる。実際に、観客は後楽園に集まっていたのである。[80] 決勝戦のみとはいえ、ＮＨＫによるラジオの実況中継も実現した事実を軽視すべきではないだろう。将来的には、日米の少年野球優勝チーム同士で「ベビー・ワールド・シリーズ」を開こうという夢を語る者も、一部にはいたらしい[81]。

中学生の対外試合をめぐる規制についていえば、今日においては、公益財団法人日本中学校体育連盟が主催者となって、中学生主体の全国大会、いわゆる全中大会を普通に開催している。最も早いのは一九六一年に始まった全国中学校水泳競技大会であるが、一九七〇年代に入ると、サッカー、体操、新体操、ソフトテニス、卓球、柔道の全国大会が続々と開催されるようになった。全国中学校軟式野球大会は一九七九年に始まり、二〇一七年には第三九回大会を迎えている。学校外の活動でも、サッカーではクラブユース、野球ではシニアリーグなど、中学生の大会は珍しくない。

これは一九七〇年代に文部省が方針を転換し、中学生の対外試合の大幅な規制緩和を行ったことが背景にある[82]。一九五〇年代には宿泊を伴う対外試合は中学生の心身の発達に悪影響を及ぼすと懸念していたのに、一九七〇年代には懸念がなくなったというのはご都合主義であろう。つまり全日本少年野球大会は、時代を先取りしすぎていたということではないだろうか。

高校全入が実現した現在、日本の野球少年たちは、高校最後の夏を甲子園で終えることを夢見て、野球部の練習に励んでいる。そして一握りの球児が、卒業後の目標に大学野球、社会人野球、そしてプロ野球を見据える。あるいは、今日の全中やシニアリーグが高校野球強豪校による選手スカウトの場になっているように、全日本少年野球大会が高校野球の下部に位置づけられる運命をたどった可能性も否定できない[83]。

だが、学校の外で、地域住民と密着して活動しながら後楽園を目指す野球チームの大会が継続していたなら、我々は甲子園の存在をもう少し相対化しえたのではないだろうか。

註

1 加藤橘夫・前川峰雄・神田順治・丹下保夫・鷹野健次・石河利寛・浅田隆夫「少年野球の研究（第二報）」（『体育学研究』一-六、一九五三年）。なお、同誌で現存するものは一巻六号以降であるため、第一報は不明。
2 中道厚子「戦後の青少年保護育成運動と少年野球　1枚のポスターをもとに」（『スポーツ健康学会誌』三、二〇一四年）
3 読売新聞社編・発行『読売新聞八十年史』（一九五五年）。
4 読売新聞社編・発行『読売新聞一〇〇年史』（一九七六年）。
5 読売新聞社編・発行『読売新聞社百二十年史』（一九九四年）。
6 全日本軟式野球連盟編『軟式野球史』（ベースボール・マガジン社、一九七六年）八三頁、全日本軟式野球連盟五〇年史編集委員会編『財団法人全日本軟式野球連盟五〇年史』（全日本軟式野球連盟、一九九五年）、一八頁。
7 警視庁史編さん委員会編『警視庁史』昭和中編（上）（警視庁、一九七八年）七九七~八〇一頁。
8 青森県警察史編纂委員会編『青森県警察史』下巻（青森県警察本部、一九七七年）一〇九〇頁。
9 宮城県警察史編さん委員会編『宮城県警察史』第二巻（宮城県警察本部、一九七二年）七六四頁。
10 茨城県警察史編さん委員会編『茨城県警察史』下巻（茨城県警察本部、一九七六年）八〇六頁。
11 鳥取県警察史編さん委員会編『鳥取県警察史』第二巻（鳥取県警察本部、一九八四年）二四九頁。
12 広島県警察史編さん委員会編『広島県警察百年史』下巻（広島県警察本部、一九七一年）六八三頁。同書は呉市警察が育成したチームが全国大会を連覇したことを誇らしく記述しており、指導者を務めた警官の名前を記している。
13 山口県警察史編さん委員会編『山口県警察史』下巻（山口県警察本部、一九八二年）八七三頁。
14 東京防犯協会連合会編・発行『東防連五十年の歩み』（一九九七年）二九頁。
15 前掲註7『警視庁史』昭和中編（上）、七七九~七八二頁。
16 以下、大会の経過は「第一回東京少年野球優勝大会——荻窪・ブルースター優勝す」（『蜘蛛』二巻八・九号、一九四九年）による。ただし、参加資格については前掲註7『警視庁史』昭和中編（上）七九八頁を参照した。なお、警視庁ＨＰで公開されている文書目録で「野球」をキーワードに検索しても、一件も該当するものがない。本稿では警察史料が利用できていないが、今後の課題としたい。

17 「ふえる一方の少年犯罪を野球と映画でくいとめようと警視庁少年二課のおじさんが考え出した名案」と報じられている。『夕刊読売』一九五〇年二月一三日付。また、東京防犯協会連合会の側でも、「警視庁の要望に応えて…〔中略〕…強力な少年防犯運動の一環として東京少年野球大会を主催」と述べている。玉川悳「少年の余暇を善導する待望の全日本少年野球大会要綱」(『蜘蛛』三巻四号、一九五〇年)。

18 帝京中学と関係があるのかは不明だが、後述するように中学校のチームが参加した例もあるので、可能性は否定できない。

19 『読売新聞』一九四九年一一月一五日付。なお、シールズの来日については谷川健司の論考がある。谷川健司「占領期の対日スポーツ政策 ― ベースボールとコカ・コーラを巡って」(『Intelligence』三、二〇〇三年)。

20 前掲註7『警視庁史』昭和中編(上)、七九九~八〇〇頁。

21 前掲註17玉川記事。

22 『読売新聞』一九五〇年三月二八日付・五月二日付。

23 「全国少年野球大会予選状況」(『蜘蛛』三巻七号、一九五〇年)。

24 「全国少年野球大会前奏曲」(『蜘蛛』三巻八号、一九五〇年)。

25 『読売新聞』一九五〇年七月三一日付。文中では「十チーム」とあるが、「九チーム」の誤りであろう。

26 「第一回全日本少年野球熱球譜」(『蜘蛛』三巻九号、一九五〇年)。

27 'Prevention of Juvenile Delinquency Through the Media of Baseball' 19 April 1950 GHQ/SCAP Records GⅡ-03856(国立国会図書館憲政資料室所蔵)。

28 最終日の観客数は二万と報じられている。『夕刊読売』一九五〇年八月二日付。

29 「学徒の対外試合について」文部省体育局長から各都道府県知事宛一九四八年三月二〇日。GHQ/SCAP Records CIE(C)-04606(国立国会図書館憲政資料室所蔵)。

30 中村哲也『学生野球憲章とはなにか　自治から見る日本野球史』(青弓社、二〇一〇年)一二九~一四二頁および本書総論第三節。

31 『夕刊読売』一九五〇年四月二二日付。なお、筆者は三浦萩洲とある。
32 辻田力文部省初等中等教育局長の談話。『読売新聞』一九五一年一月二八日付。
33 井上一男「学徒の対外試合について―学徒対外試合の規準作成協議会の経過」（『学校体育』二九年四号、一九五四年）。
34 関東信越山静大会は、県大会の後、長野・新潟、栃木・茨城・千葉、山梨・神奈川・静岡、群馬・埼玉・東京都三多摩で試合を行い、勝ち残った四チームによって開催された。「第二回全日本少年野球関東信越予選打合会」（『蜘蛛』四巻四号、一九五一年）。
35 「第三回東京少年野球優勝大会／関東信越山静代表決定大会熱球譜」（『蜘蛛』四巻八号、一九五一年）。
36 たとえば、第三回大会で優勝した呉三津田の投手は呉高校の一年生であった。「輝しき少年の記録　第三回全日本少年野球優勝大会敢闘譜」（『蜘蛛』五巻九号、一九五二年）。
37 「第四回全日本少年野球優勝大会熱球録」（『防犯と家庭』六巻一〇号、一九五三年）。
38 『東奥日報』一九五〇年七月六日付。
39 『東奥日報』一九五〇年八月一〇日付。
40 『東奥日報』一九五一年六月一四日付。
41 『東奥日報』一九五二年七月二八日付。
42 『東奥日報』一九五二年八月二三日付。同記事によると、このときのチームはバッテリー二人が運輸省八戸港工事事務所勤務だが、ほかは全て八戸高校一、二年生だった。
43 『東奥日報』一九五三年八月一三日付。なお、ランバードはロンバードと同一人物の可能性がある。
44 『中国新聞』一九五〇年八月一日・三日付。
45 『中国新聞』一九五一年八月二日・三日付。
46 『中国新聞』一九五一年八月一六日・一八日付。
47 『中国新聞』一九五二年八月一九日・二一日・二二日・二三日付。
48 『中国新聞』一九五三年八月一八日・一九日・二〇日・二一日・二二日付。
49 『読売新聞』一九五三年一二月六日付。

50　註6・7参照。

51　註29参照。

52　大館郷土博物館HP（http://odate-city.jp/museum/virtual/forerunner/sports、二〇一八年四月三〇日閲覧）。

53　佐々木吉蔵「体育界回顧／学校体育」（『体育』一巻六号、一九四九年）。

54　今村嘉雄「本年度体育の総反省／学校体育界」（『体育』二巻一二号、一九五〇年）、佐々木吉蔵「中学校の対外試合」（『学校体育』三巻九号、一九五〇年）。なお、文部省が中学生個人の資格による競技会への参加を認める見解を出した時期について、今村は二月末、佐々木は三月としている。

55　前掲54佐々木記事。

56　今村嘉雄「学業とスポーツ」（『学校体育』三巻九号、一九五〇年）。

57　'On the All-Japan Juvenile Baseball Tournament' Jan. 30, 1951 GHQ/SCAP Records G II -03856（国立国会図書館憲政資料室所蔵）。

58　野口源三郎「二十六年度回顧／学校体育界」（『体育』三巻一二号、一九五一年）。野口は東京教育大教授。スポーツ振興会議はスポーツ議員連盟、運動選手、保健体育指導者、体育団体代表者、体育行政関係者などで構成されていた。

59　『読売新聞』一九五二年四月二三日付。

60　佐々木吉蔵「時の話題／課長会議から」（『学校体育』五巻六号、一九五二年）。

61　同前。

62　「時の話題／少年野球の指導強化」（『学校体育』二八年九号、一九五三年）。

63　「文部省ニュース／中学生の全国大会参加の問題」（『体育科教育』一巻二号、一九五三年）。

64　「文部省ニュース／学徒対外試合の規準作成協議会」（『体育科教育』二巻一号、一九五三年）。

65　藤田明「学徒、特に中学生の対外試合」（『新体育』二四巻二号、一九五四年）なお、GHQは水泳に関して中学生の県外遠征を認めなかった。

66　一九五三年一二月五日に開かれた基準作成協議会での議論が報じられたのに際して、高柳勝二警視庁少年課長が、「警察が少年野球に関係することはないという考え方はおかしい。……われわれは学校を対象としているのではなく、野球をやりたい少年の一人一人を対象としておるのだ。それに今度は全国自治警察連合会理事会でも来年は今年どおりやると決議したことだからやめるわけにはいかない」とのコメントを寄せている。前掲註49『読売新聞』一九五三年一二月六日付。

67　西田泰介「学徒スポーツの取扱いについて」（『新体育』二四巻二号、一九五四年）。西田は中学生の水泳の全国大会参加について特例を認めよという意見に対しても、「特例で満足する少数の人の背後に、多数の体育指導者と生徒達が、特例の故に多くの犠牲を強いられる事を恐れる」と批判している。

68　「学徒対外試合の基準作成なる」（『体育科教育』二巻五号、一九五四年）。なお、この号以降は「基準」となっている。

69　「文部省ニュース／学徒対外試合基準作成協議会」（『体育科教育』二巻六号、一九五四年）。

70　「第六回東京少年野球優勝大会熱球譜」（『防犯と家庭』七巻九号、一九五四年）。

71　「第十三回東京少年野球優勝大会熱戦記」（『防犯と家庭』一四巻九号、一九六一年）。

72　観客は二千人であった。『報知新聞』一九六五年八月二二日付。

73　「第二十二回東京少年野球地区大会から」（『防犯と家庭』二三巻一一号、一九七〇年）。このときの参加者の内訳は、小学生一三九〇七、中学生六七二五、高校生一二七七、工員一四四、店員二五、会社員三七、その他二八であった。

74　たとえば第二四回大会では、東調布地区で川上哲治監督が野球教室を開催し、多摩川地区では王貞治選手から優勝旗が寄贈された。「第二十四回東京少年野球地区大会から」（『防犯と家庭』二五巻一一号、一九七二年）。

75　第六九回大会の参加者は小学生九七五一名、中学生二八六七名。「第69回　平成29年度東京少年野球地区大会の結果」（『家庭と防犯』七〇巻一二号、二〇一七年）。

76　佐伯文雄「アメリカの少年野球」（『体育』三巻六号、一九五一年）。

77　全国防犯協会連合会が結成されたのは一九六二年。

78　読売新聞社ＨＰ（https://info.yomiuri.co.jp/group/history/index.html、二〇一八年五月一九日閲覧）。

79　「第二回高等学校教育部会配付資料二　数字で見る高等学校」（二〇一一年一一月二九日）文部科学省ＨＰ（http://www.mext.go.jp/b_menu/shingi/chukyo/chukyo3/047/siryo/1313846.htm、二〇一八年五月一一日閲覧）。

80　『蜘蛛』は大会特集号で写真も多く掲載しているが、スタンドを撮影した写真を見ると、少なくとも内野席は埋まっているのが確認できる。「第一回全日本少年野球大会画報」（『蜘蛛』三巻一〇号、一九五〇年）、「全国少年野球大会スケッチ」

(『蜘蛛』四巻一〇号、一九五一年)、「第三回全日本少年野球大会グラフ」(『蜘蛛』五巻九号、一九五二年)(本章写真1)、「第四回全日本少年野球優勝大会画報」(『蜘蛛』六巻一〇号、一九五三年)。

81 『夕刊読売』一九五一年八月一三日付。

82 「児童生徒の参加する学校教育活動外の運動競技会の基準(一部改正)」(一九六九年一二月)では、小中学生について、体力に優れ、競技水準の高い者を選抜して行う全国的大会は年に一回開催可となった。次いで「児童生徒の運動競技について」(一九七九年四月)では、中学生の地方ブロック大会および全国大会への参加は年一回に限り可能となった。神谷拓『運動部活動の教育学入門　歴史とのダイアローグ』(大修館書店、二〇一五年)、一〇八頁。

83 第二回大会に札幌市代表として出場した北海スターズには、同年の全国高等学校野球選手権大会に出場した北海高校の生徒も数人所属していた。北海高校ナインは甲子園で初戦敗退して北海道へ帰る途上、後楽園で「弟分」の北海スターズを応援した。『報知新聞』一九五一年八月一八日付。

コラム

「本当の高校野球」への渇望
―全国高等学校定時制通信制軟式野球大会とメディア―

西原茂樹

手作り感あふれる大会

夏の甲子園大会が華々しく行われているのと同じ頃、ごく僅かな観客が見守る中、全国高等学校定時制通信制軟式野球大会（以下、定通制大会と表記）が東京・神宮球場を中心にして開かれている。その名の通り、働きながら定時制や通信制課程に通う選手たちによる全国大会であり、二〇一八年度の大会では天理高校定時制（奈良）が前人未到の一二連覇、一五回目の優勝を達成した。

定通制大会は一九五三年（昭和二八）秋、群馬県立高校定時制の教師たちを中心に定時制高校だけの大会が企画されたことに端を発する。当時定時制独自の大会がなかったために県内三校の定時制野球部は全国高校軟式野球大会の県予選に出場し、藤岡高校定時制が優勝したにもかかわらず「定時制四年生は全国大会への出場資格がない」として関東大会への出場が認められなかったことから、「定時制生徒に青春時代の喜びと希望を与えたい」と考えた教師たちの尽力による企画であった。翌五四年、群馬・栃木・東京・新潟・山梨の各県参加による第一回大会が「関東甲信越大会」として群馬県内で開催され、第五回大会では一都一府一一県の一三校参加にまで拡大したため全国大会に格上げされ、第六回大会以降は神宮球場が中心会場となった。大会役員は教師たちが中心となり、審判は定時制高校野球部ＯＢ、ボールボーイは審判員が教えているリトルリーグの選手。ボランティアも役員・審判員の子どもやその友達が務めるなど、全国大会といえども手作り感のあふれるイベントである（全国高等学校定時制通信制軟式野球連盟ＨＰ http://teitsuu-baseball.com/data_archive/ayumi.html。以下も、大会をめぐる事実関係の記述については、引用元を明示しない限り本ＨＰからの引用）。

欽ちゃんのサポート

定通制大会は甲子園大会と違ってメディアに取り上げられる機会は少ない。七二年にはある選手が大阪でラジオに出演し「甲子園は華やかに脚光を浴びているのに、同じ高校野球の僕らの大会はラジオの放送もない。甲子園だけが騒がれるのは全日制と定時制を差別するものではないか」と訴えて反響を呼んだ（『朝日新聞』一九七二年八月一七日付）。それが八〇年代前半、大会は突如としてメディアの注目を集めるようになり、八四年の大会四日目にはネット裏席と両チームベンチ裏の第一内野席がほぼ満員（連盟発表八〇〇〇人）となり、前代未聞の迷子が出現するほどの盛況となった。

こうした事態を演出したのは、七九年から九年にわたって大会をサポートし、自らの番組内で大会の様子を伝える態勢を作り上げたタレントの欽ちゃんこと萩本欽一であった。「欽ドン！」シリーズ（フジテレビ系、七五－八六年）をはじめ、自らの名を冠する複数のバラエティー番組が軒並み高視聴率を獲得するなど当時人気の絶頂にあった萩本は、七八年の大会が長雨のために中止となってしまったことをたまたま知り、翌七九年から「欽ちゃんのどこまでやるの！（欽どこ）」（テレビ朝日系、七六－八六年）のスタッフ全員を引き連れて声援を送り、これをドラマ化して放映するようになった。「欽どこ」内のみならず正月特別番組としても放映したことで大会は広く知れ渡り、『ドカベン』などで知られるマンガ家・水島新司が定通制野球をテーマとした作品を発表したり、同じく定通制野球を扱った田中舘哲彦の『俺っちの星空野球』（八四年）が翌年フジテレビ系でドラマ化され高視聴率を挙げたりするなど、テレビを中心に大会はちょっとしたブームの様相を呈した。

高校野球批判の噴出

このように、当時の大会の盛況が萩本の尽力によってもたらされたものであったことは疑い得ないが、この現象を当時の高校野球をめぐる報道全体の中で眺め直せば、それが東京メディアにおける甲子園大会報道の激変と無関係ではなかったことが見えてくる。それまで甲子園大会に対して大きな関心を示していなかった東京メディアは、七〇年代後半以降その姿勢を転換させて大会を「国民的行事」と呼び、精力的な報道を行うようになっていった（第八章参照）。そうした流れの中で、週刊誌などのカウンター的メディアを中心に大会をめぐる「負の側面」が盛んに伝えられるようになる。選手・指導者たちが引き起こす不祥事、酷暑の中の試合での選手たちの酷使、野球留学、高校野球賭博、高校野球を経営手段として利用しようとする私学経営者や新聞社のあり方などが次々と取り上げられ、「高校野球が純真だなんて嘘っぱちだ」といった主張が毎年の恒例行事のごとく誌面を飾っていった。現在でも、特に夏場になると週刊誌などで大会に対して批判的な記事が必ず掲載されるが、七〇年代後半からの約一〇年前後がこの種の報道が最も盛んだったように思われる。「権威的で偽善的な高野連」「球児たちを食い物にしてビジネスに勤しむ新聞社」といった、「汗と涙」などの礼賛言説と同様に現在も根強く反復される高校野球批判言説のステレオタイプは、こうした当時の報道の中で確立されたのである。

〝本当の高校野球〟

定通制大会がこの時期において注目されたのは、全体的にみれば甲子園大会そのものへの注目度が上がったことに付随した現象だったことは間違いないが、甲子園大会を批判する週刊誌などが定通制大会を〝本当の高校野球〟であると持ち上げたことも、このイベントの注目度アップに一役買っていたのではないか。

甲子園、甲子園と騒ぐな、高校野球。高校は大学入試の予備校で、高校野球はプロ野球の予備軍。名門野球高ほどゼニをつぎこみ、アマチュアリズムの極致だなんて感激するお人好しはもういない。が、本当の、若者の血と汗の野球の祭典がある。

（「神宮の〈定時制大会〉に花よ咲け！」『週刊プレイボーイ』一九七七年八月二三日号、三八–三九頁）

華やかな甲子園大会はスカウトにアピールしようと必死な「プロ野球の予備軍」たちの集まりでしかなく、「アマチュアリズムの極致」だなんて偽善もいいところだ。それに比べて、日頃必死に働きながら時間をやりくりし、旅費や宿泊費などもカンパに頼って神宮球場までやって来て、プロに行くなどという野心もなくただ夢中になって白球を追っている彼らの方がよっぽど純真じゃないか。甲子園だけが高校野球じゃない。定通制大会こそが「本当の、若者の血と汗の野球」なのだ——。甲子園大会が盛り上がり、その様々な「負の側面」が知れ渡っていったことが、〝あるべき高校野球〟としての定通制大会をクローズアップさせたのである。「(甲子園は)このところ華やかさの度が増しているのじゃないかなあ。上手すぎる」(『朝日新聞』一九七九年八月三日付)、「(定通制大会について)これが甲子園みたいにハデになったらイヤだね。そうなったら、ボクはもう来ないよ」(『週刊明星』一九八三年九月一日号)などと語っていた萩本もまた理想の高校野球イメージを定通制大会に投影しており、まさに「もう一つの甲子園」を自ら作り上げようとしていたように思えるのである。しかし、こうしてテレビによって盛り上げられた定通制大会も、萩本がテレビの仕事からの休養を宣言し(八五年)、そのため大会を伝えてきた「欽どこ」自体が打ち切り(八六年)になったことで、萩本自身も八七年限りでサポートから撤退し、元の寂しいスタンド風景に戻った。

写真　定通制大会を応援する萩本欽一を取り上げた記事(『週刊明星』1983年9月1日号)

　この一連の過程が物語っているのは、甲子園大会というイベントが現実には様々な問題を抱えているにもかかわらず「本当の高校野球」という強固な幻想を喚起する源泉として存在し、それゆえに人々を強く引き付ける力をもっているということであろう。週刊誌は甲子園大会の「負の側面」を暴き立てることによって、現実の甲子園大会が理想とはかけ離れたものであることを明らかにしたものの、一方で定通制大会を「本当の高校野球」と持ち上げることによって、むしろ「そうした幻想の世界が本当に存在し得る」ことを印象付け、それに対する渇望を煽り立てるという結果を招いたのではないか(萩本はそれを本当に実行に移そうとした)。まさに「ミイラ取りがミイラになる」を地で行くような話であるが、甲子園大会が発信し続ける幻想の物語はそれほどまでに人々を強く捉えて放さないものなのであり、たとえ失敗に終わるとしても何とかそれを現実のものにしようと人々に行動を起こさせる源泉として日本社会に存在し続けていると言えよう。

第7章 高校野球部マネージャーの系譜
――男子マネから女子マネへ――

高井昌吏

はじめに

各運動部長を中心とする部員の修養＝まず全力を挙げてその道に体験深き教師を求め、それを部長として重用し、部長を中心として部員は団体修養をなし各部はそれ〳〵一個の修養団体となるべしと要求する。すなはち部長は主将及びマネーヂャーの選任に意を用ひ、健全なる部風を固め部員の指導に当たらしむ…〔後略〕…〔傍線は筆者〕[1]

これは、神戸一中（現・神戸）第二代校長の池田太助が、高校運動部における部長の役割を述べたものである。もちろん、運動部とは「野球部」を含み、当時の野球部はおそらく部活動の中心的存在だったと考えられる。その記述を注意深く読むと、運動部の中心人物は主将とマネージャーとされているのだ。主将は部員の代表であり、部員全員を統率する立場なので、重要視されるのは当然だろう。しかし興味深いのは、主将と並んでマネージャーが重要人物としてとりあげられている点である。

今日、「野球部マネージャー」といわれれば、人々は「女子マネージャー」（以下、引用部分以外は「女子マネ」と表記する）を連想するかもしれない。確かに、女子マネは一九九六年から記録員として甲子園にベンチ入りすることが認められ、二〇一七年からは正式に甲子園練習のサポートもできるようになった。「部員とともに青春を謳歌する、野球部女子マネ」というイメージは、多くの人々に共有されていると考えられる。

しかしながら、戦前はいうまでもなく、戦後の一〇〜二〇年間は、高等学校が新しい学制のもとで男女共学になったとはいえ、男子運動部はまだまだ女子禁制の世界だった。すなわち、ほとんどのマネージャーは、まだ男子だったのである。たとえば、『朝日新聞』の調査によると、一九六八年に女子マネが在籍している野球部は、東京都の高校野球連盟加盟校のうち約一割しかなかった。[2] 戦前は男女別学だったのだから、男子運動部に男子マネージャー（以下、引用部分以外は「男子マネ」と表記する）しかいなかったのは当然のことである。しかし、戦後もいわゆる高度成長期の半ばまでは、男子マネが主流だったのである。

本章では、戦後の高等学校（および、戦前の旧制中学）の野球部、そのなかでもとくにマネージャーの歴史に焦点を当て、次の三点を明らかにしたい。第一に、男子マネージャーだけが活躍していた時代に着目し、彼らの部内における具体的な地位や役割について検討する。それはいったいどのようなものであり、のちの女子マネと比較していかなる点で連続し、あるいは断絶していたのだろうか。第二に、女子マネの誕生と増加についてである。男子マネが中心だった高校野球部に、いつごろから、どのような要因で女子マネは参入し、なぜさらなる増加をみせていったのだろうか。第三に、一九九六年になると、ようやく甲子園で記録員としての「女子マネのベンチ入り」が、許可されるようになった。それまで、日本高等学校野球連盟（以下、高野連と表記）は女子マネのベンチ入りをかたくなに拒んでいたのだが、なぜそれが一九九〇年代に解禁されたのだろうか。

上記の三点を中心に、当時の運動部活動や教育現場の実態、社会やメディアの変容、学校進学率の変化、および高野連の方針などを検討しつつ、それらの要因を明らかにしたい。[3]

一　男子マネージャーの時代

高校の運動部に「マネージャー」あるいは「主務」といった役割がいつから存在しているのかは、実のところ定かでない。大学野球に関していうならば、少なくとも早慶戦が盛んに行われていた時代（大正期、あるいはそれ以前）には、マネージャーという役割、および呼称がすでに一般的なものとして存在していた。そのような文化が、当時の中等学校の野球文化に伝播していったと考えることもできるだろう。いずれにしても、ここでは、大正時代から昭和初期、あるいは戦後から一九五〇年代にかけての男子マネ文化に注目したい。当時の男子マネの役割や、選手たちとの関係性はいかなるものだったのだろうか。まず、高校野球部のマネージャーの立場や役割、仕事に関して、次のような記述が見られる。

（1）マネージャーの地位と権力

戦前の男子マネの人物像をみると、彼らが部の中心的存在として描かれていることが多い。一般的に、現代の女子マネには、「縁の下の力持ち」あるいは「シャドーワーカー」というイメージが強いかもしれない。それに対して、戦前の男子マネはまさしく「マネージメント」を行う役割とされており、ときには部員に対して実体的な権力を行使する立場でもあった。例えば、次のような記述がある。

一九二四年（大正一三）　第二回甲信越野球大会について

七月二十六日、松商講堂で参加校首脳会議が開かれ、N部長をはじめ、n主将、T副将、tマネージャーが

出席した[4]

一九一五年（大正四）　N氏

氷水といえば、例のM、これが野球部で禁じているのをコーチの明大から来ていたUの許しで食べたら、マネージャーのｎに殴られた[5]

一九三一～三二年ごろ　N氏（昭和八年卒　主将兼マネージャー）

当時、私には「ドス」というニックネームがつけられていた。若い時からがめつい面相で、そのいかつさがあの鋭利な刃物のドスを連想させたのかも知れない。…（中略）…日頃の練習は主将の私の指導、統轄の下でやらなければならなかった。チームをなんとか引っ張り、まとめねばならないという厳しさが、人からみれば「ドス」の利いた鋭さ、怖さとして写ったのかも知れない。この二つの面がニックネームの由来だが、今から思うと、当時のいわばプレーイングマネージャー的存在だった私は「ドス」で押し通すより仕方がなかったと思っている[6]

そもそも、部長と主将、およびマネージャーがそろって出かけ、他校との大切な会議に参加することは、当時の六大学野球の大会前でもしばしばみられていた。高校野球でも、同様の光景があったことがうかがえる。冒頭の池田太助の主張を裏付けるように、実際にマネージャーは重要な打ち合わせには部長などとともに参加していたのだ。さらには、マネージャーが部のルールに反した選手を殴る、あるいは部員に大きな存在感を示すといったケースも決してめずらしくはなかった。それはマネージャーであっても、あるいは「主将兼マネージャー」であっても、さほど変わることはない。もっとも、このような状況は、とくに戦前に限ったことではない。戦後も、男子マネの権限はかなり大きかったようである。

一九四八年（昭和二三）　M氏（男子マネ）

野球部は復活して、青春の三本線が、市岡のシンボルとなってきたが、野球部員は野球に、その生き甲斐を見出し、精進するのはよいが、野球部が独走しては、折角の市岡青春の三本線の伝統が消えてしまう。私たちは伝統の火を消すことなく、新しき時代を築くことだ。と偉そうなことを考え…（中略）…市岡のシンボル、野球部をマネジャーで指導したのですよ。[7]

一九六一年前後　I氏（昭和三八年卒）

全ての練習が終われば玄関前に集合し、上級生のマネージャーからその日の内容説明があり、ボールの不足・挨拶が出来ていない・練習中声が出ていない等々の理由で、その場で正座をして延々と説教を聞き、それが終わるとグランドに戻り、ダービーと称してランニングをした。けれども、長い時間、正座をしていたため直ぐ立てず大変な思いをした。[8]

上記の記述もマネージャーの指導力の強さを示すものである。別の言い方をすれば、現在の野球部にある「監督と選手」あるいは「キャプテンと他の選手」というヒエラルキーにプラスして、当時は「指導者としてのマネージャーと、指導される選手」という関係性が成立していたことになる。

（2）男子マネージャーと女子マネージャーの断絶／連続性

だが一方で、部員を指導したり、重要会議に出席したりすることだけが男子マネの仕事ではなかった。では、マネージャーにとってその他の仕事は、どのようなものだったのだろうか。後の女子マネといかなる点で共通していたのだろうか。

一九二五年（大正一四） S氏

市岡ではマネージャーのsがひそかに八尾の全試合を観戦して、あらゆるデーターをあつめていました。面白いのは、K投手は非常な剛球の持ち主ではあるが、怒りっぽい性質であることが分かったので、市岡ではKを怒らせるようにワザと「河内のカッパ負けて帰れ」などと言うざれ唄を応援団にやらせたくらいです。[9]

一九三六年（昭和一一） I氏

四年生の夏が終わって新チームの編成になったが、主力の卒業でチーム力は大巾に低下…〔中略〕…加えて夏の大会前にそれ迄厳しく鍛えられた部長、監督のK先生が県の方へ栄転され実質的に部長も監督も居なくなって弱っていた時、k君がマネジャーを買って出てくれて非常に助かった。彼は自分ではプレーは出来なかったが私以上に野球好きで野球をよく知っていた。中学生乍らスケジュールの作成、対外試合の相手との交渉、球場の設営、予算の獲得等総て一人でやってくれた。お蔭で…〔中略〕…翌春の県大会では選抜出場の姫路中に勝つ等まあまあのチームになって来た。[10]

一九四一年ごろ S氏（昭和二三年卒）

毎日授業が終わるや否や校庭へ飛び出して、選手と一緒に用具や飲料水の運搬、ダイアモンドの土ならし等をして練習に備える、練習では部員数が多くなかったその頃マネイジャーも結構重要な役割を果たした。シャツの袖をまくり上げてキャッチボールの相手もすれば、バッティングが始まると、投手へのボール供給を一手に引き受ける。守備の手が足りなければグラブ片手に走って行くし、極端な場合は、マスクをかぶりキャッチャーまで務めるのだから、今では到底想像も出来ないであろう。…〔中略〕…試合が始まると、鉛筆を握りしめてスコアブックに向う本来の仕事が待っている。[11]

このように、男子マネの仕事は、ライバルチームに関する詳しい情報収集、スコアラー、対外試合の交渉、部の予算の獲得などである。またそれだけではなく、飲料水の用意、グラウンド整備、ブルペン捕手、その他の雑用など多岐にわたっていた。任されている仕事の範囲はそれぞれであるが、各々が得意な分野を持っていたようである。

だが、ここで注目すべきは、その後の女子マネの役割との断絶、および連続性だろう。部員以上に野球好きで野球をよく知っていること、他チームの野球技術に関する詳しい情報収集を行うこと、あるいはブルペン捕手をかってでることなどは、女子マネにはなかなか難しいかもしれない。ましてや、前述したような「選手に対する厳しい指導」など、いわずもがなである。

一方で、スコアブックをつける、練習中に選手にボールを渡すなどは、女子マネにもしばしば与えられている役割である。したがって、少なくともマネージャーとしての「役割」「仕事」の面に関しては、むしろそこには共通点と差異が混在しているといえるだろう。しかしながら、「役割」「仕事」以外の面に注目するならば、明らかに断絶している点が指摘できる。それが、部員とマネージャーの人間関係のあり方である。

(3) 選手たちとの強い絆

一九四八年（昭和二三） T氏（マネージャー）

三本線は、今年も崩れた。連日の猛練習も結果は一瞬にして決まる。スポーツは勝敗にこだわるなとはいうが、負けるのは口惜しい。こみ上げてくる悔し涙をどうすることもできない。『よくやった』となぐさめの言葉をかけられるたびに、泣けて、泣けて、仕方がなかった。▼12

本来マネージャーは、チームが負けた際には、選手に「よくやった」と声をかける立場なのかもしれない。しかし、彼はマネージャーでありながら、選手と同じように「よくやった」と声をかけられている。これは注目すべき事実である。選手と男子マネの一体感を周囲が認知しているからこそ、このような発言が生まれるのだろう。さらに次の事例は、男子部員と男子マネの強い絆を示している。

一九五九年（昭和三四）　S氏

S君は登録の事情で三年時にはマネージャーになりました。ノックバットを振るい、バッテングピッチャーを買って出、くさっていた私や、みんなの良き相談相手でした。夏の大会を控え私のような実力の足りない三年生にも試合出場の機会を与えられるよう配慮してくれました。時には監督さんへの直訴懇願もセットし、今思えばはなはだ身勝手な事だったのですが、なさけなさに大粒の涙の私と共にまっ赤な眼をして話してくれた彼の思いやりと友情がせつなくもあり、うれしくもありました。今も思えば熱いものがこみあげてまいります[13]。

マネージャーが「大粒の涙の私と共にまっ赤な眼をして話してくれ」る、あるいは、マネージャーの「思いやりと友情がせつなくもあり、うれしくもあ」ったという関係性は、選手とマネージャーの関係というよりも、「男同士の友情」といった感が強い。それに対して、女子マネと選手の人間関係は、きわめて対照的である。

一九七五年（昭和五〇）　Hさん（女子マネ）

試合が終わり、円くなって皆が泣いていましたが、S監督が私たち女子マネジャー二人に対し「選手全員で二人に拍手を贈ろう。君達は、五回戦まで頑張って、スタンドから大変な声援と拍手を受けてきた。この二人は裏方に徹してきて何も無かった。だから、みんなでやろう！」と言って、大きな、大きな拍手。今でも涙とともに熱い思いがこみ上げてきます[14]。

この女子マネのコメントから判断するに、彼女らは男子マネのように戦う集団の一員ではない。もちろん、野球部の一員であり、そのなかでも重要な役割を担ってきたに違いない。しかし、彼女らは男たちとともに泣いている、あるいは感動しているのではなく、男たちの感謝の気持ちによって心を打たれ、その結果涙し、感動しているのである。もちろん、このような「感謝される」ことから生じる感動は、同性間でも異性間でもありうることで、選手と女子マネという関係でなくとも（たとえば、男性の選手と男性コーチの関係など）十分に成り立つものだろう。上記のマネージャーたちの事例でも、自分の夢を部員たちに託しているという点では、男子マネも女子マネも共通している。しかし、男子マネが男性集団との一体感から悔し涙を流しているのに対して、女子マネは男性集団から癒しの言葉をかけられて涙し、感激している。これは、きわめて対照的な事実であり、男子マネと女子マネの決定的な違いともいえるのだ。

二　女子マネージャーの登場と増加

（1）高度成長期の性別役割分業

高校野球部関係の「部史」などをひもとくと、一九六〇年ごろから全国に女子マネが登場し始め、一九六〇年代半ばになると、『朝日新聞』では女子マネの登場、あるいは増加（東京都大会）が報じられるようになる。「ふえる女子マネジャー　十数校で活躍中――全国高校野球選手権東京大会」[15]、「女子マネジャー　プレーボールを前に」[16]などである。

女子マネの登場に関しては、肯定的な意見と否定的な意見がともにみられる。たとえば、「女性がスポーツに関心を持ってきたのは、歓迎すべきことですよ（野球部部長）」「女子ならではのきちょうめんさがプラスになっている」「細かいところに気がつく」[17]、「男女共学である以上、男女がいっしょにやってゆく、という風潮は教育上からも結構なことだ。チームのふんいきがやわらぎ、よく問題にされる上級生からの制裁事件なども一掃される（都立大泉高校野球部長）」[18]、「チームに花が咲いたようで、自然にはりきってしまう（部員）」[19]、といった見解がある。これらは、女子マネに対してきわめて好意的な立場といえるだろう。一方で、否定的な考えもみられる。たとえば、「風紀上の問題を起こされては（都高野連幹部）」、「女子は手足のように使えず、やりにくい（野球部部長）」[20]、「野球はなんといっても男のスポーツ。女子に本当の意味でのマネージャーを期待するのは無理（都高野連関係者）」[21]、などである。

このように女子マネに対する指導者たち（もちろん男性）の見解はさまざまだが、いずれにしても、注目すべき点が二つある。第一に、当然のことではあるが、女子マネが新聞メディアのなかで、あるいは現場の指導者のなかで、議論の俎上にのぼってきたことである。それだけ、この時代に女子マネの登場が高校野球界に、あるいは社会に大きなインパクトを与えていたのだ。ある意味で「男子マネから女子マネへ」という時代の転換点だったといえるだろう。

第二に、少なくともこの時代の新聞報道では、ジェンダー・フェミニズム的な視点からの「女子マネ否定論」は、ほぼ皆無である。もっとも、「女子に本当の意味でのマネージャーを期待するのは無理（都高野連関係者）」など、女性蔑視あるいは女性排除的な視点からの女子マネ否定論は、時折みられる。だが、いわゆる「女子マネの役割は女性差別的」といったジェンダー的な論点が全く登場していないのだ。その理由として、マスメディアの送り手（新聞記者など）がほとんど男性で占められていたことや、高度成長期の日本社会で顕著にみられた「性別役割分業の一般化」などが挙げられるだろう。

では、女子マネの誕生、および増加の理由はいったいどこにあったのだろうか。上記の第二の点にそれを見いだすことも可能かもしれない。すなわち、「一般的な家庭の性別役割分業が、学校運動部（野球部）へ持ち込まれた」という、一般社会と学校社会の反映理論である。この仮説はかなりの説得力を持っている。しかしながら、女子マネ誕生の要因を性別役割分業の問題としてだけ捉えては、重要な事実を見逃すことになる。なぜなら、女子マネ誕生以前、すなわち一九五〇年代の男子運動部と女子学生たちの間には、すでに性別役割分業的な関係が存在していたからである。戦後の男女共学がはじまった直後から、選手たちが彼女たちの世話になるということがたびたびあったようである。たとえば、運動部の合宿に女子生徒がボランティアとして身の回りの世話をするというケースである。

一九五〇年（昭和二五）
合宿の部屋のなかは、殺伐として汚れている。男臭いにおいがたち込め、男所帯そのものである。そんなところに二年生の女子生徒四〜五人が現れ、練習で汗と泥で汚れたユニフォームや靴下やアンダーシャツなどの洗濯をしてくれた。だれがお願いしたわけでもない。ただ、彼女らが自主的にボランティアで来てくれたのだ。しかも、手でゴシゴシ洗うのである。部員一同これには感謝感激し、翌日からの練習には一段と気合いが入ったものだった。[22]

一九五〇年（昭和二五）
（野球部の合宿のため）講堂の長椅子を空いている部屋に持ち込み、柔道場の古畳をその上にのせ簡易ベッドを作った。参加者は一〇名程であった様に思う。私達は男女共学の第一号であった為、女生徒に頼んで食事を作ってもらった。[23]

これらはともに、女子学生が野球部員のユニフォームを洗濯してくれたり、合宿での食事を作ってくれたというエピソードである。このようなケースは、確かに現在の女子マネの仕事と類似している。しかしながら、女子が男子運動部の部員として、すなわちマネージャーとして登場するのはその後である。ジェンダー関係だけで問題を考えるならば、洗濯や食事作りをしてくれる女子学生がいるのなら、「マネージャーとしての」女子は別に必要ないという考えも成り立つ。なぜならば、男子のマネージャーがすでにいたのだから、男子が苦手（と思われる）ような仕事、すなわち洗濯や食事作りだけを女子学生に任せればよいわけで、女子マネはなおさら不要ともいえるだろう。それにもかかわらず、一九六〇年ころから、それまで女子禁制であった男子運動部に、マネージャーとして女子が参入してくるのである。

(2) 大学受験戦争の激化と女子マネージャーの増加

次に、女子マネ増加の要因として、女子の高校進学率の上昇が挙げられるかもしれない。戦後の日本社会では、男子も女子もともに、進学率が大幅にアップしていった。とくに高度成長期以降、その傾向はさらに拍車をかけていった。女子の高校進学率は、一九五〇年には三六・七％にすぎなかったが、六〇年に五五・九％、そして七〇年には八二・七％と高度成長期に急激な増加をみせ、男子の高校進学率と並ぶに至った（図1）。端的にいえば、女子高校生の数が男子高校生の数と並んだのである。この事実だけを考慮に入れれば、「女子高校生の増加」イコール「女子マネの誕生」という図式が浮かぶ。しかし、女子高校生の増加は女子マネ誕生の一因かもしれないが、両者を直接的な因果関係で結びつけることには問題がある。なぜならば、女子の高校進学率が上昇している一方で、男子の高校進学率も大きく上昇しているからである。男子高校生の高校進学率は、一九五〇年に四八・〇％、六〇年に五九・六％、そして七〇年には八一・六％である（男女とも、通信制課程への進学者は除く）。もちろん、その上昇の割合は女子には及ばない。しかしながら、男子高校生の数も飛躍的に増加していたのだから、野球部は男子マネだけで十分であり、ことさら女子マネを必要としないとも考えられるのだ。

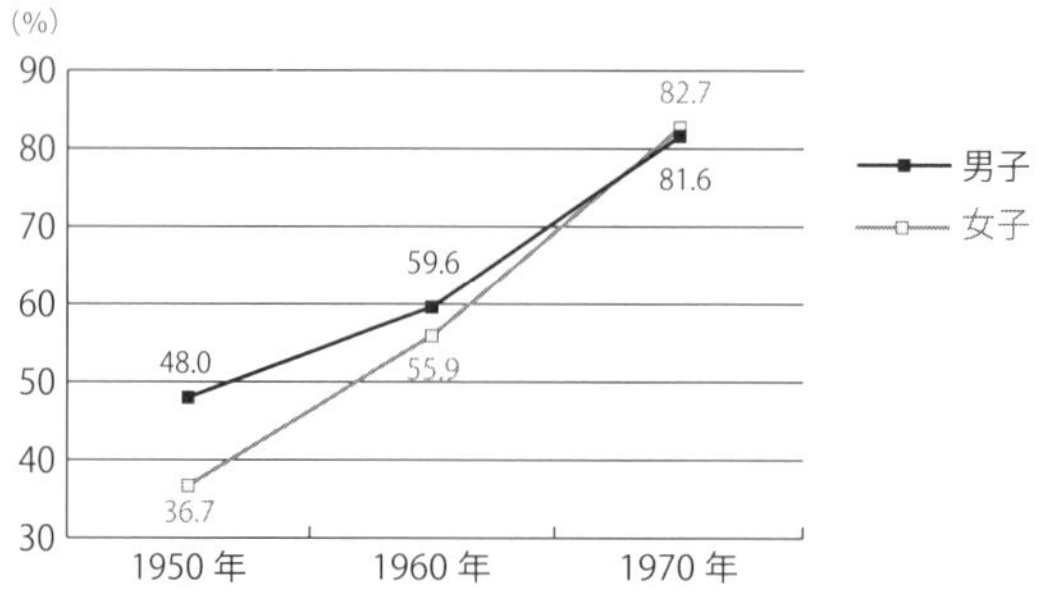

図1　高校進学率の変容

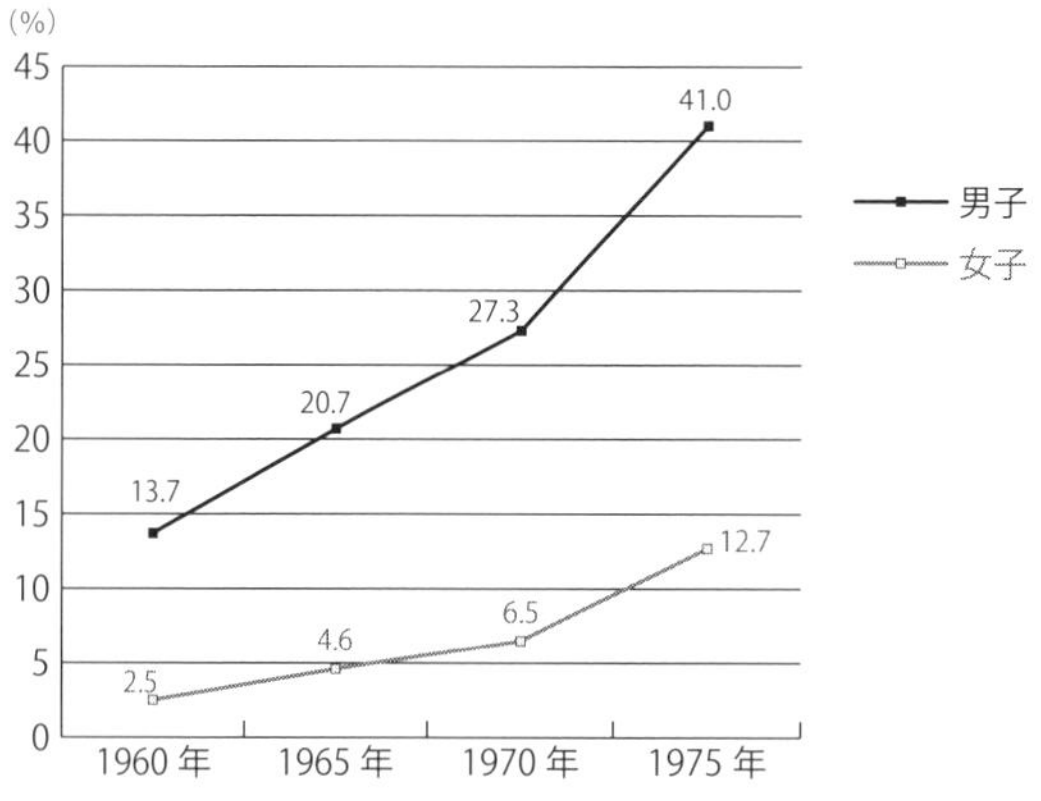

図2　四年制大学進学率の変容

ここで注目しなければならないのは、高校進学率よりも、むしろ大学進学率である。女子の四年制大学進学率は、一九六〇年に二・五％、六五年に四・六％、七〇年には六・五％、七五年に一二・七％であり、それ以後九〇年までほぼ横ばいである。それに対して男子の大学進学率は、一九六〇年に一三・七％、六五年に二〇・七％、七〇年には二七・三％、七五年に四一・〇％と、高度成長期に急上昇しているのである（図2、男女ともに浪人も含む、短大や専門学校は含んでいない）。女子の四年制大学進学者数は七五年になってもまだ一割強であるのに対して、男子はすでに四割を超えているのである。これには、六〇年代以降に激化した大学受験戦争、およびその変容が大きな影響を与えているのである。

『朝日新聞』「声」の欄の教育に関する言説を分析した宮武実知子によると、一九五〇年代後半から六〇年代にかけて「受験戦争」は拡大してゆき、一部の人々の問題にすぎなかった受験戦争が徐々に大衆化していった。そして七〇年代以降には、いわゆる進学校に在籍するエリートだけではなく、より多くの高校生が大学受験戦争に巻き込まれるようになったという。[24] そこで重要な点は、大学受験の競争が過熱してゆくなかで、受験生の大半が男子だったという事実なのだ。

受験戦争の激化は、高校野球部にどのような影響を与えたのであろうか。一九六〇年代になると、大阪・北野（関西屈指の進学校である）では部員不足が深刻になり、練習をすること、あるいは練習試合を組むことさえままならなかった。そして、試合の際は他の運動部から、ときには応援団から部員を調達し、やっとのことで成立させたようである。この慢性の部員不足は、一九七〇年代まで続いてゆく。[25]

そして、受験戦争という社会状況は、高校生たちの学生生活にも大きな影響を及ぼした。つまり、多くの男子高校生が大学受験のために勉強しなければならなかったのだが、それとは対照的に、ほとんどの女子高校生はその必要がなかったのだ。北野や同じく大阪・市岡の資料によると、野球部では、一九六〇年代から受験勉強のために退部する部員が増加し、九人そろえることもままならなかった。もちろん、最初から運動部に所属しないという男子高校生も多くなる。とくに退部するケースが多いのは、三年生である。極端なケースになると、三年生がひとりを除いて（キャプテンも含めて）全員退部してしまい、ただひとり残された三年生が、なんと女子マネだったという例もある。市岡の女子マネ誕生に関して、次のような資料が残されている。

一九五七年（昭和三二）

この年からマネジャーに女子生徒が入った。S、Tの二人である。…〔中略〕…二人が野球部に入ったのは高校三年生の時である。…〔中略〕…部員が少なくなってきて男子生徒を全部選手にしないと試合ができない。sのように、野球が好きで、上手でも、家で選手になることを許して貰えない。Kのように受験勉強のために野球をやめなければならない。などで選手が九人に満たなくなってきたのである。そこでMらが最上級生になった時、O（監督）が部長のtに相談して、女子生徒のマネジャーをつくることになったのである。男世帯の切りもりをするのである。気丈夫で、野球が好きで、指導力のある生徒でないとつとまらない。tが三年生の担任に相談したが、あまり乗り気でない。最後は、部長のtが人選して二人に白羽の矢を立て、入部を頼んだのである。初めのうちは戸惑いもあったが、Oの指導で立派なマネジャーになった。▼26

このように、市岡では野球部員の減少から女子マネの必要性が生じたのだ。男子は受験勉強に忙しく、運動部の活動に打ち込むことは困難である。ましてや、試合に出場することのないマネージャーを希望する者はほとんどいなかったと推測される。ちなみに北野では一九六五年から、冒頭にあげた神戸の野球部では一九六七年から女子マネが登場している。一九六八年の『朝日新聞』（東京）によると、東京都高校野球連盟に加盟しているチームで女子マネが所属していたのは、全体のわずか一割である。東京と関西を一概に比較することはできないが、北野、市岡、神戸といった進学校では、いずれも女子マネの登場はかなり早いといえるだろう。大学受験のために男子生徒の大部分が運動部に所属できなくなり、その結果として女子マネが増加したとすれば、各進学校の野球部でいち早く女子マネが誕生したのもうなずける。ちなみに、当時の野球部員の気持ちについて、次のような記述が残されている。

一九六一年（昭和三六）

受験塾、予備校がぼつぼつ出始めた。進学校である市岡高校では三カ年間のんきに野球などしておれる時代ではなくなっていた。…（中略）…女子生徒の発言力も強くなってくる。野球は華やかに試合で活躍する投手、ホームランバッターのヒーローでないと通用しない。グランドの片隅でボール拾いをしていたのでは「あんたなにしてるの、そんな野球部やめたら」と同級生の女友達に言われてみると、自分がみじめで、つまらない存在になってしまう。これでは、控え選手などはなくなってしまうのである。[27]

高校野球の世界では、もちろん多くの選手は全国的なスターにはなれない。せいぜいよくても、学校内に限ったローカルなスターだろう。であるなら、受験戦争に身を投じ、一流大学に入学し、一流企業に就職する。高校三年間を運動部の活動に費やすよりも、大半の男子生徒が「手堅い人生」を選ぶのも理解できる。結果として、必然的に野球部員の数は減少する。このような状況は、徐々に進学校以外の多くの学校で如実に現れるようになる。そして七〇年代以降、「受験戦争」、「運動部の部員不足」という現象が、さらに多くの高校に波及してゆくのである。

一九七三年（昭和四八）

昨年の夏、新チームが誕生した日のことだった。三年生が県大会を最後に部を去ったあと、残った一、二年生はわずか九人。そのうち外野手のH君が、県大会で左ヒザを痛めて療養していたので、新チームの練習に参加したのは八人だった。…（中略）…人数がそろわない。大ピンチだ。そこで五人の二年生は、夏の県大会を前に体の弱さと進学勉強のため退部したN君に、もう一度復帰してもらおうと話し合った。…（中略）…「君が手助けしてくれなければ僕らは秋の大会にも、みんなが誓い合ってる甲子園出場の夢もあきらめなければならんのだ」。この言葉にN君はグラッときた。[28]

前記の資料は、ある高校野球のチームの話題である。そこでは部員不足に悩み、試合を成立させるためにやめた部員を呼び戻すという苦しい状況が見られる。ちなみに、この学校は生徒数八〇〇人強で、甲子園に出場経験もある。このチームは決して特別に部員が少ないわけではなく、「すべてに（おいて）現在、日本高野連の加盟校中、最も平均的なチームである」とことわりがついている。したがって、決して特殊なケースではないと判断できる。また、女子マネに関しては、同じ資料に「女子禁制の野球部に女子マネジャーが誕生して数年になる。部員不足のこのごろ。その存在は『貴重な戦力』だ」[29]と記されている

さらに、以下のような資料も、男子部員の少なさ、および女子マネの存在の大きさを示すものである。

一九七七年（昭和五二）

〔部員一一名に対して〕女子マネジャーが五人もいた。…〔中略〕…練習試合では、五人の女子マネジャーが大活躍である。ノックの時は、ボールキーパーは女子マネジャーのつとめ。ファウルボール探しも仕事である。女子マネジャーのおかげで練習も、試合もできたようなものであった。この少ない選手のなかで、秋の九月の試合、練習でケガ人が続出する。…〔中略〕…女子マネジャーは、水で頭を冷やすなどケガ人の看護で、てんやわんやである。[30]

以上のように、高度成長期の男子運動部では、慢性的な部員不足が生じていた。「大衆化した受験戦争」（一部のエリートだけのものではない）がその理由であるが、レギュラー選手を集めることさえ難しいのだから、レギュラーでない控え選手、ましてや裏方であるマネージャーをする男子は激減したと推測される。したがって、女子マネ誕生の大きな要因として、男子運動部の部員数（男子マネも含めた）の減少が大きな要因だったと考えられるのだ。

（3）欲望の時代における禁欲

一方、一九六〇年代から七〇年代にかけて、一部の女子たちが高校球児たちに魅惑されていったという事実も見逃せないだろう。では、その時代に社会ではどのような変化が起こっていたのだろうか。日本が高度成長期を経て、さらに高度消費社会が成熟期を迎えるなかで、伊藤公雄は一九六〇年代から七〇年代にかけての「男らしさ」の変容を次のように述べている。

戦後日本社会における〈男らしさ〉〈女らしさ〉像の変貌といった観点から、〈男らしさ〉〈女らしさ〉像を材料に、この変貌の歴史をさぐっていくと、やはり高度経済成長の時代に、一つの転機を見出すことができる。実際、日本人の社会意識において、この六〇年代から七〇年代の変化は、敗戦による価値観の一挙的転換と呼ばれてきたものを、大きくしのぐ規模と深さをもっていたのではないかと思う。〈男らしさ〉像の変化もまた、明らかにこうした日本人の意識の大きな転換点に対応しているのである。…〔中略〕…「内面こそが男の価値を決める」といった、〈男らしさ〉の価値観が、「でもやっぱり、外面も大事だ」という方向へ向かってシフトし始める。今や、「身だしなみに気を配らない男は、女の子から好かれることはない」とたいていの男の子たちは信じている。「黙っていても中身さえしっかりしていれば女はついてくる」といった男の伝説は、もうすっかり過去のものなのである。[31]

伊藤の時代分析は、非常に的を射たものである。しかしながら、逆の視点からみるならば、六〇年代から七〇年代にかけて、社会の開放的な風潮があったからこそ、高校球児たちや多くの男性スポーツ選手たちがみせる禁欲的な「男らしさ」は光を放っていたとも考えられる。それは、「欲望の時代の禁欲」とでもいえるものだった。

一九七〇年ごろから、従来のような「怪物」と形容されるような高校球児だけではなく、女性に絶大な人気を誇る選手たちが次々と現れる。たとえば、太田幸司（三沢　一九六九年（甲子園出場年、以下同））、原辰徳（東海大相模　一九七四〜七六年）、荒木大輔（早稲田実　一九八〇〜八二年）など、女性に人気のあるスター選手が甲子園に数々登場した。だが、一般的な男性アイドルと比較すれば、彼らには大きな違いがあった。彼らはとくに女性に手を振るわけでもなければ、ファンたちの視線を気にしつつライブをするわけでもない。女性たちの視線を気にすることなく、あくまで「野球に情熱をぶつけ、青春を捧げる高校球児」とされていたのである。この場合、女性ファンからの視線はあくまで一方通行であり、禁欲的な球児たちの態度は結果的に「ファンへの無言のアピール」として希少価値を帯びる。端的にいえば、「彼らは女性人気が高いが、一方で決してチャラくない」という意味を付与されるわけだ。すなわち、異性愛的欲望が渦巻く時代であったからこそ、「禁欲的な高校球児たち」がさらに魅力的に映ったということである。同様の指摘は、同時代に流行した高倉健の任侠映画や、禁欲と男の友情をモチーフとしたスポ根ものにもあてはまるだろう。高校野球をテーマにしたメディアに目を向けるならば、一九七五年には、朝日新聞社系の日刊スポーツ出版社より、『輝け甲子園の星』が創刊される。誌面を飾るのは、もちろん高校野球のスターたちである。

　このころ、女子マネたちの実際の仕事も、高校球児を支える「ジェンダー化された役割」として描かれるようになる。その傾向は、とくに夏の甲子園の主催者・『朝日新聞』のなかで、顕著にみられた。たとえば、「わたしたちの甲子園　かげで奮闘する女子マネジャー」（一九七八年）▼[32] という記事では、新聞の半面以上を使用した大きな扱いで、女子マネの仕事ぶりを四枚の写真を中心に紹介している。それぞれの写真（役割）は、「声援」、「救護」（ケガの治療）、「洗たく」、「針仕事」といった形で紹介され、「消灯時間まで休むひまなし　でも、青春かけた充実感」という言葉で締めくくられている。さらに、一九七八年の「高校野球フォトコンテスト」の記事では、「女子マ

写真１　『初恋甲子園』

ネジャー」というタイトルの作品が選ばれる。この作品には、疲れた高校球児のそばで、女子マネが彼を「癒す」ようなイメージがうかがえる。[33]

新聞以外のメディアに目を向けるならば、一九七〇年代には少女マンガの中でも、女子マネが主人公のマンガが登場する。庄司陽子『甲子園の空にちかえ！』（講談社、一九七二年）、あだち充『初恋甲子園』（やまさき十三原作、小学館、一九七六年、『ああ！青春の甲子園一〜二巻』に収録）、まさき輝『青春プレイボール――亜子の甲子園日記』（講談社、一九七九年）などが挙げられる。女子マネが準主役的な作品は、少年マンガではあだち充『ナイン』（小学館、一九七八年）、同『タッチ』（小学館、一九八一年）などが有名である。たとえば、『初恋甲子園』のなかで、男性の監督が主人公の女子高生に、野球部のマネージャーになってくれるように頼むシーンがある。監督は女子マネに次のような言葉で説得しようとする。

毎日の練習で疲れきった連中がきみの洗ってくれたユニフォームに手をとおした時――ようし！今日もふんばるぞ！――となるような、そんな役割をやってもらいたいんや。

このような時代のなかで、一九七〇年代には定型化された女子マネの仕事や役割が描かれ、ジェンダー化された言説・表象として広く流布していったのである。

（４）高校野球人気の低迷と甲子園大会でのベンチ入り

高野連が行った調査によると、一九九三年の三月時点で、各都道府県の高野連加盟校のなかで女子マネがいるのは全体の七二%に上っていた。[34] すでに、野球部女子マネという存在はすっかり定着し、社会から認知されていたといえるだろう。そのような状況を反映してか、一九八〇年代後半から九〇年代前半にかけて、「女子マネと男女差別」の問題が『朝日新聞』のオピニオン欄をにぎわしていた。

そこにはふたつの論点がある。第一に「男子運動部の女子マネという制度は、性差別的なのではないか」、というものである。その理由として、雑用的な仕事を行うことが女子マネの主たる役割であることや、「女子運動部の男子マネ」というものがほとんど存在しないことなどが挙げられる。これは、いわゆる「専業主婦」に関する世間の論争に類似している。第二に、「女子マネが甲子園のベンチに記録員として入れないのは、男女差別なのではないか」というものである。「同じ部員でありながら、女子を甲子園から排除するのは不公平」という点がポイントである。そもそもこの二つの論争はまったく別次元のものなのだが、結果的には第二の論点が第一の論点を駆逐していき、そのなかで「甲子園でのベンチ入り」へという流れが作り出されていった。[35] そして一九九六年から、ついに女子マネのベンチ入りが正式に認められたのだ。

表面的にみれば、女子マネたちのベンチ入り願望や、彼女らを後押しする人々の意見が、現実の制度を変えていったと考えることも可能だろう。だが、そのような流れが起こったのが、なぜ一九九〇年代前半だったのか。実は、一九九〇年代前半は、高校野球にとって大きな試練がおとずれた時期だったのだ。

第一に、一九九〇年前後から始まった、高校野球中継のテレビ視聴率の低下が挙げられる。NHKの夏の全国大会平均視聴率の推移を見てみると、関東では一九八七年をピークに視聴率が凋落傾向にある。とくに九〇年から九一年にかけての落差が激しい。四年前には一七・二%あった視聴率が九一年には一一・八%まで落ち込んでいたのだ。高校野球人気の根強い関西でも、その傾向は顕著に表れている。九一年には急激に視聴率が低下し、それまで

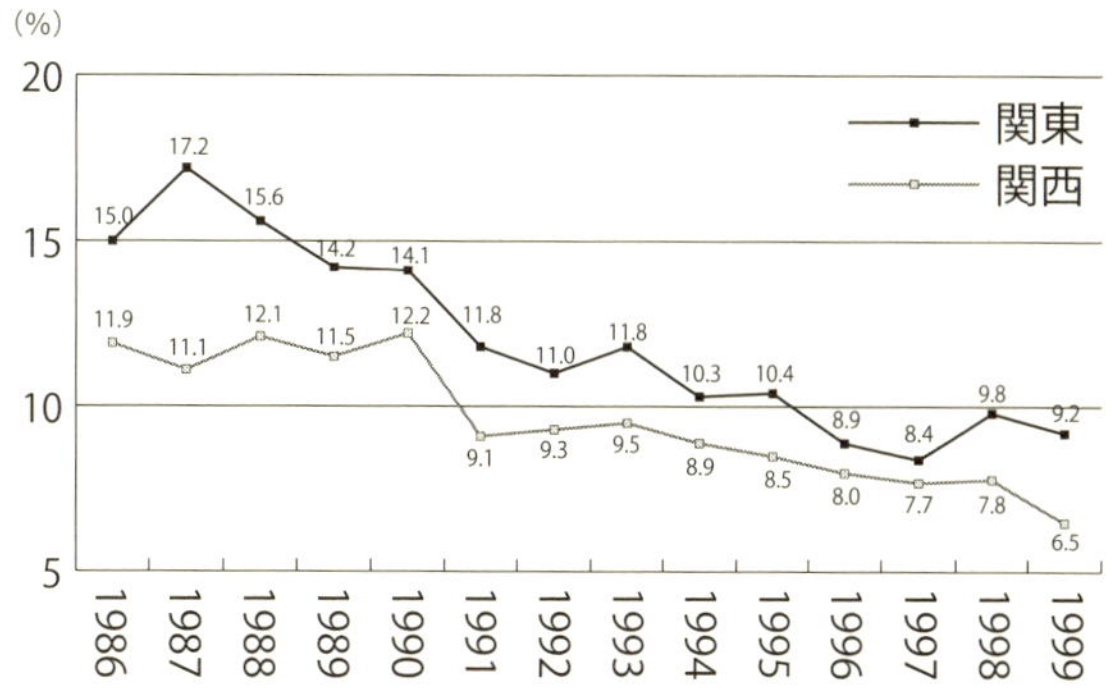

図３　夏の全国大会ＮＨＫ平均視聴率の推移
（ＮＨＫ大阪放送局放送センタースポーツ部資料より）

キープしてきた一〇%代を割り込んでいる（図３）。もっとも、二〇〇〇年以降であれば、テレビ視聴率の低下問題は、しばしばインターネットの普及やＳＮＳの影響などで語られることが多い。だが、この時期の視聴率低下は、決してメディア変容の文脈で語ることはできないだろう。

　第二に、高校運動部における対抗スポーツの人気上昇が挙げられるだろう。具体的には、サッカーやバスケットボールなどの対抗スポーツが影響している。たとえば、全国の硬式野球部員数は一九九一年からの五年間で、約八千人も減少している。九五年には、部員不足で大会に参加できなかった野球部が四四校もあり、それは野球のさかんな大阪府や神奈川県でもみられた。それに対して、サッカーやバスケットボールの部員数はどうだったのか。九一年からの五年間で、サッカー部員は約三万人の増加、バスケットボール部員（男子）は五千人の増加をみせている（全国高等学校体育連盟調べ）[36]。このような現象は、競技人口の底辺でも確実に起こっていた。実際に、リトル・リーグや中学校の軟式野球部など、小中学生の主な野球チーム数は一九九二年度が三〇、五九六で、前年度より四三チーム減ったのに対して、一九九二年度の一五歳未満のサッカーチーム数は一二、七九二で、前年度より六四四チーム増えている。危機感を抱いた高野連は、この年に高野連の指導者を全国の小中学生の野球チームに派遣し、野球のすそ野を広げようとしている[37]。ちなみに、一九九二年は、プロサッカーＪリーグ（リーグ戦）開幕の前年にあたる。このような地道な活動は、以前の高野連にはみられなかったものである。

以上のことから、一九九〇年代にはいって、高野連は子どもたちや女性の間に広がる他のスポーツの人気に対して、大変な脅威を感じていたと思われる。そして、高校野球のファン層の拡大を目指していた。女子マネに対して門戸を開こうとしたのも、女性にも開かれた高校野球というイメージをつくることが目的であったと考えられる。

次のような栃木県高野連理事のコメントは注目に値する。

〔女子マネのベンチ入りについて〕サッカーに対抗するため、若い女性の人気獲得も必要だ。いつまでも女子を締め出せない。[38]

したがって、高野連が女子マネを全国大会のベンチから排除するよりも、むしろ取り込む戦略を選んだのは、若い女性へのイメージアップをねらい、それによって他のスポーツの人気に対抗するという目的もあったのだ。名目的には「女性（女子マネ）のため」であるが、そこには組織防衛的な側面が強く働いていたのである。時系列的に見ると、前記の高野連幹部のコメントは一九九四年であり、その前年の一九九三年はサッカーＪリーグが開幕し、予想以上の大成功をおさめた年である。高野連幹部の危機感は、まさに最高潮に達していたものと推測される。

さあ、甲子園を楽しもう（社説）

今大会から記録員一人の枠が新設され、女子マネジャーもベンチ入りできるようになった。地方大会では三十数年前に始まっており、実績や日ごろの貢献ぶりからみて、ようやくという感じもする。「汗と涙」が様変わりするかもしれない。十校が女子マネをベンチ入りさせる予定という。「光栄です。三年間頑張ってきたかいがありました」と語った三年生の女子マネの声に、実感がこもっていた。「グラウンドは男の聖域」という監督がいることも、たしかである。「豊かな時代でハングリー精神がなくなったときだからこそ、野球道といわれる精神論も必要なのではないか」と模索する指導者もいる。指導者がそれぞれの流儀をもつのは当然だろう。けれども、夏の甲子園をあこがれる心に、男女の差はないはずだ。阪神甲子園球場の強い日差しの下で声援を送るひとたちも、同じ思いだろう。[39]

この「社説」では、「マネージャーが男子運動部の女子に固定化されている状況は女性差別か」という問いは、決して語られない。そして、一九六〇年代的な「女子マネ否定論」である「グラウンドは男の聖域」あるいは「野球道といわれる精神論」を持ち出しているのだ。すなわち、かつての保守的な思想を仮想敵として復活させ、男性中心主義的な思想から勝利を勝ち取った女子マネという点が強調されているのである。

そして、一九九六年八月の『朝日新聞』は「さっそう 女子マネの風」という企画のなかで、ベンチ入りした女子マネの様子、活躍を写真入りで掲載している。ここで女子マネのベンチ入りは、高野連という公の組織からも、朝日新聞社からも、正式に認められたのである。[40]

おわりに

以上のように、男子マネから女子マネへの変容、さらに女子マネのベンチ入りまでの歴史を、日本の戦前・戦後史や学校教育、メディア、あるいは高野連などとの関連のなかで論じてきた。では今後、女子マネという文化はどのような方向へと向かうのだろうか。

近年、とくに二〇〇〇年代以降、全国では高等学校の共学化が進み、少子化問題も叫ばれている。高校の男子野球部員（あるいは運動部員）も減少することが予想され、共学化も相まって、女子マネが活躍する場は一層広がりそうである。一方で、すでに述べたように、女子マネをジェンダー論的な立場から問題視する議論は多い。他方で、それを受けた女子マネ本人や彼女たちを擁護する人々は、それを女子マネ個人に対する攻撃と受け止める。

女子が男子の世話を焼くことに喜びを感じる風潮、これを私は疑問に思います。女子運動部に〝男子マネ〟がいるのを一度も見たことがないのです。世話好きな男子が、女子部のマネジャーをしても一向に構わないと思うのですが。本人が楽しくマネジャー活動をしていることに、口をはさみたくはありません。しかし、そこには「女子が男子のために奉仕する」図式ができ上がっており、自分たちでやればすむ身の回りのことを「やってあげている」、という事実に気がついてほしいものです[41]

私は洗濯はしませんが、OBあての通知から練習試合の申し込みや当日の記録、時計、表示まで、どんなに忙しい時も1人で雑用をこなしています。…〔中略〕…それらをマネジャーとして当然だと思っている私にとって「性差別」「日本社会の縮図」といった批判はあまりにも意外なもので、驚かずにいられませんでした。マネジャーも部活動のひとつです。部活選択の自由が保障されるべきである以上、性差別などと言わないで下さい。好きでマネジャーをしている人は大勢います[42]。

前者と後者の見解の相違は、女子マネが運動部に定着してから、しばしばみられるものである。前者が「性別による役割の非対称性」という「社会に関する問題」を提起しているのに対して、後者は、自身も含めて「好きでマネジャーをしている人は大勢います」、といった「個人に関する問題」をぶつけている。したがって、この議論は決してかみ合うことはなく、常にむなしい空回りをみせてきた。

だが、おそらく後者の声、あるいは後者の声を望む人々の勢力が大きかったからこそ、「男子運動部の女子マネ」

という制度は、今日も強く生き続けているのだろう。そのような状況が維持される限り、女子マネ文化は今後も繁栄していくといえるのかもしれない。

註

1　『大阪朝日新聞』一九三八年一〇月八日朝刊、四面。
2　『朝日新聞』一九六八年七月二九日朝刊、一六面。
3　なお史料および資料として、各高校野球部の年史、学校関係の資料、および高校野球の全国大会を主催し続けてきた『朝日新聞』などを利用している。
4　松商野球部百年史編纂委員会編『松商野球部百年史』(松商学園高等学校硬式野球部一〇〇年推進プロジェクト、二〇一三年)四一頁。
5　同前、一五頁。
6　野球倶楽部編集委員会編『浪商高校野球部六十年史』(浪商学園野球倶楽部、一九八五年)九八頁。
7　市岡高校野球倶楽部編・発行『青春の三本線―市岡野球部八十年史(下)』(一九八八年)一六七頁。
8　龍谷大学付属平安高等学校野球部史編集委員会編『平安野球部一〇〇年史』(平安学園、二〇〇八年)二九〇頁。
9　大阪府立八尾高等学校硬式野球部OB会部史編纂委員会編『八尾高野球部史』(八尾高校野球部OB会、一九八二年)一五頁。
10　神中・神高野球クラブ編・発行『神戸一中・神戸高校野球部九十年史』(一九八九年)五四頁。
11　川高野球部七十年史編さん実行委員会編『川越高校野球部七十年史』(埼玉県立川越高等学校野球部OB会、一九八九年)八一頁。

12　前掲註7『青春の三本線（下）』二〇頁。
13　大阪府立岸和田高等学校野球部史編纂委員会編『岸和田高等学校野球部史―荒城春の思い出を　一八九七年～二〇〇〇年』（大阪府立岸和田高等学校野球部ＯＢ会、二〇〇〇年）一〇三頁。
14　大阪府立北野高等学校野球部年史編集委員会編・発行『北野高等学校野球部年史』（二〇〇三年）二八三頁
15　『朝日新聞』一九六五年七月一九日朝刊、九面。
16　『朝日新聞』一九六六年七月一一日朝刊、一六面。
17　『朝日新聞』一九六五年七月一九日朝刊、九面。
18　『朝日新聞』一九六八年七月二九日朝刊、一六面。
19　『朝日新聞』一九六六年七月一一日朝刊、一六面。
20　『朝日新聞』一九六五年七月一九日朝刊、九面。
21　『朝日新聞』一九六八年七月二九日朝刊、一六面。
22　掛川西高野球部ＯＢ会野球部史刊行委員会編『響く青春の鼓動―掛中掛西高野球部一〇〇年史　一九〇一～二〇〇〇』（掛川西高野球部ＯＢ会、二〇〇一年）七七頁。
23　前掲註13『岸和田高等学校野球部史』六七頁。
24　宮武実知子「「受験地獄」の黙示録：朝日新聞「声」欄に見る教育「十五年戦争」」（佐藤卓己編『戦後世論のメディア社会学』柏書房、二〇〇三年）。
25　前掲註14『北野高等学校野球部年史』一四四頁。
26　前掲註7『青春の三本線（下）』六〇～六七頁。
27　同前、七四頁。
28　『朝日新聞』一九七三年五月一九日朝刊、一九面。
29　同前。
30　前掲註7『青春の三本線（下）』一三二頁。
31　伊藤公雄『〈男らしさ〉のゆくえ―男性文化の文化社会学』（新曜社、一九九三年）九二～九三頁。

32 『朝日新聞』一九七八年八月一二日夕刊、三面。
33 『朝日新聞』一九七八年一〇月一七日朝刊、二一面。
34 『朝日新聞』一九九三年三月一一日朝刊、二五面。
35 その詳しい経緯については、高井昌吏『女子マネージャーの誕生とメディア―スポーツ文化におけるジェンダー形成』(ミネルヴァ書房、二〇〇五年)を参照。
36 『アエラ』一九九六年八月一二日号、六二頁。
37 『朝日新聞』一九九三年七月一〇日夕刊、六面。
38 『朝日新聞』一九九四年四月一五日朝刊、二七面(栃木面)。
39 『朝日新聞』一九九六年八月八日朝刊、五面。
40 のちに高野連は、二〇一七年から甲子園大会前の球場練習で、補助としての女子部員の参加を制限付きで認めた。世論に押された形ではあったが、これも女子マネのベンチ入りと基本的には同様で、「甲子園練習に女子マネージャーが補助として参加できないのは差別」という発想である。
41 『朝日新聞』一九八八年八月一一日朝刊、五面。
42 『朝日新聞』一九九二年一一月二四日朝刊、一七面。

第8章

甲子園大会の「国民的行事」化
――一九七〇年代における新聞・雑誌報道の変容――

西原茂樹

はじめに

「高校野球はなぜ、私たちをこんなにも引き付け、熱狂させるのでしょうか」「国民的行事である甲子園大会は――」

春・夏の甲子園大会の熱狂的な盛り上がりが語られるに際して、メディア上ではしばしばこのような決まり文句が現れる。とりわけ夏の選手権大会では、真夏の殺人的な暑さにもかかわらず五万人近い大観衆が甲子園球場を埋め尽くし、選手たちの一挙手一投足に声援を送る光景がテレビ等を通じて全国に発信される。こうした高校スポーツの域をはるかに超えた盛り上がりを見て、それを「国民的行事」と表現することについて、日本人の多くはそれほどの違和感を持たず受け入れているように思われる。

しかしながら、メディア上における表現ということについて言えば、甲子園大会をして「国民的行事」と表現する習慣は、実はそれほど古い歴史を持っているわけではない。少なくとも一九七〇年代前半まではほとんど見られなかったのが、七〇年代後半あたりから激増し、定着していくのである。とすれば、一九七〇年代において何らかの理由で各種メディアにおける甲子園大会への姿勢が大きく変容し、それによって私たちが甲子園大会に対して寄せる感情や解釈の枠組みが、現在のような形に収斂していったのではないかと考えられる。このような見方について、本章では一九七〇年代の大会をめぐる新聞・雑誌報道について検証することで考察してみたい。

一　「甲子園大会=国民的行事」という表現の定着
――東京メディアによる大会報道の劇的変化――

(1) 高校野球の現代的形成と東京圏での関心の増大

周知のように、甲子園大会は一九一五年(大正四)の夏の選手権大会創設以来一〇〇年を超える歴史を誇り、その歴史を通じて数多くの名勝負を生み出し、絶えず日本人の関心を引き付けてきた。過去の報道写真などを見れば、いつの時代も甲子園球場は熱心な観客で埋め尽くされ、大会が野球ファンの絶大な支持の下に続いてきたことが窺える。そうした持続的な人気のあり方に鑑みて、私たちはこの大会に対してしばしば悠久の大河のごとき永遠不変なイメージを抱き、その姿は大会史を通じて大きく変わっていないとみなしがちだ。

しかしながら、本書総論も指摘するように、現在私たちが見ているような「甲子園大会」の姿は、一九七五年(昭和五〇)前後に確立されたものがかなりの部分を占めるように思われる。たとえば金属バットの使用が開始されたのは七四年夏の選手権大会からであり、NHKテレビの全国中継における総合・教育両波での完全リレーが実現したのは翌七五年から、夏の選手権大会において今日と同様の「一県一代表」が恒例化したのが七八年、さらにそれまで恒例であった優勝校や準優勝校の地元凱旋パレードは八〇年代以降禁止されている。そして興味深いのは、とりわけ「高校野球選手」をイメージさせる「球児」という言葉が、この時期に日常語になったとみられることである。「球児」そのものは既に大正期には使われていたが、管見の限りでは、この語が国語辞典に初めて登場したのは七八年四月刊行の『学研国語大辞典』である。辞書に初めて掲載されることはその語が同時期に日常語として定着したことを示すものと言えようが、その背景に高校「球児」が躍動する甲子園大会の、とりわけ東京メディア[1]にとっての存在感の急激な上昇があったことが考えられるのである。実際、大会史を振り返る記事においても「新聞、テレビなどが大きく取り上げる高校野球だが、メディアの注目が一気に高まったのは七〇年代頃からだ」[2]と指摘されている。

　最近では、高校野球の前売り券を売出すと、必ずといっていい程、女性の徹夜組があらわれる。また、喫茶店や食堂の入口には「只今、高校野球放映中」と、まるでテレビがめずらしかった頃のような張り紙が出される。この現象は、ひとり関西だけでなく、高校野球には無関心といわれていた東京にまで広がってきた[3]〔傍点は引用者、以下同じ〕

　この一文も指摘する如く、この時期に東京メディアにおいて大会への注目度が飛躍的に向上したことは、たとえばNHKテレビの大会中継の視聴率（関東地区）上昇から窺うことができる。たとえば一九六三年以降の年間視聴率ベスト二〇（全ジャンルを通じて）を見ていくと、甲子園大会中継で七四年までで年間ベスト二〇に入ったのはいずれも夏の選手権大会で、六五年決勝「三池工×銚子商」（一三位）、六九年決勝「松山商×三沢」（一四位）、七一年決勝「桐蔭学園×磐城」（二〇位）、そして七四年準決勝（一四位）で、いずれもベスト一〇には入っていなかったが、七五年決勝「習志野×新居浜商」が五位になると翌七六年決勝「桜美林×PL学園」が九位、七八年決勝「PL学園×高知商」が二位とベスト一〇に食い込んでいる。特に七八年決勝の五〇・八％という数字は現在に至るまで関東地区の大会中継史上最高記録となっており、この時期における関心の高まりが極めて大きなものであったことが窺えよう▼4。

（2）新聞・雑誌における高校野球報道の増大と変容

そのことは新聞や雑誌の大会報道のあり方の変化によっても裏付けられる。まず新聞報道においては、主催の『朝日新聞』をはじめ、一般紙の大会報道は七〇年代前半まではせいぜい一日あたり一頁を費やす程度だったのが、七〇年代後半になると見開き二頁にまたがるのが普通になる。とりわけ『読売新聞』の大会報道量の増大は際立っており、一九七三年前後からは地区予選を大々的に扱うようになり、地区決勝戦の結果を知らせる号外を各地域で発行、七八年には主催の『朝日』を差し置いて「全国世論調査」（八月一四日付紙面）を実施する熱の入れようであった。また『朝日』の報道についても、大会開幕に際して掲載される社説上の表現の変化が目を引く。六三年の社説では「真夏をいろどる高校スポーツ諸大会は…〈中略〉…二十五種にわたり、延べ一カ月間、全国各地にくりひろげられている。なかでも、高校スポーツのメーン・イベントといわれる全国高校野球選手権大会は…〈中略〉…きょう記念すべき第四十五回大会の幕をあける」（八月九日付）と、「高校スポーツ諸大会」のうちの「メーン・イベント」というやや控えめな位置づけとなっている。それが七九年になると「夏の高校野球はいまや夏の風物詩であるよりも国民的行事に近くなってきた」（八月八日付）と、社説においては初めて「国民的行事」という表現を登場させている。

そして雑誌報道もまた、七五年頃を境に大きく変容している。まず『ベースボール・マガジン』『週刊ベースボール』のような野球雑誌を見ると、六〇年代の大会報道は試合結果が主体、あとはせいぜいプロ野球スカウトが注目する有望選手が紹介されるくらいで、プロ野球の大々的な扱いとは大きな差があった。それが七〇年頃になると周辺情報が少しずつ紹介されるようになり、七五年以降そうした記事の割合はさらに増大している。それに相伴うように、『輝け甲子園の星』『報知高校野球』（それぞれ一九七五、七八年創刊）といった、現在も刊行されている高校野球専門雑誌がこの時期に次々と創刊され、高校野球というジャンルそれ自体への情報欲求の高まりを裏付けている。

野球雑誌ではない週刊誌・月刊誌の大会報道の変化もまた大きなものがあった。七〇年代前半までは、こうした媒体において甲子園大会の話題が取り上げられること自体が少なかった。せいぜい、プロ球団間の選手獲得競争に高校生選手が巻き込まれることに対する警告を発した一九五五年のいわゆる「佐伯通達」（総論参照）以来、「天皇」と呼ばれた当時の日本高等学校野球連盟会長・佐伯達夫に対する批判が折に触れて掲載されるのが目立つ程度であった。それが七〇年代後半になると大会に関する報道量が激増するのみならず、伝え方も次第に仰々しいものになっていく。たとえば七五年夏の選手権大会の空前の盛り上がりを報じた『週刊新潮』の記事では「国民的な行事に近いもの」「国民的行事」「国民的大行事」といった表現が繰り返し使用されている（「甲子園グラウンドの『外』の大激闘」『週刊新潮』一九七五年九月四日号、三六－四〇頁）のだが、以降の雑誌報道ではこの種の表現が目に見えて増大している。このように大会の盛り上がりが華々しく伝えられる一方で、選手・指導者の不祥事や野球留学などといった高校野球をめぐる諸問題を告発する記事があたかも恒例行事であるかのように毎年反復して掲載されるようになったのである。

このように、一九七五年頃を境として甲子園大会をめぐる報道やイメージは激変し、それに伴って大会を「国民的行事」と称する言説が定着していく。こうした表現がこれ以前において皆無だったわけではないが、目に見えて増加したのはこの時期以降であり、前述した朝日社説の変化もこのことを裏付けていると言える。ただ改めて強調すると、こうした変化は厳密にいえばとりわけ東京メディアにおける変化であった。

そもそも甲子園大会に関する報道は、歴史的にみると関西と東京とではかなりの落差があった。夏の選手権第一回大会の報道を比較すると、『大阪朝日新聞』は紙面全体を使って大々的に報じているのに、系列の『東京朝日新聞』ではベタ記事扱いであり、ラジオ実況放送の始まりによって大会人気が拡大した昭和初期に至っても、『東京朝日』における記事量そのものは多くなったものの試合経過や結果を伝えることにほぼ終始しており、『大阪朝日』が地元密着的かつ娯楽的な大会報道を大々的に行っていたのと比較すると、はるかに地味であった。[5] こうした新聞報道の東西差は少なくとも六〇年代まではかなり残っており、そのことは東京における大会イメージを長らく地味なままに留め置き、「高校野球には無関心」な状況を形作っていただろう。七〇年代初頭になって書かれた以下のような記事にもその影響の一端が窺える。

> そうさ。高校野球なんて、あれはイナカシバイさ。イナカの人が見るもんさ。プロ野球以上のショーですよ。そう、あれスポーツってもんじゃないですね。…〔中略〕…東京の女のコなんて、高校野球にぜんぜん関心ありませんね。まァ、日比谷か西高か、慶応か早実でも出りゃ別かな。東洋英和や白百合は出ないかな。なんで女子高は甲子園に出ないのかな。それとも、お嬢さんがたは、いまごろ避暑かな。ニースあたりに。…〔中略〕…北海道の人は箱根まで、関東の人はこれがだいたい、新潟、長野、静岡あたりまで。準決勝あたりで、四国対近畿になると、東日本の人はもうどうでもよくなっちゃう。…〔中略〕…もう、日本は東日本国と西日本国に分割しよう。モノの考えかたも、ハッキリちがいますからね。[6]

この記事は世間のあらゆる物事に対して斜に構えた批判を行ってみせるという趣旨の匿名の連載記事の一部だが、その分書き手の本音がストレートに表現されており、当時の特に東京出身者が抱く甲子園大会のイメージの一端を映し取ったものであることは間違いない。野球ファンがそれぞれの居住地に近い代表校を応援するという傾向は当時も現在も大きく変わるものではなく、しかも大会成績の面で西日本が優位に立つ傾向が長らく続いてきたことを鑑みれば、遠い関西で行われ、しかも東日本の代表校が振るわない甲子園大会に対する東京圏の人々の関心が今一つだったとしても不思議はない。東京圏における甲子園大会はせいぜい「高校スポーツのメーン・イベント」「イナカの人が見るもん」あるいは「関西における大きなお祭の如き」[7]ものであり、仰々しく「国民的行事」と表現するべき存在とは映っていなかったはずである。とはいえ、前述の大会視聴率について、高校の他競技の大会でこれほどの数字を稼ぐものが皆無だったことを考えれば、甲子園大会は認知度の面では東京でも少なくとも「高校スポーツのメーン・イベント」の域は遥かに超えていただろう。しかしながら、この時期において野球をめぐる東京メディアの関心の中心はやはりプロ野球、とりわけ黄金時代を謳歌していた読売巨人軍（以下「巨人」と表記）であり、選手の技量面で劣る甲子園大会がプロ野球より一段低いものと映っていたことは否定し難いように思われる。そう考えれば、東京メディアにおいて「甲子園大会＝国民的行事」という表現が定着していったことは、従来の甲子園大会に対する東京メディアの認識が根本的に転換するという無視し得ない出来事だったとみなすことができるのではないだろうか。

（3）〝原辰徳フィーバー〟に至る流れとその背景

このような東京メディアにおける大会報道の変化を促したより直接的な要因としては、やはり同時期に甲子園を沸かせた東海大相模・原辰徳内野手（後に巨人監督）の存在が挙げられよう（写真）。

原は一九七四年から七六年にかけて甲子園大会に四度出場したが、父親である原貢監督との〝父子鷹〟として話

写真　原貢監督と辰徳内野手の“父子鷹”（1974年8月、甲子園球場）

題を呼んだのみならず、抜群のルックスを備えていたことで普段野球への関心が薄い女子中高生などからの熱狂的な支持を集めたがゆえに、その活躍は高校野球の域を超えて注目され、社会現象となったのである。甲子園大会報道の変容がまさにこの時期に起きていることを考えれば、関東地区から登場したスターである原の存在が一連の変化を強力に後押ししたことは間違いない。しかしながら、前述のように甲子園大会への注目度が原の卒業以後も下がることなく、むしろ加速していったことを考えれば、報道の変化の原因をこのことだけに求めることはできないだろう。

一九七〇年代を通じて、東京圏における甲子園大会への注目度を高めた可能性のある現象はいくつか指摘できる。たとえば、梶原一騎原作の野球マンガ『巨人の星』のヒットである。一九六六年に『週刊少年マガジン』誌上で連載が開始され、六八年に読売テレビ制作でアニメ化されたこの作品は、周知のように主人公・星飛雄馬が黄金時代の巨人に入団し活躍する姿を描いたものだが、物語の初めにおいて高校生の飛雄馬の甲子園での闘いが熱く描かれ、そのことで高校野球がマンガの世界で浮上し、闘いの場としての甲子園がクローズアップされていった。[▼8] そのことは東京圏においても特に少年層の間での大会への関心を拡大させる一因となったはずである。

そしてそれに相伴って、一九七〇年代の大会においては全国的注目を集めるスター選手が次々輩出している。六九年夏に決勝進出を果たした三沢の太田幸司投手がアイドル的人気を集めたのを皮切りに、箕島・島本講平、作新学院の〝怪物〟江川卓といった投手たちがこの時期次々とフィーバーを巻き起こし、その延長線上にある原辰徳の活躍も含め「甲子園大会はスターを生み出す」ことは東京の人々にも印象付けられたであろう。

さらに、成績面で長年振るわなかった関東地区だが、六〇年代には法政二（六〇～六一年夏春連覇）や作新学院（六二年春夏連覇）のように目立つ強豪校が現れ始め、七〇年代になると複数の学校が優勝を遂げるようになった。特に七〇年夏から七二年春にかけて四期連続で関東地区の学校が優勝（東海大相模、日大三、桐蔭学園、日大桜丘）するなど、着実にレベルアップしたことも関心の増大に寄与した可能性は大きい[9]。

こうしたことに加えて、同時期における高校進学率やテレビ普及率の上昇といった外的要因にも留意する必要があろう。まず高校進学率は一九七四年に九〇％を超えているが、そのことは戦前期には一握りのエリート学生たちの大会だった甲子園大会の存在を、〝近所のお兄ちゃん〟が出場する身近なイベントと感じさせることになったと思われる。そしてテレビ普及率については、東京オリンピック開催の六四年には白黒テレビ普及率が九〇％近くに達し、さらに七〇年の大阪万博を契機にカラーテレビ普及が一気に進み、以降地上波放送の主役はカラーテレビに代わっていった[10]。このことが太田幸司をはじめとした高校球界のスター選手たちの存在をそれ以前と比べて一層クローズアップさせ、それまで関心の薄かった東京圏の人々に対しても大会人気を一層煽ったとしても不思議ではないだろう。

総合的にみれば、戦後において徐々に東京圏でも存在感を増しつつあった甲子園大会の人気をテレビが一層拡大させていった、と解釈するのが妥当なようにも見える。巨人を中心としたプロ野球も含め、この時期における野球の人気拡大はテレビの普及拡大と密接に関連した出来事であり、両者の相乗作用によって進展していったというわけである。しかしながら、こうした野球人気の盛り上がりの一方で、月刊誌や週刊誌を中心に「野球は過去のスポーツとなりつつある」「プロ野球は斜陽産業だ」といった言説が一定の広がりを見せているのが目を引く。これらを眺めると、単純に「テレビが野球人気を拡大した」というだけでは説明し切れない当時の複雑な実態が見えてくる。こうした言説はなぜ登場したのか？ そして、それらは甲子園大会に対する東京メディアの態度変化と何らかの相関関係にあるのだろうか？

二 「プロ野球斜陽論」の展開――野球はもう過去のスポーツ？――

（1）「プロ野球斜陽論」の登場と展開

野球はいまやはっきりと斜陽化している。野球は、日本ではもう過去のスポーツになりつつあるといえそうだ[11]

この記事が書かれたのは一九七二年、即ち巨人V9時代（一九六五―七三年）の最中である。その中心的役割を担った王貞治・長嶋茂雄のONコンビが絶大な人気を誇り「現在の隆盛をもたらせた『プロ野球の黄金時代[12]』」などと語られるこの時代にあって、一体何をもって「斜陽化」であると言うのか。先の記事は、七一年度の観客動員数が約一〇〇万人も減少したプロ野球が「先細りの傾向にある」と分析する。ONに代わる新しいスター選手が育たず、その年の日米野球でも惨敗して日米の差が埋まらないことが露呈された。また有力な選手源だった高校、大学の野球部でも部員不足のために休部や解散に追い込まれるケースが続出しているが、それは少年たちの間でもスポーツの好みが多様化してサッカー、バレー、卓球などに流れており、野球よりも限られたスペースで楽しめることから学校側もこの傾向を歓迎しているからだ――。「ONに代わる」の箇所を省いて読めば、〝野球離れ〟が指摘されて久しい二一世紀初頭の野球界に関して述べたものだと言われても違和感のない指摘が、既にこの時期になされていたのである。このように野球界の斜陽化を指摘する言説が、まさにこのＶ９時代を通じて繰り返し登場している。

管見の限りでは、「プロ野球の斜陽化」という表現は六五年初頭に書かれた記事中（「プロ野球ははっきりいって斜陽化の一歩を踏み出している」▼13）に初めて登場しているが、翌六六年になると論としてははっきりと形を成し、定着し始めている。たとえば共同通信運動記者・鈴木陽一は、選手たちのプレーに真面目さが欠如し大味なものになっていること、強烈な個性を発散させる選手がごく一握りしかいないこと、さらに巨人だけが繁栄して他球団の没落が目立つことなどを挙げ、「このままでは近い将来、現在のプロ野球企業は崩壊する」と述べる▼14。そして政治評論家・藤原弘達も「アメリカ大リーグのそれこそ足元にも及ばない日本プロ野球が、プロ根性を忘れ果て、遊び半分のタマシイのこもらないプレーをやらかして」いると非難し、さらに日本プロ野球が「日本のスポーツを堕落させた罪」「日本のアメリカ隷属化を助成した罪」「日本文化低級化の罪」「経済合理性を無視した罪」といった害毒を発散しており、「このような堕落したスポーツは、敗戦直後の慰安も何もない時期ならともかく、これだけ各種のレクリエーションが発達した今日、斜陽化するのは必然の運命だ」と一刀両断している▼15。さらに作家・山口瞳はプロ野球の観客動員数の減少の要因を娯楽の多様化に求める。「いまの若いひとは、とくに高校生は、野球をおもしろがらない。いまの青年は自動車の運転に興味をもっている。ゴーゴーを踊り、ボー《ママ》リングを楽しむ。…〔中略〕…そこへもってきて、サッカーが台頭してきた。こちらは容易に国際試合を組めるという有利な面がある。…〔中略〕…私たちの年代（かりに三十歳以上としよう）の関心はゴルフに向かっている。これも、自分が参加することであって、見るスポーツではない。勝負を楽しむということになれば、野球は競馬に勝てない。…〔中略〕…戦前は、大衆娯楽の王者は相撲であった。…〔中略〕…戦後の七、八年前までは映画であった。映画館は娯楽の殿堂であった。

現在の惨状はご承知の通りであろう。おそらく、野球も同じような運命をたどると思う」[16]と、相撲や映画となぞらえて野球の衰退を予言している。一方、野球専門誌の『週刊ベースボール』は、こうした議論に対して一定の距離を保っていたが、七三年二〜三月に三週にわたって「ベースボール　その原点を考える」と題する特集記事を載せている。これらの記事では「プロ野球の危機が叫ばれている。かつて繁栄を約束されたプロ野球が、なぜ危機をいわれるのであろうか……」[17]との認識の下、パワーに溢れる大リーグと比較してプロ野球が小細工に走り、いかに最小のエネルギーで勝つかを考えすぎている、あるいは球団経営者がプロ野球を私企業の宣伝媒体と考えてファンをないがしろにしている、などと指摘し、プロ野球が斜陽産業と呼ばれる要因を探ろうとしている。

こうした一連のプロ野球斜陽論が、あらゆる物事を斜めに見る傾向の強い雑誌媒体を中心に展開されていたことを考えれば、ごく一般的な野球ファンの意識を反映したものだったかは一概には言えない。しかしながら、監督退任（七四年）後に山口のインタビューを受けたV9巨人の監督・川上哲治が「斜陽論」について問われて「私たちもそれを心配してたんです」[18]と答えていたり、星野仙一をはじめとした多くのプロ野球選手を育て、〝御大〟と称された明治大学野球部監督・島岡吉郎が「昨今のサッカー・ブームでプロ野球斜陽論がささやかれているが、私は日本でプロ野球が滅亡することは絶対ない、と信じている」[19]と述べたりしていることからすると、川上や島岡のような当時の代表的な野球人にも「斜陽論」が一定程度浸透していたことは確かなようだ。

（2）巨人人気の突出とサッカー・ブーム

このように「プロ野球斜陽論」は一九七〇年前後において一定の浸透力を持っていたとみられるが、実際に同時期のプロ野球は斜陽傾向にあったと言えるのか。当時このことを実地に検証しようとする試みも見られる。たとえば六九年の「プロ野球は斜陽か?」と題する記事では、①六〇年代半ば以降プロ野球の観客動員数は頭打ちである、②人気は巨人に偏っており、特にパ・リーグ人気の低迷が目立つ、③一球団あたりで利益を出すには一試合当たり観客動員数約一万一〇〇〇人がペイラインであるが、巨人戦以外でそれを実現するのは困難である、といったことが指摘され、「サッカーやギャンブルなどの抬頭とあいまってプロ野球は斜陽の傾向が強い」と結論付けられている。[20] この記事の指摘通り、同時期の観客動員数を見ると巨人のホーム戦では年間二〇〇万人以上を集め堅調であるが、それに続く数字を挙げる中日ドラゴンズや阪神タイガースも多くて年間一〇〇万人前後、パ・リーグ各球団は軒並みその半分ないしそれ以下といった有様である。パ・リーグ各球団でも年間二〇〇万人前後を動員することが珍しくない現在からは想像もつかないほど、V9巨人と他球団の格差は際立っており、一連の「斜陽論」においても巨人が勝ち過ぎること、ON以外に野球ファンを引き付ける若手スターが不足していることがプロ野球をつまらなくしているとの指摘はしばしば見られる。[21] この点について、同時期の巨人戦テレビ視聴率(関東地区)の推移は興味深い。

V9初年度の六五年に二〇%前半だった視聴率は年々下降し、七〇年代前半には一〇%台後半で頭打ちになったが、V9時代が終焉を迎えた七〇年代半ば以降に急上昇し、八〇年代を通じて二五%前後をキープし安定する。[22] こうした視聴率の推移から見れば、「黄金時代」であるはずのV9時代はむしろプロ野球中継の視聴者が全体として減少した時代であり、ON見たさの観客で後楽園球場が埋め尽くされた一方で、プロ野球全体としてはファンの関心を必ずしも引き付けられなかったことが窺えよう。加えて、六九年から翌七〇年にかけて西鉄ライオンズ・永易将之投手による八百長の告白に端を発するいわゆる「黒い霧事件」が拡大を見せた。永易を含めた七人が球界永久追放、西鉄野手三人中二人がシーズン活動停止、一人が厳重注意処分、二人が期限付き失格、他にも多数の選手が暴力団との親密な付き合いにより謹慎処分を受けるなど、事件はとりわけパ・リーグ球団の経営に深刻なダメージをもたらし、七二年から翌七三年にかけて西鉄および東映フライヤーズ両球団の経営危機が表面化して「パ・リーグ消滅」の報道が飛び交う喧騒に包まれた。[23] こうした一連の展開を見れば、当時の人々にとってプロ野球が発展性を失い「斜陽化」しつつあるように見えたとしても不思議はないように思われる。

とはいえ、「斜陽論」の始まりがＶ９の未だ初期の時点であったことを考えれば、巨人の勝ち過ぎのみに原因を求めるのは適切ではない。そこで次に考えるべきは、山口や島岡なども取り上げている「サッカー・ブーム」であろう。

「斜陽論」がはっきりと形を成したのは六六年だったと述べたが、実はこの年はサッカー人気の盛り上がりが注目を集め始めた年でもあった。六四年の東京五輪で優勝候補のアルゼンチンを破るなど健闘した日本代表の活躍を一つの契機としたサッカー・ブームは、翌六五年の日本リーグ開幕を経て、六八年のメキシコ五輪での日本代表の銅メダル獲得で最高潮に達する。[24] 六六年はまさにそのプロセスの最中であり、日本リーグの公式戦や日本代表の国際試合に大観衆が詰めかける様子が、当時の新聞や雑誌に大々的に報じられるようになった。

プロ野球の人気が落ち目で、巨人の試合に集まる観客でも二万人をこえればいいほうだというが、サッカーを観戦するファンは、一試合で常時二万人をこす。いまや人気は急上昇で、大学では野球選手にかわって、サッカー選手が女子学生のアイドルだ[25]

文化人の中にも、野球と比較しつつサッカーを礼賛する者が現れた。たとえば『文藝春秋』六六年三月号に「野球の時代は終わった」と題する記事を掲載した[26]劇作家・寺山修司は、同じ年の別の記事では野球とサッカーを比較し、野球がスポーツではなく茶の間で見る「ホームドラマ」になってしまったのに対して、「にくしみから出発した競技」であるサッカーには現代人が忘れてしまった「男らしさ」の復権が賭けられていると述べて礼賛している。[27] また、『文藝春秋』六九年八月号では「サッカーか野球か」と題してサッカー派、野球派が意見を戦わせる座談会が掲載されたが、サッカー派の三菱化成社長・篠島秀雄(当時・日本サッカー協会副会長)や作家・石原慎太郎(後に衆議院議員・東京都知事)が「世界的」「庶民的」「都会的」「頭脳的」な競技であるサッカーは今後ますます発展していくが「野球というのはもう登りつめちゃって、これからは横ばいか下降線をたどるんじゃないか」「このままだと野球は先細りですよ、あたかも自民党のようにね」などと畳み掛け、野球派の元東京大学総長・茅誠司や放送作家・藤本義一が終始圧倒される展開となっている。[28] こうした記事を見れば、この時期はグローバルスポーツであるサッカー人気が野球を凌駕する可能性が明確に意識された最初の時期であったことが窺えよう。このような「野球の時代は終わった、これからはサッカーだ」という認識の広がりもまた「プロ野球斜陽論」を駆動した一要素であることは確かであるように思われる。

(3) 映画の斜陽化、あるいは「斜陽論」という言説の戦後性

それ以外にも、山口が挙げているような競馬、ゴーゴー、ゴルフといった当時の各種レジャー活動の盛り上がりなども、野球や相撲ばかりが目立っていた従来の娯楽産業のあり方を相対化した要因として興味深いが、「野球も同じような運命をたどる」として山口が相撲とともに取り上げていたのが「映画の斜陽化」であることに特に注目すべきだろう。

戦前から戦後にかけて娯楽産業として大きく発展した映画業界は、一九六〇年代に入って急速に「斜陽化」が進行したと言われる。全国の映画館数は六〇年に七四五七館と史上最高を記録、入場者数も一〇億一四三六

万四〇〇〇人に達したが、翌六一年には一〇億人を割り、さらに六二年には六億六二二七万九〇〇〇人と大幅に減少し、それに伴い全国映画館数も六一年七二三一館、六二年六七四二館と休業・閉館が相次ぐ。大手映画会社もそうした「斜陽化」への対処を迫られ、東映のように任侠路線やファミリー客の開拓に活路を見出したケースもあったが、「永田ラッパ」と称された豪腕経営者・永田雅一に率いられた大映などは経営が大きく傾き、大映映画の観客動員は七〇年までの一二年間で五分の一にまで減少。七一年にはロッテと共同運営していたプロ野球・オリオンズの経営から完全撤退、同年一一月には業務を全面中止し従業員を全員解雇、一二月には不渡りを出し破産宣告を受けた。[29] このような映画業界の急激な「斜陽化」は、専ら第一節で見たような同時期におけるテレビの普及が主要因とされているが、ともあれ山口が言うように「娯楽の殿堂であった」映画が「惨状」に陥ったことは、同じく娯楽産業として絶大な支持を集めたプロ野球もまた同様に「斜陽化」の道をたどるはずだという主張に一層のリアリティを持たせていたと見ることが出来るだろう。

こうしたことに加えて、そもそも「斜陽論」という言説そのものが、「戦後」特有のものであると指摘する向きもある。土木工学者・藤井聡は、東海道新幹線の開業やその発展の背景に、当時強固に支持されていた「鉄道の時代はもう終わり、自動車や航空機の時代がやってくる」とする「鉄道斜陽論」の存在があったことを指摘し、「こうした『このご時世、古いものは新しいものにとってかわられるだろう』という思考パターンは、おそらくは、かの敗戦から今日に至るまでの『戦後』と呼ばれる時代における、極めて特徴的な思考パターンではないかと思います。…〔中略〕…もちろんそれは、敗戦後のGHQによる日本統治期に確立した思考パターンでありましょうが、おそらくは、その『思考パターン』そのものが『かつて汽車が馬車にとってかわったように、自動車・飛行機が鉄道にとってかわるだろう』というストーリーに激しく共鳴したのでしょう[30]」と述べる。「このご時世、古いものは新しいものにとってかわられるだろう」という言説が本当に「戦後」に特徴的なものであるかについては本章の考察範囲を超えるが、元々「西に傾いた太陽」や「斜めにさす夕日の光」を意味した「斜陽」という語が「かつて栄えたものが没落していく」様を表現する語となるのは、没落する旧華族の家庭を描いた太宰治の小説『斜陽』(四七年)および太宰自身の入水自殺(四八年)が大きな話題となって以降のことである。[31] その意味では「斜陽論」という言説自体の流行が、社会変化が急激であった「戦後」の空気を色濃く反映したものであったことは間違いなく、「鉄道」や「映画」はその都度「斜陽論」の格好の標的として選ばれたのであろう。そしてそれらについての議論が一段落した後に標的となったのが、長嶋の巨人入団(五八年)以来のブームが一息ついてマンネリ化しつつあったプロ野球だったということなのではないだろうか。時はあたかも東京という都市そのものの姿を一変させ、当時を生きた住民をして「戦前の東京はオリンピックで終わって、そこから戦後の東京が始まった」と言わしめた六四年東京五輪[32]の直後のことであり、とりわけ五輪による急激な変化を間近で経験したはずの東京圏の人々およびメディアにとって「人気があったプロ野球でさえもやがて斜陽化していく」という言説が大いに共鳴し得るものであったことは、この面から見ても不思議ではないように思われる。

ただ、このような「プロ野球斜陽論」は、七〇年代半ばを過ぎる頃には姿を消してしまう。その理由として考えられるのは、プロ野球史上最大のスーパースターである長嶋茂雄の現役引退および巨人監督就任(七四年)によって、皮肉なことに巨人の戦いぶりがV9時代を凌ぐほどの関心を集め(第二節で見た巨人戦視聴率の上昇がそれを物語っている)、そんな中で王の本塁打世界新記録(七五六号)への挑戦が国民的に注目されるなど、それまでにも増してプロ野球が華やかな話題を振りまいたことがまず挙げられよう。さらに野球人気を脅かす存在とみられた「サッカー・ブーム」が五年ほどで息切れし、七〇年代初めには急速に下火になっていったこと[33]も大きかったが、それに加えて原辰徳という大スターが現れた甲子園大会が盛り上がりを見せた結果、このイベントに対する東京メディアの認識が同時期において大きく転換していったことも重要な要素であったと考えられる。そして、東京メディアが認識を転換させ、甲子園大会を「国民的行事」と呼ぶようになる過程は、実はこの一連の「プロ野球斜陽論」の展開と深く関わり合っていたのではないだろうか。次節で考えてみたい。

三　東京メディアにおける甲子園大会の地位の相対的上昇
―「落ち目のプロ野球」との対比―

(1) 甲子園大会の盛況ぶりに対する東京メディアの新鮮な驚き

第一節で見たように、「プロ野球斜陽論」が各所で語られ浸透しつつあった一九七〇年前後は、一方で甲子園大会に関する報道量が増大し始めた時期でもあった。それ以前は野球雑誌においてさえ大会報道はプロ野球と比べれば格段に少なかったのが、次第に周辺情報も含めた大会の総合的な姿が報じられるようになり、その中で甲子園大会そのものの意味を、「落ち目」のプロ野球のあり方と対比しつつ問うような言説も見られ始めた。

> このところプロ野球は落ち目である。それに引きかえ、過日開幕された高校選《マ》抜《マ》野球は連日満員の盛況である。いうまでもなく、技術的に見るならば、高校野球はプロ野球の比ではない。それなのに高校野球が人びとをひきつけるのは、ウソや偽りがないそのひたむきなプレーのゆえである▼34

東京メディアが甲子園大会に対する関心を増大させていった契機とは、まずこうした大会そのものの「盛況」ぶりに対する驚きだったのではないだろうか。もちろん、大会がその創設以来多くの観客を引き付けていたことは東京メディアも十分認識していただろう。しかし、この時期においてその「盛況」ぶりは、東京メディアにとってはプロ野球の「落ち目」「斜陽化」ぶりと対比することによって新鮮な驚きを与えられるものだったと考えられる。ONブームが一段落して新鮮な若手スターも生まれずマンネリ化し、「斜陽化」の一途をたどっているプロ野球。それに代わる人気スポーツとしてサッカーが台頭し、もはや野球は過去のスポーツになろうとしている。それなのに、甲子園のこの盛況ぶりは何だというのか。後楽園ですら満員にならないことがあるというのに、甲子園は連日満員、しかも太田幸司などのように、プロ野球からは消えて久しい新鮮な若手スター選手が次々現れてくる。技術的にみればプロ野球の比ではないはずなのに、なぜ高校野球は人々を引き付けるのか。そこには我々東京メディアが気づいていない魅力が潜んでいるのではないか――。プロ野球が「落ち目」であるという認識が一定の広がりを見せていたこの時期だからこそ、相変わらず野球ファンを引き付け続ける甲子園大会に対する東京メディアの認識転換は起こり得たと言えるのではないだろうか。

(2) プロ野球批判と甲子園野球礼賛の表裏一体性

技術的にはプロ野球よりはるかに稚拙な高校野球が、なぜこれほど人々を引き付けるのか。こうした問いに対して、先の引用のごとく「ウソや偽りがないそのひたむきなプレーのゆえ」と表現することは、今日に至るまで甲子園野球礼賛の定番パターンとして反復され続けている。こうした言説をここまで見てきた野球をめぐる一九七〇年前後の環境の中に置き直してみると、それは「落ち目」で「斜陽化」ぶりが著しいとされたプロ野球との対比によって強調されていったことが明らかなのだが、その論理は同時に「ウソや偽り」に溢れ「ひたむき」さを欠いたプロ野球に対する批判言説としても機能していたと考えられる。たとえば六六年のシーズン直前、アメリカ大リーグ傘下のメキシカン・リーグに所属するメキシコシティ・タイガース（現・キンタナロー・タイガース）が来日して親善試合を行ったが、鈴木や藤原は彼らのプレーそのものを取り上げて礼賛する。

ことしの春のオープン戦は不入りつづきだった。しかし、そんななかでメキシコ・タイガースの試合だけにはファンが集まった。…〔中略〕…メキシコが負けても負けても、ファンをひきつけたのは、その真面目そのもののプレーがうけたからだと思う。そのうえ、彼らは日本選手がふだん見せてくれないプレーを見せた。凡打でも全力で走る。単打を二塁打に、二塁打を三塁打にするぬけ目ない走塁。一塁走者が浅い右飛で二塁をとった。日本右翼手のちょっとした油断に乗じてだ。そして砂煙を巻き上げる猛烈なスライディング。…〔中略〕…ここに日本人同士のゲームでは見られないスリルが味わえた。…〔中略〕…最近の選手には強烈な個性をもった人が少ないような気がする。選手があまりにも規格品化してしまったのではなかろうか。プロ野球、つまり、入場料をとって見せる野球なのだから、〝見せ場〟がなければなるまい。勝負だけを楽しむのなら高校野球の方がよほどおもしろいし、入場料も安い。最近のプロ野球は高校野球や大学野球とどれほどの違いがあるのだろうか――と、考えてみて、やっぱりと思う。だから、プロ野球の魅力が薄味になるのだ[35]

技術的には劣る高校野球がけっこうファンをひきつけているのは、ともかく、そこには懸命のプレーがあるからだ。弱かったメキシコからの遠征チーム・タイガースがけっこう観客を動員したのは、負けても負けても真剣なプレーをみせたからだという。塀にぶつからんばかりに疾駆しての捕球、チェンジのさいのスピーディな交代、敗戦処理投手の全力投球、こうしたものが勝負をこえてファンをたんのうさせたのだ。それに接戦という条件や豪快な打ち合いがあったなら、さだめしほとんどの人が満足しただろうが、メキシコ・タイガースは日本のプロ野球が忘れているものを見せてくれた。アメリカ大リーグのそれこそ足元にも及ばない日本プロ野球が、プロ根性を忘れ果て、遊び半分のタマシイのこもらないプレーをやらかしているかぎり、斜陽化していくことはまず目に見えているといってよいだろう[36]

両者はともにメキシコシティ・タイガースが見せた「真面目そのもののプレー」「真剣なプレー」に注目し、それらは「日本選手がふだん見せてくれないプレー」「日本のプロ野球が忘れているもの」であると述べている。技術的には優れているはずのプロ選手たちが、本来あるべき「ひたむきさ」を忘れてしまっているがゆえに「見せ場」を作り得ず「斜陽化」してしまうのだ。ならば下手くそであっても「勝負だけを楽しむのなら高校野球の方がよほどおもしろい」。このように、この時期において「真剣」「懸命」「ひたむき」をキーワードとしたプロ野球批判と甲子園野球礼賛はまさに表裏一体の関係性を作り上げていたのであり、プロ野球の「落ち目」「斜陽化」ぶりが強調されればされるほど、その対岸に位置して「ひたむきさ」を発散する甲子園野球の〝魅力〟に対する東京メディアの認識が深まり、その地位を相対的に上昇させるという過程を辿っていったのではないだろうか。

実を言えば、このように甲子園野球礼賛の論理がより上位の野球に対する批判と表裏一体となって形成されるというありようは、この時期が始まりというわけではない。既に一九三〇年代初頭において、当時人気絶頂であった東京六大学野球が引き起こした大学間の選手争奪戦、試合における紛擾、あるいは主力選手のスター化といった諸問題を論じた当時のジャーナリストたちは、「腐敗堕落」した六大学野球に「純真無垢」な甲子園野球を対置させ、後者を学生野球の「あるべき姿」として理想化し、そのあり方から程遠い六大学野球を痛烈に批判した。甲子園野球はいわば六大学野球批判のための〝ダシ〟にされたわけであるが、そのことによって「理想化された他者」としての甲子園野球のイメージが生成したのである。[37]このような展開になったのは、野球界の中心である六大学野球やそれを論じるジャーナリストたちの拠点が東京であるのに対して、甲子園大会は遠い関西で行われるイベントであり、そこに存在する距離感が必然的に甲子園野球を六大学野球よりも抽象的な「他者」として表象せしめざるを得ないという根本的な構造がそこに存在したからであろう。一九七〇年代にあってもそれは同様であり、プロ野球が巨人を核とする東京中心の野球文化であるのに対して、甲子園大会は関西から発信されるイベントであるがゆえに、テレビ中継が普及して状況が変わりつつあったとはいえ、東京からすれば依然として実感の湧きにくいもう一つの野球文化であった。それゆえ東京のジャーナリストたちが自らの足元にある巨人中心のプロ野球を批判しようとした時、「理想化された他者」である甲子園野球と対比することでプロ野球の問題点を際立たせるという論法は、この時期においてもなお有効たり得たのである。[38]

おわりに

「落ち目」のプロ野球よりも「真剣」で「ひたむき」な甲子園大会ははるかに魅力的なイベントである――。そのような認識が一九七〇年代を通じて東京圏においても浸透し、テレビ中継の一層の普及などにも後押しされた結果として、東京メディアにおける甲子園大会報道は劇的に変容を遂げ、長嶋引退などが引き起こした総合的な野球ブームとも相まって「国民的行事」というイメージが強固に定着していったのだと、ひとまず結論を下したい。一方で、そのような形で甲子園大会に対する東京メディアの認識転換が起こり、甲子園大会の〝魅力〟がそれまで以上に日本中に発信されていくようになったことは、今日にあって問い直されるべき〝負の遺産〟を残した部分もあるのではないかと考える。それは、たとえば「投手の連投問題」についてである。

この夏は、避暑にも行かずに、甲子園の高校野球のテレビばかり見て、実に、すがすがしい気分になれた。それに比べると、プロ野球は、とみにつまらなくて、まるで好カードがないのである。セの巨人、パの阪急というように、すでに優勝チームが決まったも同然だから、ファンにとっては球趣を沸き立たせるものがないのであろう。しかし、プロ野球のつまらなさは、はたしてそういう理由だけによるのだろうか。甲子園の高校野球では、プロと違って、どのチームも、ほとんど一人の投手が全試合を投げ切るばかりではなく、二試合でも三試合でも、あの四〇度《ママ》を越すといわれた酷熱の甲子園で、腕も折れよと連投する。そこがプロ野球と違うのである。プロでは、一人の投手が二日も連投するどころか、近代野球の戦術として、たった一試合にさえ、二人も三人も投手が交代して、時には、僅か一球か二球を投げただけで勝利投手ということになる。ルールとして、それは止むを得ないことであるが、私は、たった一試合でも一人の投手が投げ切れないというようなプロ野球は、だんだんファンを失うのではないかと思う。甲子園の高校野球は、真の野球の面白さを多くのファンに示している。巨額の金を使ってよそのチームのスター選手を片っぱしから掻き集め、それを一試合に何人も交代して出場させるようなプロ野球は、たとえそれが近代野球の常識であろうとも、野球そのものの面白さを自ら減殺しているものだ、と私は主張したいのである▼[39]

作家・井上友一郎は、たった一人のエースが酷熱の甲子園で腕も折れよと連投することは素晴らしいと絶賛している。将来ある投手たちの甲子園での投球過多が問題視されている今日、このような意見を堂々と述べれば、ネット上で「炎上」することは必至である。しかし、この意見が「巨額の金を使ってよそのチームのスター選手を片っぱしから掻き集め、それを一試合に何人も交代して出場させるような」チーム、とりわけＶ９巨人に対する批判言説として発せられたものであることに注意すべきだろう。今日なら袋叩きに遭うであろうこうした意見も、「巨人の勝ち過ぎがプロ野球の斜陽化を招いた」という認識をバックにして展開されれば、その受け取り方も大きく異なってくる（この文章のタイトルはそもそも「プロ野球は衰微する」であり、プロ野球批判の方に主眼がある）。投手を一試合の間に何人もつぎ込んで試合を展開するようなやり方は「近代野球の常識」であるかも知れないが、一方で「巨額の金を使ってよそのチームのスター選手を片っぱしから掻き集め」るような悪しきやり方でもあり、巨人のそのようなやり方を放置して独り勝ちを許してしまえば、プロ野球の「斜陽化」は止まらないだろう――。仮にこの当時に生きて、そのような論法で説得されたとしたら、果たして十分に反論し得たであろうか。投手一人の選手生命を守ることが大事か、それともプロ野球全体の「斜陽化」を阻止することが大事か、まさに究極の選択を迫られるのである。この引用だけで結論付けることはできないが、当時にあってはこうした意見が一定の説得力を持ち、結果として「エースが一人で投げ切ることが高校野球の美学」といった考え方を正当化し、定着させる原動力の一つになっていった可能性もあるのではないか。このような角度から今日の甲子園野球の様々な「常識」の形成を問い直す作業が、今後一層求められるように思われる。

註

1　本章においては、『朝日』『読売』といった大手新聞社や野球雑誌を含めた大手雑誌など、東京で発行され全国で流通する新聞・雑誌などをひっくるめて「東京メディア」と表現している。これらは「全国メディア」と呼ばれることが普通だが、日頃の編集・発行過程においては基本的にお膝元であり最大の市場でもある関東地域の読者を第一に意識すると考えられることから、存在形態としては事実上の「東京圏ローカルメディア」であるとみなしても決して的外れではないと判断するからである。また、本章の考察からは大会をめぐるテレビ中継・番組や地方メディアの動向が抜け落ちているが、それらについての検証は今後の課題としたい。

2　「高校野球一〇〇回目の夏　二　メディア」（『読売新聞』大阪版、二〇一八年六月二八日付）。
3　土門正夫『燃える甲子園』（廣済堂、一九七七年）一九九頁。
4　以上の数字は、引田惣彌『全記録　テレビ視聴率五〇年戦争―そのとき一億人が感動した』（講談社、二〇〇四年）から引用。
5　拙稿「関西メディアと野球―戦時下の甲子園大会を中心に」（坂上康博・高岡裕之編『幻の東京オリンピックとその時代―戦時期のスポーツ・都市・身体』青弓社、二〇〇九年）、三八四―三八八頁。大会報道が当時において東西でこれほど異なっていた背景として、明治期にともに大阪で創刊した『朝日新聞』あるいは『毎日新聞』が、戦前期にあっては「関西系紙」というイメージが強く、運営の中心も東京ではなく大阪であったことが挙げられよう。一九四〇年（昭和一五）九月に『大阪朝日』と『東京朝日』が題号を『朝日新聞』に統一し、次いで『大阪毎日』と『東京日日』が四三年一月に『毎日新聞』に統一するまで、両紙ともに発行部数も経営規模も大阪の方が大きく、かつ報道・言論とも別々に行われていた。
6　「高校野球における日本人の研究」（『週刊読売』一九七一年八月二〇日号）一四六―一四八頁。
7　辰野隆『曳尾庵随筆』（要書房、一九四九年）、一九七頁（「甲子園の印象」）。
8　米沢嘉博『戦後野球マンガ史―手塚治虫のいない風景』（平凡社、二〇〇二年）一二二頁。
9　とはいえ、関東地区代表校のレベルアップによって東京圏における大会への関心が実際に上昇したのかどうか、次のような記事からすると疑問が残る。

―首都圏チームの応援ぶりはどうだった。
E　千葉〔銚子商〕も応援団はたくさんあるんだ。「愛銚会」「愛好会」「銚商会」「野球部後援会」。大きな組織だけでもこれだけあるんだもの。
F　それはすごいね。東京なんか、そんなに来てくれないよ。
A　地元勢をのぞけば、動員数は静岡〔静岡商〕が最高だったろう。アルプススタンドにはいりきらないほどなんだから。応援もすごかったね。大きな声で…。
B　神奈川〔東海大相模〕は学校の創立がまだ新しいこともあって、なじみがないんだな。それに新興住宅地だしね。
F　都会の無関心ということもあるだろうが、東京のチーム〔城西〕の応援団は千五百人ぐらいだった。とにかく学校所在地の盛り上がりがまったくないんだ。
B　神奈川は、地元からのバスは一台だけだった。選手はちょっぴりさびしそうだったよ。
D　埼玉は初出場〔上尾〕だけど、大いにわいたな。バスが十五台しか予約できなかったのに、二十台分のファンが集まっちゃった。事務局の市役所では断るのに苦労したんだ。
（「'74夏　現代っ子球児は…—甲子園での首都圏勢」『朝日新聞』東京地域版、一九七四年八月二〇日付）

これは関東地区代表校を取材した記者たちによる座談会だが、彼らが抱いた印象が正しいのならば、この時期に至ってもなお各県ごとの盛り上がりには温度差が大きく、そして東京における大会への関心はやはり低いままだったということになろう。

10　向後英紀「高度経済成長とメディア」（有山輝雄・竹山昭子編『メディア史を学ぶ人のために』世界思想社、二〇〇四年）、三二四-三二五頁。
11　「斜陽本格化のプロ野球」（『中央公論』一九七二年一月号）四五頁。
12　山室寛之『巨人V9とその時代』（中央公論新社、二〇一四年）一頁。
13　「プロ野球はもう一度経営の実態を見直せ」（『週刊日本経済』一九六五年一月二八日号、日本経済新報社）三一頁。
14　鈴木陽一「プロ野球斜陽論」（『中央公論』一九六六年六月号）三五二-三五九頁。
15　藤原弘達「〝プロ野球〟撲滅論」（『新評』一九六七年七月号、評論新社）二二-二九頁。
16　山口瞳「プロ野球滅亡論」（『小説新潮』一九六八年四月号）二四八頁。
17　『週刊ベースボール』一九七三年二月二六日号、一三頁。
18　山口　数年前、プロ野球衰退論を唱えたことがあるんです。映画の次は野球だと……。娯楽はふえるし、人気スポーツもサッカー、ラグビー、ゴルフとどんどんふえて、身体の大きい人がお相撲かプロ野球に進むという時代じゃなくなった。

川上　私たちもそれを心配してたんです。幸い、お客さんはよく来て下さるけど、選手の待遇は悪いですねえ（「ドラフト制度の使命は終わった」『週刊文春』一九七九年一月一一日号〔山口瞳『ああ！懐かしのプロ野球黄金時代』（河出文庫、二〇一二年）、二二七-二二八頁から再引〕）。

19　島岡吉郎「野球の話─プロ野球にもの申す」（『研修』二五四号、誌友会事務局研修編集部、一九六九年八月）一九頁。

20　奥村誠次郎「プロ野球は斜陽か？」（『Engineers』二四九号、日本科学技術連盟、一九六九年五月）三二-三三頁。

21　「巨人の勝ち過ぎが危機を招く」とする言説としては、たとえば「誰がために巨人は勝つ─常勝ジャイアンツが招くプロ野球危機説」（『週刊ベースボール』一九六八年四月一日号、一二-一八頁）などがある。そして〝親分〟と呼ばれた南海ホークスの大監督・鶴岡一人は、ONに匹敵し得る若手選手が出現しないことを嘆いている。「若いスターがおらなくなったことが、プロ野球のガンやね。歌のほうなんかは、自分の年頃のええのがやってますわ。それで『キャーッ』といって失神するンが出てくるわけやなァ。野球にはそれがおらんのや。長嶋、王で終りや」（鶴岡一人「マジメにやれ！プロ野球」『文藝春秋』一九六九年二月号、三〇〇頁）。

22　以上の数字は野球小僧編集部編『野球小僧remix プロ野球〔80年代〕大事典』（白夜書房、二〇一〇年）一九九頁から引用。

23　前掲註12山室著、二〇二-二〇二頁および二六二-二六六頁。

24　佐藤彰宣『スポーツ雑誌のメディア史─ベースボール・マガジン社と大衆教養主義』（勉誠出版、二〇一八年）一八七頁。

25　「なぜサッカーはプロ野球よりおもしろいか」（『平凡パンチ』一九六六年一〇月三日号、平凡出版）四六頁。

26　まさに「野球斜陽化」の流れに棹差したようなタイトルであるが、内容面では少年の頃野球のプレーに熱中した寺山が、プレーではなくテレビ観戦が野球との関わりにおいて主体となった同時代の野球ファンのあり方を嘆くというノスタルジックなものであり、野球衰退の現実それ自体を語ろうとする他の言説とは一線を画している。タイトルそのものが寺山本人ではなく当時の「プロ野球斜陽論」の風潮を意識した編集者によってつけられたという可能性も考えられるが、詳細は不明である。

27　寺山修司「《サッカー》この〝足的時代〟のエース─大きいタマはいかにも男性的である」（『サンデー毎日』一九六六年七月三一日号、九〇-九三頁）。

28　「〈対決座談会〉サッカーか野球か」（『文藝春秋』一九六九年八月号、二七六-二八五頁）。
29　以上の記述は、斉藤守彦『映画を知るための教科書一九一二〜一九七九』（洋泉社、二〇一六年）一一一-一二四頁および一六七-一六八頁、さらに前掲註12山室著、一九〇-一九一頁および二三〇頁を参照。
30　藤井聡『新幹線とナショナリズム』（朝日新聞出版、二〇一三年）九三-九四頁。
31　米川明彦編『明治・大正・昭和の新語・流行語辞典』（三省堂、二〇〇二年）一〇七頁。
32　六四年東京五輪が当時の東京の姿をいかに変貌させたかについては、鹿島茂『東京時間旅行』（作品社、二〇一七年）七-二五頁を参照。
33　前掲註24佐藤著、一九九頁。
34　「プロ野球の衰退」（『声』一九七〇年五月号、聲社）四二頁。
35　前掲註14鈴木記事、三五四頁。
36　前掲註15藤原記事、二七頁。
37　拙稿「甲子園野球の『物語』の生成とその背景―明治末期〜昭和初期の『青年らしさ』『純真』の言説に注目して」（『スポーツ社会学研究』二一-一、二〇一三年、六九-八四頁）を参照。
38　ただし、この時期において展開されたプロ野球批判のすべてが「甲子園野球との対比」という方法論を採用しているというわけではない。第二節でも取り上げたように、数の面でいえばむしろアメリカ大リーグとの対比によってプロ野球の欠点をあぶり出し批判する議論の方が多く見られた。こうした議論の多くにも「他者」としての大リーグを理想化し、それとの対比によって日本プロ野球を批判するという特徴がみられ、その点で議論の構図は同じなのであるが、大リーグと対比したプロ野球批判と甲子園野球のイメージ形成との間に何らかの相関があったかについての考察は、他日を期したい。
39　井上友一郎「プロ野球は衰微する」（『現代』一九六七年一〇月号、講談社）五二-五三頁。

〔図版出典〕写真：朝日新聞社提供。

【付記】本章は、科学研究費補助金〔若手研究（B）／二〇一四〜一七年度／課題番号二六七五〇二九〇〕「近代日本における野球文化形成に関する言説史的研究」（研究代表者・西原茂樹）による研究成果の一部である。

コラム

「野球記者」鈴木美嶺

―「甲子園に来ることができて幸福だった」―

萩原　稔

二〇一七年一月、「日本野球殿堂特別表彰者」に選出された鈴木美嶺（一九二一―一九九二）は、毎日新聞社、そしてベースボール・マガジン社の記者としてアマチュア野球やプロ野球、メジャーリーグの取材にあたる傍ら、日本野球規則委員会で中心的役割を果たした人物である。彼に対する「顕彰文」（野球殿堂博物館ＨＰ）の全文は、以下の通りである。

> 一九五五年一二月、プロとアマの野球規則書の合同化が決定し、その編纂委員として参画。規則書の執筆担当者として「一九五六年度公認野球規則」の発行に尽力。以後亡くなるまでの長い間、「公認野球規則」制作の中心的役割を果たした。また、『わかりやすい公認野球規則』や『野球ルール千夜一夜』など規則に関する書籍を著し、野球規則の正しい理解、普及に努めた
>
> http://www.baseball-museum.or.jp/baseball_hallo/detail/detail_197.html（二〇一八年五月一六日閲覧）

これを見ると、彼の殿堂入りの理由が、野球規則の制定・編纂・普及といった面にあることがわかる。しかし、鈴木のもう一つの顔である、野球記者としての功績も、野球ルールの普及に劣らず非常に大きい。「東京六大学野球や都市対抗野球に日本で最も詳しい存在であることで斯界の尊敬を受けていた」というのはベースボール・マガジン社で同僚となる大内隆雄の回想であるが、とりわけ都市対抗野球に関しては、『毎日新聞』のコラム「黒獅子の目」や、大会開始五〇周年を記念して刊行した著書『都市対抗野球優勝物語』（恒文社、一九七六年）

において、優勝旗＝黒獅子旗が大会を回想するという語り口で多くの野球ファンの心をつかんだことが知られる。年齢層が大きく異なる選手で構成される都市対抗野球（社会人野球）の魅力を、鈴木は次のように言い表している。

人間社会の、いや人生そのもののような都市対抗には、ことばを変えていえば、高校や大学以上に純粋で真剣な〝人生模様〟が画き出される。…（中略）…十八歳の少年が汗みどろで投げまくる一方では、二人も三人もの子供の親であるバッターが三振に倒れて口惜し涙を流したりする。「社会人野球なんて、会社の宣伝の野球さ」といって、高校や大学の野球だけが「本当のアマチュアだよ」という人がかなりいる。果してそう簡単に言い切っていいのだろうか。…（中略）…そんなことをいう人はきっと、都市対抗を見たことがないのだ（『都市対抗野球優勝物語』一九〇頁）

そして、このような情熱は、高校野球に対しても同様に向けられていた。鈴木は一九五〇年から甲子園大会の取材にかかわり、七八年以降は春・夏の甲子園大会後に刊行される『週刊ベースボール』（ベースボール・マガジン社）の増刊号に、大会の総評（八九年夏まで）に加え、個々の試合の戦評、さらに「甲子園漫歩」と題する随筆を執筆した。また、『月刊高校野球マガジン』（ベースボール・マガジン社、一九八五年九月〜八九年五月）には自らの旧制中学時代（熱田中、現・瑞陵）を回想した「閑話休題」というコラムを連載した（雑誌休刊のため未完）。これらの文章から浮かび上がる鈴木の高校野球へのまなざしを、順不同で見てみよう。

まず、高校野球はあらゆる「野球を愛する人間」に開かれている、という思いである。「閑話休題」で、鈴木は弱小チームだった自身の旧制中学時代のエピソードを書く理由を、以下のように記している。

野球が弱くても野球が好きで好きでたまらない中学生（今でいえば高校生）が、どんなに楽しく野球部生活を送っていたか、今もそういう野球選手がたくさんいるにちがいない、そういう野球の好きな、しか

し野球の弱い野球選手たちと野球を謳歌したいと思うからである

（『月刊高校野球マガジン』五一、九二頁）。

それゆえに、レベルが高い強豪校が出場するはずの甲子園大会――とりわけ、「選ばれた」学校によって戦われる選抜大会（春の大会）に求める視線は厳しくなる。大会の総評記事でも遠慮なく「この大会に選抜されたのが不思議なほど、目をおおいたくなるチームもあった」（八四年）、「『去年秋の地区大会の成績でしか選抜しないのがいけないいな』と選抜方法を改めるように提案したくもなった」（八九年）などという言葉を再三記している。また、選手権大会（夏の大会）についても、出場校が削減できないのであれば休養日を設けるべしと提言し（八六年、実現したのは二〇一三年から）、また金属バットの規制問題に言及するなど（八四年）、選手の立場にたって高校野球のあるべき姿を追及しようとする姿勢がうかがえる。

写真　鈴木美嶺（遺族提供）

他方で、実力を発揮しながらも敗れた選手（特に投手）、また実力が劣ると思われたチームが予想を覆して上位に進出する姿に対しては、いくらかの感傷を交えつつ、温かいまなざしを送っている。また、池田に代表されるパワー野球の「明るさ」を歓迎しつつ（八二年夏）、本塁打が爆発的に多くなるにつれて、好投手の投げ合い、バントや走塁を駆使して一点を争うような「古い型の野球」への郷愁を語るなど（八七年夏）、自らの所感を率直に打ち出していったところにも、高校野球に対する強い思いを感じさせられる。

そして、甲子園球場を取り巻くさまざまな情景を描いた「甲子園漫歩」では、阪神梅田駅から甲子園駅、そして甲子園球場に至るまでの高揚感、球場の「黒い砂と緑の芝生」、春の桜並木・夏の夾竹桃、中等学校野球時代に活躍した甲子園OBとの交友、さらには外野スタンド下でスルメを七輪で焼いて売るおばあさんの姿、鈴木が大会のたびに必ず立ち寄っていた、駅と球場の間の道にあった昔ながらのおでん屋など、現在ではみられなくなった情景に至るまで、「甲子園」ないし「高校野球」という舞台にかかわるものへの愛情があふれるように描かれている。このような形で高校野球の魅力を伝えた書き手としても、鈴木は記憶されるべき存在である。

八九年夏、鈴木が生前に執筆した最後の大会総評の記事は、次のような文章でしめくくられている。彼の感慨は、時代を超えて、高校野球を愛するすべてのファンにも通じるものであろう。

〈閉会式後に〉行進する両チームの上には、青い夏空が白い雲を浮かべて広がっていた。記者席には涼風が吹いてきて私の汗をぬぐってくれた。その涼風にふと、秋の気配を私は感じた。…〈中略〉…今年も、好試合の多い大会だった。私は甲子園に今年も来られたのは、幸福だったと思う。

(『週刊ベースボール』四四-四一、一九八九年九月九日、五一頁。カッコ内は萩原)

参考文献

大内隆雄「〝偉大なる裏方〟鈴木美嶺、郷司裕の両氏が晴れて殿堂入り!」(『週刊ベースボール』七二-六、二〇一七年二月六日、三二~三三頁)

第9章 「公立優位県」富山県の分析
―「夏の高校野球　都道府県大会決勝進出校データ」をもとに―

萩原　稔

はじめに―巻末資料に関して―

本章は、巻末に収録した資料1「夏の高校野球　都道府県大会決勝進出校データ（1948－2017）」、資料2「都道府県大会決勝進出校における公立・私立比率（同）」、資料3「春・夏の甲子園大会出場校[1]における公立・私立比率（1948－2018）」をもとに、従来とは異なる角度から「高校野球史」を論じていく試みのひとつである。

まず、本論に入る前提として、巻末資料についての補足説明を行う。これらの資料は、本書の編者である白川哲夫・谷川穣に加え、黒岩康博・冨永望・萩原稔の五人をメンバーとして、二〇〇四年六月に発足した「関西野球史研究会」で作成した資料、および白川による「野球史」に関する論稿において掲載された資料を原型としている。[2]この種のデータを掲載した書物は他にも存在するが、[3]各都道府県大会の決勝進出校を「公立普通校・公立実業校・私立校・私立大学系列校」の四つに分類し、公立・私立の勢力変遷を数値化したことに、研究会におけるデータ整理作業の特徴がある。これらの資料を作成した目的は、学制改革による「高校野球」の開始時期から二一世紀初頭に至るまでの有力校の傾向――大まかにいえば「公立」か「私立」か――の変遷が浮き彫りになり、かつ地域ごとの特徴を明らかにできる、それも単なる有力校の変遷史にとどまらず、社会的な背景をも考慮に入れた高校野球史に関する新たな分析ができる、というものであり、この考えは研究会での活発な議論、及び作業の過程を通じ、全参加者に共有されていた。

そして本書の刊行を機に、萩原が二〇一八年春までのデータを付記し、それ以前のデータにも適宜修正を加えた。その際に、私立の「大学系列校」の区分を外し、「私立」として一括して整理した。その理由は、大学と同一法人の傘下にあった場合でも正式な校名に大学の名を冠していないパターンなどが散見されることをふまえ、厳密性を期することが難しいということ、また「公立普通校」「公立実業校」「私立」の三つの区分でも、全国、及び各都道府県における勢力の変遷をみるうえでさしあたり問題はない、と判断したことによる。もちろん大学進学率の高まりによって、高校野球においても「大学系列校」の持つ意味が大きくなったことは事実であり、この検討はまた後日を期したい。

「公立普通校」と「公立実業校」の区分については資料の「凡例」を参照していただきたいが、両者を区分した理由は、白川の言葉をかりて言えば、「公立高校であっても実業系学校の場合は、普通科とは生徒の層が地域的・社会的に違う可能性を想起したからである」。▼4 たとえば「普通校」は特定の学区に居住していなければ受験できないという制限があることが多いのに対し、「実業校」の学区は「普通校」より広く設定されていることが多い。このような相違が野球部の強化とも連動するのではないか、ということは十分に推察できるところである。

もちろん、公立普通校に分類している高校にも、普通科以外の学科、ないし定時制を設置している学校があることは周知のとおりであるが、(全日制)普通科に所属している野球部員の比率を正確に把握することは難しい。また、普通科のなかに体育コースを設けている高校や、一定の合格者枠のなかで高校独自の基準のもとに学生の選抜を行うことができる制度を設けている県などもある。しかし、このような限界はあるものの、従来の「高校野球史」ではとらえきれないような社会的な要素、ないし地域的な要素もふまえた基礎的なデータとしての意義は十分に有するものと考える。

この資料を用いつつ、第一節では学制改革以降の甲子園大会出場校の傾向の変化を分析し、かつ夏の都道府県大会における決勝進出校の傾向がどのように「地域差」がみられるのかを検討する。そして、第二節以降では、全国的傾向との相違が著しい県のひとつである富山の高校野球について考察していく。

一 「公立優位」から「私立優位」へ――甲子園大会と都道府県別、それぞれの傾向――

(1) 甲子園大会の傾向――五つの時期区分をもとに――

これについては、一九四八年〜二〇〇七年までの甲子園大会出場校の傾向について四つの時期区分を設定し、それぞれの特徴を整理した白川の研究がある。[5] これに、二〇〇六年以降に新たな時期区分を設けたうえで、それぞれの時期の特徴を整理した（資料3参照）。

まず「**第一期：一九四八年〜六〇年**」であるが、一九五〇年代半ばまでは公立普通校が出場校の約半数を占めていることから、「**公立普通校中心**」の時期と位置づけられる。ただし、これは学制改革における「総合制」の影響が大きいと考えられる（後述）。五〇年代後半になると、職業科の分離独立が進んだこともあり、次第に公立実業校の比率が上昇する。

「**第二期：一九六一年〜七五年**」では、公立実業校が出場校全体の三〜四割を占めるとともに、私立が同じく全体の三〜四割を占めるようになるが、私立が公立全体を上回ることはない。よってこの時期は「**公立**（**特に実業校**）**優勢**」と称することができる。なお、この時期に優勝した実業校のうち注目されるのは三池工（福岡、一九六五年夏）と大宮工（埼玉、六八年春）で、工業高校の優勝はこれ以前にも以後にもない（二〇一八年春終了時点）。

「**第三期：一九七六年〜九〇年**」は、公立と私立の出場校の比率がほぼ並び、「**公私拮抗期**」となる。この時期には公立普通校・実業校・私立それぞれに実力校が存在して競い合い、かつ数多くのスター選手も登場した。また公立の初出場校の意外な上位進出も[6]、高校野球の「黄金時代」ともいうべき盛り上がりを演出したといえる。

「**第四期：一九九一年〜二〇〇五年**」に入ると、多くの年で私立の出場校が公立を上回る「**私立優位期**」となる。優勝校をみても、公立は春が九五年の観音寺中央（香川、現・観音寺総合）のみ、夏も九四年の佐賀商、九六年の松山商（愛媛）の二校にとどまる。さらに九二年の春は史上初めて準々決勝進出校がすべて私立で占められ、夏も九九年に同様の状況を迎える。

そして新たに設けた「**第五期：二〇〇六年〜現在**（**一八年春**）」であるが、「**私立優位定着期**」というべきであろう。この間の公立の優勝校は佐賀北（〇七年夏）と清峰（長崎、〇九年春）の二校だけであり、一〇年代はない（一八年春終了時点）。春では〇一年から「二一世紀枠」（総論参照）が設定され、その多くが公立に与えられているが、一一年春は「二一世紀枠」を含めた公立出場校がわずか六校となり、全出場校における比率は一割を切った。一四年は公立が私立に一勝もできずに終わっている。夏も一七年の出場四九校のうち、公立が八校と史上最低を記録したことは記憶に新しい。また「公立実業校」に限定しても、春は一一年に総合技術（広島）のみ出場、夏も一七年に商業高校の出場校が高岡商（富山）のみだったことが話題にのぼるなど、その勢力は低下の一途をたどっている。

このような公立・私立の勢力変遷を他の高校スポーツにも当てはめてみると、どのような傾向がみられるか。これを検討するには相当な時間を必要とするが、とりいそぎ「全国高等学校サッカー選手権大会」の優勝校・上位進出校の傾向を調べてみた。[7] 野球で私立優勢が顕著になった第四期（一九九一〜二〇〇五年度）の一五年間において、優勝校（両校優勝もあるため全一七校）のうち公立は一一校を占め、そのうち市船橋（千葉）・国見（長崎）が四回ずつ優勝している。また、私立の準々決勝進出校が公立を上回ったのは六回にすぎない。この傾向は二〇〇七年度まで続くが、それ以降はいずれも私立が公立を上回り、一二年度には史上初めて私立が準々決勝を独占する。こののち、一七年度までの六年間で準々決勝に進出した公立は一三年度の市船橋（準々決勝敗退）の一回のみである。出場校の内訳（一七年度は私立三五校、公立一三校）や、全国高等学校総合体育大会（高校総体）などのデータも加味する必要があるとはいえ、野球に比べて私立の台頭の時期は一五年前後遅いことがわかる。この原因は、Ｊリーグ創設（一九九三年）やサッカー日本代表への注目の高まり（二〇〇二年に日韓両国でワールドカップを開催）ののちに強化を進めた私立高校の台頭があるとも想像されるが、これ以上の分析は他日に譲りたい。

（2）都道府県別傾向――公立優位→私立優位への「画期」の相違――

以上、甲子園大会における出場校の傾向の変遷を全部で五期に分けたが、この傾向がすべての都道府県にあてはまるわけではない。それをより明らかにするために、「関西野球史研究会」では、各都道府県大会の決勝進出校に着目した（資料1参照）。具体的には、全国的傾向の時期区分をもとに、私立の決勝進出回数が公立（普通・実業の合計）を上回った、ないし並んだ時期を私立優位の「画期」と位置づけ（資料2参照）、それぞれの都道府県の「画期」を以下の通り整理してみた（二〇一八年以降も加えると多少変動も生じるが、ひとまず一七年時点までで分類）。

・第一期（一九四八年以来私立優位）東京・神奈川・愛知・京都

・第二期（六一年〜）南北海道・宮城・大阪・兵庫・高知（・熊本・広島）

・第三期（七六年〜）山形・石川・奈良・福岡・鹿児島

・第四期（九一年〜）青森・岩手・福島・栃木・千葉・埼玉・山梨・新潟・長野・滋賀・和歌山・宮崎・長崎・熊本

・第五期（二〇〇六年〜一七年）北北海道・茨城・群馬・静岡・福井・岡山・島根・広島・香川・大分

第二期にカッコ書きで記載した地域については、次の時期には公立が盛り返したものの、その次の時期以降に再び私立優位となっている。このような変動がより大きなものとして、第一期・第三期・第五期が公立優位、第二期と第四期が私立優位という三重があげられる。いずれにせよ、「第四期」以降に私立優位の県が一気に増えたことは間違いない。

これに対し、約七〇年間にわたって一貫して公立優位なのは、以下の九県である。

秋田・富山・岐阜・鳥取・山口・徳島・愛媛・佐賀・沖縄

高校野球に関心の高い人であれば、これらの県で公立の学校がたびたび甲子園に出場していることはよく知っているだろうが、「なぜ」公立の優位が続いているのかを答えることは意外に難しいのではないだろうか。たとえば、野球部をもつ私立が少ないこと（秋田、徳島など）、あるいは公立の強豪校が複数存在していること（愛媛、佐賀など）、といった理由は推測できるが、しかし同様の状況にある（あった）県でもすでに私立が台頭していることを考えれば、それだけでは十分に説明がつくわけではない。

むろん、第五期に入ってから急速に私立の台頭がみられる県もあるため（山口・愛媛など）、上記の九県が今後も公立優位を維持するかどうかはわからない。ただいずれにせよ、日本において高い人気を維持する「高校野球」という学生スポーツについて、全国的傾向とは異なる様相を示す特定の地域の傾向についての考察を加えることは、「データ整理をもとに、戦後の中等教育や地域事情を考慮した形で、一様ではない日本の『野球』界のありようを明らかにし」、それを通じて「野球界の動向を通じて近代日本社会のどのような一面が見えてくるのか」、という新たな「野球史」（高校野球史）の展望を開くうえで必要なものである。[8] このような問題意識のもと、「関西野球史研究会」において個別の「公立優位県」に関する分析報告がなされたが、本章の次節以降の内容も、萩原の分析報告（二〇〇八年三月二日、一二月一四日、〇九年八月一日）、及びそれに対する他の参加者との議論のなかでその基盤が作られたものである。

具体的には、上記の「公立優位県」のうち、公立の出場校数が過去最低を記録した二〇一七年夏、そして翌一八年春において、公立の「商業高校」が全国で唯一出場した富山県（前者は高岡商、後者は富山商が出場）を分析の対象としてとりあげ、その「公立優位」の背景を探っていく。

二 「公立優位県」富山の特徴

富山県の人口は、二〇一五年の国勢調査に基づけば一〇六万七〇〇〇人であり、四七都道府県中三七位である。[9] 人口が少ないことが私立高校の相対的な少なさにつながり、結果的に野球でも公立優位を生む可能性はあり得るが、富山より人口が少ない島根（四六位）・高知（四五位）・山梨（四一位）・香川（三九位）などがいずれも現時点で私立優位であることは念頭に置くべきであろう。

(1)「公立優位」の内実――私立の状況ともあわせ――

まず、富山の高校野球に関するデータをもとに、分析を進めてみよう。富山の決勝進出校に占める私立の比率(占有率、資料2を参照)は、全期間において一三・六%、二〇〇六年以降の「第五期」で二〇・八%であり、同じ北信越地区の他県(新潟、長野、石川、福井)に比べて著しく低い。また、他の「公立優位県」の「第五期」のデータと比較すると、徳島(四・二%)・秋田(八・三%)・佐賀(一六・七%)に次いで四番目に低い。

続いて、県の高等学校野球連盟(高野連)加盟校における私立の比率についてみてみよう。先に公立優位を生み出す要因として、野球部をもつ私立が少ないという仮説を挙げたが、それが富山に該当するかどうかがポイントとなる。

富山県の高野連ホームページには「加盟校一覧」がない(二〇一八年二月二〇日閲覧時点)。一七年夏の県大会参加校四八校(合同チームは二校分として数える)の内訳は、県立三七校、国立二校(富山高専の本郷・射水キャンパスが個別に加盟)、私立は九校である。私立が全加盟校に占める比率は一八・八%という数値になる。[10]

この数値を、まずは同じ北信越地区の他県と比較してみよう(表1、いずれも二〇一七年末時点、以下同じ)。富山は私立の加盟校数は福井に次いで少ないものの、私立の全加盟校に占める比率は石川に次いで高いことがわかる。

さらに、他の「公立優位県」の数値に加え、富山よりも私立の加盟校の比率が少ない県の例も示しておく(表2・3)。これをみると、「公立優位県」には富山よりも私立の加盟校数が多い県はあるものの、私立の全加盟校に占める比率でみれば、富山がもっとも高い。また私立の全加盟校に占める比率が富山よりも低く、加盟校数も富山と同じかそれよりも少ない県でも、早い段階で私立優位に移行している県もあることがわかる。このことを鑑みれば、「野球部をもつ私立が少ないから公立優位」という仮説は、少なくとも富山にはあてはまらない。

実際に、一九八〇年代前半、富山でも私立台頭の兆しはあった。とくに「高岡第一は福井高（現・福井工大福井）、富山第一は金沢高（石川）にならって、レベルアップを図ろうとしており、県高校野球関係者から『私学ならではの強化策が実を結ぶ日もそう遠くはないだろう』と思われている」というのが当時の実感であり[11]、八一年夏

表１　北信越地区高野連加盟校の私立学校比率

	私立が全加盟校に占める比率	私立の加盟校数	全体の加盟校数
富山	18.8%	9	48
新潟	16.5%	15	91
長野	12.4%	11	89
石川	19.6%	10	51
福井	12.9%	4	30

表２　公立優位県高野連加盟校の私立学校比率

	私立が全加盟校に占める比率	私立の加盟校数	全体の加盟校数
秋田	4.1%	2	48
岐阜	14.7%	10	68
鳥取	16.0%	4	25
山口	18.3%	11	60
徳島	3.2%	1	31
愛媛	15.0%	9	60
佐賀	14.6%	6	41
沖縄	7.7%	5	65

※秋田・佐賀は県高野連のホームページに加盟校一覧がないため（2018年2月20日閲覧時点）、17年夏の県大会参加校を母数とした。
※軟式のみ加盟している高校は含めていない。

表３　私立優位県（一部）高野連加盟校の私立学校比率

	私立が全加盟校に占める比率	私立の加盟校数	全体の加盟校数	私立優位の画期
高知	15.6%	5	32	第二期
奈良	16.3%	7	43	第三期
岩手	12.2%	9	74	第四期
福島	10.7%	9	84	第四期
和歌山	12.5%	5	40	第四期

※軟式のみ加盟している高校は含めていない。

には高岡第一が県で初めて私立高校としての甲子園出場を果たしている。この年には同じく私立の不二越工・富山第一も準決勝に進出しており、当時の高岡商の伊東与二監督は、「富山にも私立の流れが来た。両商（富山商・高岡商を指す）時代が終わるとどめだと思った」と語っている。[12]県内に学区が制限される公立とは異なる「私学ならではの強化策」の一環として、高岡第一はいわゆる「野球留学」による強化をはかり、一九八〇年に「京都のリトルリーグ経験者ら六人を…（中略）…スカウトした」[13]結果、このなかの五名が翌年夏の甲子園ベンチ入りメンバー（当時は一五名）に加わっている。[14]もっとも、その後は二〇〇〇年春に出場したのみで、夏の県大会準優勝四回と「あと一歩」の印象が強い。他方、富山第一は県内出身者を中心としたチーム作りで近年台頭し、[15]甲子園に初出場した二〇一三年夏は準々決勝に進出している。なお、一九九三年夏に初の甲子園出場を果たした不二越工も、この時のメンバーは県内出身者が多くを占めていた。[16]ほか、二〇一七年夏準優勝の高朋、同年秋準優勝の富山国際大付なども実力はつけているが、いまだに夏の県大会で私立同士の決勝戦がない、という状態が続いている。

このような富山における公立優位の原因が、公立高校への進学指向の強さ——悪く言えば「保守的」あるいは「閉鎖的」な県民性[17]ゆえと即断することはできない。進学先として私立よりも公立を優先的に選ぶという傾向は富山に限らず地方部ではみられるものだが、野球に関しては私立優位という県も実際に多いからである。また野球以外のスポーツにおいては、私立の富山第一がサッカーで全国制覇を果たしている（二〇一三年度選手権）。このような点を考えると、「公立優位」の他県と比べ、富山は私立が比較的多いだけに、今後の台頭の可能性は秘めている、というところかもしれない。

とはいえ、現状ではそうではないことを考えれば、私立もさることながら、公立をめぐる状況をさらに掘り下げていく必要がある。それは「どのような公立高校が上位に進出しているのか」、ということである。

(2) 上位進出の「公立」高校——その特徴——

富山における一九四八年〜二〇一七年の「公立普通校」「公立実業校」それぞれの上位進出校の比率を示してみると、前者は四〇・〇%、後者は四六・四%である。この数字だけをみると、両者の拮抗状態ということになるだろう。他の「公立優位県」では、秋田(前者は四五・〇%、後者は四六・四%)がこれに該当する。[18]

しかし、富山の実情をみると、もう少し異なる事情が浮かびあがってくる。すなわち、「公立普通校」「公立実業校」という枠組みにとどまらない要素の存在である。富山県が発表している「教育要覧」(二〇一六年版)によれば、同県の全日制県立高校は全部で三七校であり(富山県には市町村立の高校はない)、このすべてが高野連に加盟している。これらを分類すると、以下の通りとなる。[19]

A:普通科のみの高校=一三校

B:実業系の学科・総合学科単独の高校=一〇校(内訳は農業一・商業二・工業四・国際一・総合二)

C:普通科と他の学科(商業科など)を設けている高校=一四校

そして、Aの「普通科のみの高校」という区分に該当する夏の県大会優勝校は福岡の一回のみ(二〇〇六年)であり、一九六〇〜七七年の時期、決勝が行われなかった年の上位二校に入ったものもなく、[20]春の甲子園出場経験校もない(一八年まで)。他の「公立優位県」と比べてみると、富山以外で普通科のみの公立高校が一回しか優勝を経験していないのは岐阜だけであり、[21]春の甲子園出場経験校がない県は一つもない。「公立普通校」に分類されている甲子園出場経験校の滑川・桜井・氷見・新湊・石動・南砺総合福野(現・南砺福野)は、上記の区分ではいずれもCに該当する。また、魚津は現在普通科のみであるが、優勝時(一九五五・五六・五八・五九年)は普通科とともに商業課程(商業科に相当)などが存在し、上市は現在総合学科のみであるが、県上位二校に入った六〇・六一年は普通科とともに農業・畜産・林業・家庭の各課程（六三年に科へ変更）が存在していた。なお、富山北部は一時期普通科の募集を停止しており（一九六二〜七八年）、県上位二校に入った六六・六八・六九年は商業科（現・情報デザイン科）・薬業科（のち工業科、現・くすり・バイオ科）のみのため、この間は「公立実業校」となる。

よって、富山の上位進出校、とりわけ優勝校の傾向として、「実業校のみならず、実業系の学科（職業科）のある公立高校の圧倒的優位」、裏返せば「普通科のみの高校の優勝経験が少ない」、という特徴が浮かび上がる。もちろん先に触れたように、野球部員の学科別の比率などは調査が困難ではあるものの、この特徴自体は否定できない。[22]なお私立については、北日本電波（現・高朋）に工業系の学科が過去にあったことは確認できるが、現在は不二越工を除くと普通科単独の高校が多数を占める。

（3）「商業高校の二強」——富山商・高岡商の覇権——

もう一点、富山が他県と比べて大きな特徴を有しているのは、富山商・高岡商という、戦前以来の伝統を誇る公立の「商業高校の二強」状態が長期にわたって続いていることである。

各都道府県において、比較的長い期間、「二強」と呼ばれる強豪校がしのぎを削る例は少なくない。宮城の東北・仙台育英、奈良の天理・智弁学園、青森の青森山田・八戸学院光星、石川の星稜・金沢などはその典型であろう。むろん、これらの構図が永続するとは限らず、たとえば石川では遊学館や日本航空石川などの台頭によって「二強」状態は崩れているが、それとは別に、上記にあげた「二強」は、東北を除いていずれも戦後に初めて甲子園出場を果たした私立だという点は注意すべきであろう。

これに比べ、富山の「商業高校の二強」体制の歴史は長い。旧制の中等学校野球の時代をみても、夏の県大会全一二回（一九三二年〜四七年。それ以前は直接北陸大会に出場、四一〜四五年は中止）のうち、富山商は四回優勝（うち一回甲子園出場）、高岡商は六回優勝（うち三回甲子園出場）しており、この間に富山から甲子園大会に出場したのはこの二校のみである（春の出場はない）。また、戦前からの通算で、夏の全国大会に富山商は一六回、高岡商は一八回出場している（二〇一七年まで）が、同一都道府県内の複数の公立の商業高校が一〇回以上の出場回数を達成している例は他にほとんどない。[23]さらに二〇一八年五月時点での直近の甲子園大会出場が、高岡商は一七年夏、富山商は一八年春であること、またいわゆる「第五期」の一二年間（決勝進出校はのべ二四校）において、高岡商の決勝進出は五回（うち優勝四回）、富山商は四回（うち優勝一回）であり、かつ同じ期間においてそれぞれ二回ずつ春の甲子園大会に出場していることを考えれば、現在でもこの体制に大きな揺らぎはない、とみてよいだろう。両者のライバル関係の背景には、富山市を中心とする「呉東」地域と、高岡市を中心とする「呉西」地域の対抗意識も反映されていると思われる。[24]

ここまでみてきたような富山の高校野球の特徴——①私立の参加校が比較的多いにもかかわらず「公立優位」が継続している、②公立の普通科単独校の甲子園出場が他県に比べ少ない、③複数の公立実業校、いわゆる「両商」の優位が長期間継続している——は、いかなる形で生まれ、かつ続いているのか。そのひとつの理由として、「高校」という教育制度を取り巻く状況、とりわけ「公立」高校に関する地域独自の政策などが野球の分野にまで波及してきたのではないか、という点を次節で分析していくことにしたい。

三 「公立優位県」富山の背景——教育制度との関連性を中心に——

（1）占領下の学制改革との関係性——「総合制」「学区制」の影響——

富山のみならず、日本全体の「学生野球」に影響を与えたものとして、GHQ（連合国軍最高司令官総司令部）による教育制度の改革は無視できない。改革以前、義務教育を終えたあとの「中等学校（一九四三年の「中等学校令」に基づく）」は、高等教育に接続する中学校（旧制中学）、職業教育を中心とする実業学校、女子のみの高等女学校及び実科高等女学校（中等学校令により廃止）に分類されており、前二者が「中等学校野球」大会に参加していた。[25]しかし敗戦後、GHQによる教育改革の一環として、学校制度（学制）に関してもいわゆる「六・三・三・四制」のもと右の各学校の再編が行われ、その結果として中等学校野球は高等学校野球＝「高校野球」へと姿を変えた。

再編によって成立した新制高校に関しては、①男女別学を「男女共学」に変える、②希望者が高校に進学しやすい環境を整えるため、一つの学区に一つの高校を設置するという「（小）学区制」の導入、③従来の中等学校の序列化を排し、普通科と職業科を合わせた「総合制」高校の設立、という「高校三原則」が打ち出された。[26]この原則は、従来の「エリート教育」（旧制中学）と「職業教育」（実業学校）に二元化、さらに女子の学校を念頭に置けば三元化されていた中等教育を統合し、教育の機会均等を図る、という理念を実現するうえで必要とされたものである。この観点からみれば、旧制中学と実業学校がともに参加できた「中等学校野球」の世界においては両者の「区別」が実質的にはなかったことになるが、いずれにせよこの三原則に基づき、旧制中学・高等女学校・実業学校が新制高校への移行に際して強制的に合併されるケースが多くみられることになったのである。もっとも、この三原則の実施状況については、教育改革を担当したＧＨＱの担当部局（地方軍政部）の指導に地域差があったことも知られている。大まかに言えば、教育改革を厳格に推進した第一軍団の京都管区下にあった西日本では三原則に基づく学校の統廃合がかなり徹底されたが、比較的柔軟な対応を採った第九軍団が管轄していた東日本では、一部を除き小規模な動きにとどまった。[27]

それでは、富山はどうであったか。[28] 結論から言えば、富山は「高校三原則」が徹底的に推進された県の一つであった。ただし新制高校がスタートした一九四八年四月の時点では、従来の旧制中学や実業学校がそのまま校名を変更しただけであった。しかし、第一軍団の教育専門官であったＧ・Ｈ・マクレランの勧告を受け、同年九月には四五校あった新制高校をすべて廃止、総合制に基づく二〇校を新たに開校した。

しかし、普通科と職業科の統合による教育の質の低下、住居の存在する学区内の高校への強制的な転校、伝統的な校名の消滅などに対し、さまざまな不満や反発が沸き起こった。それは旧制中学においてとりわけ顕著であったが、実業学校においても同様であった。新制の富山商は富山南部高校商業科、高岡商は高岡西部高校商業科となったが、普通科よりも学区が広く設定されたとはいえ、前者は富山市内と八尾地区、後者は高岡市内と石動・小杉地区に学区が限定されたこともあり、野球部は有力選手の分散に悩まされる。実際に、両校ともしばらくは甲子園から遠ざかり、従来の「二強」体制にほころびがみられるようになった。これは両校のＯＢや部員にとって屈辱的なことでもあり、また伝統ある校名の消滅ともあいまって、以下のような反応を引き起こすことにもなった。

〔高岡〕西部高校の名称が甲子園にはゆけない校名でありとし、従来通り一日も早く高商〔＝高岡商〕に戻すべきだと強く叫けばれつつ憤りをはらしたい気持が強くなりました。[29]

富山商については、一九五〇年に富山南部から商業科だけ分離して富山東部高校となり、[30] 五三年に元の富山商に復するが、これについて野球部ＯＢの高桑潤一郎は次のように述べる。

思えば我が母校は戦後八年間に幾度校名が変わっただろうか。教育制度の改革にもよることだろうが時代の潮流に翻弄された生徒達こそ迷惑千万なことだった。[31]

サンフランシスコ講和条約発効後には総合制が次第に解体され、富山では富山商に続き、一九五七年に高岡商の校名も復活し、再び「両商」が並び立つことになった。さらに、小学区制もまた一九五〇年後半を画期として取りやめる県が増加し、富山では一九五三年に職業科が「全県一学区」、五六年には普通科が「全県四学区」となり、六二年には隣接学区からの進学も認め、現在に至っている。

このような経緯から考えれば、旧校名の復活が「二強」のＯＢをはじめとした関係者に大きな喜びをもたらし、それが戦前以来の伝統をもつ野球部への支援へとつながっていく、という流れもみえてくる。高桑の以下の回想は象徴的である。

現金なもので南部高校や東部高校時代にあまり動かなかったＯＢ達は校名が替ると共に母校支援に乗りだした。特に野球部の後援に対しては動きが活発となる。[32]

(2) 総合制の残存――有力選手の分散による新興勢力の台頭――

もっとも、「二強」が甲子園に復活するのは一九六〇年夏の高岡商まで待たねばならない。五三年に職業科の学区制が撤廃されたあとも、「二強」の復権にはしばらく時間がかかった。その背景として、(小)学区制・総合制の推進が、富山県における二大都市（富山市・高岡市）以外の地域にある高校の野球部の強化に好条件をもたらしたことがあげられる。すなわち、いままで「二強」に流出していた有力選手を地元で確保できるようになった、ということである。一九四九年・五〇年の高岡東部（旧制射水中、現・新湊）の活躍はその嚆矢であり、[33]その後五〇年代に富山の高校野球界をリードし、五八年の夏の甲子園大会で徳島商と史上初の延長一八回引き分け再試合を戦ったことで知られる魚津もまたこの恩恵を受けたと言える。当時を知る関係者の回想をみてみよう。

魚津が強かった頃は、総合制高校のいい面が出ており、市内で唯一の高校ということからも、選手層の厚さや後援会の存在など、好条件に恵まれていた。[34]

すなわち、「おらが学校」という意識の高まりや、さらには地元の高校に進学しても十分に甲子園出場がかなうという状況が、二大都市以外でみられるようになったのである。これは魚津とともに五〇年代後半に躍進した滑川、甲子園出場経験はないが同時期に上位進出を果たしている上市などにも該当したと考えられる。

そもそも（小）学区制や総合制は、高校間の格差をなくすという観点から進められると同時に、それぞれの学区ごとにさまざまな学科を選択できる高校を一つ設置することで、地域間の格差もなくす、ということが想定されていた。よって、普通科の高校と実業系の高校を別々に設置しても一定の需要が見込める都市部においては、強制的な「統合」に対する反発が生じやすいのに対し、複数の高校を設置するほどの需要がない地域の場合、総合制高校は大いに存在意義があったのである。この点について、佐々木享は次のように指摘している。

図１　富山県の地図（国土地理院「地理院タイル」を改変　https://maps.gsi.go.jp/development/ichiran.html）

文部省が、農村地域などで学級数の少ない各種の職業高校をそろえる事ができない（あるいはできても著しく不経済な）場合には、複数の学科を併置する総合制高校の設置を強くすすめたのは当然のことであった。[35]ゆえに、富山・高岡両市では普通科高校と実業系高校の分離が進んだのに対し、それ以外の地域では基本的に総合制が維持され、それが野球部の強化にも結びついていった、ということが言える。すなわち富山の高校野球における「第一期」（一九四八〜六〇年）は、二大都市以外の総合制高校が躍進する基盤がつくられた時代でもあった。

(3)「七・三教育」の影響――職業科重視の高校教育政策との関係――

一九六〇年に高岡商が一三年ぶりに甲子園に出場したことを契機に、再び「二強」が復活の兆しをみせ始める。いわゆる「第二期」（一九六一〜七五年）にあたる一五年間の決勝進出校（のべ三〇校）のうち、「二強」が半分以上の一七回（うち甲子園出場は八回）を占めている。この占有率は「第一期」ののべ二六校中七回（いずれも高岡商／高岡西部、甲子園出場は六〇年のみ）と比べて明らかに上昇している。このような「過去の強豪」であった実業高校復活の背景として、富山県で独自に推進された教育政策――いわゆる「七・三教育（体制）」――の影響を検討してみたい。[36]

「七・三教育」とは、吉田実知事（在任は一九五六〜六九年）のもと、一九六五年度（のちに七〇年度に修正）までに、県立高校の職業科（実業系の学科）と普通科の生徒構成比を七：三とする計画が示されたことを指す。この背景には、一九四九年の文部省教育刷新委員会における決議、五一年の産業教育振興法の制定、および占領期の改革の再検討を進めた政令改正諮問委員会の答申などにおける職業教育の振興への動き、また職業・産業教育の充実を望む財界の要望などがあり、それを受けて従来の「総合制」から「専門学科別の独立高校」の設立へと方向性を切り替える動きが全国的にみられたことがある。[37] 富山ではその動きをいちはやく県の第一次総合開発計画（五三年）のなかに取り入れていたが、中学卒業者のレベルの格差を念頭に、職業科の充実が必要という声が高まり、吉田知事の指導力のもとに強力に推進されたのが「七・三教育」だった。また、第一次ベビーブーム世代の高校入学を想定し、高校の増設や再編成を求める声が県民から挙がっていたことも、このような政策を進めていくうえでの大きな動因となった。

職業科重視の政策が実際に進められていった結果として、富山の公立高校の全日制における職業科と普通科の生徒比率は、一九五〇年の時点で四〇・一対五九・九だったものが、五二年には五〇・八対四九・二と逆転し、六〇年は五五・八対四四・二、六五年は六一・九対三八・一、七〇年は六三・四対三六・六と、「七・三」に近い比率にまで到達した。ちなみに、七〇年の全国の生徒数の比率は、職業科が四二・二に対し普通科が五七・八だったことを考えると、富山における職業科重視の政策はそれなりに特徴的だったと言えるだろう。[38]

もっとも、とくに重点が置かれていたのは工業に関する学科（課程）であり、独立した工業高校もいくつか誕生している。例を挙げると、大沢野工（一九六一年。二〇一二年に富山工に統合）、砺波工（六二年）、魚津工（同）、二上工（六三年。二〇一二年に高岡工芸に統合）などがある。他方で、富山商・高岡商の復活を除けば、新たな商業高校が作られることはなかった。

しかし、職業科重視の流れのなかで、商業科が新たに設置された高校もあり、それが野球の強化にもつながった例をみることができる。たとえば、一九五五年に商業科が設置された氷見では、「就職の面からもスポーツを強くせねばならないとのことで、初年度の入学生は男子が多く、女子は1クラスに4〜5名しかいなかった」と、それを契機に有力選手が加入するという状況が出現したという回想もある。[39] その結果として、五九年夏に準優勝、六五年夏には北越大会を勝ち抜いて甲子園に出場している。また、前述したように六二年に普通科を廃止し、商業科・薬業科の実業高校となった富山北部（定時制の普通科も六六年に廃止）は、六六・六八（準優勝）・六九年に夏の県大会で上位二校に名を連ね、六九年は春夏とも甲子園に出場し、夏は準々決勝に進出するなど、六〇年代後半に一時代を築いている。逆に工業課程が魚津工として独立し、かつ全日制の商業課程を廃止（六三年）した魚津は、この前後からほぼ上位進出がみられなくなっていく。

他方で、伝統を有する「二強」においても、校名の復活に伴いOBなどの支援が活発化したこと、学区制の縛りがなくなったことに加え、ベビーブーム世代の高校進学率の高まり、それにともなう定員の拡大[40]なども追い風となり、有力選手を確保しやすくなったことも、野球部の強化につながっていったと考えられる。さらに「二強」の校長を歴任した木倉秀之の考え方として、「甲子園で活躍すれば就職にも有利」という側面もあったという。[41]これは前述した氷見など他校にもみられたものではあるが、「七・三教育」のもとで職業科をもつ学校が増えた結果、就職面における競争を意識するうえで、スポーツ面でのアピール、ないしイメージアップが在校生全体の就職に直結する、という考え方は十分に理解できる。とりわけ、職業科のみの高校である「二強」にとって、戦後日本でもっとも人気のあるスポーツであり、かつ戦前から強豪校として県内で一定の地位を築いていた野球という部活動は、大きな宣伝価値をもつものだった。このようにみれば、「七・三教育」の浸透の時期がそのまま「第二期」（一九六一〜七五年）における「二強」復活の時代にあたるのも、大いに頷けるところである。

しかし、予想以上に大学への進学を希望する学生が増えていったことにより、普通科の減少と職業科の増大（さらには細分化）という「七・三教育」に対する批判は強まっていった。そして、「七・三」の比率にこだわりのあった吉田知事の国会議員への転身以後、次第に普通科の増設が図られるようになった。これは職業科単独の高校の地盤沈下をも生むことになる。一九七〇年代に入ると、「大学進学熱、普通科志望が高まり、野球伝統校、富山商、高岡商といっても、思うように選手が集まらない」[42]という状況もみられるようになる。

とはいえ、一九八〇年時点で、全国における職業科・普通科の生徒数の比率が三二・八対六七・二であったのに対し、富山では四六・七対五三・三と、前者の比率は比較的高い。そして、「両商の時代は終わった」と囁かれた一九七六年〜八一年の六年間をみても、一九七七・八一年の高岡第一を除き、職業科を擁する公立普通校がすべて優勝していたこと、八二年以降は再び「二強」が巻返して現在に至ること、また近年も砺波工（二〇一〇年）・富山工（二〇一二年）と公立の工業高校が初優勝するという、他県にあまり例がない状況がみられることを考えれば、職業科重視政策の名残が、現代の富山の高校野球における実業高校の強さにいくばくかの影響を及ぼしている、と言えるのではないだろうか。[43]

おわりに――今後の展望もふくめ――

以上、「公立優位県」富山を生み出した歴史的な背景を、教育制度、ならびに教育政策との関係から検討してみた。とりあえずの結論として、以下の三点を挙げておく。

① 戦前から野球の強豪として県内で一定の地位を占めていた「実業学校」が、総合制の強力な推進のもとに「一時消滅」したことへの反動として、旧校名の復活後、OBやファンも含めたより熱心な支援が続いたことが、現在に至る富山商・高岡商の「二強」体制の維持に結びついている。

② 学制改革以降、富山・高岡両市を除く地域の高校の勢力伸長が目立つようになる。その背景に、「高校三原則」

の総合制・（小）学区制が与えた影響がある。[44]

③「七・三教育」という、県独自の職業科重視の政策も、伝統的な実業校や、職業科をもつ高校の上位進出に対する「後押し」となったと考えられる。

もとより、これらの要因のみで富山の「公立優位」を語ることはできないが、少なくとも大きな理由にはなるだろう。また、これらが他の「公立優位県」にも該当するか否かはまた詳細に検討する必要があるが、とりあえず現時点でもある程度の推測は可能である。

まず①についてみてみると、富山商や高岡商のように、旧制中等学校野球時代に甲子園に出場した「実業学校」のうち、学制改革の影響で一時的に名称が変わり、数年後に元の校名に戻った例はいくつかある。そのうち旧校名が消滅していた時期に甲子園大会に出場した学校は、松山商（愛媛）→松山東、岐阜商→長良、徳島商→城東、広島商→広島観音、大分商→大分二→大分城崎、盛岡商（岩手）→盛岡、愛知商→瑞陵などがある。[45]このうち愛媛、岐阜、徳島はいずれも「公立優位県」であり、かつそれぞれの商業高校は、校名復活後に全国でも活躍し、岐阜商（学制改革以前は岐阜市立。一九五一年の校名復活時に県立に移管）や徳島商は「第五期」でも一定の存在感を示している。現在は低迷が続く松山商や広島商についても「第四期」まではしばしば上位に進出していたことを考えると、一時的な校名の消滅と復活によるOBやファンの熱意の高まりが、長きにわたり公立の伝統的な商業高校を支えたという要素は大きいだろう。ただし、富山の場合は、県内の地域的な対抗意識を反映する形でそれぞれの地域を代表する商業高校が県内の覇権を競う、という他県にはない大きな特徴があり、それが「二強」体制を支えているという点も見逃すことはできない。

②に関しては、総合制・（小）学区制などの「高校三原則」が、西日本を中心に徹底して推進されたことと、「公

立優位県」が秋田を除き西日本に集中していること（米軍の直接統治下にあった沖縄を除く。岐阜も学制改革を強く推進した京都管区下）を鑑みれば、この要素が他の「公立優位県」にも該当するのではないか、と推察される。もちろん、西日本においても教育改革の程度の違いがあるのは確かであり、この点はさらに今後の検討が必要である。

また、③についても、職業科重視の教育政策がはたして富山独自のものであったかは、当然ながら疑問はある。「中央において支持された考え方（＝産業教育の重視）が、富山県の教育先進地たらんとする熱意のもとに七三《マ》教育《マ》という衣装をまとって出現したものと見るべきである」という見解はその一例である。[46] むろん、この種の政策が高校野球にまで反映したか否かを探るには、「公立優位県」に限らず、他県の実例をも調べる必要はあるだろう。ただ、まさに富山で「七・三教育」が進められたのは「公立実業校」優勢のいわゆる「第二期」に該当すること、またこの時期に春夏それぞれ唯一の工業高校の優勝がみられること（第一節参照）を考えれば、国の、そして地方の産業政策・教育政策が高校野球の勢力変遷に影響を及ぼした可能性は高いのではないだろうか。

それぞれの地域における「高校野球」について、その歴史を単なる「強豪変遷史」、あるいは「指導者論」でたどる――つまりは「野球」という側面のみに依拠して語る――だけではなく、「高校」を取り巻く環境、あるいは都道府県個々の「地域」の事情など、広範な背景を探ることによって、より多様な姿を描き出すことができるように思われる。本章は、このひとつの例として提示したものである。

註

1　以下、本章では「甲子園大会」は学制改革以降の夏の大会（全国高等学校野球選手権大会）・春の大会（選抜高等学校野球大会）双方を指す。一九五八年・六三年夏は甲子園球場以外に西宮球場も会場となっているが、一般的な呼称としてこの表現を使用する。また、本章では、選手権大会については「夏」、選抜大会については「春」と略記している。

2　白川哲夫「『野球史』研究の現状と可能性」（『ノートル・クリティーク』第一号、二〇〇八年）七八～七九頁。

3　たとえば森岡浩『県別全国高校野球史』（東京堂出版、二〇〇一年）には、夏の各都道府県大会の決勝進出校とそのスコアが掲載されている。

4　前掲註2白川論文、七七頁。

5　前掲註2白川論文、七七～八二頁。

6　一九八五年春優勝の◎伊野商（高知）、八八年春優勝の宇和島東（愛媛）をはじめ、◎中村（高知、七七年春）、瀬田工（滋賀、八〇年夏）、◎大船渡（岩手、八四年春）、金足農（秋田、八四年夏）、◎甲西（滋賀、八五年夏）、新湊（富山、八六年春）、◎浦和市立（埼玉、八八年夏。現・さいたま市立浦和）などがある（◎は春夏通じて初出場）。

7　高校サッカー選手権大会のデータは、全国高等学校体育連盟サッカー専門部編著『高校サッカー90年史』（講談社、二〇一二年）に加え、「高校スポーツデータ室」http://www.geocities.co.jp/Athlete-Olympia/5028/（二〇一八年二月八日閲覧）、ならびに過去の新聞記事も参照した。

8　前掲註2白川論文、八四頁。

9　総務省「平成二七年国勢調査　人口速報集計結果」（二〇一六年二月二八日付）http://www.stat.go.jp/data/kokusei/2015/kekka.htm（二〇一八年二月二〇日閲覧）。

10　なお、二〇一八年春季大会より私立の通信制高校である未来富山（未来高校富山中央学習センター）が参加したため、私立の全加盟校に占める比率は二〇・四％となった。

11　北日本新聞社編・発行『富山県高校野球物語』（一九八〇年）三八五頁。カッコ内は萩原。なお、一九五九年に富山第一が創設された時の正式名称は「学校法人金沢高等学校富山第一高等学校」で、六二年に学校法人富山第一高等学校として独立する（同校ＨＰより。二〇一八年三月一六日閲覧）。

12　北日本新聞社編・発行『健児たちの詩　続富山県高校野球物語』（一九九七年）一三頁。

13　同前、八頁。

14　この大会のガイドブックである『週刊朝日』八六-三五（一九八一年八月一〇日）七一頁の同校メンバー表の出身中学欄を参照した。

15　同校が甲子園に出場した際の『週刊朝日』一一八-三五（二〇一三年八月一五日）六四頁、一二一巻四四号（二〇一六年八月一五日）六六頁のメンバー表によれば、ベンチ入り全員（計三六名）が富山の中学校出身者である。

16　同校が甲子園に出場した際の『週刊朝日』九八-三四（一九九三年八月一〇日）六四頁のメンバー表によれば、ベンチ入り一六名のうち一五名が富山の中学校出身者である。

17　富山の県民性をめぐっては、二〇一七年、富山に拠点を置くメーカーの会長が「富山で生まれて地方の大学に行った人でも極力採らない」「〔同県出身者は〕閉鎖された考え方が非常に強い」との趣旨の発言をし、強い反発を受けて謝罪に追い込まれた問題が記憶に新しい（『産経Ｗｅｓｔ』同年七月一三日付、http://www.sankei.com/west/news/170713/wst1707130100-n1.html 二〇一八年三月一九日閲覧）。また、県の政策情報誌でも、富山県民の行動様式として「外に出て稼ぎ、その富を持ち帰るという交流パターン」の裏返しとして、「外から人を呼び込み異質な刺激に触れようとする意欲の低さ」があげられている。中島誠「富山県、その現在・過去・未来（連載第二回）」（『でるくい』第一号、一九九六年一〇月）、http://www.pref.toyama.jp/branches/1133/derukui/vol1/42.html（同日閲覧）。

18　ほか、鳥取は普通校優位（全体の六七・一％）、岐阜は実業校優位（全体の五五・七％）など、県ごとの特徴がある。資料2を参照。

19　富山県「教育要覧二〇一六（平成二八年版）」五一頁。http://www.pref.toyama.jp/cms_pfile/00005421/00982111.pdf（二〇一七年八月三〇日閲覧）。また、以下に記述した富山県内・県外の高校の学科構成については、各校ホームページの「沿革」などを参照した。

20　準優勝経験校では、富山中部（一九五一年）・富山（五五年）・高岡（五七年）・高岡南（八六年）・富山東（二〇一五年）がＡに該当する。

21　一九五四年の岐阜のみが該当する。それ以前の同校、及び五一年の大垣北には商業科があった。ただし、決勝が行われなかった七一年に、上位二校に入った長良が甲子園出場校を決定する三岐大会に出場したことがある。なお、春には長良が七三年、岐阜が七八年、多治見が二〇一七年にそれぞれ甲子園に出場している。

22　なお、富山の公立高校で体育に特化した学科等を設置しているのは水橋のみ（普通科体育コース）であるが、野球部の戦績に目立つものはない。

23　二〇一七年時点で岡山（岡山東商一一回／倉敷商一〇回）のみであるが、倉敷商の出場が一九八八年以降に集中している（八回）のに対し、同年以降の岡山東商の出場は一回（九一年）しかない。ほか、これに匹敵するのは山口（下関商九回／宇部商一二回）、静岡（静岡商九回／浜松商九回）などがあるが、やはりそれぞれの高校が強かった時期には多少のズレがあり、また岡山の二校や宇部商・浜松商は戦前に甲子園大会出場経験がないため、富山のような戦前以来の商業高校の「二強」体制とは根本的に異なる。

24　富山商野球部ＯＢの高桑潤一郎は、「呉東」「呉西」の呼称が昭和初期頃に生まれたものであることを指摘した上で、「富山県の高校野球が強くなるのは呉東・呉西の言葉が無くなって初めて全国レベルになると思うが、果たして言い過ぎであろうか」と述べている。高桑潤一郎編・発行『富商野球部史　健児たちの80年』（一九九八年）五〇二～三頁参照。

25　なお、高校野球の前身に当たる「中等学校野球」には、旧制中等学校とは別に、師範学校も参加していた。師範学校は学制改革によって新制大学に移行した。

26　「高校三原則」については、佐々木享『高校教育の展開』（大月書店、一九七九年）、菱村幸彦『教育行政からみた戦後高校教育史』（学事出版、一九九五年）、藤田晃之「草創期の高校制度―新制高校が目指したもの」（清水一彦監修、藤田・高校教育研究会編著『講座　日本の高校教育』学事出版、二〇〇八年）などを参照。

27　これについては、阿部彰『戦後地方教育制度成立過程の研究』（風間書房、一九八三年）三六四～三七二頁を参照。

28　富山の教育政策に関しては、天野隆雄『高校教育の形成―富山県における高校三原則と七・三教育』（成文堂、一九九七年）を主に参照しつつ、富山県教育史編さん委員会編『富山県教育史（下）』（富山県教育委員会、一九七二年）の第一一章第四節「新制高等学校教育の発足」を適宜参照した。

29　高岡西部時代の野球部員、進藤貞夫の回想。富山県立高岡商業高等学校「高商野球部五十年史」編集委員会編『高商野

球部五十年史』（富山県立高岡商業高等学校野球部、一九七七年）四六頁。同じく西部時代の野球部員で、一九六〇年夏の甲子園出場時に高岡商の監督をつとめた河口昭一も、「〔甲子園に行けないのは〕高岡西部高校という校名が悪いとよく言われたものである。それが本当だったのか、校名改称後は何度も甲子園へ行ったのも何かの因縁か」と振り返っている。同、一一一頁。

30 当初は生徒数が激増した富山南部から普通科・商業科を合わせた高校を富山東部として分離独立させる予定であったが、商業科の責任教員だった木倉秀之らが「富山商」の復活の可能性を断ちたくないと考え、当時の富山市長の尾山三郎に訴えた結果、商業科だけの分離にこぎつけたという経緯がある。富山県立富山商業高等学校編・発行『創校七十年記念誌』（一九六八年）八五〜八六頁を参照。

31 前掲註24高桑書、二一二頁。

32 同前、二一二頁。

33 ただし、一九五〇年の北陸大会で、判定に怒った高岡東部のファンが審判を暴行する事件が起こり、日本高等学校野球連盟の裁定で高岡東部は高野連から除名、県高野連加盟校は県外大会への出場自粛、他府県との交歓試合の禁止などの処分が下された。この「審判暴行事件」の顛末は、前掲註11『富山県高校野球物語』一七〇〜一七三頁を参照。また、桜井孝矩『新湊高校野球部史　第一巻　新湊高校野球部の思い出』（新湊高校野球部史編さん委員会、一九八二年）に、当時の野球部長であった桜井の回想が掲載されている。

34 一九五四〜六一年に野球部長をつとめた浜田隆史の回顧。魚津高等学校野球部ＯＢ会編『魚津高等学校野球部ＯＢ会誌』（富山県立魚津高等学校野球部ＯＢ会、一九八九年）一〇頁。

35 前掲註26佐々木書、二四頁。ここで示されている文部省の方針は、小学校教育局『新学校制度実施準備の案内』（一九四七年二月）に示されているという。同、四六頁を参照。すなわち強制的な統合が進む以前から、都市部以外での総合制高校の設置が推奨されていたことは注意すべきであろう。

36 「七・三教育」に関しては、前掲註28天野書、第四章「富山県下における七・三教育」を参照。

37 飯田浩之「新制高等学校の理念と実際」（門脇厚司・飯田編『高等学校の社会史―新制高校の〈予期せぬ帰結〉』東信堂、一九九二年）一八〜二一頁を参照。

38　以上のデータは、前掲註28天野書、一二三頁の「第2表　公立高等学校全日制の普通科・職業科別生徒数の推移」を参照。なお、天野によれば、富山の数値は理数科の生徒数を普通科に含めているのに対し、全国では統計の都合上職業科に含めているため、富山の職業科重視はさらに顕著であったと言ってよい。

39　氷見高校野球部後援会「野球部史」編集委員会編『富山県立氷見中学氷見高校野球部史』（氷見高校野球部後援会、一九八一年）四三頁。

40　たとえば富山商の場合、一九五六年は一学年の募集枠が三〇〇名、五九年には四〇〇名、六四年には五五〇名となり、六六年まで五四〇名の定員が維持された（いずれも定時制は除く、また男子のみの募集。共学に戻るのは七一年）。富山県立富山商業高等学校創立百周年記念事業実行委員会編・発行『富商百年史』（一九九七年）の年表より。

41　同前、一六二頁。木倉は高岡商、および富山商の校長時代、それぞれの学校で野球部の監督を自らスカウトするなど、その強化に尽力している。前掲註24高桑編、二六一〜二六二頁参照。

42　前掲註12『健児たちの詩　続富山県高校野球物語』一一二頁。

43　ちなみに、二〇一六年時点で、全国では職業科・普通科の生徒数の比率が二一・七対七八・三（うち総合学科五・四）であるのに対し、富山は三〇・二対六九・八（うち総合学科六・七）となっている。文部科学省「学校基本調査」（平成二八年度）http://www.mext.go.jp/component/b_menu/other/__icsFiles/afieldfile/2016/12/22/1375035_2.pdf（二〇一八年三月一六日閲覧）、及び前掲註19、富山県「教育総覧」（平成二八年度）より。

44　前掲註28天野書では、今川重蔵という人物からの話として、「これまで富山県で甲子園に出場するのは、富山商業や高岡商業だったが、ここのところ、地方の小都市にある総合制の高校の進出には目を見はるものがある。そして、これにはその地域の一丸となった応援がある」、という言葉が紹介されているが（一八頁）、この今川への聞き書きが一九九三年四月に行われたこと（同、四七頁参照）を考えれば、総合制・（小）学区制が富山の高校野球に長期にわたって影響を与えていることが理解できるだろう。

45　富山の「二強」のように、学制改革による校名変更時は甲子園大会出場がなく、学制改革以前と校名復活後の双方で甲子園大会に出場した高校は、福井商／乾徳、大津商（滋賀）／大津西、防府商（山口、現・防府商工）／防府、松江商（島根）／松江産、西京商（京都）／西京（一九六三年に西京商、二〇〇三年に再び西京に改称）などがある（後者が学制改革時の高校名）。このうち松江産は松江商と松江工の合同であり、真の「総合制」高校とは言えない。大分商と大分工を合併した大分二（本文中に記載）も同様であり、のちに商業科は大分城崎、工業科は大分春日として独立、そして旧校名へと戻すことになる。なお、学制改革以前から甲子園大会出場経験のある公立の商業高校は、秋田商・宇都宮商（栃木）・前橋商・高崎商（いずれも群馬）・横浜商（神奈川）・水戸商（茨城）・静岡商・下関商（山口）・高松商（香川）・佐賀商・長崎商・鹿児島商などがあるが、ここに掲げた学校はいずれも学制改革の際も「商業」の校名が存続していた。

46　斎藤健次郎「高等学校職業教育の変化とその方向性―総合計画期の富山県産業教育を中心に」（『宇都宮大学教育学部紀要』第一部、三六、一九八六年二月）七七頁。

高校野球・「甲子園」の歴史略年表

※野球界全体に関することも適宜採録した。

年代		出来事	社会の動き
1871	明治4	横浜で日本国内初の野球の試合開催	廃藩置県
1872	5	ホーレス・ウィルソンが学生に野球を教える	学制公布／『東京日日新聞』（のち『毎日新聞』）創刊
1878	11	平岡凞が新橋アスレチック倶楽部を結成（日本初の野球チーム）	
1879	12		『朝日新聞』創刊
1886	19		第一次中学校令（旧制中学校の法制化）
1894	27	中馬庚が日本初の野球専門書『野球』を著す	日清戦争勃発
1895	28		下関条約締結（台湾を領有）
1897	30	スポーツ専門雑誌『運動界』（のち『運動世界』）創刊	
1899	32		実業学校令公布（旧制実業学校の法制化）
1903	36	早慶戦始まる	
1904	37		日露戦争勃発
1905	38		ポーツマス条約締結（満洲領有の端緒）
1906	39	運動用具・野球用品の専門店水野兄弟商会（のち美津濃株式会社）創業	
1908	41	月刊野球専門誌『ベースボール』（のち『野球界』）創刊	

西暦	和暦	野球関連事項	社会の出来事
1910	43		韓国併合
1911	44	野球害毒論争おこる	幸徳秋水ら刑死（大逆事件）
1914	大正3		第一次世界大戦勃発
1915	4	第1回全国中等学校優勝野球大会、豊中球場で開催	
1917	6	優勝大会の会場を鳴尾球場に変更（夏3回）	
1918	7	日本最初の「インドーアベースボール大会」（女子の野球試合）、名古屋で開催 米騒動の影響で優勝大会中止（夏4回）	大学令公布／米騒動発生
1919	8	軟式野球ボール、世界で初めて日本で市販される	三・一独立運動
1920	9		国際連盟発足
1921	10	朝鮮・満洲予選始まる（夏7回）	
1922	11	和歌山中が初の大会連覇（夏8回）	
1923	12	台湾予選始まる（夏9回）	関東大震災発生
1924	13	第1回選抜中等学校野球大会、愛知県の八事球場で開催 甲子園球場完成（夏10回から大会会場）	
1925	14	選抜大会の会場を甲子園球場に変更（春2回）	普通選挙法公布
1927	昭和2	ラジオ実況中継始まる（夏13回） 第1回都市対抗野球大会開催	
1929	4	勝利校の校歌斉唱・校旗掲揚始まる（春6回、夏は39回より） 開会式で選手宣誓始まる（夏15回）	世界恐慌
1931	6	広島商が初の夏春連覇（春8回）	満洲事変勃発
1932	7	文部省、野球統制令を出す	「満洲国」建国／五・一五事件

1933	8	中京商―明石中戦が延長25回に及ぶ（夏19回） 中京商が初の大会3連覇を達成（夏19回）	
1934	9	アメリカ大リーグ選抜チーム来日、大日本東京野球倶楽部結成	
1936	11	日本職業野球連盟発足、リーグ戦始まる	二・二六事件
1937	12		日中戦争の全面化
1939	14	海草中・嶋清一が準決勝・決勝でノーヒットノーラン（夏25回）	第二次世界大戦勃発
1940	15	最後の朝鮮・台湾・満洲予選（夏26回）	
1941	16	関東軍特種演習のため、予選途中で優勝大会中止（夏27回）	太平洋戦争勃発
1942	17	文部省主催で全国中等学校錬成野球大会を開催	ミッドウェー海戦敗北
1944	19	文部省通達により野球を含む全ての運動部が活動停止	本格的な本土空襲開始
1945	20	日本職業野球連盟復興記念東西対抗戦開催（戦後初のプロ野球試合）	沖縄戦／広島・長崎へ原爆投下／太平洋戦争終結
1946	21	日本学生野球協会発足 全国中等学校野球連盟発足 西宮球場で優勝大会復活（夏28回） 雑誌『ベースボールマガジン』創刊	天皇の「人間宣言」／戦後初の衆議院選挙（女性の国政参加実現）／日本国憲法公布（翌年施行）
1947	22	甲子園球場で選抜大会復活（春19回） 優勝大会の会場が再び甲子園球場となる（夏29回）	学校教育法・教育基本法公布／農地改革開始
1948	23	選抜大会、選抜高等学校野球大会に名称変更（春20回） 優勝大会、全国高等学校野球選手権大会に名称変更（夏30回）	新制高校発足
1950	25	日本学生野球協会、学生野球憲章を制定 第1回全日本少年野球大会開催	警察予備隊（のち陸上自衛隊）設置
1952	27		サンフランシスコ平和条約発効

1953	28	NHKテレビが実況中継開始（夏35回）	テレビの本放送開始
1954	29	第1回高等学校定時制軟式野球大会（関東甲信越大会）開催	高校進学率が50％をこえる
1955	30	「プロ球団の口車に乗せられ、軽挙妄動することは、厳に慎むべき」ことが都道府県高野連に通達される（「佐伯通達」）	広島で第1回原水爆禁止世界大会開催／「55年体制」成立
1956	31	第1回全国高等学校軟式野球選手権大会、藤井寺球場で開催	水俣病の「公式発見」
1958	33	記念大会で初めて全都道府県の代表が出場（夏40回） 徳島商―魚津戦が初の引き分け再試合（夏40回）	ミッチーブームおこる
1960	35	打者用ヘルメットの着用が義務化される（春32回）	60年安保闘争
1961	36	柳川事件を機にプロ・アマ球界間の交流が断絶	農業基本法公布
1962	37	作新学院が初の春夏連覇（夏44回） 前年に起きた門岡事件により、元プロ選手の高校球界への指導者復帰が禁止される	
1963	38	8月15日正午に1分間の黙祷を行うようになる（夏45回）	
1964	39		東海道新幹線開業／東京オリンピック開催
1965	40	三池工が工業高校として初の全国制覇（夏47回） プロ野球ドラフト会議始まる	日韓基本条約調印／プロ野球巨人、この年から9連覇（～73年）
1966	41	漫画『巨人の星』連載開始	
1968	43		全国の大学で全共闘運動広がる（～69年）
1969	44	決勝戦の松山商―三沢戦が引き分け再試合（夏51回）	
1970	45	明治神宮鎮座50周年奉納野球大会開催（翌年明治神宮野球大会に改称、1973に高校の部新設）	大阪で万国博覧会開催
1972	47		沖縄返還協定発効

1973	48		変動相場制へ移行／第1次オイルショック発生
1974	49	金属バット導入	高校進学率が90％をこえる
1975	50	私立の出場校数、初めて公立を上回る（春47回） 雑誌『輝け甲子園の星』創刊 NHKテレビ、全国大会の完全中継を開始	赤ヘルブームおこる（広島東洋カープ初優勝）
1976	51		ロッキード事件
1977	52		王貞治、国民栄誉賞を受賞
1978	53	前橋・松本稔が全国大会初の完全試合達成（春50回） 一県一代表制が以後定着（夏60回）	日中平和友好条約調印
1980	55	早稲田実・荒木大輔をめぐる「大ちゃんフィーバー」おこる	
1985	60	PL学園・清原和博が甲子園通算13本塁打の新記録樹立（夏67回）	
1986	61		男女雇用機会均等法施行
1989	平成元		消費税導入
1991	3		「バブル崩壊」、低成長期に入る
1992	4	甲子園球場のラッキーゾーン撤去 星稜・松井秀喜が5打席連続敬遠される（夏74回）	PKO協力法制定
1993	5		サッカーJリーグの開始（リーグ戦開幕）／非自民連立政権成立
1994	6	公立の出場校数が私立を上回った最後の大会（夏76回）	
1995	7		阪神・淡路大震災発生／戦後50年の首相談話（村山談話）
1996	8	女子マネージャーのベンチ入りが可能となる（夏78回）	

１９９７	9	日高高中津分校が分校として初の甲子園出場（春69回）	山一証券破綻
１９９８	10	横浜が前年秋季以来1年間公式戦無敗を記録	
１９９９	11	沖縄尚学が沖縄県勢として初の全国制覇（春71回）	東海村ＪＣＯ臨界事故発生
２００１	13	21世紀枠を導入（春73回）	
２００２	14	予選参加校数４１６３校で過去最多（夏84回）、翌年も同数	サッカーW杯日韓大会開催
２００４	16	駒大苫小牧が北海道勢として初の全国制覇（夏86回）	プロ野球初のストライキ発生
２００７	19	特待生制度が問題となり、高野連が規定を定める	
２００９	21	清峰、公立最後の全国制覇（春81回）	
２０１０	22	甲子園球場改修、甲子園歴史館オープン 日本学生野球憲章、全面改正	高校無償化法施行
２０１１	23		東日本大震災・福島第一原発事故発生／日本の総人口が以後継続して減少に転じる
２０１２	24	部員不足校同士による連合チーム結成の条件を大幅に緩和	
２０１３	25	大会日程に休養日を設定（夏95回） 元プロ選手の学生野球指導者資格回復条件を大幅に緩和	
２０１４	26	第59回全国軟式野球大会準決勝、中京―崇徳戦で延長50回の新記録	
２０１５	27		「安全保障関連法」成立
２０１７	29	広陵・中村奨成が1大会6本塁打の新記録（夏99回）	
２０１８	30	全国大会でタイブレーク制度導入（春90回） 入場者数、史上最多の101万５０００人（夏100回）	

あとがき

近代日本社会の歴史についていささか研究しはじめたころから、野球はいろいろな意味で気になる対象ではあった。プロ野球が戦後最大の大衆娯楽の一つであり、部活動でしかない高校野球がこれほど持て囃されテレビ中継されるという事象は、社会の歴史的特質を野球は何ほどかあらわしているはずだ、というぼんやりした思いを私に折々抱かせた。時には、「歴史が動く」とか「歴史の当事者」「主体」といった言葉を耳にして、それを野球に置き換えてみたりもした。顕著な記録を残した選手や指導者が「動かす」ものなのか、試合の観衆や大会主催者までが「当事者」なのか。無関心な人はどう位置付くのか。そして選手経験も専門的研究もないが、試合の結果にはそれなりに興味をもって見聞きする自分は、「主体」とはとうてい言えないのだろうか。さらには、ライトなファンをマニアがはねつけるような構図から、戦国オタクや幕末フリークに対する学術的な歴史研究の態度を想起したり、そもそも趣味と研究との究極的な相違とは何かといった拙い問いに、野球を介して思い巡らしたりするのであった。

「歴史としての高校野球」と銘打った本書は、近現代の日本社会の歩みを、また「史学概論」的な諸問題を考える起点としても、野球はけっこういい素材なのではないかというナイーヴな見通しとともにある。いや、「趣味」「私生活」「レジャー」として処理され、歴史研究の対象として自覚されないのが常だったからこそ、一考の価値があるのではないかという考えに立っている。読んでいただければわかるように、本書は右の問題群に直接分け入って解答を得ようとはしていない。とはいえ、「甲子園=日本」という図式をどう相対化するか、野球が普及し人気を得る基盤をいかに考えるべきか、硬式野球部があり甲子園を目指すことが善とされる「野球史」像でよいのか、といった問いをそれぞれしのばせた論考を並べている。他方で、甲子園マニアに応えるような問題設定や、価値観を前提にしたように見える記述箇所もあるだろう。野球史研究は単に学術的世界にのみ顔を向けていればよいものではない、という配慮によるものかもしれないし、単に執筆者自身のマニアックな興味の発露なのかもしれない。ともかく、そうした箇所を排除することはせず、執筆者個々の現段階の認識としてそのまま示すことにした。その点の良しあしも含めて、読者の皆さんのご批判を待ちたい。

以下、本書成立にいたる経緯を記しておきたい。

野球史に関する研究会でもしようか、と当時若手の日本近現代史研究者幾人か――野球に造詣が深そうだというのは、飲み会でいやでもわかった――に声をかけ集まりを持ったのが、手元の記録では二〇〇四年春のようである。冒頭に記したぼんやりした思いがつのり、唐突な行動に出た、ということかもしれない。まず近年出された何冊かの野球史に関する文献を輪読しはじめ、メンバーは黒岩康博、白川哲夫、冨永望、萩原稔の各氏と私の、野球史の専門研究など全くやったことのない五名に固定されていった。先行する研究文献を踏まえつつも、世の中に流布しがちな「甲子園の強豪興亡史」や「栄光の球児たちのその後」といったエピソードに目を奪われない野球史像を作るという方向性は、早々に固まった。本書巻末資料も、甲子園出場校ではなく県大会上位進出校に焦点をあてるという、その試行錯誤の一端であった。白川さんが主に推進したこの方法は、全国大会に出た一握りの「勝者」だけでない存在を広く把捉し、浮かび上がらせたいとの私なりの思いに、いくらか通底していると感じられた。

メンバーは各都道府県を分担しその作業を行い、年に三回ほど集まり、思うところを考察していった。ただ進めていくうちに、単に「強豪史観」の地方版になりはしないか、作業に沈潜する前に「なぜ野球が好きなのか」をもっと自問しなくていいのか、という根本的な不安も抱えるようになった。メンバー全員がその不安を共有していたかどうかはわからない。とはいえ、社会的意義がすでに広く認知されたテーマの共同研究だとか、金をもらっているのだから三年で成果を出せとか、そういうのとは無縁の、何につながっていくかもわからない「野球史研」は、そのことだけで意義あるもののように思えたのである。

しかしやがて、メンバーもそれぞれに忙しくなり、各自「本来の領分」に精力を注いでいくようになった。野球は次第に視界から遠ざかって、私も幕末維新期の政治史に関する史料集の作成に加わり、そちらに時間を割くようになっていった。その仕事でご一緒したのが、本書の編集者である原宏一さんである。史料集は以前勤務されていた別の出版社での仕事だったが、それが二〇一三年初めに完成して半年ほどたち、遅まきながらの刊行祝賀会が行われた。その会で同席した原さんに、野球史研究のもつ可能性や有望性について、舌足らずな話を聞いてもらった。忘れかけていたメンバーの熱意が、不意に乗り移ったとしか思えない。自分でも不思議なことであったが、原さんはそのまま、成果刊行へ向けて動き出してくださった。

日本野球史を戦後だけでなく明治期から広く見渡し、植民地も視野に入れ、またなぜ高校野球人気(そして野球好き)が高まっていったのかも知りたい……。論点や希望は膨らむいっぽうだったが、門外漢の空騒ぎでは、歩みはおぼつかないようにも思われた。そこでほぼ同世代の、野球の歴史社会学やスポーツ史研究の専門家らに声をかけ、幸いにも小野容照、高井昌吏、高嶋航、中村哲也、西原茂樹の各氏が参加してくれることになった。ドラフト一位が一気に五人入団、ともいうべき奇跡が起きた。また白川さんに共編者の役目を引き受けてもらい、心強い体制で構想発表会ももった。そうしているうちに、原さんは新しい出版社・小さ子社を立ち上げられ、本書を記念すべき最初の刊行ラインナップに加えていただくことになった。それが、くしくも夏の「甲子園」第一〇〇回大会の年に重なった、というわけである。

周到な計画にそってではなく相当な期間の模索と紆余曲折をへて、本書は成った。ひとえに私以外の九人の執筆陣と原さんのお力によるものである。九人いれば試合はできるという観点からは、最もヘタな私はまさに控えに回るべきだったのだろう。だが打席で立ちすくむばかりの私を見捨てることなく、一〇人目に入れていただいた諸氏の包容力と、研究会および本書の方向性をパワフルにリードされた共編者の白川さん、そしていつも的確なコースにミットを構えていただいた原さんの巧みなインサイドワークに、心より感謝の意を申し上げる。

本書は、高校野球史への新たな「眺め方」をいろいろ提示してみよう、と試みたものである。もとより、深められていない論点や、論及できなかったトピックが多々あることは自覚している。特に、本書全体を貫く全体的な歴史観を、各論考が共有して打ち出したというよりは、そこへ向けた可能性や視座を個々の立場から示すにとどまっていることは、認めざるを得ない。しかしそれは、野球史という地平がいかに広いかを物語るものでもある。本書をステップに、今後いっそう視界良好な「眺め方」が練り上げられると信じ、ボールをひとまず置くことにしたい。

二〇一八年八月

一〇〇回目（正確には九八回目）の決勝戦翌日に

編者を代表して　谷川　穣

双葉 対 樟蔭 塁審 ①木嶋 ②久保田

6	7	8	9	10	11	12
	Ⅰ 6-3		Ⅰ 1-3			
	3-6 Ⅱ B		Ⅱ K			
	3-		Ⅲ K			
	Ⅲ 6-3					
		Ⅰ 9F				
5-4 Ⅰ DB		(七) 6E				
(八)		Ⅱ 1-3				
Ⅱ 1-4		Ⅲ 5-3				
Ⅲ 6-3	代打 本田		④ 2-8			
			大会第2号			

安	四	失	安	四	失	安	四	失	安	四	失	安	四	失	安	四	失	安	四

既刊図書案内

学校で地域を紡ぐ ―『北白川こども風土記』から ―

菊地 暁・佐藤守弘 編

京都盆地の東北、京都市北白川の地で、1946年生まれの「戦後の子」の3年間の課外学習をまとめた成果『北白川こども風土記』(1959年)。
民俗学、歴史学、考古学、アーカイブズ論、学校資料論、視覚文化論、メディア論……、さまざまな分野の研究者、クリエーター、ファシリテーターたちが、この不思議な魅力をたたえたテクスト、それを生み出した北白川という地の歴史的・文化的コンテクストと向かい合い、議論を経てまとめた一書。

〈主な目次〉

*そのほかコラム多数

● 本体2,800円(税別)A5判・並製本・408ページ ISBN:9784909782052

戦後日本の文化運動と歴史叙述
―地域のなかの国民的歴史学運動―

高田雅士 著

「国民的歴史学運動」は忌まわしき過去の悪夢なのか?
地域に生きる人びとの側から、具体的な運動のありようを明らかにし、そこで生み出された歴史叙述から戦後日本史像を問い直す。

● 本体4,800円(税別)A5判・上製本・292ページ ISBN:9784909782120【電子版あり】

盲教育史の手ざわり ―「人間の尊厳」を求めて―

岸 博実 著

明治初期から戦後までをおよその期間として、視覚障害教育の歩みをたどる100章。新たな事実や知られていなかった資料・文章を掘り起こし、歴史に埋もれた人物に新たな光を当てる。時代にコミットし、社会に参画しようと、懸命に歴史を生き抜いてきた視覚障害者たちの、ダイナミックな熱気を描き出す、渾身の一冊。

● 本体2,800円(税別)B5判・並製本・250ページ ISBN:9784909782076【電子版あり】

◎ テキストデータ提供のお知らせ

視覚障害、肢体不自由、発達障害などの理由で本書の文字へのアクセスが困難な方の利用に供する目的に限り、本書をご購入いただいた方に、本書のテキストデータを提供いたします。
ご希望の方は、必要事項を添えて、下のテキストデータ引換券を切り取って（コピー不可）、下記の住所までお送りください。

【必要事項】 データの送付方法をご指定ください（メール添付　または　CD-Rで送付）
メール添付の場合、送付先メールアドレスをお知らせください。
CD-R送付の場合、送付先ご住所・お名前をお知らせいただき、200円分の切手を同封してください。

【引換券送付先】 〒606-8233　京都市左京区田中北春菜町26-21　小さ子社

＊公共図書館、大学図書館その他公共機関（以下、図書館）の方へ
図書館がテキストデータ引換券を添えてテキストデータを請求いただいた場合も、図書館に対して、テキストデータを提供いたします。そのデータは、視覚障害などの理由で本書の文字へのアクセスが困難な方の利用に供する目的に限り、貸出などの形で図書館が利用に供していただいて構いません。

「甲《こう》子《し》園《えん》」の眺《なが》め方《かた》 ―― 歴史《れきし》としての高校野球《こうこうやきゅう》 ――

2018年10月20日 初版発行
2022年 5月10日 第2刷

編　者　白川哲夫・谷川 穣

発行者　原　宏一

発行所　合同会社小さ子社
〒606-8233 京都市左京区田中北春菜町26-21
電　話 075-708-6834
F A X 075-708-6839
E-mail info@chiisago.jp
https://www.chiisago.jp

印刷・製本　亜細亜印刷株式会社

ISBN 978-4-909782-00-7

テキストデータ引換券
「甲子園」の眺め方
―歴史としての高校野球―

● 執筆者　※内容は 2018年10月1日現在

白川哲夫　しらかわ てつお

1976年生。琵琶湖疏水記念館資料研究専門員。
主要論著：『戦没者慰霊と近代日本』（勉誠出版, 2015年）。

谷川　穣　たにがわ ゆたか

1973年生。京都大学大学院文学研究科准教授。
主要論著：『明治前期の教育・教化・仏教』（思文閣出版, 2008年）,『岩倉具視関係史料（上・下）』（共編著, 思文閣出版, 2012年）,『講座明治維新11　明治維新と宗教・文化』（共編著, 有志舎, 2016年）。

中村哲也　なかむら てつや

1978年生。高知大学地域協働学部准教授。
主要論著：『学生野球憲章とはなにか　自治から見る日本野球史』（青弓社, 2010年）,「日本版ＮＣＡＡ構想の問題点と課題」（『現代スポーツ評論』36号, 創文企画, 2017年）,「運動部における体罰の構造と対応策」（『教育』856号, かもがわ出版, 2017年）。

黒岩康博　くろいわ やすひろ

1974年生。天理大学文学部講師。
主要論著：『好古の瘴気─近代奈良の蒐集家と郷土研究』（慶應義塾大学出版会, 2017年）,「宮武正道宛軍事郵便─インドネシア派遣兵士と言語研究者」（『天理大学学報』第66巻第1号, 2014年）。

小野容照　おの やすてる

1982年生。九州大学大学院人文科学研究院准教授。
主要論著：『帝国日本と朝鮮野球─憧憬とナショナリズムの隘路』（中央公論新社, 2017年）,『朝鮮独立運動と東アジア　1910-1925』（思文閣出版, 2013年）,「第一次世界大戦の終結と朝鮮独立運動─民族「自決」と民族「改造」」（『人文学報』第110号, 2017年）。

高嶋　航　たかしま こう

1970年生。京都大学大学院文学研究科教授。
主要論著：『帝国日本とスポーツ』（塙書房, 2012年）,『軍隊とスポーツの近代』（青弓社, 2015年）,『中国ジェンダー史研究入門』（共編著, 京都大学学術出版会, 2018年）。

冨永　望　とみなが のぞむ

1974年生。京都大学大学文書館助教。
主要論著：『象徴天皇制の形成と定着』（思文閣出版, 2010年）,『昭和天皇退位論のゆくえ』（吉川弘文館, 2014年）,「柔らかな「統合」の形─公的行為の拡大と弱者へのまなざし」（吉田裕・瀬畑源・河西秀哉編『平成の天皇制とは何か　制度と個人のはざまで』岩波書店, 2017年）。

高井昌吏　たかい まさし
1972年生。東洋大学社会学部准教授。
主要論著：『女子マネージャーの誕生とメディア─スポーツ文化におけるジェンダー形成』(ミネルヴァ書房, 2005 年),『メディア文化を社会学する─歴史・ジェンダー・ナショナリティ』(共編著, 世界思想社, 2009年),『「反戦」と「好戦」のポピュラーカルチャー─メディア・ジェンダー・ツーリズム』(編著, 人文書院, 2011年)。

西原茂樹　にしはら しげき
1974年生。立命館大学・龍谷大学非常勤講師。
主要論著：「1910～30年代初頭の甲子園大会関連論説における野球(スポーツ)の教育的意義・効果に関する所説をめぐって─『大阪朝日』『大阪毎日』社説等の分析から」(『立命館産業社会論集』第41巻第4号, 2006年),「関西メディアと野球─戦時下の甲子園大会を中心に」(坂上康博・高岡裕之編『幻の東京オリンピックとその時代─戦時期のスポーツ・都市・身体』青弓社, 2009年),「甲子園野球の『物語』の生成とその背景─明治末期～昭和初期の『青年らしさ』『純真』の言説に注目して」(『スポーツ社会学研究』第21巻第1号, 2013年)。

萩原　稔　はぎはら みのる
1974年生。大東文化大学法学部准教授。
主要論著：『北一輝の「革命」と「アジア」』(ミネルヴァ書房, 2011年),『大正・昭和期の日本政治と国際秩序─転換期における「未発の可能性」をめぐって』(共編著, 思文閣出版, 2014年),『近代日本の対外認識Ⅱ』(共編著, 彩流社, 2017年)。

巻末資料

＊巻末資料の最新版を小さ子社Webサイトで公開しています
https://www.chiisago.jp/books/?code=9784909782007

- 資料１「夏の高校野球　都道府県大会決勝進出校データ（1948−2017）」
- 資料２「夏の高校野球　都道府県大会決勝進出校における公立・私立比率（1948−2017）」
- 資料３「春・夏の甲子園大会出場校における公立・私立比率（1948−2018）」

（「関西野球史研究会」）

本資料の説明、ならびに凡例

（１）資料１・２の成り立ち

資料１・２は、谷川穣・白川哲夫・黒岩康博・冨永望・萩原稔の五人をメンバーとして2004年に発足した「関西野球史研究会」（仮称）の作業の成果である。

同研究会では、学制改革に伴う「高校野球」のスタート（1948年）以降の全国高等学校野球選手権大会（いわゆる「夏の大会」）の各都道府県大会における決勝進出校を「公立普通校・公立実業校・私立校・私立大学系列校」の四つに分類する、という試みを進め、2005年までのデータを作成した（分担は、北海道・東北・滋賀・京都→白川。関東・奈良→冨永。北信越・東海・兵庫→萩原。中国・四国・和歌山→谷川。九州・大阪→黒岩）。

これに、萩原を中心に2017年までのデータを追補したうえで、過去にさかのぼってデータを再確認し、適宜修正を加えた。また、区分は「公立普通校・公立実業校・私立校」の三つに整理しなおした（この点は（３）で述べる）。

このほか、同研究会では、選抜高校野球大会（いわゆる「春の大会」）の全出場校、及び選抜大会出場校を決定するうえでの参考資料となる各都道府県の秋季大会の決勝進出校についても、同様の分類をもとに整理した。ただし、紙幅の関係上本書には収録していない。

（２）資料３について

資料３の原型は、上記の作業もふまえつつ、白川が作成した春・夏の甲子園大会出場校の分類・変遷の表である（白川「「野球史」研究の現状と可能性」（『ノートル・クリティーク』第１号、2008年）で発表済み）。そこでは、（１）で示した最初の四つの分類に即して、その出場校数及び比率が整理されている。

これに資料１・２同様、萩原がデータを追補し（2018年夏まで）、区分を「公立普通校・公立実業校・私立校」の三つに改めた。資料中、「比率」の太字は史上最高値、斜字は史上最低値を示している。

（３）資料中の学校区分（とくに公立普通校／実業校について）

本資料の特徴の一つは、学校の区分に着目した点にあるだろう。（１）（２）で記したように、資料では学校の区分を「公立普通校・公立実業校・私立校」の三つに整理した。当初の「私立大学系列校」の分類については、「○○大付属」などの大学名を明示しない形の系列校も多く、大学との関係性も様々な形がありうることから「私立校」に統一した。

公立普通校／公立実業校の定義は、以下の通りとした（下記の「実業系の校名」とは、「○○商業」「○○工業」「○○実業」「○○農業」「○○水産」などを指す）。

「公立普通校」── 普通科（全日制）を設置している学校、および総合学科（全日制）を設置している学校。ただし、実業系の校名を称している場合は、上記にかかわらず実業校として分類する。この例としては、沖縄水産などがある。

「公立実業校」── 普通科／総合学科（いずれも全日制）を設置していない学校。実業系の校名が明示されない学校でも、これに当てはまるケースはすべて「実業校」として分類する。この例としては、岡山南、明野（三重）、峡南（山梨）などがある。

総合学科を設置している学校については、同学科が「普通科と職業学科とを総合するような新たな学科」であるという旧文部省の位置づけ（「総合学科について」1993年３月22日、文部科学省ＨＰ、http://www.mext.go.jp/a_menu/shotou/kaikaku/seido/1258029.htm　2017年８月31日閲覧）があるため、分類は困難ともいえる。それぞれの学校の成立過程をみても、普通科中心の高校を改編したもの、実業系学

科中心の高校を改編したもの、両者の合併によるもの、その他さまざまなパターンが確認できるが、実業系の学校を母体とする場合、総合学科の設置に伴い、従来の実業系の校名を変更するパターンが多いこと ── 例えば、鳴門商（徳島）→鳴門第一（鳴門工と合併して現校名は鳴門渦潮） ── に着目し、実業系の校名を変更していないものを除き、「公立普通校」として分類した。

また、同一校名でも、普通科の廃止・設置などの時期により、「公立普通校」「公立実業校」の双方に分類されるものもある。例として、吉備（和歌山）は1958～82年の時期、全日制普通科は募集を停止（定時制の普通科は継続）しているため、この間の同校は「公立実業校」、1983年の県準優勝時も、普通科の生徒は一年生しかいないことから同様に「公立実業校」とし、87年の準優勝時は「公立普通校」と分類している。同様の例に小山（栃木）などがある。

なお、各校の分類に際して、学科構成などについては、各校のホームページに掲出されている沿革に関する記述や、各校が編纂・刊行している年史などを参照している（調査期間は2017年9月～2018年6月）。

（4）資料1の凡例

- 「校数」欄には都道府県大会の参加校数を示した。近年では連合チームによる参加もあるため、厳密には「参加チーム」数である。
- 「優勝校」、「準優勝校」欄は、各年代当時の校名を示した。校名変更・統廃合・分離・休廃校については表の初出時に（　）内に変動後の情報を示した。なお情報は2022年4月1日現在のものである。
- 校名変更等の変動の表記については、次のようなルールにのっとって示した。

＊複数回の変動があった学校：

【例】1975年　北海道日大（→北海道桜丘）　1988年　北海道桜丘（→北海道栄）

＊複数回の変動があった学校：現行の校名と違う時期に表に登場しない場合は、その校名の表記を省略した。ただし、表に登場しない校名で1948年以降に甲子園出場がある場合は注記した。

【例】1982年　信州工（→東京都市大塩尻）　※2001年～08年は「武蔵工大二」だが決勝進出がない。

【例】2001年　塚原青雲（→松本国際）＊4　2007年「創造学園大付」で選抜大会出場

＊複数校に分離した学校：【例】1961年　熊谷商工（→熊谷工・熊谷商）

＊連合チーム：【例】斑鳩・法隆寺国際

＊対外的な表記のみ変更された場合も変動として扱った。

【例】1951年　県和歌山商（→和歌山商）

＊正式な校名を変更したが、対外的な表記を変更していない場合は、校名変更として扱わなかった。

【例】2011年　野辺地西　※この年の正式校名は「光星学院野辺地西」（現・八戸学院野辺地西）だが、対外的に「野辺地西」と表記。

＊中等教育学校への転換については、校名変更として扱わなかった。

＊その他、校名についてはマスメディアにおける表記や、当該校自身の対外的な表記などを考慮して示した。

- 「公立普通校」を公、「公立実業校」を公実、私立校を私で示した。
- 「公立普通校」「公立実業校」の分類に変動があった場合や、私立校が公立に移管された場合、その他複雑な変遷があった場合は、適宜表下部に注記した。

【例】旭川南＊1　1974年旭川市に、80年北海道に移管

- 「備考」欄には当時の地区大会名や地区大会進出校数などを示した。

＊1977年以前には、府県大会後に複数の学校が甲子園出場校を決定する地区大会に出場している例がある。このうち県大会で決勝ないし準決勝を行わなかった（優勝校が決定されなかった）場合については、△を地区大会名の左に付した。【例】△西中国４　そのうえで、甲子園出場校を「優勝校」欄に示し、甲子園出場がなかった場合には左から五十音順で示した（中央の縦罫線は付さない）。また、決勝進出しなかった学校が甲子園に出場した場合には、「選手権出場校」欄に示した上で注を付した。

- 「選手権出場校」欄には、甲子園出場校が府県大会後の地区大会で決まる場合の全国大会出場校の校名を示した。×は、全国大会出場校がないことを表す。
- 1959年以降の北海道、1974年以降の東京、そして1998年と2008年の千葉・埼玉・神奈川・愛知・大阪・兵庫については、同一都道府県内を二つの地区に分割してそれぞれ決勝を行っているため、それぞれの大会の決勝進出校もデータに加えた。
- いわゆる「一県一代表制」が確立するのは1978年以降であるが、あくまで都道府県ごとの有力校の推移をみる、という観点に基づく整理のため、全国大会に

出場したか否かは問わず、一律に都道府県大会の決勝進出校を掲載した。

（5）資料2の凡例

- 時期区分は、1948～60年を第Ⅰ期、1961～75年を第Ⅱ期、1976～90年を第Ⅲ期、1991～2005年を第Ⅳ期、2006～2017年を第Ⅴ期として、ローマ数字で表した（詳細は本書第9章を参照されたい）。
- 「公立普通校」「公立実業校」「私立校」それぞれについて、時期区分ごとに、出場校数の合計とその比率を示した。
- 比率の数値は、いずれも小数点第2位以下を四捨五入して示した。よって、総計が100.0%にならないこともある。
- 太字は該当時期における最大値を表している。
- 「公私の画期」欄には、私立の決勝進出校の比率が、公立全体の決勝進出校のそれに最初に並ぶか上回った時期に○を付した（一旦下回り、再び上回る場合には○をその時期に再度付した）。また、そうした時期がない場合は「合計」の行に×を付した。ただし、和歌山については、「第Ⅳ期」「第Ⅴ期」の私立占有率は45%前後だが、ほぼ智弁和歌山が優勝を独占していることに鑑みて（「第Ⅳ期」15年中11回、他に私立1回、「第Ⅴ期」12年中9回）、「第Ⅳ期」を「画期」と位置づけた（本書第9章を参照）。

（6）2刷時の訂正

- 本書第2刷にあたり、資料1の校名変遷情報を追加し、資料2・3の比率数値の誤りなどを修正した。
- 2018年以降分の新たなデータによって、資料2の「公私の画期」が初版時と変動した箇所があるが、本書では初版の通りとした。
- 2018年以降分のデータを反映させると、本書第9章の記述内容と若干異なる箇所も出てくるが、同章はあくまで2017年までのデータから導き出された記述であり、またそれによる論旨の大幅変更の必要はないと判断し、その点での記述の修正は加えていない。
- 2018年以降分を含めた資料の全データは、小さ子社Webサイトで公開している。
https://www.chiisago.jp/books/?code=9784909782007

資料１　「夏の高校野球　都道府県大会決勝進出校データ（1948-2017）」

北海道

年度	校数	優勝校		準優勝校		備考
1948年	68	函館工	公実	滝川	公	1道1代表制
1949年	80	帯広（→帯広柏葉）	公	旭川（→旭川東）	公	
1950年	96	北海	私	旭川東	公	
1951年	102	北海	私	帯広柏葉（→帯広柏葉・帯広工）	公	
1952年	113	函館西	公	函館東（→市函館）	公	
1953年	123	北海	私	旭川東	公	
1954年	125	北海	私	札幌北	公	
1955年	128	芦別	公	釧路江南	公	
1956年	134	北海	私	苫小牧工	公実	
1957年	136	函館工	公実	室蘭清水丘	公	
1958年	140	札幌商（→北海学園札幌）	私	苫小牧東	公	

北北海道

年度	校数	優勝校		準優勝校		備考
1959年	77	帯広三条	公	旭川北	公	この年より南北2代表制
1960年	76	旭川北	公	帯広柏葉	公	
1961年	80	釧路江南	公	旭川東	公	
1962年	84	帯広三条	公	帯広柏葉	公	
1963年	91	釧路商	公実	北見北斗	公	
1964年	100	旭川南 *1	私	滝川商（→滝川西） *2	私	
1965年	109	帯広三条	公	北見柏陽	公	
1966年	109	釧路江南	公	白樺学園	私	
1967年	110	網走南ヶ丘	公	旭川西	公	
1968年	113	北日本学院（→旭川大）	私	芦別工（→芦別）	公実	
1969年	113	芦別工	公実	旭川東	公	
1970年	113	北見柏陽	公	名寄（→名寄・名寄産）	公	
1971年	113	留萌	公	旭川竜谷（→旭川龍谷）	私	
1972年	108	北見工	公実	旭川竜谷	私	
1973年	108	旭川竜谷	私	北見工	公実	
1974年	109	旭川竜谷	私	釧路商	公実	
1975年	114	旭川竜谷	私	釧路江南	公	
1976年	110	釧路江南	公	旭川竜谷	私	
1977年	119	釧路江南	公	旭川竜谷	私	
1978年	119	旭川竜谷	私	旭川工	公実	
1979年	124	釧路工	公実	砂川北（→砂川）	公	
1980年	125	旭川大	私	稚内大谷	私	
1981年	128	帯広工	公実	稚内大谷	私	
1982年	129	帯広農	公実	北見北斗	公	
1983年	128	旭川竜谷	私	旭川北	公	
1984年	134	広尾	公	旭川大	私	
1985年	134	旭川竜谷	私	釧路湖陵	公	
1986年	131	帯広三条	公	帯広北	私	
1987年	129	帯広北	私	釧路湖陵	公	
1988年	133	滝川西	公	旭川竜谷	私	
1989年	131	帯広北	私	砂川北	公	
1990年	132	中標津	公	旭川竜谷	私	
1991年	133	旭川工	公実	旭川東栄（→旭川永嶺）	公	
1992年	134	砂川北	公	旭川竜谷	私	
1993年	133	旭川大	私	稚内大谷	私	
1994年	135	砂川北	公	滝川西	公	
1995年	133	旭川実	私	帯広南商	公実	
1996年	132	旭川工	公実	帯広南商	公実	
1997年	129	旭川大	私	滝川西	公	
1998年	127	滝川西	公	帯広南商	公実	
1999年	127	旭川実	私	帯広南商	公実	
2000年	129	旭川大	私	帯広三条	公	
2001年	126	帯広三条	公	旭川実	私	
2002年	129	旭川工	公実	砂川北	公	
2003年	125	旭川大	私	滝川西	公	
2004年	121	旭川北	公	雄武	公	
2005年	120	旭川工	公実	遠軽	公	
2006年	117	白樺学園	私	遠軽	公	
2007年	123	駒大岩見沢（→廃校）	私	白樺学園	私	区割り変更（南空知が北へ）
2008年	120	駒大岩見沢	私	旭川実	私	
2009年	121	旭川大	私	帯広大谷	私	
2010年	117	旭川実	私	武修館	私	
2011年	116	白樺学園	私	遠軽	公	

2012年	111	旭川工	公実	遠軽	公	
2013年	107	帯広大谷	私	旭川南	公	
2014年	103	武修館	私	釧路工	公実	
2015年	102	白樺学園	私	旭川実	私	
2016年	97	クラーク国際	私	滝川西	公	
2017年	94	滝川西	公	白樺学園	私	

＊1 1974年旭川市に、80年北海道に移管　＊2 1973年滝川市に移管

南北海道

年度	校数	優勝校		準優勝校		備考
1959年	69	苫小牧東	公	北海	私	この年より南北2代表制
1960年	73	北海	私	苫小牧工	公実	
1961年	76	札幌商	私	函館有斗（→函館大有斗）	私	
1962年	80	北海	私	函館工	公実	
1963年	82	函館工	公実	北海	私	
1964年	90	北海	私	札幌光星	私	
1965年	94	北海	私	美唄工（→美唄尚栄）	公実	
1966年	99	駒大苫小牧	私	室蘭清水丘	公	
1967年	96	北海	私	苫小牧東	公	
1968年	98	北海	私	苫小牧東	公	
1969年	98	三笠	公	北海	私	
1970年	100	北海	私	札幌光星	私	
1971年	100	北海	私	栗山	公	
1972年	98	苫小牧工	公実	函館有斗	私	
1973年	100	札幌商	私	夕張南（→夕張）	公	
1974年	103	函館有斗	私	苫小牧工	公実	
1975年	104	北海道日大（→北海道桜丘）	私	札幌開成	公	
1976年	106	東海大四（→東海大札幌）	私	室蘭大谷（→北海道大谷室蘭）	私	
1977年	115	札幌商	私	北海	私	
1978年	120	東海大四	私	美唄南（→美唄尚栄）	公	
1979年	120	札幌商	私	東海大四	私	
1980年	126	札幌商	私	札幌開成	公	
1981年	130	函館有斗	私	東海大四	私	
1982年	132	函館有斗	私	北海道日大	私	
1983年	134	駒大岩見沢	私	北海	私	
1984年	145	北海	私	苫小牧南	公	
1985年	142	函館有斗	私	苫小牧工	公実	
1986年	142	東海大四	私	苫小牧東	公	
1987年	142	函館有斗	私	駒大岩見沢	私	
1988年	148	札幌開成	公	北海道桜丘（→北海道栄）	私	
1989年	152	北海	私	駒大岩見沢	私	
1990年	153	函館大有斗	私	札幌第一	私	
1991年	151	北照	私	札幌第一	私	
1992年	153	北海	私	函館工	公実	
1993年	150	東海大四	私	苫小牧工	公実	
1994年	150	北海	私	札幌南	公	
1995年	152	北海道工（→尚志学園）	私	北照	私	
1996年	148	北海	私	東海大四	私	
1997年	148	函館大有斗	私	札幌南	公	
1998年	150	駒大岩見沢	私	札幌南	公	
1999年	149	北海	私	駒大岩見沢	私	
2000年	149	札幌南	公	北照	私	
2001年	151	駒大苫小牧	私	北海	私	
2002年	148	札幌第一	私	尚志学園（→北海道科学大）	私	
2003年	149	駒大苫小牧	私	北海道栄	私	
2004年	145	駒大苫小牧	私	北海道栄	私	
2005年	142	駒大苫小牧	私	北照	私	
2006年	141	駒大苫小牧	私	札幌光星	私	
2007年	129	駒大苫小牧	私	函館工	公実	区割り変更（南空知が北へ）
2008年	129	北海	私	札幌第一	私	
2009年	131	札幌第一	私	北照	私	
2010年	130	北照	私	函館大有斗	私	
2011年	128	北海	私	駒大苫小牧	私	
2012年	125	札幌第一	私	札幌日大	私	
2013年	125	北照	私	駒大苫小牧	私	
2014年	122	東海大四	私	小樽潮陵	公	
2015年	119	北海	私	北照	私	
2016年	115	北海	私	札幌日大	私	
2017年	110	北海	私	東海大札幌	私	

青森

年度	校数	優　勝　校		準　優　勝　校		備　考	選手権出場
1948年	19	青森一（→青森北）	公	青森	公	奥羽2	青森
1949年	19	八戸工	公実	青森一	公	奥羽2	×
1950年	23	八戸	公	青森	公	奥羽2	×
1951年	28	八戸	公	七戸	公	奥羽4	青森 *1
1952年	27	弘前	公	東奥義塾	私	奥羽2	×
1953年	26	八戸	公	青森	公	奥羽2	×
1954年	27	弘前	公	八戸	公	奥羽4	×
1955年	26	野辺地	公	八戸	公	奥羽2	×
1956年	26	八戸	公	青森	公	奥羽2	×
1957年	26	弘前	公	青森一	公	奥羽4	×
1958年	25	東奥義塾	私	弘前	公	なし	東奥義塾
1959年	26	八戸	公	青森商	公実	北奥羽	×
1960年	26	青森	公	八戸	公	△北奥羽2	青森
1961年	27	青森一	公	東奥義塾	私	△北奥羽2	×
1962年	27	青森一	公	八戸商	公実	△北奥羽2	青森一
1963年	27	東奥義塾	私	青森工	公実	なし	東奥義塾
1964年	34	東奥義塾	私	八戸工	公実	△北奥羽2	×
1965年	37	八戸	公	八戸工	公実	△北奥羽2	八戸
1966年	38	東奥義塾	私	弘前実	公実	△北奥羽2	×
1967年	37	東奥義塾	私	八戸工	公実	△北奥羽2	東奥義塾
1968年	38	三沢	公	八戸工	公実	なし	三沢
1969年	39	三沢	公	弘前実	公実	△北奥羽2	三沢
1970年	41	五所川原農林	公実	弘前実	公実	△北奥羽2	五所川原農林
1971年	42	黒石	公	弘前	公	△北奥羽2	×
1972年	43	弘前	公	弘前実	公実	△北奥羽2	×
1973年	44	青森商	公実	弘前	公	なし	青森商
1974年	44	五所川原農林	公実	弘前実	公実	△奥羽2	×
1975年	48	弘前	公	弘前工	公実	△奥羽2	×
1976年	48	弘前工	公実	弘前実	公実	△奥羽2	×
1977年	49	弘前実	公実	三沢	公	△奥羽2	×
1978年	48	青森北	公	八戸西	公	以降1県1代表制	
1979年	50	弘前実	公実	八戸西	公		
1980年	54	弘前工	公実	青森山田	私		
1981年	54	東奥義塾	私	八戸	公		
1982年	58	木造	公	青森山田	私		
1983年	62	八戸工大一	私	八戸	公		
1984年	63	弘前実	公実	弘前工	公実		
1985年	64	八戸	公	三沢商	公実		
1986年	66	三沢商	公実	青森山田	私		
1987年	66	八戸工大一	私	青森商	公実		
1988年	66	弘前工	公実	八戸	公		
1989年	66	弘前工	公実	青森商	公実		
1990年	67	八戸工大一	私	東奥義塾	私		
1991年	66	弘前実	公実	八戸工	公実		
1992年	66	弘前実	公実	五所川原工	公実		
1993年	65	青森山田	私	東奥義塾	私		
1994年	66	八戸	公	光星学院（→八戸学院光星）	私		
1995年	66	青森山田	私	光星学院	私		
1996年	67	弘前実	公実	光星学院	私		
1997年	68	光星学院	私	青森山田	私		
1998年	69	八戸工大一	私	光星学院	私		
1999年	69	青森山田	私	光星学院	私		
2000年	70	光星学院	私	弘前実	公実		
2001年	72	光星学院	私	青森	公		
2002年	75	青森山田	私	光星学院	私		
2003年	75	光星学院	私	青森山田	私		
2004年	75	青森山田	私	青森北	公		
2005年	76	青森山田	私	光星学院	私		
2006年	73	青森山田	私	光星学院	私		
2007年	73	青森山田	私	八戸工大一	私		
2008年	75	青森山田	私	光星学院	私		
2009年	74	青森山田	私	大湊	公		
2010年	73	八戸工大一	私	光星学院	私		
2011年	73	光星学院	私	野辺地西	私		
2012年	72	光星学院	私	弘前学院聖愛	私		
2013年	67	弘前学院聖愛	私	弘前	公		
2014年	67	八戸学院光星	私	青森	公		
2015年	68	三沢商	公実	八戸学院光星	私		
2016年	65	八戸学院光星	私	大湊	公		
2017年	63	青森山田	私	八戸学院光星	私		

*1 県大会は準決勝で敗退

岩手

年度	校数	優勝校		準優勝校		備考	選手権出場
1948年	28	福岡	公	花巻（→花巻北・花巻南）	公	奥羽	×
1949年	23	黒沢尻（→黒沢尻北・北上翔南）	公	花巻	公	奥羽4	盛岡（→盛岡一・盛岡商・盛岡二）＊1
1950年	27	盛岡	公	一関（→一関一・一関二）	公	奥羽2	盛岡
1951年	33	盛岡一	公	岩手	私	奥羽2	×
1952年	36	一関一	公	盛岡商	公実	奥羽4	盛岡商
1953年	35	盛岡一	公	遠野（→遠野・遠野緑峰）	公	奥羽2	×
1954年	37	福岡	公	黒沢尻工	公実	奥羽2	×
1955年	37	岩手	私	宮古（→宮古・宮古商）	公	奥羽4	岩手
1956年	39	盛岡一	公	黒沢尻工	公実	奥羽2	×
1957年	40	盛岡一	公	黒沢尻工	公実	奥羽2	黒沢尻工
1958年	42	福岡	公	盛岡農	公実	なし	福岡
1959年	43	宮古	公	盛岡工	公実	北奥羽	宮古
1960年	46	一関一	公	宮古	公	△北奥羽2	×
1961年	47	福岡	公	盛（→大船渡）	公	△北奥羽2	福岡
1962年	48	花泉	公	宮古	公	△北奥羽2	×
1963年	51	花巻北	公	黒沢尻工	公実	なし	花巻北
1964年	53	花巻商(→花巻東)	私	花巻北	公	△北奥羽2	花巻商
1965年	58	一戸	公	水沢一	私	△北奥羽2	×
1966年	60	花巻北	公	久慈（→久慈・久慈工・久慈商）	公	△北奥羽2	花巻北
1967年	62	久慈	公	盛岡三	公	△北奥羽2	×
1968年	62	盛岡一	公	水沢	公	なし	盛岡一
1969年	64	一関工	公実	一関商工（→一関学院）	私	△北奥羽2	×
1970年	65	黒沢尻工	公実	盛岡商	公実	△北奥羽2	×
1971年	67	花巻北	公	黒沢尻工	公実	△北奥羽2	花巻北
1972年	71	宮古水産	公実	宮古	公	△北奥羽2	宮古水産
1973年	72	盛岡三	公	盛岡商	公実	なし	盛岡三
1974年	74	一関商工	私	水沢一	私	以降1県1代表制	
1975年	76	盛岡商	公実	盛岡一	公		
1976年	78	花北商（→花北青雲）	公実	福岡	公		
1977年	79	黒沢尻工	公実	福岡	公		
1978年	76	盛岡一	公	黒沢尻工	公実		
1979年	78	久慈	公	福岡	公		
1980年	82	福岡	公	水沢	公		
1981年	84	盛岡工	公実	一関商工	私		
1982年	83	盛岡工	公実	宮古	公		
1983年	83	黒沢尻工	公実	盛岡工	公実		
1984年	84	大船渡	公	一関商工	私		
1985年	85	福岡	公	水沢	公		
1986年	83	一関商工	私	盛岡一	公		
1987年	86	一関商工	私	専大北上	私		
1988年	88	高田	公	釜石工（→釜石商工）	公実		
1989年	88	盛岡三	公	宮古北	公		
1990年	88	花巻東	私	花北商	公実		
1991年	90	専大北上	私	一関商工	私		
1992年	90	一関商工	私	専大北上	私		
1993年	89	久慈商（→久慈東）	公実	盛岡一	公		
1994年	89	盛岡四	公	一関一	公		
1995年	90	盛岡大付	私	花巻北	公		
1996年	90	盛岡大付	私	花北商	公実		
1997年	90	専大北上	私	花巻東	私		
1998年	90	専大北上	私	大船渡	公		
1999年	90	盛岡中央	私	専大北上	私		
2000年	90	専大北上	私	盛岡中央	私		
2001年	90	盛岡大付	私	専大北上	私		
2002年	89	一関学院	私	釜石南（→釜石）	公		
2003年	89	盛岡大付	私	福岡	公		
2004年	86	盛岡大付	私	一関学院	私		
2005年	85	花巻東	私	盛岡中央	私		
2006年	84	専大北上	私	盛岡大付	私		
2007年	82	花巻東	私	専大北上	私		
2008年	78	盛岡大付	私	盛岡中央	私		
2009年	75	花巻東	私	盛岡一	公		
2010年	74	一関学院	私	盛岡大付	私		
2011年	73	花巻東	私	盛岡三	公		
2012年	73	盛岡大付	私	花巻東	私		
2013年	72	花巻東	私	盛岡大付	私		
2014年	71	盛岡大付	私	花巻東	私		
2015年	70	花巻東	私	一関学院	私		
2016年	68	盛岡大付	私	一関学院	私		
2017年	68	盛岡大付	私	久慈	公		

＊1 県大会は準決勝で敗退

秋田

年度	校数	優勝校		準優勝校		備考	選手権出場
1948年	15	秋田南（→秋田）	公	能代南（→能代）	公	奥羽	×
1949年	14	秋田南	公	角館北（→角館）	公	奥羽2	×
1950年	19	金足農	公実	秋田南	公	奥羽4	×
1951年	22	秋田南	公	秋田商	公実	奥羽2	×
1952年	23	本荘	公	秋田南	公	奥羽2	×
1953年	23	秋田	公	金足農	公実	奥羽4	秋田
1954年	24	秋田	公	金足農	公実	奥羽2	秋田
1955年	24	秋田	公	秋田商	公実	奥羽2	×
1956年	25	秋田	公	大曲農	公実	奥羽4	秋田
1957年	25	秋田商	公実	秋田	公	奥羽2	×
1958年	26	秋田商	公実	本荘	公	なし	秋田商
1959年	27	金足農	公実	本荘	公	西奥羽	×
1960年	27	秋田商	公実	金足農	公実	△西奥羽2	秋田商
1961年	27	秋田商	公実	秋田	公	△西奥羽2	秋田商
1962年	28	秋田商	公実	大曲農	公実	△西奥羽2	×
1963年	31	能代	公	大曲農	公実	なし	能代
1964年	36	秋田工	公実	能代	公	△西奥羽2	秋田工
1965年	37	秋田	公	秋田商	公実	△西奥羽2	秋田
1966年	39	秋田	公	秋田工	公実	△西奥羽2	秋田
1967年	39	本荘	公	秋田商	公実	△西奥羽2	本荘
1968年	41	秋田市立（→秋田中央）	公	能代	公	なし	秋田市立
1969年	42	横手	公	秋田商	公実	△西奥羽2	横手
1970年	42	秋田商	公実	大館商（→大館国際）	公実	△西奥羽2	秋田商
1971年	42	秋田市立	公	金足農	公実	△西奥羽2	秋田市立
1972年	42	秋田市立	公	金足農	公実	△西奥羽2	秋田市立
1973年	43	秋田	公	大館商	公実	なし	秋田
1974年	43	秋田市立	公	秋田商	公実	△奥羽2	秋田市立
1975年	43	秋田商	公実	大曲農	公実	△奥羽2	秋田商
1976年	44	秋田商	公実	秋田	公	△奥羽2	秋田商
1977年	44	能代	公	秋田商	公実	△奥羽2	能代
1978年	45	能代	公	本荘	公	以降1県1代表制	
1979年	46	秋田商	公実	大館商	公実		
1980年	48	秋田商	公実	能代	公		
1981年	49	秋田経大付（→秋田経法大付）	私	金足農	公実		
1982年	49	秋田経大付	私	秋田商	公実		
1983年	49	秋田	公	金足農	公実		
1984年	49	金足農	公実	能代	公		
1985年	51	能代商（→能代松陽）	公実	秋田	公		
1986年	50	秋田工	公実	秋田南 *1	公		
1987年	50	秋田経法大付（→明桜）	私	角館	公		
1988年	49	本荘	公	能代商	公実		
1989年	49	秋田経法大付	私	秋田	公		
1990年	51	秋田経法大付	私	秋田中央	公		
1991年	51	秋田	公	秋田経法大付	私		
1992年	51	能代	公	金足農	公実		
1993年	51	秋田経法大付	私	金足農	公実		
1994年	51	秋田	公	秋田商	公実		
1995年	51	金足農	公実	秋田	公		
1996年	51	秋田経法大付	私	金足農	公実		
1997年	51	秋田商	公実	金足農	公実		
1998年	51	金足農	公実	秋田商	公実		
1999年	51	秋田	公	鷹巣（→秋田北鷹）	公		
2000年	51	秋田商	公実	秋田経法大付	私		
2001年	52	金足農	公実	秋田経法大付	私		
2002年	52	秋田商	公実	秋田南	公		
2003年	52	秋田	公	湯沢	公		
2004年	52	秋田商	公実	本荘	公		
2005年	51	秋田商	公実	金足農	公実		
2006年	51	本荘	公	秋田中央	公		
2007年	52	金足農	公実	秋田	公		
2008年	53	本荘	公	大館鳳鳴	公		
2009年	52	明桜（→ノースアジア大明桜）	私	本荘	公		
2010年	52	能代商	公実	秋田商	公実		
2011年	50	能代商	公実	秋田中央	公		
2012年	50	秋田商	公実	能代商	公実		
2013年	50	秋田商	公実	角館	公		
2014年	50	角館	公	能代松陽	公		
2015年	49	秋田商	公実	秋田南	公		
2016年	47	大曲工	公実	角館	公		
2017年	47	明桜	私	金足農	公実		

*1 1962年開校（1948年の「秋田南」とは別）

山形

年度	校数	優勝校		準優勝校		備考	選手権出場校
1948年	17	山形二（→山形南）	公	米沢一（→米沢）	公	東北2	×
1949年	17	山形二	公	市山形商（→山形市商）	公実	東北4	×
1950年	22	山形東（→山形東・山形北）	公	山形工	公実	東北2	×
1951年	20	鶴岡工	公実	米沢（→米沢西・米沢東）	公	東北2	×
1952年	21	米沢西（→米沢興譲館）	公	山形東	公	東北4	山形南 *1
1953年	22	米沢西	公	鶴岡工	公実	東北2	×
1954年	24	鶴岡工	公実	山形南	公	東北2	×
1955年	27	山形南	公	山形市商	公実	東北4	新庄北（→新庄北・新庄工・新庄神室産）*2
1956年	25	米沢工	公実	酒田東	公	東北2	×
1957年	26	山形市商	公実	山形南	公	東北2	山形南
1958年	24	山形南	公	山形東	公	なし	山形南
1959年	28	新庄北	公	山形市商	公実	西奥羽	新庄北
1960年	28	山形第一（→日大山形）	私	山形南	公	△西奥羽2	×
1961年	28	山形市商	公実	山形南	公	△西奥羽2	×
1962年	33	山形市商	公実	山形南	公	△西奥羽2	山形市商
1963年	35	日大山形	私	山形市商	公実	なし	日大山形
1964年	38	日大山形	私	山形南	公	△西奥羽2	×
1965年	39	上山（→上山明新館）	公	米沢商	公実	△西奥羽2	×
1966年	41	鶴岡工	公実	日大山形	私	△西奥羽2	×
1967年	42	日大山形	私	山形南	公	△西奥羽2	×
1968年	43	日大山形	私	山形東	公	なし	日大山形
1969年	46	寒河江	公	酒田東	公	△西奥羽2	×
1970年	47	山形東	公	米沢工	公実	△西奥羽2	×
1971年	47	酒田商（→酒田光陵）	公実	日大山形	私	△西奥羽2	×
1972年	48	酒田商	公実	新庄工（→新庄神室産）	公実	△西奥羽2	×
1973年	48	日大山形	私	鶴商学園（→鶴岡東）	私	なし	日大山形
1974年	51	山形南	公	山形東	公	△東北2	山形南
1975年	52	酒田東	公	日大山形	私	△東北2	×
1976年	51	日大山形	私	山形電波工（→創学館）	私	以降1県1代表制	
1977年	52	酒田工（→酒田光陵）	公実	山形南	公		
1978年	52	鶴商学園	私	米沢商	公実		
1979年	52	日大山形	私	米沢工	公実		
1980年	52	山形南	公	寒河江	公		
1981年	52	鶴商学園	私	酒田東	公		
1982年	52	東海大山形	私	日大山形	私		
1983年	52	日大山形	私	東海大山形	私		
1984年	55	日大山形	私	米沢中央	私		
1985年	56	東海大山形	私	日大山形	私		
1986年	57	東海大山形	私	日大山形	私		
1987年	56	東海大山形	私	羽黒工（→羽黒）	私		
1988年	55	日大山形	私	米沢中央	私		
1989年	55	東海大山形	私	米沢中央	私		
1990年	56	日大山形	私	東海大山形	私		
1991年	56	米沢工	公実	鶴商学園	私		
1992年	56	日大山形	私	米沢中央	私		
1993年	56	日大山形	私	山形中央	公		
1994年	55	鶴岡工	公実	山形市商	公実		
1995年	55	東海大山形	私	日大山形	私		
1996年	55	日大山形	私	羽黒工	私		
1997年	55	酒田南	私	東海大山形	私		
1998年	54	日大山形	私	酒田南	私		
1999年	54	酒田南	私	上山明新館	公		
2000年	57	酒田南	私	東海大山形	私		
2001年	56	酒田南	私	日大山形	私		
2002年	56	酒田南	私	羽黒	私		
2003年	55	羽黒	私	酒田南	私		
2004年	55	酒田南	私	東海大山形	私		
2005年	55	酒田南	私	羽黒	私		
2006年	56	日大山形	私	東海大山形	私		
2007年	55	日大山形	私	羽黒	私		
2008年	56	酒田南	私	羽黒	私		
2009年	56	酒田南	私	新庄東	私		
2010年	55	山形中央	公	鶴岡東	私		
2011年	54	鶴岡東	私	山形中央	公		
2012年	54	酒田南	私	日大山形	私		
2013年	52	日大山形	私	米沢中央	私		
2014年	49	山形中央	公	酒田南	私		
2015年	49	鶴岡東	私	羽黒	私		
2016年	49	鶴岡東	私	山形中央	公		
2017年	49	日大山形	私	山形中央	公		

*1 県大会は準決勝で敗退　*2 県大会は準決勝で敗退

宮城

年度	校数	優勝校		準優勝校		備考	選手権出場校
1948年	25	石巻	公	仙台一	公	東北2	石巻
1949年	30	東北	私	塩釜	公	△東北2	東北
1950年	32	仙台一	公	宮城県工	公実	東北4	仙台一
1951年	34	古川	公	宮城県工	公実	東北2	×
1952年	35	仙台二	公	気仙沼	公	東北2	×
1953年	34	白石 仙台二	公 公	仙台工 古川	公実 公	△東北4	白石
1954年	38	仙台商	公実	気仙沼	公	東北2	×
1955年	37	仙台商	公実	仙台一	公	東北2	×
1956年	38	仙台二	公	白石	公	東北4	仙台二
1957年	38	仙台二	公	東北	私	△東北2	×
1958年	38	東北	私	仙台商	公実	なし	東北
1959年	38	東北	私	仙台	公	東北	東北
1960年	38	東北	私	佐沼	公	△東北2	東北
1961年	38	東北	私	仙台育英	私	△東北2	東北
1962年	39	気仙沼	公	東北	私	△東北2	気仙沼
1963年	42	仙台育英	私	東北	私	なし	仙台育英
1964年	43	仙台育英	私	仙台一	公	△東北2	仙台育英
1965年	45	仙台育英	私	古川工	公実	△東北2	×
1966年	46	佐沼	公	仙台商	公実	△東北2	×
1967年	46	仙台商	公実	仙台育英	私	△東北2	仙台商
1968年	46	東北	私	築館	公	なし	東北
1969年	46	仙台商	公実	仙台工	公実	△東北2	仙台商
1970年	46	仙台育英	私	東北	私	△東北2	×
1971年	46	東北	私	古川	公	△東北2	×
1972年	51	東北	私	仙台商	公実	△東北2	東北
1973年	53	仙台育英	私	東北	私	なし	仙台育英
1974年	54	仙台育英	私	東北	私	△東北2	×
1975年	55	仙台育英	私	志津川	公	△東北2	仙台育英
1976年	57	東北	私	仙台商	公実	以降1県1代表制	
1977年	59	仙台育英	私	東北	私		
1978年	60	仙台育英	私	東北	私		
1979年	60	東北	私	仙台育英	私		
1980年	62	東北	私	仙台商	公実		
1981年	64	仙台育英	私	東北	私		
1982年	65	東北	私	仙台育英	私		
1983年	70	仙台商	公実	仙台三	公		
1984年	71	東北	私	仙台育英	私		
1985年	73	東北	私	仙台西	公		
1986年	75	仙台育英	私	仙台工	公実		
1987年	76	東北	私	仙台育英	私		
1988年	76	東陵	私	東北	私		
1989年	76	仙台育英	私	仙台三	公		
1990年	76	仙台育英	私	東陵	私		
1991年	76	東北	私	利府	公		
1992年	76	仙台育英	私	東北学院榴ケ岡	私		
1993年	76	東北	私	仙台工	公実		
1994年	76	仙台育英	私	仙台工	公実		
1995年	77	仙台育英	私	仙台商	公実		
1996年	75	仙台育英	私	仙台商	公実		
1997年	76	仙台育英	私	東北	私		
1998年	77	仙台	公	東北	私		
1999年	76	仙台育英	私	利府	公		
2000年	76	仙台育英	私	東北	私		
2001年	76	仙台育英	私	東北	私		
2002年	75	仙台西	公	柴田	公		
2003年	78	東北	私	仙台育英	私		
2004年	77	東北	私	利府	公		
2005年	78	東北	私	石巻工	公実		
2006年	79	仙台育英	私	東北	私		
2007年	80	仙台育英	私	仙台商	公実		
2008年	81	仙台育英	私	東北	私		
2009年	80	東北	私	仙台育英	私		
2010年	78	仙台育英	私	気仙沼向洋	公実		
2011年	77	古川工	公実	利府	公		
2012年	76	仙台育英	私	東北	私		
2013年	73	仙台育英	私	柴田	公		
2014年	74	利府	公	佐沼	公		
2015年	73	仙台育英	私	古川工	公実		
2016年	72	東北	私	利府	公		
2017年	69	仙台育英	私	東北	私		

福島

年度	校数	優勝校		準優勝校		備考	選手権出場校
1948年	28	磐城	公	福島商	公実	東北4	×
1949年	36	福島商	公実	双葉（→休校）	公	東北2	×
1950年	22	郡山工（→郡山北工）	公実	磐城	公	東北2	×
1951年	28	安積	公	会津	公	東北4	福島商 *1
1952年	39	安積	公	双葉	公	東北2	×
1953年	29	福島商	公実	若松商	公実	東北2	×
1954年	40	福島商	公実	郡山商	公実	東北4	福島商
1955年	40	福島商	公実	双葉	公	東北2	×
1956年	39	福島	公	磐城	公	東北2	×
1957年	38	内郷（→いわき総合）	公	相馬	公	東北4	×
1958年	41	福島商	公実	川俣	公	なし	福島商
1959年	42	喜多方	公	保原	公	東北	×
1960年	45	磐城	公	双葉	公	△東北2	×
1961年	49	磐城	公	学法福島工（→学法福島）	私	△東北2	×
1962年	51	双葉	公	保原	公	△東北2	×
1963年	54	磐城	公	福島商	公実	なし	磐城
1964年	55	平工	公実	田村	公	△東北2	×
1965年	59	保原	公	磐城	公	△東北2	保原
1966年	60	福島商	公実	磐城	公	△東北2	福島商
1967年	60	福島商	公実	保原	公	△東北2	×
1968年	60	磐城	公	福島商	公実	なし	磐城
1969年	59	磐城	公	田村	公	△東北2	×
1970年	59	磐城	公	須賀川（→須賀川創英館）	公	△東北2	磐城
1971年	58	磐城	公	勿来工	公実	△東北2	磐城
1972年	60	学法石川	私	保原	公	△東北2	×
1973年	60	双葉	公	学法石川	私	なし	双葉
1974年	61	福島商	公	学法石川	私	以降1県1代表制	
1975年	61	磐城	公	白河農工（→白河実）	公実		
1976年	61	学法石川	私	郡山西工（→郡山北工）	公実		
1977年	63	福島商	公実	小野	公		
1978年	66	郡山北工	公実	安積商（→帝京安積）	私		
1979年	68	安積商	私	福島商	公実		
1980年	69	双葉	公	学法石川	私		
1981年	70	福島商	公実	安積	公		
1982年	70	安積商	私	学法石川	私		
1983年	72	学法石川	私	棚倉（→修明）	公		
1984年	72	学法石川	私	磐城	公		
1985年	73	磐城	公	若松商	公実		
1986年	74	学法石川	私	日大東北	私		
1987年	76	日大東北	私	郡山	公		
1988年	78	学法石川	私	白河実	公実		
1989年	78	学法石川	私	磐城	公		
1990年	78	日大東北	私	磐城	公		
1991年	78	学法石川	私	双葉	公		
1992年	78	郡山	公	湯本	公		
1993年	78	学法石川	私	東白川農商（→修明）	公実		
1994年	78	双葉	公	福島商	公実		
1995年	79	磐城	公	郡山	公		
1996年	80	日大東北	私	勿来工	公実		
1997年	81	日大東北	私	学法石川	私		
1998年	83	日大東北	私	学法石川	私		
1999年	82	学法石川	私	日大東北	私		
2000年	83	福島商	公実	光南	公		
2001年	88	聖光学院	私	日大東北	私		
2002年	91	日大東北	私	学法石川	私		
2003年	93	日大東北	私	聖光学院	私		
2004年	93	聖光学院	私	清陵情報	公実		
2005年	93	聖光学院	私	学法石川	私		
2006年	93	光南	公	日大東北	私		
2007年	94	聖光学院	私	日大東北	私		
2008年	91	聖光学院	私	郡山商	公実		
2009年	89	聖光学院	私	東日大昌平	私		
2010年	88	聖光学院	私	光南	公		
2011年	87	聖光学院	私	須賀川	公		
2012年	85	聖光学院	私	学法石川	私		
2013年	83	聖光学院	私	日大東北	私		
2014年	81	聖光学院	私	日大東北	私		
2015年	78	聖光学院	私	日大東北	私		
2016年	78	聖光学院	私	光南	公		
2017年	78	聖光学院	私	いわき光洋	公		

*1 県大会は準決勝で敗退

茨城

年度	校数	優勝校		準優勝校		備考	選手権出場校
1948年	27	水戸商	公実	水戸工	公実	北関東4	×
1949年	31	水戸商	公実	下妻一	公	北関東2	水戸商
1950年	33	水戸一	公	茨城	私	北関東2	×
1951年	31	水戸商	公実	水戸一	公	北関東4	×
1952年	35	水戸商	公実	水戸工	公実	北関東2	水戸商
1953年	35	水戸一	公	水戸商	公実	北関東2	×
1954年	34	水戸一	公	土浦一	公	北関東4	水戸一
1955年	35	水戸一	公	水海道一	公	北関東2	×
1956年	33	水戸一	公	土浦三	公	北関東2	×
1957年	35	水戸商	公実	土浦一	公	北関東4	土浦一
1958年	34	水戸商	公実	日立一	公	なし	水戸商
1959年	36	下館一（→下館一・下館工）	公	茨城	私	東関東	下館一
1960年	36	水戸商	公実	日立一	公	東関東	水戸商
1961年	36	水戸商	公実	竜ヶ崎一	公	△東関東2	×
1962年	37	取手二	公	水戸農	公実	△東関東2	×
1963年	42	水戸工	公実	水戸商	公実	なし	水戸工
1964年	49	取手一	公	水戸商	公実	△東関東2	×
1965年	53	土浦三	公	日立一	公	△東関東2	×
1966年	55	竜ヶ崎一	公	取手一	公	△東関東2	竜ヶ崎一
1967年	56	取手二	公	竜ヶ崎一	公	△東関東2	×
1968年	58	取手一	公	日立工	公実	なし	取手一
1969年	60	取手一	公	土浦日大	私	△東関東2	取手一
1970年	60	鉾田一	公	竜ヶ崎一	公	△東関東2	×
1971年	62	取手一	公	竜ヶ崎一	公	△東関東2	×
1972年	68	東洋大牛久	私	竜ヶ崎一	公	△東関東2	×
1973年	70	取手一	公	大宮（→常陸大宮）	公	なし	取手一
1974年	73	土浦日大	私	取手二	公	以降1県1代表制	
1975年	75	竜ヶ崎一	公	水戸一	公		
1976年	75	鉾田一	公	土浦日大	私		
1977年	78	取手二	公	土浦日大	私		
1978年	82	取手二	公	鉾田一	公		
1979年	83	明野	公	竜ヶ崎一	公		
1980年	82	江戸川学園取手	私	下妻一	公		
1981年	89	取手二	公	日立工	公実		
1982年	90	鉾田一	公	土浦日大	私		
1983年	91	茨城東	公	水戸商	公実		
1984年	97	取手二	公	竜ヶ崎一	公		
1985年	100	日立一	公	土浦三	公		
1986年	103	土浦日大	私	取手二	公		
1987年	107	常総学院	私	竜ヶ崎一	公		
1988年	108	常総学院	私	下妻一	公		
1989年	107	常総学院	私	日立工	公実		
1990年	108	竜ヶ崎一	公	水戸短大付（→水戸啓明）	私		
1991年	108	竜ヶ崎一	公	藤代紫水	公		
1992年	108	常総学院	私	日立工	公実		
1993年	108	常総学院	私	水戸商	公実		
1994年	108	水戸商	公実	土浦日大	私		
1995年	109	水戸商	公実	竜ヶ崎一	公		
1996年	109	水戸短大付	私	伊奈	公		
1997年	109	茨城東	公	水戸商	公実		
1998年	110	常総学院	私	土浦日大	私		
1999年	111	水戸商	公実	土浦三	公		
2000年	112	水戸商	公実	常総学院	私		
2001年	113	常総学院	私	藤代	公		
2002年	115	常総学院	私	水戸商	公実		
2003年	115	常総学院	私	藤代	公		
2004年	113	下妻二	公	常総学院	私		
2005年	114	藤代	公	波崎柳川	公		
2006年	109	常総学院	私	水戸桜ノ牧	公		
2007年	106	常総学院	私	常磐大	私		
2008年	106	常総学院	私	霞ヶ浦	私		
2009年	104	常総学院	私	水戸桜ノ牧	公		
2010年	103	水城	私	霞ヶ浦	私		
2011年	102	藤代	公	霞ヶ浦	私		
2012年	103	常総学院	私	水城	私		
2013年	103	常総学院	私	霞ヶ浦	私		
2014年	100	藤代	公	霞ヶ浦	私		
2015年	101	霞ヶ浦	私	日立一	公		
2016年	102	常総学院	私	明秀日立	私		
2017年	98	土浦日大	私	霞ヶ浦	私		

栃木

年度	校数	優勝校		準優勝校		備考	選手権出場校
1948年	27	大田原	公	宇都宮	公	北関東2	×
1949年	26	作新学院	私	足利工	公実	北関東2	×
1950年	27	足利工	公実	宇都宮工	公実	北関東4	宇都宮工
1951年	29	宇都宮工	公実	小山（→小山・小山北桜）	公実	北関東2	×
1952年	30	宇都宮商	公実	宇都宮学園（→文星芸大付）	私	北関東2	×
1953年	29	宇都宮工	公実	宇都宮商	公実	北関東4	宇都宮工
1954年	30	宇都宮工	公実	栃木	公	北関東2	×
1955年	30	作新学院	私	宇都宮工	公実	北関東2	×
1956年	29	作新学院	私	足利工	公実	北関東4	足利工
1957年	29	作新学院	私	宇都宮商	公実	北関東2	×
1958年	29	作新学院	私	宇都宮工	公実	なし	作新学院
1959年	30	宇都宮工	公実	宇都宮学園	私	北関東	宇都宮工
1960年	31	宇都宮学園	私	宇都宮工	公実	△北関東2	×
1961年	33	宇都宮学園	私	作新学院	私	△北関東2	宇都宮学園
1962年	34	作新学院	私	鹿沼農商（→鹿沼商工・鹿沼南）	公実	△北関東2	作新学院
1963年	36	足利工	公実	宇都宮工	公実	なし	足利工
1964年	38	作新学院	私	鹿沼農商	公実	△北関東2	作新学院
1965年	41	鹿沼農商	公実	足利工	公実	△北関東2	鹿沼農商
1966年	45	宇都宮学園	私	鹿沼農商	公実	△北関東2	×
1967年	46	鹿沼農商	公実	作新学院	私	△北関東2	鹿沼農商
1968年	48	小山	公実	作新学院	私	なし	小山
1969年	47	宇都宮学園	私	作新学院	私	△北関東2	宇都宮学園
1970年	48	鹿沼農商	公実	作新学院	私	△北関東2	×
1971年	48	宇都宮商	公実	小山	公実	△北関東2	×
1972年	51	足利工	公実	小山 *1	公実	△北関東2	足利工
1973年	51	作新学院	私	宇都宮東	公	なし	作新学院
1974年	53	宇都宮学園	私	鹿沼商工	公実	△北関東2	×
1975年	54	足利学園（→白鴎大足利）	私	作新学院	私	以降1県1代表制	
1976年	54	小山	公	足利学園	私		
1977年	58	宇都宮学園	私	栃木商	公実		
1978年	60	作新学院	私	小山	公		
1979年	60	足利学園	私	作新学院	私		
1980年	61	黒磯	公	小山	公		
1981年	60	宇都宮学園	私	栃木商	公実		
1982年	62	足利工	公実	国学院栃木	私		
1983年	61	宇都宮南	公	宇都宮工	公実		
1984年	63	足利工	公実	宇都宮工	公実		
1985年	65	国学院栃木	私	鹿沼商工	公実		
1986年	66	宇都宮工	公実	大田原	公		
1987年	67	足利工	公実	国学院栃木	私		
1988年	67	宇都宮学園	私	足利学園	私		
1989年	67	佐野日大	私	足利学園	私		
1990年	67	葛生（→青藍泰斗）	私	日光（→日光明峰）	公		
1991年	67	宇都宮学園	私	葛生	私		
1992年	67	宇都宮南	公	佐野日大	私		
1993年	67	佐野日大	私	葛生	私		
1994年	67	小山	公	足利	公		
1995年	67	宇都宮学園	私	作新学院	私		
1996年	67	宇都宮南	公	宇都宮工	公実		
1997年	67	佐野日大	私	葛生	私		
1998年	67	佐野日大	私	白鴎大足利	私		
1999年	66	栃木南（→栃木翔南）	公	小山西	公		
2000年	67	宇都宮学園	私	葛生	私		
2001年	68	佐野日大	私	作新学院	私		
2002年	67	小山西	公	宇都宮学園	私		
2003年	67	小山	公	作新学院	私		
2004年	66	宇都宮南	公	葛生	私		
2005年	66	宇都宮南	公	国学院栃木	私		
2006年	65	文星芸大付	私	佐野日大	私		
2007年	64	文星芸大付	私	宇都宮南	公		
2008年	63	白鷗大足利	私	宇都宮南	公		
2009年	63	作新学院	私	宇都宮工	公実		
2010年	63	佐野日大	私	作新学院	私		
2011年	63	作新学院	私	宇都宮商	公実		
2012年	65	作新学院	私	宇都宮工	公実		
2013年	64	作新学院	私	青藍泰斗	私		
2014年	62	作新学院	私	佐野日大	私		
2015年	63	作新学院	私	国学院栃木	私		
2016年	63	作新学院	私	国学院栃木	私		
2017年	61	作新学院	私	国学院栃木	私		

＊1 1972年普通科を設置。この年は普通科が1年生しかいない点を考慮し、実業校として分類

群馬

年度	校数	優勝校		準優勝校		備考	選手権出場校
1948年	18	前橋	公	藤岡（→廃校）	公	北関東2	前橋
1949年	20	高崎	公	富岡	公	北関東4	×
1950年	19	桐生	公	桐生工	公実	北関東2	×
1951年	19	桐生	公	桐生工	公実	北関東2	桐生
1952年	19	桐生工	公実	桐生	公	北関東4	×
1953年	20	桐生工	公実	桐生	公	北関東2	×
1954年	20	桐生	公	高崎商	公実	北関東2	×
1955年	20	桐生	公	前橋工	公実	北関東4	桐生
1956年	20	前橋商	公実	藤岡	公	北関東2	×
1957年	20	高崎	公	富岡	公	北関東2	×
1958年	20	桐生	公	富岡	公	なし	桐生
1959年	21	前橋	公	高崎商	公実	北関東	×
1960年	21	桐生工	公実	桐生	公	△北関東2	桐生工
1961年	23	桐生	公	前橋	公	△北関東2	×
1962年	23	桐生	公	前橋	公	△北関東2	×
1963年	24	桐生	公	前橋工	公実	なし	桐生
1964年	31	桐生	公	前橋工	公実	△北関東2	×
1965年	32	東京農大二	私	前橋工	公実	△北関東2	×
1966年	34	桐生	公	前橋工	公実	△北関東2	桐生
1967年	34	東京農大二	私	前橋商	公実	△北関東2	×
1968年	34	前橋工	公実	桐生	公	なし	前橋工
1969年	34	高崎商	公実	前橋工	公実	△北関東2	×
1970年	36	高崎商	公実	前橋工	公実	△北関東2	高崎商
1971年	36	高崎商	公実	上武大一（→廃校）	私	△北関東2	高崎商
1972年	36	桐生	公	高崎商	公実	△北関東2	×
1973年	36	前橋工	公実	利根商	公実	なし	前橋工
1974年	37	前橋工	公実	高崎	公	△北関東2	前橋工
1975年	37	樹徳	私	前橋工	公実	△北関東2	×
1976年	39	樹徳	私	高崎商	公実	△北関東2	×
1977年	41	高崎商	公実	富岡	公	△北関東2	高崎商
1978年	43	桐生	公	前橋工	公実	以降1県1代表制	
1979年	44	前橋工	公実	東京農大二	私		
1980年	45	前橋工	公実	樹徳	私		
1981年	47	前橋工	公実	高崎商	公実		
1982年	48	東京農大二	私	高崎商	公実		
1983年	48	太田工	公実	前橋工	公実		
1984年	53	高崎商	公実	中央	公		
1985年	54	東京農大二	私	樹徳	私		
1986年	56	前橋商	公実	関東学園大付	私		
1987年	56	中央	公	前橋工	公実		
1988年	57	高崎商	公実	利根商	公実		
1989年	58	東京農大二	私	前橋商	公実		
1990年	60	高崎商	公実	前橋工	公実		
1991年	61	樹徳	私	前橋工	公実		
1992年	61	樹徳	私	太田市商（→市太田）	公実		
1993年	62	桐生第一	私	利根商	公実		
1994年	64	東京農大二	私	前橋工	公実		
1995年	65	桐生第一	私	高崎商	公実		
1996年	65	前橋工	公実	常磐	私		
1997年	64	前橋工	公実	前橋	公		
1998年	65	桐生第一	私	太田市商	公実		
1999年	64	桐生第一	私	沼田	公		
2000年	64	桐生第一	私	前橋工	公実		
2001年	66	前橋工	公実	太田工	公実		
2002年	67	桐生市商	公実	太田市商	公実		
2003年	65	桐生第一	私	前橋商	公実		
2004年	65	桐生第一	私	前橋工	公実		
2005年	67	前橋商	公実	太田市商	公実		
2006年	67	桐生第一	私	前橋工	公実		
2007年	67	前橋商	公実	桐生第一	私		
2008年	67	桐生第一	私	樹徳	私		
2009年	67	東京農大二	私	樹徳	私		
2010年	68	前橋商	公実	前橋工	公実		
2011年	68	健大高崎	私	高崎商	公実		
2012年	68	高崎商	公実	桐生市商	公実		
2013年	66	前橋育英	私	東京農大二	私		
2014年	67	健大高崎	私	伊勢崎清明	公		
2015年	67	健大高崎	私	桐生第一	私		
2016年	65	前橋育英	私	健大高崎	私		
2017年	65	前橋育英	私	健大高崎	私		

埼玉

年度	校数	優勝校		準優勝校		備考	選手権出場校
1948年	36	本庄	公	熊谷	公	南関東4	×
1949年	38	深谷商	公実	本庄	公	南関東4	熊谷 ＊1
1950年	40	本庄	公	熊谷	公	南関東4	×
1951年	35	鴻巣（→鴻巣・鴻巣女子）	公	熊谷	公	南関東4	熊谷
1952年	34	鴻巣	公	川越工	公実	南関東4	×
1953年	34	浦和商	公実	浦和	公	南関東4	×
1954年	35	川越	公	浦和商	公実	南関東4	×
1955年	34	鴻巣	公	川越	公	南関東4	×
1956年	34	大宮	公	熊谷	公	南関東4	×
1957年	35	鴻巣	公	大宮	公	南関東4	大宮
1958年	36	大宮	公	川越	公	なし	大宮
1959年	38	川越	公	鴻巣	公	西関東	川越
1960年	40	大宮	公	大宮商	公実	西関東	大宮
1961年	41	大宮	公	熊谷商工（→熊谷工・熊谷商）	公実	△西関東2	×
1962年	42	上尾	公	大宮工	公実	△西関東2	×
1963年	45	大宮	公	大宮商	公実	なし	大宮
1964年	50	熊谷商工	公実	飯能	公	△西関東2	熊谷商工
1965年	50	熊谷商工	公実	大宮工	公実	△西関東2	熊谷商工
1966年	54	上尾	公	川越工	公実	△西関東2	×
1967年	55	大宮	公	大宮工	公実	△西関東2	大宮
1968年	56	大宮工	公実	大宮	公	なし	大宮工
1969年	57	川越工	公実	深谷商	公実	△西関東2	川越工
1970年	57	熊谷商	公実	上尾	公	△西関東2	熊谷商
1971年	61	深谷商	公実	熊谷商	公実	△西関東2	深谷商
1972年	62	大宮工	公実	熊谷商	公実	△西関東2	×
1973年	65	川越工	公実	熊谷商	公実	なし	川越工
1974年	66	上尾	公	川越商（→市川越）	公実	△西関東2	上尾
1975年	70	上尾	公	川口工	公実	以降1県1代表制	
1976年	75	所沢商	公実	上尾	公		
1977年	78	川口工	公実	熊谷商	公実		
1978年	91	所沢商	公実	立教（→立教新座）	私		
1979年	99	上尾	公	川越工	公実		
1980年	99	熊谷商	公実	川口工	公実		
1981年	116	熊谷商	公実	上尾	公		
1982年	128	熊谷	公	市川口（→川口市立）	公		
1983年	138	所沢商	公実	大宮東	公		
1984年	146	上尾	公	松山	公		
1985年	150	立教	私	川越工	公実		
1986年	154	浦和学院	私	大宮工	公実		
1987年	157	浦和学院	私	大宮東	公		
1988年	160	浦和市立（→市浦和）	公	市川口	公		
1989年	162	川越商	公実	大宮南	公		
1990年	163	大宮東	公	浦和学院	私		
1991年	163	春日部共栄	私	聖望学園	私		
1992年	163	秀明	私	伊奈学園総合	公		
1993年	165	春日部共栄	私	浦和学院	私		
1994年	165	浦和学院	私	春日部共栄	私		
1995年	166	越谷西	公	大宮東	公		
1996年	163	浦和学院	私	大宮東	公		
1997年	165	春日部共栄	私	市川口	公		
1998年	86	滑川（→滑川総合）	公	川越商	公実	西大会	
	81	埼玉栄	私	浦和学院	私	東大会	
1999年	165	聖望学園	私	浦和学院	私		
2000年	164	浦和学院	私	春日部共栄	私		
2001年	166	花咲徳栄	私	春日部東	公		
2002年	167	浦和学院	私	坂戸西	公		
2003年	168	聖望学園	私	春日部共栄	私		
2004年	165	浦和学院	私	所沢商	公実		
2005年	164	春日部共栄	私	埼玉栄	私		
2006年	162	浦和学院	私	鷲宮	公		
2007年	163	浦和学院	私	本庄一	私		
2008年	78	本庄一	私	上尾	公	北大会	
	79	浦和学院	私	立教新座	私	南大会	
2009年	158	聖望学園	私	埼玉栄	私		
2010年	159	本庄一	私	花咲徳栄	私		
2011年	159	花咲徳栄	私	春日部共栄	私		
2012年	157	浦和学院	私	聖望学園	私		
2013年	156	浦和学院	私	川越東	私		
2014年	156	春日部共栄	私	市川越	公		
2015年	157	花咲徳栄	私	白岡	公		
2016年	158	花咲徳栄	私	聖望学園	私		
2017年	156	花咲徳栄	私	浦和学院	私		

＊1 県大会は準決勝で敗退

千葉

年度	校数	優勝校		準優勝校		備考	選手権出場校
1948年	24	成田	私	佐原（→佐原一・下総）	公	南関東4	成田
1949年	29	佐原	公	成田	私	南関東4	×
1950年	32	成田	私	千葉商	公実	南関東4	千葉一（→県千葉）＊1
1951年	35	成田	私	千葉一	公	南関東4	×
1952年	34	成田	私	船橋（→県船橋）	公	南関東4	成田
1953年	37	銚子商	公実	千葉商	公実	南関東4	千葉一 ＊2
1954年	37	千葉一	公	千葉商	公実	南関東4	千葉商
1955年	43	成田	私	千葉一	公	南関東4	成田
1956年	44	千葉商	公実	船橋	公	南関東4	千葉商
1957年	44	成田	私	佐原一（→佐原）	公	南関東4	×
1958年	46	銚子商	公実	千葉商	公実	なし	銚子商
1959年	46	成東	公	市原一（→市原）	公	東関東	×
1960年	48	銚子商	公実	千葉商	公実	東関東	×
1961年	49	銚子商	公実	市銚子	公	△東関東2	銚子商
1962年	49	習志野	公	市銚子	公	△東関東2	習志野
1963年	50	銚子商	公実	千葉経済（→千葉経大付）	私	なし	銚子商
1964年	56	千葉商	公実	成東	公	△東関東2	千葉商
1965年	59	銚子商	公実	千葉工	公実	△東関東2	銚子商
1966年	62	千葉工商（→敬愛学園）	私	千葉商	公実	△東関東2	×
1967年	64	習志野	公	成東	公	△東関東2	習志野
1968年	66	千葉商	公実	銚子商	公実	なし	千葉商
1969年	68	千葉商	公実	銚子商	公実	△東関東2	×
1970年	68	銚子商	公実	成東	公	△東関東2	銚子商
1971年	75	銚子商	公実	成東	公	△東関東2	銚子商
1972年	77	習志野	公	銚子商	公実	△東関東2	習志野
1973年	79	銚子商	公実	木更津中央（→木更津総合）	私	なし	銚子商
1974年	82	銚子商	公実	市銚子	公	以降1県1代表制	
1975年	84	習志野	公	君津	公		
1976年	95	銚子商	公実	安房	公		
1977年	103	千葉商	公実	習志野	公		
1978年	111	我孫子	公	銚子商	公実		
1979年	124	市銚子	公	習志野	公		
1980年	132	習志野	公	成東	公		
1981年	140	銚子西（→市銚子）	公	銚子商	公実		
1982年	141	東海大浦安	私	千葉商	公実		
1983年	151	印旛（→印旛明誠）	公	君津商	公実		
1984年	158	拓大紅陵	私	東海大浦安	私		
1985年	166	銚子商	公実	市柏	公		
1986年	172	拓大紅陵	私	印旛	公		
1987年	175	習志野	公	東海大浦安	私		
1988年	174	拓大紅陵	私	市柏	公		
1989年	175	成東	公	拓大紅陵	私		
1990年	175	成田	私	暁星国際	私		
1991年	175	我孫子	公	銚子商	公実		
1992年	176	拓大紅陵	私	二松学舎沼南（→二松学舎柏）	私		
1993年	177	市船橋	公	成田	私		
1994年	177	志学館	私	成田	私		
1995年	177	銚子商	公実	拓大紅陵	私		
1996年	174	市船橋	公	二松学舎沼南	私		
1997年	173	市船橋	公	流経大柏	私		
1998年	89	市船橋	公	東海大浦安	私	西大会	
	84	八千代松陰	私	成田	私	東大会	
1999年	172	柏陵	公	市銚子	公		
2000年	171	東海大浦安	私	木更津中央	私		
2001年	174	習志野	公	東海大望洋（→東海大市原望洋）	私		
2002年	174	拓大紅陵	私	中央学院	私		
2003年	179	木更津総合	私	志学館	私		
2004年	180	千葉経大付	私	習志野	公		
2005年	181	銚子商	公実	拓大紅陵	私		
2006年	180	千葉経大付	私	拓大紅陵	私		
2007年	178	市船橋	公	木更津総合	私		
2008年	94	千葉経大付	私	沼南	公	西大会	
	81	木更津総合	私	東海大望洋	私	東大会	
2009年	175	八千代東	公	拓大紅陵	私		
2010年	175	成田	私	東海大望洋	私		
2011年	172	習志野	公	東京学館浦安	私		
2012年	172	木更津総合	私	柏日体（→日体大柏）	私		
2013年	171	木更津総合	私	習志野	公		
2014年	170	東海大望洋	私	専大松戸	私		
2015年	170	専大松戸	私	習志野	公		
2016年	170	木更津総合	私	市船橋	公		
2017年	168	木更津総合	私	習志野	公		

＊1 県大会は準決勝で敗退　＊2 県大会は準決勝で敗退

東京

年度	校数	優勝校		準優勝校		備考
1948年	104	慶應義塾 *1	私	明治	私	1都1代表制
1949年	100	慶應義塾	私	八高（→小山台）	公	
1950年	113	明治	私	早稲田実	私	
1951年	120	早稲田実	私	荏原（→日体荏原）	私	
1952年	117	日大三	私	立教（→立教新座）*2	私	
1953年	117	明治	私	荏原	私	
1954年	117	早稲田実	私	荏原	私	
1955年	119	日大三	私	日大二	私	
1956年	124	早稲田実	私	成蹊	私	
1957年	134	早稲田実	私	日大一	私	
1958年	140	明治	私	早稲田実	私	
1959年	145	日大二	私	荏原	私	
1960年	155	早稲田実	私	法政一（→法政大）	私	
1961年	158	法政一	私	帝京商（→帝京商工）	私	
1962年	158	日大三	私	修徳	私	
1963年	161	日大一	私	明大中野	私	
1964年	168	修徳	私	早稲田実	私	
1965年	165	日大二	私	日大三	私	
1966年	167	修徳	私	日大三	私	
1967年	167	堀越	私	帝京商工（→帝京大）	私	
1968年	166	日大一	私	国士舘	私	
1969年	163	日大一	私	聖橋（→廃校）	私	
1970年	163	日大一	私	早稲田実	私	
1971年	162	日大一	私	二松学舎大付	私	
1972年	163	日大桜丘	私	佼成学園	私	
1973年	170	日大一	私	早稲田実	私	

*1 1949年神奈川県に移転　*2 1960年埼玉県に移転

東東京

年度	校数	優勝校		準優勝校		備考
1974年	92	城西（→城西大城西）	私	二松学舎大付	私	この年より東西2代表制
1975年	94	早稲田実	私	日大一	私	
1976年	97	日体荏原（→日体大荏原）	私	大森工（→大森学園）	私	
1977年	100	早稲田実	私	帝京	私	
1978年	102	早稲田実	私	帝京	私	
1979年	104	城西	私	日体荏原	私	
1980年	106	早稲田実	私	二松学舎大付	私	
1981年	107	早稲田実	私	豊南	私	
1982年	107	早稲田実	私	修徳	私	
1983年	108	帝京	私	関東一	私	
1984年	107	日大一	私	二松学舎大付	私	
1985年	111	関東一	私	帝京	私	
1986年	112	正則学園	私	関東一	私	
1987年	114	帝京	私	修徳	私	
1988年	117	日大一	私	修徳	私	
1989年	118	帝京	私	岩倉	私	
1990年	119	関東一	私	修徳	私	
1991年	119	帝京	私	日大一	私	
1992年	117	帝京	私	二松学舎大付	私	
1993年	118	修徳	私	関東一	私	
1994年	118	関東一	私	帝京	私	
1995年	117	帝京	私	早稲田実	私	
1996年	138	早稲田実	私	国士舘	私	区割り変更（世田谷区が東東京へ）
1997年	137	岩倉	私	早稲田実	私	
1998年	136	帝京	私	二松学舎大付	私	
1999年	134	城東	公	駒沢大	私	
2000年	139	日大豊山	私	国士舘	私	
2001年	140	城東	公	岩倉	私	
2002年	141	帝京	私	二松学舎大付	私	
2003年	138	雪谷	公	二松学舎大付	私	
2004年	143	修徳	私	二松学舎大付	私	
2005年	144	国士舘	私	日大豊山	私	
2006年	144	帝京	私	国士舘	私	
2007年	143	帝京	私	修徳	私	
2008年	144	関東一	私	東海大高輪台	私	
2009年	145	帝京	私	雪谷	公	
2010年	144	関東一	私	修徳	私	
2011年	150	帝京	私	関東一	私	
2012年	148	成立学園	私	国士舘	私	
2013年	139	修徳	私	二松学舎大付	私	区割り変更（中野区が東東京へ）
2014年	137	二松学舎大付	私	帝京	私	

2015年	137	関東一	私	日大豊山	私	
2016年	137	関東一	私	東亜学園	私	
2017年	134	二松学舎大付	私	東海大高輪台	私	

西東京

年度	校数	優勝校		準優勝校		備考
1974年	82	佼成学園	私	堀越	私	この年より東西2代表制
1975年	82	堀越	私	国学院久我山	私	
1976年	88	桜美林	私	日大二	私	
1977年	88	桜美林	私	明大中野	私	
1978年	98	日大二	私	東大和	公	
1979年	101	日大三	私	国学院久我山	私	
1980年	107	国立	公	駒沢大	私	
1981年	109	国学院久我山	私	日本学園	私	
1982年	116	日大二	私	日大三	私	
1983年	120	創価	私	帝京大	私	
1984年	121	法政一	私	日大三	私	
1985年	126	日大三	私	東大和	公	
1986年	129	東亜学園	私	日大三	私	
1987年	130	東亜学園	私	東京菅生（→東海大菅生）	私	
1988年	135	堀越	私	日大三	私	
1989年	138	東亜学園	私	堀越	私	
1990年	139	日大鶴ヶ丘	私	世田谷学園	私	
1991年	141	国学院久我山	私	世田谷学園	私	
1992年	143	創価	私	堀越	私	
1993年	144	堀越	私	国士舘	私	
1994年	146	創価	私	国士舘	私	
1995年	145	創価	私	国学院久我山	私	
1996年	124	東海大菅生	私	東亜学園	私	区割り変更（世田谷区が東東京へ）
1997年	123	堀越	私	創価	私	
1998年	125	桜美林	私	八王子	私	
1999年	125	日大三	私	国学院久我山	私	
2000年	128	東海大菅生	私	明大中野八王子	私	
2001年	127	日大三	私	東亜学園	私	
2002年	124	桜美林	私	日大鶴ヶ丘	私	
2003年	119	日大三	私	東海大菅生	私	
2004年	120	日大三	私	穎明館	私	
2005年	121	日大三	私	明大中野八王子	私	
2006年	118	早稲田実	私	日大三	私	
2007年	117	創価	私	八王子	私	
2008年	119	日大鶴ヶ丘	私	早稲田実	私	
2009年	119	日大三	私	日大二	私	
2010年	119	早稲田実	私	日大鶴ヶ丘	私	
2011年	119	日大三	私	早稲田実	私	
2012年	119	日大三	私	佼成学園	私	
2013年	131	日大三	私	日野	公	区割り変更（世田谷区が西東京へ）
2014年	128	日大鶴ヶ丘	私	東海大菅生	私	
2015年	130	早稲田実	私	東海大菅生	私	
2016年	128	八王子	私	東海大菅生	私	
2017年	128	東海大菅生	私	早稲田実	私	

神奈川

年度	校数	優勝校	準優勝校	備考	選手権出場校
1948年	41	浅野学園（→浅野） 私	逗子開成 私	1県1代表制	
1949年	41	湘南 公	神奈川商工 公実		
1950年	47	神奈川商工 公実	希望ケ丘 公		
1951年	49	希望ケ丘 公	鶴見 公		
1952年	49	法政二 私	湘南 公		
1953年	51	慶應義塾 私	法政二 私		
1954年	51	鶴見工（→横浜サイエンスフロンティア） 公実	日大 私		
1955年	53	法政二 私	鎌倉学園 私		
1956年	52	慶應義塾 私	神奈川商工 公実		
1957年	53	法政二 私	神奈川商工 公実		
1958年	53	法政二 私	神奈川商工 公実		
1959年	54	法政二 私	慶應義塾 私		
1960年	54	法政二 私	慶應義塾 私		
1961年	53	法政二 私	武相 私		
1962年	56	慶應義塾 私	鎌倉学園 私		
1963年	58	横浜 私	慶應義塾 私		
1964年	62	武相 私	鎌倉学園 私		
1965年	68	武相 私	日大 私		
1966年	71	横浜一商（→横浜商大） 私	武相 私		
1967年	74	武相 私	日大 私		
1968年	74	武相 私	鎌倉学園 私		
1969年	75	東海大相模 私	横浜 私		
1970年	77	東海大相模 私	横浜一商 私		
1971年	79	桐蔭学園 私	武相 私		
1972年	78	東海大相模 私	秦野 公		
1973年	78	藤沢商（→藤沢翔陵） 私	桐蔭学園 私		
1974年	81	東海大相模 私	横浜 私		
1975年	88	東海大相模 私	日大藤沢 私		
1976年	95	東海大相模 私	向上 私		
1977年	104	東海大相模 私	横浜商 公実		
1978年	115	横浜 私	横浜商 公実		
1979年	126	横浜商 公実	横浜 私		
1980年	134	横浜 私	桐蔭学園 私		
1981年	141	横浜 私	東海大相模 私		
1982年	156	法政二 私	日大 私		
1983年	162	横浜商 公実	横浜 私		
1984年	174	桐蔭学園 私	向上 私		
1985年	188	藤嶺藤沢 私	横浜 私		
1986年	193	横浜商 公実	横浜 私		
1987年	198	横浜商 公実	東海大相模 私		
1988年	202	法政二 私	鎌倉学園 私		
1989年	202	横浜 私	日大藤沢 私		
1990年	201	横浜商 公実	神奈川工 公実		
1991年	202	桐蔭学園 私	横浜 私		
1992年	202	桐蔭学園 私	横浜 私		
1993年	204	横浜商大 私	横浜 私		
1994年	205	横浜 私	日大藤沢 私		
1995年	205	日大藤沢 私	慶應義塾 私		
1996年	204	横浜 私	日大藤沢 私		
1997年	204	桐蔭学園 私	横浜商 公実		
1998年	107	平塚学園 私	東海大相模 私	西大会	
	97	横浜 私	桐光学園 私	東大会	
1999年	205	桐蔭学園 私	桜丘 公		
2000年	207	横浜 私	桐光学園 私		
2001年	205	横浜 私	桐光学園 私		
2002年	205	桐光学園 私	東海大相模 私		
2003年	198	横浜商大 私	横浜 私		
2004年	195	横浜 私	神奈川工 公実		
2005年	195	桐光学園 私	慶應義塾 私		
2006年	196	横浜 私	東海大相模 私		
2007年	194	桐光学園 私	東海大相模 私		
2008年	99	慶應義塾 私	東海大相模 私	北大会	
	92	横浜 私	横浜創学館 私	南大会	
2009年	189	横浜隼人 私	桐蔭学園 私		
2010年	186	東海大相模 私	横浜 私		
2011年	186	横浜 私	桐光学園 私		
2012年	190	桐光学園 私	桐蔭学園 私		
2013年	190	横浜 私	平塚学園 私		
2014年	190	東海大相模 私	向上 私		
2015年	186	東海大相模 私	横浜 私		
2016年	188	横浜 私	慶應義塾 私		
2017年	189	横浜 私	東海大相模 私		

新潟

年度	校数	優勝校		準優勝校		備考	選手権出場校
1948年	21	新潟	公	新潟工	公実	信越2	×
1949年	26	柏崎	公	長岡	公	信越2	×
1950年	38	新潟	公	新発田	公	信越4	×
1951年	41	新潟商	公実	新潟	公	信越4	×
1952年	45	新潟	公	長岡	公	信越4	×
1953年	43	村松	公	新潟南	公	信越4	×
1954年	41	長岡商	公実	三条	公	信越4	×
1955年	43	新潟商	公実	新津	公	信越4	×
1956年	42	三条	公	新潟商	公実	信越4	×
1957年	43	長岡商	公実	新潟商	公実	信越4	×
1958年	43	新潟商	公実	新発田	公	なし	新潟商
1959年	46	新潟商	公実	長岡商	公実	北越	×
1960年	45	新発田	公	新潟商	公実	△北越2	×
1961年	46	新発田農	公実	直江津	公	△北越2	新発田農
1962年	47	長岡商	公実	巻	公	△北越2	×
1963年	56	新潟商	公実	北越商（→北越）	私	なし	新潟商
1964年	57	小千谷	公	新発田農	公実	△北越2	×
1965年	59	新発田	公	新発田農	公実	△北越2	×
1966年	60	小千谷	公	中越	私	△北越2	小千谷
1967年	62	糸魚川商工（→糸魚川白嶺）	公実	中越	私	△北越2	×
1968年	63	新潟商	公実	柏崎工	公実	なし	新潟商
1969年	65	中越	私	北越商	私	△北越2	×
1970年	68	長岡商	公実	新発田商工（→新発田商・新発田南）	公実	△北越2	長岡商
1971年	69	長岡	公	新潟市工（→高志）	公実	△北越2	×
1972年	71	糸魚川商工	公実	長岡工	公実	△北越2	糸魚川商工
1973年	74	糸魚川商工	公実	新潟商	公実	以降1県1代表制	
1974年	74	長岡商	公実	中越	私		
1975年	78	新潟商	公実	柏崎工	公実		
1976年	79	高田商	公実	長岡	公		
1977年	83	長岡	公	小千谷	公		
1978年	85	中越	私	新発田農	公実		
1979年	86	長岡	公	糸魚川商工	公実		
1980年	85	新発田農	公実	与板（→正徳館）	公		
1981年	91	新発田農	公実	中越	私		
1982年	92	新潟工	公実	高志	公		
1983年	96	中越	私	新潟明訓	私		
1984年	101	新潟南	公	十日町実（→十日町総合）	公実		
1985年	103	中越	私	高田工（→上越総合技術）	公実		
1986年	105	中越	私	十日町	公		
1987年	106	新発田農	公実	中越	私		
1988年	107	中越	私	糸魚川	公		
1989年	107	新潟南	公	新発田農	公実		
1990年	108	高田工	公実	新発田農	公実		
1991年	108	新潟明訓	私	柏崎	公		
1992年	108	長岡向陵	公	新潟南	公		
1993年	107	新潟明訓	私	日本文理	私		
1994年	108	中越	私	高田工	公実		
1995年	107	六日町	公	新発田農	公実		
1996年	108	中越	私	新潟江南	公		
1997年	108	日本文理	私	中越	私		
1998年	105	新発田農	公実	新発田中央	私		
1999年	107	新潟明訓	私	新潟工	公実		
2000年	107	新発田農	公実	新潟明訓	私		
2001年	107	十日町	公	日本文理	私		
2002年	103	日本文理	私	柏崎工	公実		
2003年	102	中越	私	日本文理	私		
2004年	99	日本文理	私	巻	公		
2005年	98	新潟明訓	私	中越	私		
2006年	97	日本文理	私	新潟明訓	私		
2007年	96	新潟明訓	私	日本文理	私		
2008年	95	新潟県央工	公実	佐渡	公		
2009年	95	日本文理	私	中越	私		
2010年	95	新潟明訓	私	日本文理	私		
2011年	92	日本文理	私	新潟明訓	私		
2012年	89	新潟明訓	私	中越	私		
2013年	88	日本文理	私	村上桜ヶ丘	公		
2014年	88	日本文理	私	関根学園	私		
2015年	86	中越	私	日本文理	私		
2016年	86	中越	私	新潟明訓	私		
2017年	84	日本文理	私	中越	私		

長野

年度	校数	優勝校		準優勝校		備考	選手権出場校
1948年	36	松本市立（→松本美須々ヶ丘）	公	穂高農（→穂高）	公実	信越2	穂高農
1949年	46	松本市立	公	長野北（→長野）	公	信越2	松本市立
1950年	54	松商学園	私	松本市立	公	信越4	松商学園
1951年	55	松商学園	私	辰野	公	信越4	松商学園
1952年	55	松商学園	私	長野商	公実	△信越2	松商学園
1953年	56	松商学園	私	松本市立	公	信越4	松商学園
1954年	54	松商学園	私	丸子実（→丸子修学館）	公実	信越4	松商学園
1955年	53	上田松尾（→上田）	公	丸子実	公実	信越4	伊那北 *1
1956年	53	穂高（→穂高商）	公	伊那北	公	信越4	伊那北
1957年	53	松商学園	私	松本県ヶ丘	公	信越4	上田松尾 *2
1958年	53	松商学園	私	飯田	公	なし	松商学園
1959年	53	松商学園	私	桔梗ヶ原（→塩尻志学館）	公	以降1県1代表制	
1960年	56	赤穂	公	長野	公		
1961年	58	伊那北	公	須坂商（→須坂創成）	公実		
1962年	59	長野	公	丸子実	公実		
1963年	62	松商学園	私	長野	公		
1964年	64	松商学園	私	小諸商	公実		
1965年	65	丸子実	公実	臼田（→佐久平総合技術）	公		
1966年	66	塚原（→塚原青雲）	私	塚原天竜（→松川）*3	私		
1967年	66	松商学園	私	塚原天竜	私		
1968年	66	岡谷工	公実	長野	公		
1969年	66	松商学園	私	須坂商	公実		
1970年	66	須坂園芸（→須坂創成）	公実	岡谷南	公		
1971年	65	須坂商	公実	長野吉田	公		
1972年	64	丸子実	公実	松商学園	私		
1973年	65	丸子実	公実	松商学園	私		
1974年	64	野沢北	公	丸子実	公実		
1975年	65	松商学園	私	丸子実	公実		
1976年	68	松商学園	私	松代	公		
1977年	70	松商学園	私	丸子実	公実		
1978年	68	松商学園	私	南安曇農	公実		
1979年	73	松商学園	私	松代	公		
1980年	72	松商学園	私	東海大三（→東海大諏訪）	私		
1981年	76	岡谷工	公実	上田	公		
1982年	77	丸子実	公実	信州工（→東京都市大塩尻）	私		
1983年	79	長野商	公実	飯田	公		
1984年	84	篠ノ井	公	丸子実	公実		
1985年	88	丸子実	公実	松代	公		
1986年	90	松商学園	私	長野商	公実		
1987年	92	上田	公	丸子実	公実		
1988年	95	上田東	公	佐久（→佐久長聖）	私		
1989年	95	丸子実	公実	岡谷南	公		
1990年	96	丸子実	公実	信州工	私		
1991年	96	松商学園	私	佐久	私		
1992年	96	松商学園	私	佐久	私		
1993年	96	松商学園	私	岩村田	公		
1994年	96	佐久	私	松商学園	私		
1995年	95	佐久長聖	私	松商学園	私		
1996年	98	東海大三	私	諏訪清陵	公		
1997年	98	松商学園	私	上田西	私		
1998年	98	佐久長聖	私	東海大三	私		
1999年	98	松商学園	私	東海大三	私		
2000年	98	松商学園	私	長野商	公実		
2001年	98	塚原青雲（→松本国際）*4	私	佐久長聖	私		
2002年	98	佐久長聖	私	丸子実	公実		
2003年	97	長野工	公実	上田西	私		
2004年	98	塚原青雲	私	諏訪清陵	公		
2005年	99	松商学園	私	佐久長聖	私		
2006年	98	松代	公	佐久長聖	私		
2007年	96	松商学園	私	長野	公		
2008年	94	松商学園	私	佐久長聖	私		
2009年	94	長野日大	私	松本第一	私		
2010年	93	松本工	公実	松商学園	私		
2011年	94	東京都市大塩尻	私	松商学園	私		
2012年	92	佐久長聖	私	松本第一	私		
2013年	89	上田西	私	佐久長聖	私		
2014年	87	佐久長聖	私	長野商	公実		
2015年	86	上田西	私	佐久長聖	私		
2016年	84	佐久長聖	私	松商学園	私		
2017年	85	松商学園	私	佐久長聖	私		

*1 県大会は準決勝で敗退　*2 県大会は準決勝で敗退　*3 1985年組合立となり、87年長野県に移管　*4 2007年「創造学園大付」として選抜大会出場

山梨

年度	校数	優勝校		準優勝校		備考	選手権出場校
1948年	12	谷村工商（→都留興譲館）	公実	日川	公	山静2	×
1949年	14	日川	公	甲府一	公	山静2	×
1950年	14	日川	公	甲府工	公実	山静2	×
1951年	15	甲府一	公	都留	公	山静2	×
1952年	16	甲府商	公実	都留	公	山静2	都留
1953年	15	都留	公	甲府工	公実	山静2	×
1954年	15	甲府一	公	甲府商	公実	山静2	×
1955年	15	甲府一	公	甲府商	公実	山静2	×
1956年	16	甲府一	公	甲府商	公実	山静2	×
1957年	19	甲府工	公実	巨摩	公	山静2	×
1958年	20	甲府商	公実	石和（→笛吹）	公	なし	甲府商
1959年	22	甲府工	公実	市川（→青洲）	公	西関東	×
1960年	23	甲府工	公実	甲府（→甲府城西）	公	西関東	×
1961年	23	甲府一	公	甲府工	公実	△西関東2	甲府一
1962年	26	甲府工	公実	甲府商	公実	△西関東2	甲府工
1963年	26	甲府商	公実	機山工（→甲府城西）	公実	なし	甲府商
1964年	28	市川	公	甲府商	公実	△西関東2	×
1965年	28	甲府商	公実	吉田	公	△西関東2	×
1966年	27	甲府工	公実	甲府商	公実	△西関東2	甲府工
1967年	28	市川	公	甲府工	公実	△西関東2	×
1968年	28	甲府一	公	吉田	公	なし	甲府一
1969年	28	機山工	公実	吉田	公	△西関東2	×
1970年	27	塩山商（→塩山）	公実	機山工	公実	△西関東2	×
1971年	29	甲府工	公実	吉田	公	△西関東2	×
1972年	29	峡南（→青洲）	公実	吉田	公	△西関東2	峡南
1973年	29	甲府工	公実	巨摩	公	なし	甲府工
1974年	29	塩山商	公実	機山工	公実	△西関東2	×
1975年	30	巨摩	公	機山工	公実	△北関東2	巨摩
1976年	32	塩山商	公実	峡南	公実	△北関東2	塩山商
1977年	33	塩山商	公実	甲府商	公実	△北関東2	×
1978年	34	日川	公	塩山商	公実	以降1県1代表制	
1979年	34	吉田	公	峡南	公実		
1980年	34	日川	公	甲府西	公		
1981年	38	東海大甲府	私	巨摩	公		
1982年	38	東海大甲府	私	甲府商	公実		
1983年	39	吉田	公	市川	公		
1984年	37	東海大甲府	私	塩山商	公実		
1985年	40	東海大甲府	私	駿台甲府	私		
1986年	39	東海大甲府	私	日大明誠	私		
1987年	40	東海大甲府	私	甲府工	公実		
1988年	39	東海大甲府	私	山梨学院大付（→山梨学院）	私		
1989年	41	吉田	公	駿台甲府	私		
1990年	41	甲府工	公実	東海大甲府	私		
1991年	42	市川	公	東海大甲府	私		
1992年	42	東海大甲府	私	日川	公		
1993年	42	甲府工	公実	富士学苑	私		
1994年	42	市川	公	富士学苑	私		
1995年	42	山梨学院大付	私	帝京三	私		
1996年	42	山梨学院大付	私	市川	公		
1997年	43	甲府工	公実	市川	公		
1998年	42	日本航空	私	甲府工	公実		
1999年	40	甲府工	公実	東海大甲府	私		
2000年	41	山梨学院大付	私	市川	公		
2001年	41	日本航空	私	東海大甲府	私		
2002年	40	日本航空	私	市川	公		
2003年	40	東海大甲府	私	甲府工	公実		
2004年	40	東海大甲府	私	甲府工	公実		
2005年	39	日本航空	私	山梨学院大付	私		
2006年	39	甲府工	公実	東海大甲府	私		
2007年	39	甲府商	公実	甲府工	公実		
2008年	39	日本航空	私	帝京三	私		
2009年	39	山梨学院大付	私	甲府工	公実		
2010年	38	日川	公	富士学苑	私		
2011年	38	山梨学院大付	私	日本航空	私		
2012年	38	東海大甲府	私	甲府工	公実		
2013年	38	日川	公	日本航空	私		
2014年	37	東海大甲府	私	日本航空	私		
2015年	37	東海大甲府	私	甲府城西	公		
2016年	36	山梨学院	私	東海大甲府	私		
2017年	36	山梨学院	私	東海大甲府	私		

静岡

年度	校数	優勝校		準優勝校		備考	選手権出場校
1948年	39	沼津一（→沼津東）	公	静岡一（→静岡城内）	公	山静2	静岡一
1949年	48	静岡城内（→静岡）	公	清水東	公	山静2	静岡城内
1950年	32	浜松商	公実	静岡商	公実	山静2	浜松商
1951年	56	浜松北	公	静岡城内	公	山静2	静岡城内
1952年	59	静岡商	公実	浜松商	公実	山静2	×
1953年	60	静岡商	公実	浜名	公	山静2	静岡商
1954年	58	静岡商	公実	沼津東	公	山静2	静岡商
1955年	59	静岡	公	沼津東	公	山静2	静岡
1956年	59	静岡	公	静岡商	公実	山静2	静岡
1957年	59	掛川西	公	清水東	公	山静2	清水東
1958年	58	清水東	公	静岡	公	なし	清水東
1959年	57	静岡商	公実	静岡市立	公	以降1県1代表制	
1960年	58	静岡	公	静岡商	公実		
1961年	58	浜松商	公実	東海大一（→東海大翔洋）	私		
1962年	59	静岡市立	公	静岡商	公実		
1963年	64	静岡	公	東海大一	私		
1964年	70	掛川西	公	清水工（→科学技術）	公実		
1965年	72	東海大一	私	静岡	公		
1966年	73	静岡商	公実	掛川西	公		
1967年	73	浜松商	公実	清水東	公		
1968年	76	静岡商	公実	浜松北	公		
1969年	78	静岡商	公実	静岡	公		
1970年	79	静岡	公	富士宮北	公		
1971年	79	静岡学園	私	浜松西	公		
1972年	79	東海大工（→東海大翔洋）	私	浜松商	公実		
1973年	80	静岡	公	自動車工（→静岡北）	私		
1974年	79	静岡商	公実	清水市商（→清水桜が丘）	公実		
1975年	80	浜松商	公実	静岡学園	私		
1976年	82	東海大一	私	修善寺工（→伊豆総合）	公実		
1977年	85	掛川西	公	東海大一	私		
1978年	88	静岡	公	東海大工	私		
1979年	91	富士	公	市沼津	公		
1980年	90	浜松商	公実	浜松西	公		
1981年	93	浜松西	公	東海大工	私		
1982年	91	静岡	公	富士	公		
1983年	95	東海大一	私	静岡	公		
1984年	98	浜松商	公実	東海大一	私		
1985年	102	東海大工	私	静清工（→静清）	私		
1986年	105	清水市商	公実	静岡商	公実		
1987年	106	静岡	公	島田	公		
1988年	106	浜松商	公実	富士宮西	公		
1989年	107	日大三島	私	長泉（→三島長陵）	公		
1990年	106	浜松商	公実	御殿場西	私		
1991年	107	市沼津	公	東海大工	私		
1992年	108	桐陽	私	静清工	私		
1993年	108	掛川西	公	静岡商	公実		
1994年	108	浜松工	公実	静岡	公		
1995年	109	韮山	公	興誠（→浜松学院）	私		
1996年	110	常葉菊川（→常葉大菊川）	私	掛川西	公		
1997年	110	浜松工	公実	興誠	私		
1998年	113	掛川西	公	浜松工	公実		
1999年	113	静岡	公	常葉橘（→常葉大橘）	私		
2000年	114	浜松商	公実	常葉菊川	私		
2001年	114	静岡市立	公	東海大翔洋（→東海大静岡翔洋）	私		
2002年	114	興誠	私	浜松商	公実		
2003年	116	静岡	公	浜名	公		
2004年	118	東海大翔洋	私	静岡商	公実		
2005年	119	静清工	私	富士宮北	公		
2006年	119	静岡商	公実	浜名	公		
2007年	120	常葉菊川	私	静岡商	公実		
2008年	119	常葉菊川	私	静岡	公		
2009年	119	常葉橘	私	浜名	公		
2010年	118	常葉橘	私	常葉菊川	私		
2011年	118	静岡	公	磐田東	私		
2012年	119	常葉橘	私	静岡商	公実		
2013年	117	常葉菊川	私	菊川南陵（→休校）	私		
2014年	113	静岡	公	掛川西	公		
2015年	112	静岡	公	飛龍	私		
2016年	112	常葉菊川	私	袋井	公		
2017年	112	藤枝明誠	私	日大三島	私		

愛知

年度	校数	優勝校		準優勝校		備考	選手権出場校
1948年	59	享栄商（→享栄）	私	豊橋（→豊橋時習館・豊橋商）	公	1県1代表制	
1949年	58	瑞陵（→瑞陵・愛知商）	公	犬山	公		
1950年	59	瑞陵	公	一宮（→一宮・一宮商）	公		
1951年	63	豊橋商	公実	愛知	私		
1952年	63	愛知	私	豊橋時習館（→時習館）	公		
1953年	64	中京商（→中京）	私	豊橋商	公実		
1954年	65	中京商	私	瑞陵	公		
1955年	66	中京商	私	東邦	私		
1956年	69	中京商	私	時習館	公		
1957年	70	津島商工（→津島北）	公実	中京商	私		
1958年	69	中京商	私	愛知	私		
1959年	72	中京商	私	一宮商	公実		
1960年	72	享栄商	私	豊橋工	公実		
1961年	73	中京商	私	享栄商	私		
1962年	73	中京商	私	豊田西	公		
1963年	77	中京商	私	一宮商	公実		
1964年	81	大府	公	名古屋電工（→名古屋電気）	私		
1965年	83	東邦	私	津島商工	公実		
1966年	83	中京商	私	東邦	私		
1967年	85	中京（→中京大中京）	私	愛知	私		
1968年	86	享栄	私	名古屋電工	私		
1969年	89	東邦	私	豊田西	公		
1970年	91	東邦	私	中京	私		
1971年	95	東邦	私	享栄	私		
1972年	96	中京	私	東邦	私		
1973年	103	東邦	私	大府	公		
1974年	106	名古屋電工	私	中京	私		
1975年	112	国府	公	愛知	私		
1976年	122	中京	私	岡崎工	公実		
1977年	126	東邦	私	名古屋電気（→愛工大名電）	私		
1978年	129	中京	私	東邦	私		
1979年	138	中京	私	名古屋電気	私		
1980年	145	大府	公	享栄	私		
1981年	150	名古屋電気	私	愛知	私		
1982年	151	中京	私	享栄	私		
1983年	153	中京	私	享栄	私		
1984年	159	享栄	私	東邦	私		
1985年	163	東邦	私	愛工大名電	私		
1986年	167	享栄	私	東邦	私		
1987年	168	中京	私	東邦	私		
1988年	171	愛工大名電	私	名城大付	私		
1989年	172	東邦	私	豊田西	公		
1990年	175	愛工大名電	私	中京	私		
1991年	176	東邦	私	愛工大名電	私		
1992年	178	東邦	私	中京	私		
1993年	181	享栄	私	豊田西	公		
1994年	181	愛知	私	名古屋第一（→中部大一）	私		
1995年	181	享栄	私	愛工大名電	私		
1996年	180	愛産大三河	私	愛知	私		
1997年	181	豊田大谷	私	豊橋南	公		
1998年	83	豊田大谷	私	大府	公	東大会	
	94	愛工大名電	私	東邦	私	西大会	
1999年	179	東邦	私	愛工大名電	私		
2000年	181	中京大中京	私	豊田西	公		
2001年	185	弥富（→愛知黎明）	私	豊田西	公		
2002年	186	東邦	私	中京大中京	私		
2003年	186	愛工大名電	私	東邦	私		
2004年	188	中京大中京	私	豊川	私		
2005年	187	愛工大名電	私	豊田大谷	私		
2006年	188	愛工大名電	私	愛産大三河	私		
2007年	184	愛工大名電	私	中京大中京	私		
2008年	84	大府	公	成章	公	東大会	
	100	東邦	私	愛知啓成	私	西大会	
2009年	184	中京大中京	私	刈谷	公		
2010年	188	中京大中京	私	愛知啓成	私		
2011年	188	至学館	私	愛工大名電	私		
2012年	189	愛工大名電	私	東邦	私		
2013年	189	愛工大名電	私	愛知黎明	私		
2014年	189	東邦	私	栄徳	私		
2015年	189	中京大中京	私	愛工大名電	私		
2016年	190	東邦	私	愛工大名電	私		
2017年	188	中京大中京	私	栄徳	私		

岐阜

年度	校数	優勝校		準優勝校		備考	選手権出場校
1948年	22	多治見工	公実	岐阜一（→岐阜）	公	三岐2	岐阜一
1949年	19	岐阜	公	長良（→長良・岐阜商）	公	三岐2	岐阜
1950年	19	岐阜工	公実	長良	公	三岐2	長良
1951年	20	大垣北	公	長良 *1	公	三岐2	大垣北
1952年	21	多治見工	公実	岐阜工	公実	三岐2	岐阜工
1953年	20	多治見工	公実	岐阜	公	三岐2	×
1954年	20	岐阜	公	岐阜商（→県岐阜商）*2	公実	三岐2	岐阜
1955年	19	岐阜	公	岐阜商	公実	三岐2	×
1956年	19	岐阜商	公実	岐阜	公	三岐4	岐阜商
1957年	19	岐阜商	公実	岐阜	公	三岐4	岐阜商
1958年	20	多治見工	公実	岐阜工	公実	なし	多治見工
1959年	20	大垣商	公実	岐阜商	公実	三岐	×
1960年	20	岐阜商	公実	中津商	公実	三岐	岐阜商
1961年	20	岐阜商	公実	中津商	公実	三岐	岐阜商
1962年	21	岐阜商	公実	岐阜	公	三岐	岐阜商
1963年	24	大垣商	公実	大垣北	公	なし	大垣商
1964年	25	岐阜商	公実	岐阜東	私	△三岐2	岐阜商
1965年	27	岐阜短大付（→岐阜第一）	私	中京商（→中京）	私	△三岐2	×
1966年	27	岐阜	公	岐阜商	公実	△三岐2	×
1967年	29	岐阜短大付	私	多治見工	公実	△三岐2	×
1968年	30	岐阜南（→岐阜聖徳学園）	私	中京商	私	なし	岐阜南
1969年	31	大垣（→大垣日大）	私	県岐阜商	公実	△三岐2	×
1970年	31	岐阜短大付	私	岐阜工	公実	△三岐2	岐阜短大付
1971年	31	県岐阜商	公実	長良	公	△三岐2	県岐阜商
1972年	33	市岐阜商	公実	中京商	私	△三岐2	×
1973年	33	中京商	私	市岐阜商	公実	なし	中京商
1974年	34	中京商	私	中津商	公実	△三岐2	中京商
1975年	35	中京商	私	岐阜第一	私	以降1県1代表制	
1976年	36	市岐阜商	公実	岐阜工	公実		
1977年	35	土岐商	公実	岐阜南	私		
1978年	37	県岐阜商	公実	長良	公		
1979年	40	県岐阜商	公実	多治見工	公実		
1980年	45	美濃加茂	私	岐阜西工（→岐阜総合）	公実		
1981年	50	岐阜南	私	県岐阜商	公実		
1982年	51	県岐阜商	公実	岐阜第一	私		
1983年	54	岐阜第一	私	岐阜	公		
1984年	58	県岐阜商	公実	市岐阜商	公実		
1985年	58	県岐阜商	公実	市岐阜商	公実		
1986年	58	県岐阜商	公実	美濃加茂	私		
1987年	60	県岐阜商	公実	岐阜工	公実		
1988年	60	大垣商	公実	県岐阜商	公実		
1989年	61	県岐阜商	公実	岐阜南	私		
1990年	64	美濃加茂	私	県岐阜商	公実		
1991年	64	市岐阜商	公実	岐阜南	私		
1992年	65	県岐阜商	公実	大垣南	公		
1993年	66	東濃実	公実	県岐阜商	公実		
1994年	65	大垣商	公実	大垣南	公		
1995年	64	県岐阜商	公実	大垣商	公実		
1996年	64	県岐阜商	公実	岐阜教育大付（→岐阜聖徳学園）	私		
1997年	66	県岐阜商	公実	土岐商	公実		
1998年	69	岐阜三田（→岐阜城北）	公実	長良	公		
1999年	67	県岐阜商	公実	大垣商	公実		
2000年	67	中京商	私	岐阜南	私		
2001年	69	岐阜三田	公実	美濃加茂	私		
2002年	68	中京（→中京学院大中京）	私	市岐阜商	公実		
2003年	68	市岐阜商	公実	岐阜総合	公		
2004年	66	県岐阜商	公実	岐阜総合	公		
2005年	65	土岐商	公実	岐阜城北	公		
2006年	65	県岐阜商	公実	大垣商	公実		
2007年	65	大垣日大	私	岐阜総合	公		
2008年	66	市岐阜商	公実	大垣南	公		
2009年	65	県岐阜商	公実	各務原	公		
2010年	68	土岐商	公実	県岐阜商	公実		
2011年	67	関商工	公実	大垣商	公実		
2012年	67	県岐阜商	公実	関商工	公実		
2013年	67	大垣日大	私	市岐阜商	公実		
2014年	67	大垣日大	私	岐阜工	公実		
2015年	67	岐阜城北	公	斐太	公		
2016年	68	中京	私	大垣日大	私		
2017年	68	大垣日大	私	中京学院大中京（→中京）	私		

*1 この年、1年生のみで岐阜商が別に出場　*2 市岐阜商が1969年創立、以後「県岐阜商」

三重

年度	校数	優勝校		準優勝校		備考	選手権出場校
1948年	16	四日市（→四日市・四日市工・四日市商）	公	松阪北（→松阪工）	公	三岐2	×
1949年	15	四日市	公	山田（→宇治山田）	公	三岐2	×
1950年	24	四日市	公	山田	公	三岐2	×
1951年	25	松阪北	公	宇治山田商工（→伊勢工・宇治山田商）	公実	三岐2	×
1952年	25	宇治山田商工	公実	上野	公	三岐2	×
1953年	26	宇治山田商工	公実	津	公	三岐2	津
1954年	27	四日市	公	山田	公	三岐2	×
1955年	29	四日市	公	津	公	三岐2	四日市
1956年	29	宇治山田商工	公実	四日市	公	三岐4	×
1957年	30	山田	公	四日市	公	三岐4	×
1958年	35	松阪商	公実	四日市	公	なし	松阪商
1959年	35	松阪商	公実	上野商工（→伊賀白鳳）	公実	三岐	松阪商
1960年	38	上野商工	公実	四日市商	公実	三岐	×
1961年	41	津商	公実	四日市	公	三岐	×
1962年	43	三重	私	高田	私	三岐	×
1963年	46	相可	公	三重	私	なし	相可
1964年	49	松阪商	公実	四日市	公	△三岐2	×
1965年	50	海星	私	松阪工	公実	△三岐2	海星
1966年	50	三重	私	四日市	公	△三岐2	三重
1967年	52	四日市	公	木本	公	△三岐2	四日市
1968年	52	三重	私	ジ・オリオン（→廃校）	私	なし	三重
1969年	52	三重	私	伊勢工	公実	△三岐2	三重
1970年	50	海星	私	木本	公	△三岐2	×
1971年	50	宇治山田商	公実	三重	私	△三岐2	×
1972年	50	海星	私	三重	私	△三岐2	海星
1973年	50	三重	私	津商	公実	なし	三重
1974年	52	名張 *1	公	三重	私	△三岐2	×
1975年	54	相可	公	三重	私	以降1県1代表制	×
1976年	55	三重	私	津商	公実		
1977年	55	海星	私	三重	私		
1978年	56	宇治山田商	公実	三重	私		
1979年	59	相可	公	上野	公		
1980年	58	明野	公実	名張桔梗丘（→名張青峰）	公		
1981年	62	海星	私	宇治山田商	公実		
1982年	62	明野	公実	相可	公		
1983年	65	相可	公	宇治山田商	公実		
1984年	65	明野	公実	津工	公実		
1985年	65	海星	私	明野	公実		
1986年	67	明野	公実	名張 *2	公		
1987年	67	明野	公実	四日市工	公実		
1988年	66	伊勢工	公実	四日市工	公実		
1989年	66	海星	私	三重	私		
1990年	66	海星	私	四日市工	公実		
1991年	67	四日市工	公実	三重	私		
1992年	67	三重	私	宇治山田	公		
1993年	68	海星	私	三重	私		
1994年	69	海星	私	宇治山田商	公実		
1995年	68	三重	私	四日市工	公実		
1996年	68	海星	私	明野	公実		
1997年	68	桑名西	公	鈴鹿	私		
1998年	68	海星	私	三重	私		
1999年	67	四日市工	公実	海星	私		
2000年	68	日生二（→青山）	私	海星	私		
2001年	68	四日市工	公実	三重	私		
2002年	68	久居農林	公実	海星	私		
2003年	68	宇治山田商	公実	四日市工	公実		
2004年	70	鈴鹿	私	宇治山田商	公実		
2005年	69	菰野	公	桑名西	公		
2006年	67	三重	私	松阪工	公実		
2007年	67	宇治山田商	公実	菰野	公		
2008年	66	菰野	公	宇治山田商	公実		
2009年	65	三重	私	海星	私		
2010年	66	いなべ総合	公	白子	公		
2011年	65	伊勢工	公実	津西	公		
2012年	63	松阪	公	いなべ総合	公		
2013年	64	三重	私	菰野	公		
2014年	62	三重	私	菰野	公		
2015年	63	津商	公実	いなべ総合	公		
2016年	63	いなべ総合	公	津田学園	私		
2017年	63	津田学園	私	三重	私		

*1 1973年普通科の募集を停止したが、当時の3年生に普通科の生徒が在籍していることを考慮し、公立普通校として分類　*2 1984年再び普通科を設置

富山

年度	校数	優勝校		準優勝校		備考	選手権出場校
1948年	20	高岡商（→高岡西部）	公実	射水（→高岡東部）	公	北陸2	×
1949年	23	高岡東部（→新湊）	公	石動	公	北陸2	×
1950年	27	高岡工芸	公実	高岡東部	公	北陸4	×
1951年	27	高岡西部（→高岡商・高岡西）	公	富山中部	公	北陸2	×
1952年	28	新湊	公	高岡西部	公	北陸2	×
1953年	27	魚津（→魚津・魚津工）	公	高岡西部	公	北陸2	×
1954年	26	滑川	公	高岡西部	公	北陸2	×
1955年	26	魚津	公	富山	公	北陸4	×
1956年	25	魚津	公	滑川	公	北陸2	滑川
1957年	25	高岡商	公実	高岡	公	北陸2	×
1958年	23	魚津	公	滑川	公	なし	魚津
1959年	26	魚津	公	氷見	公	北越	魚津
1960年	27	高岡商	公実	上市	公	△北越2	高岡商
1961年	27	上市	公	高岡商	公実	△北越2	×
1962年	29	高岡商	公実	滑川	公	△北越2	高岡商
1963年	30	富山商	公実	新湊	公	なし	富山商
1964年	31	富山商	公実	高岡商	公実	△北越2	富山商
1965年	31	氷見	公	滑川	公	△北越2	氷見
1966年	32	富山商	公実	富山北部	公実	△北越2	×
1967年	33	富山商	公実	新湊	公	△北越2	富山商
1968年	33	高岡商	公実	富山北部	公実	なし	高岡商
1969年	35	富山北部	公実	高岡商	公実	△北越2	富山北部
1970年	35	富山商	公実	滑川	公	△北越2	×
1971年	36	高岡商	公実	氷見	公	△北越2	高岡商
1972年	36	新湊	公	高岡第一	私	△北越2	×
1973年	37	富山商	公実	高岡商	公実	なし	富山商
1974年	39	高岡商	公実	富山商	公実	△北陸2	高岡商
1975年	41	高岡商	公実	富山商	公実	△北陸2	×
1976年	41	桜井	公	新湊	公	△北陸2	×
1977年	41	新湊	公	高岡第一	私	△北陸2	×
1978年	41	石動	公	氷見	公	以降1県1代表制	
1979年	41	桜井	公	高岡商	公実		
1980年	41	新湊	公	富山商	公実		
1981年	41	高岡第一	私	富山商	公実		
1982年	42	高岡商	公実	富山商	公実		
1983年	42	桜井	公	滑川	公		
1984年	45	高岡商	公実	不二越工	私		
1985年	46	高岡商	公実	富山商	公実		
1986年	47	新湊	公	高岡南	公		
1987年	48	高岡商	公実	富山商	公実		
1988年	48	富山商	公実	高岡商	公実		
1989年	49	富山商	公実	不二越工	私		
1990年	49	桜井	公	高岡第一	私		
1991年	49	富山商	公実	不二越工	私		
1992年	49	高岡商	公実	新湊	公		
1993年	49	不二越工	私	高岡商	公実		
1994年	48	富山商	公実	高岡向陵	私		
1995年	48	高岡商	公実	富山商	公実		
1996年	48	富山商	公実	高岡向陵	私		
1997年	47	新湊	公	富山商	公実		
1998年	49	富山商	公実	氷見	公		
1999年	49	新湊	公	高岡第一	私		
2000年	48	富山商	公実	高岡商	公実		
2001年	50	滑川	公	高岡第一	私		
2002年	50	富山商	公実	氷見	公		
2003年	50	富山商	公実	富山第一	私		
2004年	50	富山商	公実	高岡商	公実		
2005年	52	高岡商	公実	高岡第一	私		
2006年	51	福岡	公	砺波工	公実		
2007年	51	桜井	公	富山商	公実		
2008年	51	高岡商	公実	新湊	公		
2009年	52	南砺総合福野（→南砺福野）	公	高岡商	公実		
2010年	51	砺波工	公実	富山第一	私		
2011年	49	新湊	公	富山国際大付	私		
2012年	48	富山工	公実	富山商	公実		
2013年	48	富山第一	私	桜井	公		
2014年	48	富山商	公実	高岡商	公実		
2015年	47	高岡商	公実	富山東	公		
2016年	47	富山第一	私	富山商	公実		
2017年	47	高岡商	公実	高朋	私		

石川

年度	校数	優勝校		準優勝校		備考	選手権出場校
1948年	12	金沢一（→金沢泉丘）	公	小松（→小松・小松実）	公	北陸2	金沢一
1949年	13	金沢桜丘	公	金沢	私	北陸4	×
1950年	15	金沢桜丘	公	羽咋	公	北陸2	×
1951年	16	金沢泉丘	公	金沢市工	公実	北陸4	×
1952年	17	金沢桜丘	公	金沢泉丘	公	北陸2	×
1953年	18	金沢桜丘	公	金沢市工	公実	北陸4	金沢泉丘 *1
1954年	19	小松実（→小松工・小松商）	公実	金沢桜丘	公	北陸2	×
1955年	19	金沢桜丘	公	金沢泉丘	公	北陸2	×
1956年	21	大聖寺	公	金沢泉丘	公	北陸4	×
1957年	19	金沢桜丘	公	金沢市工	公実	北陸2	×
1958年	19	金沢桜丘	公	金沢二水	公	なし	金沢桜丘
1959年	21	金沢泉丘	公	小松実	公実	北陸	×
1960年	21	金沢市工	公実	津幡	公	△北陸2	金沢市工
1961年	21	金沢	私	金沢市工	公実	△北陸2	×
1962年	23	金沢	私	金沢泉丘	公	△北陸2	金沢
1963年	26	金沢泉丘	公	金沢	私	なし	金沢泉丘
1964年	32	小松実	公実	金沢桜丘	公	△北陸2	小松実
1965年	33	金沢	私	津幡	公	△北陸2	×
1966年	33	金沢商	公実	金沢	私	△北陸2	金沢商
1967年	36	小松工	公実	羽咋	公	△北陸2	×
1968年	37	金沢桜丘	公	石川県工	公実	なし	金沢桜丘
1969年	37	金沢	私	金沢桜丘	公	△北陸2	×
1970年	36	金沢桜丘	公	星稜	私	△北陸2	金沢桜丘
1971年	38	星稜	私	鶴来	公	△北陸2	×
1972年	40	星稜	私	金沢市工	公実	△北陸2	星稜
1973年	39	金沢市工	公実	羽咋工	公実	なし	金沢市工
1974年	40	金沢市工	公実	小松工	公実	△北陸2	×
1975年	41	金沢桜丘	公	星稜	私	△北陸2	金沢桜丘
1976年	42	星稜	私	小松	公	△北陸2	星稜
1977年	45	星稜	私	金沢	私	△北陸2	星稜
1978年	46	金沢	私	星稜	私	以降1県1代表制	
1979年	48	星稜	私	輪島	公		
1980年	49	金沢	私	星稜	私		
1981年	50	星稜	私	石川県工	公実		
1982年	50	星稜	私	金沢	私		
1983年	51	小松明峰	公	星稜	私		
1984年	52	星稜	私	金沢桜丘	公		
1985年	52	北陸大谷（→小松大谷）	私	星稜	私		
1986年	52	小松	公	石川県工	公実		
1987年	54	金沢	私	星稜	私		
1988年	54	金沢	私	津幡	公		
1989年	54	星稜	私	金沢	私		
1990年	54	星稜	私	金沢	私		
1991年	54	星稜	私	北陸大谷	私		
1992年	54	星稜	私	金沢市工	公実		
1993年	54	金沢	私	輪島	公		
1994年	53	星稜	私	金沢	私		
1995年	54	星稜	私	金沢	私		
1996年	54	金沢	私	七尾工（→七尾東雲）	公実		
1997年	55	金沢	私	小松	公		
1998年	55	星稜	私	尾山台（→金沢龍谷）	私		
1999年	55	小松	公	金沢辰巳丘	公		
2000年	56	小松工	公実	金沢市工	公実		
2001年	56	金沢	私	星稜	私		
2002年	54	遊学館	私	金沢	私		
2003年	54	金沢	私	遊学館	私		
2004年	54	遊学館	私	金沢	私		
2005年	53	遊学館	私	金沢	私		
2006年	52	金沢	私	遊学館	私		
2007年	53	星稜	私	野々市明倫	公		
2008年	54	金沢	私	遊学館	私		
2009年	50	日本航空石川	私	小松工	公実		
2010年	50	遊学館	私	尾山台	私		
2011年	50	金沢	私	遊学館	私		
2012年	50	遊学館	私	星稜	私		
2013年	50	星稜	私	遊学館	私		
2014年	49	星稜	私	小松大谷	私		
2015年	50	遊学館	私	金沢	私		
2016年	50	星稜	私	日本航空石川	私		
2017年	49	日本航空石川	私	遊学館	私		

*1 県大会は準決勝で敗退

福井

年度	校数	優勝校		準優勝校		備考	選手権出場校
1948年	8	敦賀	公	武生	公	北陸4	×
1949年	13	武生	公	若狭（→若狭・若狭東）	公	北陸2	武生
1950年	14	武生	公	若狭	公	北陸2	若狭
1951年	14	敦賀	公	勝山精華（→奥越明成）	私	北陸2	敦賀
1952年	14	勝山精華	私	敦賀	公	北陸4	敦賀
1953年	15	若狭	公	敦賀	公	北陸2	×
1954年	15	勝山精華 *1	私	敦賀	公	北陸4	武生 *2
1955年	15	若狭	公	武生	公	北陸2	若狭
1956年	15	若狭	公	武生	公	北陸2	×
1957年	16	敦賀	公	若狭	公	北陸4	三国 *3
1958年	16	敦賀	公	若狭	公	なし	敦賀
1959年	16	若狭	公	武生	公	北陸	若狭
1960年	17	武生	公	敦賀	公	△北陸2	×
1961年	17	武生	公	若狭	公	△北陸2	武生
1962年	18	武生	公	福井実（→福井）	私	△北陸2	×
1963年	19	若狭	公	敦賀	公	なし	若狭
1964年	19	北陸	私	若狭	公	△北陸2	×
1965年	20	武生	公	北陸	私	△北陸2	武生
1966年	21	羽水	公	敦賀工	公実	△北陸2	×
1967年	21	若狭	公	北陸	私	△北陸2	若狭
1968年	22	若狭	公	北陸	私	なし	若狭
1969年	24	若狭	公	三国	公	△北陸2	若狭
1970年	25	高志	公	若狭	公	△北陸2	×
1971年	25	美方	公	福井商	公実	△北陸2	美方
1972年	25	福井商	公実	北陸	私	△北陸2	×
1973年	25	福井商	公実	三国	公	なし	福井商
1974年	25	三国	公	福井商	公実	△福滋2	三国
1975年	24	三国	公	福井商	公実	△福滋2	三国
1976年	24	福井（→福井工大福井）	私	福井商	公実	福滋	福井
1977年	25	福井商	公実	敦賀	公	福滋	福井商
1978年	25	福井商	公実	敦賀	公	以降1県1代表制	
1979年	25	敦賀	公	福井	私		
1980年	23	敦賀	公	若狭	公		
1981年	25	福井商	公実	若狭	公		
1982年	26	福井	私	福井商	公実		
1983年	26	北陸	私	足羽	公		
1984年	27	福井商	公実	若狭	公		
1985年	28	福井	私	福井商	公実		
1986年	28	福井商	公実	若狭	公		
1987年	29	福井商	公実	鯖江	公		
1988年	30	福井商	公実	北陸	私		
1989年	30	福井商	公実	北陸	私		
1990年	29	大野	公	福井商	公実		
1991年	30	福井	私	福井商	公実		
1992年	30	北陸	私	福井商	公実		
1993年	30	福井商	公実	福井	私		
1994年	30	敦賀気比	私	福井商	公実		
1995年	30	敦賀気比	私	福井商	公実		
1996年	30	福井商	公実	福井	私		
1997年	29	敦賀気比	私	福井商	公実		
1998年	29	敦賀気比	私	福井商	公実		
1999年	29	敦賀	公	福井商	公実		
2000年	29	福井商	公実	敦賀気比	私		
2001年	29	福井商	公実	敦賀気比	私		
2002年	29	福井	私	福井商	公実		
2003年	29	福井商	公実	福井	私		
2004年	29	福井	私	若狭	公		
2005年	29	福井商	公実	福井	私		
2006年	29	福井商	公実	鯖江	公		
2007年	29	福井商	公実	福井工大福井	私		
2008年	29	福井商	公実	北陸	私		
2009年	29	敦賀気比	私	北陸	私		
2010年	29	福井商	公実	福井工大福井	私		
2011年	29	福井商	公実	福井工大福井	私		
2012年	30	福井工大福井	私	福井商	公実		
2013年	30	福井商	公実	春江工（→坂井）	公実		
2014年	30	敦賀気比	私	福井工大福井	私		
2015年	31	敦賀気比	私	福井工大福井	私		
2016年	30	北陸	私	福井商	公実		
2017年	30	坂井	公実	敦賀	公		

*1 1954年7月福井県に移管、この時点の在校生は基本的に全て私立時代に入学していることを考慮し、私立として分類　*2 県大会は準決勝で敗退
*3 県大会は準決勝で敗退

滋賀

年度	校数	優 勝 校	準 優 勝 校	備 考	選手権出場校
1948年	17	彦根東（→彦根） 公	八幡商（→中央） 公実	京津	×
1949年	11	中央(→八幡) 公	大津（→大津・大津東） 公	京津	×
1950年	14	八幡（→八幡・八幡商） 公	甲賀（→水口） 公	京津	×
1951年	13	八日市（→八日市・八日市南） 公	彦根（→彦根工・彦根西・彦根東） 公	京津	×
1952年	12	瀬田（→瀬田工） 公実	大津東（→膳所） 公	京津	×
1953年	12	八日市 公	八幡 公	京津	八日市
1954年	11	大津東 公	甲賀 公	京津	×
1955年	13	八幡商 公実	長浜西（→長浜北星） 公	京津	×
1956年	14	膳所 公	八幡商 公実	京滋	×
1957年	15	膳所 公	八幡商 公実	京滋	×
1958年	16	甲賀 公	膳所 公	なし	甲賀
1959年	16	八幡商 公実	膳所 公	京滋	×
1960年	16	八幡商 公実	日野 公	京滋	×
1961年	16	近江 私	長浜北 公	京滋	×
1962年	16	八幡商 公実	大津商 公実	京滋	×
1963年	17	長浜北 公	大津商 公実	なし	長浜北
1964年	21	比叡山 私	八幡商 公実	京滋	×
1965年	22	長浜北 公	甲賀 公	京滋	×
1966年	21	伊香 公	彦根東 公	京滋	×
1967年	22	守山 公	八幡商 公実	京滋	守山
1968年	22	伊香 公	長浜北 公	なし	伊香
1969年	23	比叡山 私	大津商 公実	京滋	×
1970年	23	比叡山 私	膳所 公	京滋	×
1971年	23	比叡山 私	守山 公	京滋	比叡山
1972年	22	膳所 公	伊香 公	京滋	膳所
1973年	22	伊香 公	八日市 公	なし	伊香
1974年	24	伊香 公	比叡山 私	△福滋2	×
1975年	27	伊香 公	高島 公	△福滋2	×
1976年	28	石山 公	能登川 公	福滋	×
1977年	27	比叡山 私	伊香 公	福滋	×
1978年	31	膳所 公	彦根東 公	以降1県1代表制	
1979年	32	比叡山 私	長浜北 公		
1980年	32	瀬田工 公実	比叡山 私		
1981年	34	近江 私	比叡山 私		
1982年	34	比叡山 私	栗東 公		
1983年	40	比叡山 私	長浜北 公		
1984年	43	長浜（→長浜北） 公	伊香 公		
1985年	43	甲西 公	八幡商 公実		
1986年	43	甲西 公	伊香 公		
1987年	44	伊香 公	野洲 公		
1988年	45	八幡商 公実	草津東 公		
1989年	47	八幡商 公実	近江 私		
1990年	47	八幡商 公実	彦根東 公		
1991年	47	八幡商 公実	石山 公		
1992年	47	近江 私	比叡山 私		
1993年	47	近江兄弟社 私	大津商 公実		
1994年	47	近江 私	長浜 公		
1995年	47	比叡山 私	高島 公		
1996年	48	近江 私	栗東 公		
1997年	49	比叡山 私	八幡商 公実		
1998年	50	近江 私	北大津 公		
1999年	52	比叡山 私	近江 私		
2000年	52	八幡商 公実	近江 私		
2001年	52	近江 私	光泉 私		
2002年	52	光泉 私	彦根工 公実		
2003年	52	近江 私	北大津 公		
2004年	52	北大津 公	八日市南 公実		
2005年	52	近江 私	彦根東 公		
2006年	52	八幡商 公実	滋賀学園 私		
2007年	52	近江 私	北大津 公		
2008年	52	近江 私	綾羽 私		
2009年	54	滋賀学園 私	近江 私		
2010年	54	北大津 公	彦根東 公		
2011年	54	八幡商 公実	北大津 公		
2012年	52	北大津 公	野洲 公		
2013年	53	彦根東 公	近江兄弟社 私		
2014年	52	近江 私	北大津 公		
2015年	53	比叡山 私	近江 私		
2016年	52	近江 私	高島 公		
2017年	51	彦根東 公	近江 私		

京都

年度	校数	優勝校		準優勝校		備考	選手権出場校
1948年	31	西京商（→西京）	公実	京都商（→京都先端科学大付）	私	京津	西京商
1949年	31	平安（→龍谷大平安）	私	西京（→西京商）	公	京津	平安
1950年	36	山城	公	伏見（→伏見工）	公	京津	山城
1951年	32	平安	私	山城	公	京津	平安
1952年	32	山城	公	立命館	私	京津	山城
1953年	33	西舞鶴	公	伏見	公	京津	×
1954年	34	平安	私	伏見	公	京津	平安
1955年	36	立命館	私	平安	私	京津	立命館
1956年	36	平安	私	花園	私	京滋	平安
1957年	38	平安	私	同志社	私	京滋	平安
1958年	39	平安	私	東山	私	なし	平安
1959年	39	平安	私	洛陽（→京都工学院）	公	京滋	平安
1960年	38	平安	私	同志社	私	京滋	平安
1961年	38	山城	公	宮津（→宮津天橋）	公	京滋	山城
1962年	38	平安	私	峰山	公	京滋	平安
1963年	40	京都商	私	福知山商（→福知山成美）	私	なし	京都商
1964年	43	平安	私	東山	私	京滋	平安
1965年	45	京都商	私	伏見工（→京都工学院）	公実	京滋	京都商
1966年	45	平安	私	京都商	私	京滋	平安
1967年	45	平安	私	宮津	公	京滋	×
1968年	44	平安	私	東山	私	なし	平安
1969年	48	平安	私	同志社	私	京滋	平安
1970年	48	平安	私	京都商	私	京滋	平安
1971年	47	宮津	公	花園	私	京滋	×
1972年	48	西舞鶴	公	福知山商	私	京滋	×
1973年	48	京都商	私	東山	私	なし	京都商
1974年	49	平安	私	西京商（→西京）	公実	以降1府1代表制	
1975年	53	桂	公	宮津	公		
1976年	54	京都商	私	東宇治	公		
1977年	56	京都商	私	福知山商	私		
1978年	56	京都商	私	同志社	私		
1979年	57	宇治（→立命館宇治）	私	峰山	公		
1980年	61	東宇治	公	京都商	私		
1981年	61	京都商	私	峰山	公		
1982年	61	宇治	私	西京商	公実		
1983年	65	東山	私	花園	私		
1984年	66	京都西（→京都外大西）	私	大谷	私		
1985年	70	花園	私	平安	私		
1986年	72	京都商	私	北嵯峨	公		
1987年	72	北嵯峨	公	京都西	私		
1988年	72	京都西	私	平安	私		
1989年	72	京都西	私	平安	私		
1990年	72	平安	私	北嵯峨	公		
1991年	73	北嵯峨	公	宇治	私		
1992年	73	京都西	私	北嵯峨	公		
1993年	73	京都西	私	京都成章	私		
1994年	74	西城陽	公	大谷	私		
1995年	74	京都成章	私	京都西	私		
1996年	74	北嵯峨	公	花園	私		
1997年	74	平安	私	東山	私		
1998年	74	京都成章	私	鳥羽	公		
1999年	74	福知山商	私	東山	私		
2000年	76	鳥羽	公	大谷	私		
2001年	76	平安	私	立命館宇治	私		
2002年	77	東山	私	立命館宇治	私		
2003年	77	平安	私	京都外大西	私		
2004年	77	京都外大西	私	京都成章	私		
2005年	77	京都外大西	私	乙訓	公		
2006年	77	福知山成美	私	西城陽	公		
2007年	76	京都外大西	私	京都すばる	公実		
2008年	78	福知山成美	私	立命館宇治	私		
2009年	78	龍谷大平安	私	福知山成美	私		
2010年	77	京都外大西	私	京都翔英	私		
2011年	78	龍谷大平安	私	立命館宇治	私		
2012年	78	龍谷大平安	私	京都両洋	私		
2013年	78	福知山成美	私	鳥羽	公		
2014年	78	龍谷大平安	私	京都すばる	公実		
2015年	78	鳥羽	公	立命館宇治	私		
2016年	79	京都翔英	私	福知山成美	私		
2017年	77	京都成章	私	龍谷大平安	私		

大阪

年度	校数	優勝校		準優勝校		備考	選手権出場校
1948年	80	天王寺	公	北野	公	1府1代表制	
1949年	93	高津	公	八尾	公		
1950年	91	大津（→泉大津）	公	西野田工（→西野田工科）	公実		
1951年	93	都島工（→都島工・東淀工）	公実	浪華商（→浪商）	私		
1952年	95	八尾	公	明星	私		
1953年	95	浪華商	私	岸和田	公		
1954年	95	泉陽	公	興国商（→興国）	私		
1955年	94	浪華商	私	興国商	私		
1956年	96	浪華商	私	清水谷	公		
1957年	98	寝屋川	公	泉尾工	公実		
1958年	101	浪華商	私	寝屋川	公		
1959年	102	八尾	公	阿倍野	公		
1960年	102	浪商（→大体大浪商）	私	桃山学院	私		
1961年	102	浪商	私	明星	私		
1962年	102	ＰＬ学園	私	興国商	私		
1963年	102	明星	私	ＰＬ学園	私		
1964年	110	明星	私	ＰＬ学園	私		
1965年	112	大鉄（→阪南大）	私	興国	私		
1966年	114	北陽（→関大北陽）	私	桜塚	公		
1967年	113	明星	私	ＰＬ学園	私		
1968年	114	興国	私	岸和田	公		
1969年	115	明星	私	浪商	私		
1970年	117	ＰＬ学園	私	北陽	私		
1971年	118	ＰＬ学園	私	浪商	私		
1972年	121	明星	私	河南	公		
1973年	123	北陽	私	ＰＬ学園	私		
1974年	124	ＰＬ学園	私	興国	私		
1975年	133	興国	私	北陽	私		
1976年	135	ＰＬ学園	私	大鉄	私		
1977年	135	大鉄	私	北陽	私		
1978年	138	ＰＬ学園	私	近大付	私		
1979年	139	浪商	私	ＰＬ学園	私		
1980年	144	北陽	私	近大付	私		
1981年	147	北陽	私	近大付	私		
1982年	152	春日丘	公	近大付	私		
1983年	155	ＰＬ学園	私	桜宮	公		
1984年	163	ＰＬ学園	私	大産大（→大産大付）	私		
1985年	167	ＰＬ学園	私	東海大仰星（→東海大大阪仰星）	私		
1986年	173	泉州（→近大泉州）	私	大商大堺	私		
1987年	173	ＰＬ学園	私	近大付	私		
1988年	175	近大付	私	桜宮	公		
1989年	178	上宮	私	近大付	私		
1990年	181	渋谷	公	上宮	私		
1991年	183	大阪桐蔭	私	近大付	私		
1992年	186	近大付	私	春日丘	公		
1993年	184	近大付	私	ＰＬ学園	私		
1994年	184	北陽	私	近大付	私		
1995年	187	ＰＬ学園	私	市岡	公		
1996年	187	ＰＬ学園	私	上宮	私		
1997年	185	履正社	私	関大一	私		
1998年	90	関大一	私	桜塚	公	北大会	
	95	ＰＬ学園	私	上宮	私	南大会	
1999年	184	北陽	私	上宮太子	私		
2000年	186	ＰＬ学園	私	履正社	私		
2001年	187	上宮太子	私	大阪桐蔭	私		
2002年	189	大阪桐蔭	私	初芝（→初芝立命館）	私		
2003年	193	ＰＬ学園	私	大商大堺	私		
2004年	190	ＰＬ学園	私	大阪桐蔭	私		
2005年	191	大阪桐蔭	私	大商大堺	私		
2006年	188	大阪桐蔭	私	金光大阪	私		
2007年	187	金光大阪	私	大阪桐蔭	私		
2008年	91	大阪桐蔭	私	履正社	私	北大会	
	94	近大付	私	ＰＬ学園	私	南大会	
2009年	185	ＰＬ学園	私	関大北陽	私		
2010年	186	履正社	私	大体大浪商	私		
2011年	187	東大阪大柏原	私	大阪桐蔭	私		
2012年	181	大阪桐蔭	私	履正社	私		
2013年	179	大阪桐蔭	私	履正社	私		
2014年	180	大阪桐蔭	私	ＰＬ学園	私		
2015年	180	大阪偕星	私	大体大浪商	私		
2016年	177	履正社	私	金光大阪	私		
2017年	176	大阪桐蔭	私	大冠	公		

兵庫

年度	校数	優勝校		準優勝校		備考	選手権出場校
1948年	62	芦屋 *1	公	神戸二（→兵庫）	公	1県1代表制	
1949年	76	芦屋	公	尼崎工	公実		
1950年	84	明石	公	兵庫工	公実		
1951年	85	芦屋	公	育英	私		
1952年	88	芦屋	公	育英	私		
1953年	86	芦屋	公	育英	私		
1954年	89	滝川	私	赤穂	公		
1955年	88	市神戸商（→六甲アイランド）	公実	明石	公		
1956年	86	県尼崎	公	洲本	公		
1957年	88	育英	私	県尼崎	公		
1958年	88	姫路南	公	報徳学園	私		
1959年	87	滝川	私	育英	私		
1960年	88	明石	公	育英	私		
1961年	86	報徳学園	私	県尼崎	公		
1962年	85	滝川	私	柏原	公		
1963年	93	市西宮	公	姫路南	公		
1964年	103	滝川	私	育英	私		
1965年	106	報徳学園	私	育英	私		
1966年	106	報徳学園	私	洲本	公		
1967年	106	報徳学園	私	三田学園	私		
1968年	105	市神港（→神港橘）	公	尼崎西	公		
1969年	107	東洋大姫路	私	尼崎西	公		
1970年	111	滝川	私	洲本	公		
1971年	110	報徳学園	私	山崎	公		
1972年	111	東洋大姫路	私	市神港	公		
1973年	111	東洋大姫路	私	滝川	私		
1974年	113	東洋大姫路	私	加古川西	公		
1975年	119	洲本	公	津名	公		
1976年	126	市神港	公	東洋大姫路	私		
1977年	130	東洋大姫路	私	市尼崎	公		
1978年	135	報徳学園	私	洲本	公		
1979年	138	明石南	公	市尼崎	公		
1980年	143	滝川	私	報徳学園	私		
1981年	148	報徳学園	私	東洋大姫路	私		
1982年	148	東洋大姫路	私	市川	私		
1983年	152	市尼崎	公	洲本	公		
1984年	155	明石	公	村野工	私		
1985年	161	東洋大姫路	私	報徳学園	私		
1986年	164	東洋大姫路	私	滝川二	私		
1987年	162	明石	公	高砂	公		
1988年	163	滝川二	私	東洋大姫路	私		
1989年	163	神戸弘陵	私	神港学園 *2	私		
1990年	163	育英	私	東洋大姫路	私		
1991年	163	村野工	私	神港学園	私		
1992年	163	神港学園	私	東洋大姫路	私		
1993年	162	育英	私	姫路工	公実		
1994年	163	姫路工	公実	飾磨	公		
1995年	166	尼崎北	公	神戸弘陵	私		
1996年	166	神港学園	私	育英	私		
1997年	166	報徳学園	私	神港学園	私		
1998年	77	報徳学園	私	仁川学院	私	東大会	
	89	東洋大姫路	私	姫路工	公実	西大会	
1999年	166	滝川二	私	市川	私		
2000年	165	育英	私	関西学院	私		
2001年	167	東洋大姫路	私	姫路工	公実		
2002年	169	報徳学園	私	神戸国際大付	私		
2003年	170	神港学園	私	東洋大姫路	私		
2004年	168	報徳学園	私	市尼崎	公		
2005年	166	姫路工	公実	神戸国際大付	私		
2006年	163	東洋大姫路	私	神港学園	私		
2007年	163	報徳学園	私	神戸国際大付	私		
2008年	74	報徳学園	私	神戸弘陵	私	東大会	
	89	加古川北	公	洲本	公	西大会	
2009年	164	関西学院	私	育英	私		
2010年	161	報徳学園	私	市川	私		
2011年	161	東洋大姫路	私	加古川北	公		
2012年	161	滝川二	私	加古川北	公		
2013年	162	西脇工	公実	東洋大姫路	私		
2014年	162	神戸国際大付	私	三田松聖	私		
2015年	162	滝川二	私	明石商	公実		
2016年	162	市尼崎	公	明石商	公実		
2017年	162	神戸国際大付	私	明石商	公実		

*1 県立芦屋を指す（市立芦屋は2007年廃校） *2 1984年「私神港」との表記で選抜大会出場

奈良

年度	校数	優勝校		準優勝校		備考	選手権出場校
1948年	11	郡山	公	宇陀（→大宇陀）	公	紀和	×
1949年	15	天理	私	奈良（→奈良・奈良商工）	公	紀和	×
1950年	18	郡山	公	御所（→御所実・青翔）	公	紀和	×
1951年	16	高田	公	天理	私	紀和	×
1952年	17	郡山	公	奈良商工（→奈良朱雀）*1	公実	紀和	×
1953年	17	御所実（→御所工）	公実	郡山	公	紀和	御所実
1954年	17	高田	公	天理	私	紀和	×
1955年	18	高田	公	天理	私	紀和	×
1956年	18	郡山	公	奈良商工	公実	紀和	×
1957年	18	高田	公	一条	公	紀和	×
1958年	17	御所工（→御所実）	公実	天理	私	なし	御所工
1959年	17	天理	私	御所工	公実	紀和	天理
1960年	18	御所工	公実	天理	私	紀和	御所工
1961年	17	御所工	公実	高田商	公実	紀和	×
1962年	19	天理	私	御所工	公実	紀和	天理
1963年	22	高田商	公実	御所工	公実	なし	高田商
1964年	24	天理	私	五條	公	紀和	×
1965年	26	天理	私	郡山	公	紀和	天理
1966年	28	郡山	公	御所工	公実	紀和	郡山
1967年	29	田原本農（→磯城野）	公実	御所工	公実	紀和	×
1968年	29	智弁学園	私	郡山	公	なし	智弁学園
1969年	29	御所工	公実	田原本農	公実	紀和	御所工
1970年	27	郡山	公	畝傍	公	紀和	×
1971年	28	郡山	公	智弁学園	私	紀和	郡山
1972年	29	天理	私	郡山	公	紀和	天理
1973年	29	天理	私	郡山	公	なし	天理
1974年	31	郡山	公	桜井	公	紀和	郡山
1975年	33	天理	私	智弁学園	私	紀和	天理
1976年	33	天理	私	智弁学園	私	紀和	天理
1977年	34	智弁学園	私	桜井	公	紀和	智弁学園
1978年	36	天理	私	郡山	公	以降1県1代表制	
1979年	36	天理	私	智弁学園	私		
1980年	39	天理	私	広陵（→大和広陵）	公		
1981年	38	智弁学園	私	畝傍	公		
1982年	40	智弁学園	私	郡山	公		
1983年	43	天理	私	斑鳩（→法隆寺国際）	公		
1984年	47	智弁学園	私	橿原	公		
1985年	48	智弁学園	私	天理	私		
1986年	49	天理	私	広陵	公		
1987年	52	天理	私	御所工	公実		
1988年	52	天理	私	郡山	公		
1989年	52	智弁学園	私	斑鳩	公		
1990年	52	天理	私	香芝	公		
1991年	52	天理	私	高田商	公実		
1992年	51	天理	私	智弁学園	私		
1993年	52	郡山	公	智弁学園	私		
1994年	52	天理	私	桜井商（→奈良情報商）	公実		
1995年	52	智弁学園	私	高田	公		
1996年	52	天理	私	郡山	公		
1997年	52	智弁学園	私	天理	私		
1998年	52	智弁学園	私	高田	公		
1999年	52	智弁学園	私	高田	公		
2000年	52	郡山	公	智弁学園	私		
2001年	52	智弁学園	私	片桐（→法隆寺国際）	公		
2002年	52	智弁学園	私	奈良大附	私		
2003年	51	天理	私	郡山	公		
2004年	52	天理	私	高田商	公実		
2005年	51	天理	私	広陵	公		
2006年	46	天理	私	斑鳩・法隆寺国際	公		
2007年	44	智弁学園	私	奈良大附	私		
2008年	44	智弁学園	私	奈良大附	私		
2009年	42	天理	私	郡山	公		
2010年	42	天理	私	智弁学園	私		
2011年	43	智弁学園	私	桜井	公		
2012年	43	天理	私	畝傍	公		
2013年	42	桜井	公	奈良大附	私		
2014年	42	智弁学園	私	天理	私		
2015年	42	天理	私	大和広陵	公		
2016年	41	智弁学園	私	天理	私		
2017年	40	天理	私	奈良大附	私		

*1 1967年工業課程が奈良工として分離したため奈良商となり、2007年奈良工と再統合した奈良朱雀が新設、残存する両校も09年消滅、奈良工は1972年選抜大会に出場

和歌山

年度	校数	優勝校		準優勝校		備考	選手権出場校
1948年	21	桐蔭（→桐蔭・県和歌山商）	公	田辺（→田辺・田辺商）	公	紀和	桐蔭
1949年	23	海南（→海南・県和歌山商）	公	桐蔭	公	紀和	海南
1950年	21	新宮（→新宮・新翔）	公	海南	公	紀和	新宮
1951年	23	県和歌山商（→和歌山商）	公実	新宮	公	紀和	県和歌山商
1952年	21	新宮	公	向陽	公	紀和	新宮
1953年	21	向陽	公	桐蔭	公	紀和	×
1954年	21	新宮	公	県和歌山商	公実	紀和	新宮
1955年	21	新宮	公	田辺	公	紀和	新宮
1956年	21	新宮	公	日高（→日高・紀央館 *1）	公	紀和	新宮
1957年	23	県和歌山商	公実	伊都（→伊都中央・紀北農芸）	公	紀和	県和歌山商
1958年	23	海南	公	田辺	公	なし	海南
1959年	24	南部	公	海南	公	紀和	×
1960年	24	新宮	公	海南	公	紀和	×
1961年	23	桐蔭	公	向陽	公	紀和	桐蔭
1962年	24	新宮	公	南部	公	紀和	×
1963年	25	南部	公	向陽	公	なし	南部
1964年	26	海南	公	桐蔭	公	紀和	海南
1965年	27	県和歌山商	公実	桐蔭	公	紀和	×
1966年	27	向陽	公	海南	公	紀和	×
1967年	29	市和歌山商（→市和歌山）	公実	箕島	公	紀和	市和歌山商
1968年	28	星林	公	県和歌山商	公実	なし	星林
1969年	29	箕島	公	向陽	公	紀和	×
1970年	29	箕島	公	市和歌山商	公実	紀和	箕島
1971年	29	市和歌山商	公実	桐蔭	公	紀和	×
1972年	29	桐蔭	公	向陽	公	紀和	×
1973年	28	箕島	公	和歌山工	公実	なし	箕島
1974年	29	向陽	公	和歌山工	公実	紀和	×
1975年	29	伊都	公	箕島	公	紀和	×
1976年	29	箕島	公	県和歌山商	公実	紀和	×
1977年	29	田辺	公	箕島	公	紀和	×
1978年	29	箕島	公	吉備（→有田中央）	公実	以降1県1代表制	
1979年	30	箕島	公	田辺商（→神島）	公実		
1980年	31	箕島	公	伊都	公		
1981年	31	和歌山工	公実	海南	公		
1982年	31	南部	公	新宮	公		
1983年	31	箕島	公	吉備 *2	公実		
1984年	32	箕島	公	和歌山工	公実		
1985年	33	和歌山工	公実	田辺	公		
1986年	34	桐蔭	公	箕島	公		
1987年	34	智弁和歌山	私	吉備	公		
1988年	34	高野山	私	箕島	公		
1989年	34	智弁和歌山	私	桐蔭	公		
1990年	37	星林	公	南部	公		
1991年	37	智弁和歌山	私	星林	公		
1992年	37	智弁和歌山	私	日高中津	公		
1993年	37	智弁和歌山	私	和歌山工	公実		
1994年	37	市和歌山商	公実	日高中津	公		
1995年	37	田辺	公	高野山	私		
1996年	37	智弁和歌山	私	伊都	公		
1997年	36	智弁和歌山	私	日高中津	公		
1998年	37	智弁和歌山	私	星林	公		
1999年	37	智弁和歌山	私	南部	公		
2000年	37	智弁和歌山	私	南部	公		
2001年	37	初芝橋本	私	南部	公		
2002年	37	智弁和歌山	私	日高中津	公		
2003年	37	智弁和歌山	私	国際開洋第二（→和歌山南陵）	私		
2004年	38	市和歌山商	公実	日高	公		
2005年	40	智弁和歌山	私	笠田	公		
2006年	40	智弁和歌山	私	田辺	公		
2007年	39	智弁和歌山	私	高野山	私		
2008年	39	智弁和歌山	私	日高中津	公		
2009年	39	智弁和歌山	私	南部	公		
2010年	40	智弁和歌山	私	向陽	公		
2011年	40	智弁和歌山	私	市和歌山	公		
2012年	39	智弁和歌山	私	那賀	公		
2013年	39	箕島	公	南部	公		
2014年	39	市和歌山	公	智弁和歌山	私		
2015年	39	智弁和歌山	私	和歌山商	公実		
2016年	39	市和歌山	公	箕島	公		
2017年	39	智弁和歌山	私	紀央館	公		

*1 前身校の御坊商工は1961、81、86年選抜大会出場　*2 1983年普通科が再設置されるが、この時点では普通科に1年生しかいない点を考慮し、公立実業校として分類

岡山

年度	校数	優勝校		準優勝校		備考	選手権出場校
1948年	22	関西	私	岡山二（→岡山操山）	公	東中国4	関西
1949年	33	倉敷工（→倉敷老松）	公実	倉敷商	公実	東中国2	倉敷工
1950年	37	岡山朝日	公	倉敷老松（→倉敷工）	公実	東中国2	×
1951年	36	岡山東（→岡山東商）	公実	倉敷老松	公実	東中国4	岡山東
1952年	38	南海（→倉敷鷲羽）	公実	岡山東	公実	東中国2	×
1953年	37	倉敷工	公実	関西	私	東中国2	×
1954年	33	岡山東商	公実	関西	私	東中国4	×
1955年	31	玉島（→玉島・玉島商）	公	倉敷工	公実	東中国2	玉島
1956年	30	倉敷工	公実	岡山南	公実	東中国2	×
1957年	27	岡山東商	公実	倉敷工	公実	東中国4	×
1958年	27	倉敷商	公実	西大寺	公	なし	倉敷商
1959年	27	倉敷工	公実	関西	私	東中国	倉敷工
1960年	27	関西	私	倉敷工	公実	△東中国2	×
1961年	26	倉敷工	公実	岡山東商	公実	△東中国2	倉敷工
1962年	26	倉敷工	公実	倉敷商	公実	△東中国2	倉敷工
1963年	30	岡山東商	公実	倉敷工	公実	なし	岡山東商
1964年	31	関西	私	倉敷商	公実	△東中国2	×
1965年	31	岡山東商	公実	関西	私	△東中国2	岡山東商
1966年	33	岡山東商	公実	倉敷商	公実	△東中国2	岡山東商
1967年	35	倉敷工	公実	津山商	公実	△東中国2	倉敷工
1968年	37	倉敷工	公実	岡山東商	公実	なし	倉敷工
1969年	37	玉島商	公実	岡山東商	公実	△東中国2	玉島商
1970年	37	岡山東商	公実	岡山日大（→倉敷）	私	△東中国2	岡山東商
1971年	35	岡山東商	公実	作陽	私	△東中国2	岡山東商
1972年	36	倉敷工	公実	津山商	公実	△東中国2	×
1973年	37	岡山東商	公実	岡山大安寺	公	なし	岡山東商
1974年	36	玉島商	公実	倉敷工	公実	△東中国2	玉島商
1975年	37	岡山東商	公実	倉敷工	公実	以降1県1代表制	
1976年	36	岡山東商	公実	玉島商	公実		
1977年	37	水島工	公実	玉島商	公実		
1978年	38	岡山東商	公実	倉敷商	公実		
1979年	38	倉敷商	公実	岡山南	公実		
1980年	39	岡山理大付	私	玉島商	公実		
1981年	41	岡山南	公実	玉野	公		
1982年	42	関西	私	岡山東商	公実		
1983年	42	岡山南	公実	岡山朝日	公		
1984年	43	岡山南	公実	岡山東商	公実		
1985年	43	岡山南	公実	玉野	公		
1986年	47	倉敷工	公実	岡山南	公実		
1987年	48	関西	私	岡山大安寺	公		
1988年	48	倉敷商	公実	玉野	公		
1989年	49	倉敷商	公実	倉敷工	公実		
1990年	50	岡山城東	公	倉敷商	公実		
1991年	51	岡山東商	公実	作陽	私		
1992年	50	倉敷商	公実	岡山南	公実		
1993年	54	岡山南	公実	津山工	公実		
1994年	53	関西	私	玉島商	公実		
1995年	53	関西	私	岡山理大付	私		
1996年	53	倉敷工	公実	岡山城東	公		
1997年	53	倉敷商	公実	津山工	公実		
1998年	54	岡山城東	公	関西	私		
1999年	54	岡山理大付	私	岡山城東	公		
2000年	53	岡山理大付	私	倉敷商	公実		
2001年	54	玉野光南	公	岡山理大付	私		
2002年	54	玉野光南	公	倉敷商	公実		
2003年	54	倉敷工	公実	倉敷	私		
2004年	54	岡山理大付	私	関西	私		
2005年	55	関西	私	玉野光南	公		
2006年	55	関西	私	岡山城東	公		
2007年	56	岡山理大付	私	玉野光南	公		
2008年	57	倉敷商	公実	関西	私		
2009年	56	倉敷商	公実	玉島商	公実		
2010年	57	倉敷商	公実	玉野光南	公		
2011年	57	関西	私	金光学園	私		
2012年	57	倉敷商	公実	創志学園	私		
2013年	59	玉野光南	公	関西	私		
2014年	59	関西	私	岡山理大付	私		
2015年	59	岡山学芸館	私	創志学園	私		
2016年	59	創志学園	私	玉野光南	公		
2017年	59	おかやま山陽	私	創志学園	私		

広島

年度	校数	優勝校		準優勝校		備考	選手権出場校
1948年	31	盈進商（→盈進） 広陵	私 私	呉工（→呉阿賀） 鯉城（→広島国泰寺）	公実 公	△西中国4	×
1949年	31	尾道西（→尾道商） 広陵	公 私	呉三津田 広島皆実	公 公	△西中国4	×
1950年	42	呉三津田	公	盈進商	私	西中国4	呉阿賀（→呉工）*1
1951年	43	広島観音（→広島観音・広島商）	公	尾道西	公	西中国4	×
1952年	42	忠海	公	尾道東	公	西中国4	×
1953年	41	広陵	私	福山工	公実	西中国4	×
1954年	39	三原	公	広島観音 *2	公	西中国4	三原
1955年	42	芸南（→廃校）	私	広島商	公実	西中国4	×
1956年	42	広島商	公実	尾道商	公実	西中国4	広島商
1957年	43	広島商 広陵	公実 私	呉阿賀 三原	公 公	△西中国4	広島商
1958年	44	尾道商	公実	広島商	公実	なし	尾道商
1959年	45	広陵	私	盈進商	私	以降1県1代表制	
1960年	45	盈進商	私	尾道商	公実		
1961年	44	崇徳	私	広陵	私		
1962年	46	広陵	私	三次	公		
1963年	48	広陵	私	福山工	公実		
1964年	51	広陵	私	尾道商	公実		
1965年	53	広陵	私	福山電波工（→近大福山）	私		
1966年	53	広島商	公実	北川工（→府中東）*3	私		
1967年	54	広陵	私	広島商	公実		
1968年	55	広陵	私	広島商	公実		
1969年	54	広陵	私	福山誠之館	公		
1970年	54	広島商	公実	広陵	私		
1971年	53	広陵	私	盈進	私		
1972年	57	広陵	私	福山工	公実		
1973年	57	広島商	公実	崇徳	私		
1974年	57	盈進	私	竹原	公		
1975年	59	広島商	公実	崇徳	私		
1976年	61	崇徳	私	尾道商	公実		
1977年	64	広島商	公実	広島工	公実		
1978年	65	広島工	公実	盈進	私		
1979年	66	広島商	公実	府中東	公		
1980年	69	広陵	私	広島商	公実		
1981年	75	広島商	公実	近大福山	私		
1982年	77	広島商	公実	崇徳	私		
1983年	78	広島商	公実	近大福山	私		
1984年	82	広島商	公実	尾道商	公実		
1985年	83	広島工	公実	広陵	私		
1986年	87	広島工	公実	広島商	公実		
1987年	89	広島商	公実	広島工	公実		
1988年	92	広島商	公実	広島電機大付（→広島国際学院）	私		
1989年	93	近大福山	私	大柿	公		
1990年	94	山陽	私	崇徳	私		
1991年	94	西条農	公実	広島工	公実		
1992年	95	広島工	公実	広島商	公実		
1993年	96	西条農	公実	崇徳	私		
1994年	98	山陽	私	広島商	公実		
1995年	99	宮島工	公実	崇徳	私		
1996年	99	高陽東	公	如水館	私		
1997年	98	如水館	私	崇徳	私		
1998年	96	如水館	私	広島商	公実		
1999年	95	如水館	私	高陽東	公		
2000年	98	瀬戸内	私	広島商	公実		
2001年	97	如水館	私	広島工	公実		
2002年	97	広陵	私	広島商	公実		
2003年	97	広陵	私	高陽東	公		
2004年	96	広島商	公実	如水館	私		
2005年	94	高陽東	公	三次	公		
2006年	97	如水館	私	崇徳	私		
2007年	97	広陵	私	総合技術	公実		
2008年	99	広陵	私	総合技術	公実		
2009年	98	如水館	私	広陵	私		
2010年	96	広陵	私	如水館	私		
2011年	95	如水館	私	広島新庄	私		
2012年	95	広島工	公実	盈進	私		
2013年	93	瀬戸内	私	広島新庄	私		
2014年	93	広陵	私	広島新庄	私		
2015年	93	広島新庄	私	呉	公		
2016年	92	広島新庄	私	如水館	私		
2017年	90	広陵	私	広島新庄	私		

*1 県大会は準決勝で敗退　*2 同年9月商業科の1年生を新設の広島商へ移し、この年度限りで商業科の募集停止　*3 1974年府中市に、80年広島県に移管

鳥取

年度	校数	優 勝 校	準 優 勝 校	備 考	選手権出場校
1948年	6	倉吉一（→倉吉） 公	米子一（→米子東） 公	東中国2	×
1949年	5	鳥取西（→鳥取西・鳥取商） 公	境（→境・境港総合技術） 公	東中国2	×
1950年	6	米子東（→米子東・米子・米子南） 公	倉吉（→倉吉西・倉吉東） 公	東中国4	米子東
1951年	8	鳥取西 公	倉吉 公	東中国2	×
1952年	9	境 公	米子東 公	東中国2	境
1953年	12	鳥取西 公	境 公	東中国4	鳥取西
1954年	12	米子東 公	境 公	東中国2	米子東
1955年	12	米子南 公実	倉吉東（→倉吉東・倉吉総合産） 公	東中国2	×
1956年	11	米子東 公	米子南 公実	東中国4	米子東
1957年	10	米子東 公	米子南 公実	東中国2	×
1958年	10	鳥取西 公	倉吉東 公	なし	鳥取西
1959年	10	米子工 公実	倉吉東 公	東中国	×
1960年	10	米子東 公	倉吉東 公	△東中国2	米子東
1961年	10	鳥取工 公実	米子東 公	△東中国2	×
1962年	10	鳥取西 公	米子東 公	△東中国2	×
1963年	9	米子南 公実	境 公	なし	米子南
1964年	9	米子南 公実	米子東 公	△東中国2	米子南
1965年	10	境 公	鳥取西 公	△東中国2	×
1966年	10	鳥取西 公	八頭 公	△東中国2	×
1967年	11	八頭 公	米子工 公実	△東中国2	×
1968年	12	米子南 公実	八頭 公	なし	米子南
1969年	13	米子商（→米子松蔭） 私	米子東 公	△東中国2	×
1970年	15	米子工 公実	米子東 公	△東中国2	×
1971年	15	鳥取西 公	八頭 公	△東中国2	×
1972年	15	米子工 公実	鳥取西 公	△東中国2	米子工
1973年	15	鳥取西 公	米子工 公実	なし	鳥取西
1974年	16	境 公	鳥取西 公	△東中国2	×
1975年	16	倉吉北 私	米子東 公	△山陰2	×
1976年	17	倉吉北 私	米子東 公	△山陰2	×
1977年	17	境 公	米子工 公実	△山陰2	×
1978年	18	倉吉北 私	米子工 公実	以降1県1代表制	
1979年	20	境 公	米子東 公		
1980年	20	倉吉北 私	鳥取西 公		
1981年	21	鳥取西 公	倉吉東 公		
1982年	21	境 公	米子東 公		
1983年	20	米子東 公	鳥取城北 私		
1984年	22	境 公	米子工 公実		
1985年	23	鳥取西 公	鳥取商 公実		
1986年	23	米子東 公	鳥取西 公		
1987年	23	八頭 公	米子東 公		
1988年	23	米子商 私	米子東 公		
1989年	23	米子東 公	倉吉東 公		
1990年	24	境 公	鳥取西 公		
1991年	24	米子東 公	八頭 公		
1992年	25	倉吉北 私	鳥取西 公		
1993年	26	鳥取西 公	鳥取城北 私		
1994年	26	八頭 公	境 公		
1995年	26	倉吉東 公	根雨（→日野） 公		
1996年	26	八頭 公	鳥取城北 私		
1997年	26	八頭 公	米子商 私		
1998年	26	境 公	米子北 私		
1999年	26	倉吉北 私	米子西 公		
2000年	26	米子商 私	由良育英（→鳥取中央育英） 公		
2001年	26	八頭 公	由良育英 公		
2002年	26	倉吉北 私	鳥取西 公		
2003年	27	八頭 公	倉吉北 私		
2004年	27	鳥取商 公実	鳥取西 公		
2005年	25	鳥取西 公	米子西 公		
2006年	25	倉吉北 私	倉吉東 公		
2007年	25	境 公	倉吉総合産 公実		
2008年	25	鳥取西 公	鳥取城北 私		
2009年	25	鳥取城北 私	鳥取商 公実		
2010年	24	八頭 公	米子北 私		
2011年	25	鳥取商 公実	境 公		
2012年	25	鳥取城北 私	鳥取中央育英 公		
2013年	25	鳥取城北 私	八頭 公		
2014年	24	八頭 公	鳥取城北 私		
2015年	25	鳥取城北 私	鳥取西 公		
2016年	25	境 公	米子松蔭 私		
2017年	25	米子松蔭 私	米子東 公		

島根

年度	校数	優勝校		準優勝校		備考	選手権出場校
1948年	7	浜田一（→浜田）	公	松江一（→松江）	公	東中国	×
1949年	8	浜田（→浜田・浜田商）	公	松江（→松江北・松江南）	公	東中国4	×
1950年	10	松江	公	浜田	公	東中国2	×
1951年	11	出雲	公	松江産（→松江工・松江商）	公実	東中国2	×
1952年	12	浜田	公	出雲	公	東中国4	×
1953年	13	出雲	公	浜田	公	東中国2	×
1954年	13	浜田	公	江津工	公実	東中国2	×
1955年	13	大社	公	出雲	公	東中国4	×
1956年	16	安来	公	出雲産（→出雲工・出雲商）	公実	東中国2	×
1957年	16	松江商	公実	大社	公	東中国2	松江商
1958年	17	益田産（→益田農林）	公実	浜田	公	なし	益田産
1959年	20	大田	公	安来	公	西中国	大田
1960年	19	大社	公	出雲産	公実	△西中国2	大社
1961年	22	大社	公	安来	公	△西中国2	大社
1962年	22	浜田	公	益田	公	△西中国2	×
1963年	23	大社	公	邇摩	公	なし	大社
1964年	23	出雲商 *1	公実	松江商	公実	△西中国2	×
1965年	23	大田	公	安来	公	△西中国2	×
1966年	25	邇摩	公	松江商	公実	△西中国2	×
1967年	27	浜田水産	公実	益田農林（→益田翔陽）	公実	△西中国2	×
1968年	29	浜田	公	三刀屋	公	なし	浜田
1969年	28	江津	公	江津工	公実	△西中国2	×
1970年	29	江津工	公実	安来	公	△西中国2	江津工
1971年	28	浜田	公	出雲西	私	△西中国2	浜田
1972年	28	出雲西	私	江の川（→石見智翠館）	私	△西中国2	×
1973年	29	浜田商	公実	松江商	公実	なし	浜田商
1974年	29	大田	公	浜田	公	△西中国2	×
1975年	29	江の川	私	大社	公	△山陰2	江の川
1976年	29	浜田	公	出雲	公	△山陰2	浜田
1977年	29	浜田	公	出雲商	公実	△山陰2	浜田
1978年	29	三刀屋	公	松江商	公実	以降1県1代表制	
1979年	29	浜田	公	出雲商	公実		
1980年	30	浜田	公	出雲工	公実		
1981年	30	浜田	公	邇摩	公		
1982年	30	益田	公	大社	公		
1983年	31	大田	公	大社	公		
1984年	32	益田東	私	浜田	公		
1985年	32	大社	公	益田東	私		
1986年	32	浜田商	公実	平田	公		
1987年	32	江の川	私	川本（→島根中央）	公		
1988年	34	江の川	私	大社	公		
1989年	36	出雲商	公実	松江東	公		
1990年	38	津和野	公	江の川	私		
1991年	39	益田農林	公実	隠岐	公		
1992年	39	大社	公	江の川	私		
1993年	39	松江第一（→開星）	私	松江工	公実		
1994年	40	江の川	私	大社	公		
1995年	40	江の川	私	松江商	公実		
1996年	40	益田東	私	開星	私		
1997年	40	浜田	公	矢上	公		
1998年	40	浜田	公	三刀屋	公		
1999年	40	浜田	公	江の川	私		
2000年	40	益田東	私	淞南学園（→立正大淞南）	私		
2001年	40	開星	私	出雲工	公		
2002年	40	開星	私	立正大淞南	私		
2003年	40	江の川	私	隠岐	公		
2004年	40	浜田	公	浜田商	公実		
2005年	40	江の川	私	大社	公		
2006年	40	開星	私	出雲北陵	私		
2007年	40	開星	私	江の川	私		
2008年	39	開星	私	大社	公		
2009年	39	立正大淞南	私	大社	公		
2010年	39	開星	私	大田	公		
2011年	39	開星	私	石見智翠館	私		
2012年	39	立正大淞南	私	石見智翠館	私		
2013年	39	石見智翠館	私	立正大淞南	私		
2014年	39	開星	私	大社	公		
2015年	39	石見智翠館	私	大東	公		
2016年	39	出雲	公	立正大淞南	私		
2017年	39	開星	私	益田東	私		

*1 当時、「私立出雲商」（現・出雲西）が存在するが県大会には参加せず

山口

年度	校数	優勝校		準優勝校		備考	選手権出場校
1948年	27	柳井 豊浦（→下関東）	公 公	下関商 防府	公実 公	△西中国4	柳井
1949年	27	柳井 下関工（→下関工科）	公 公実	岩国西（→岩国） 下関商	公 公実	△西中国4	柳井
1950年	25	徳山	公	徳山商工	公実	△西中国4 *1	×
1951年	30	下関西（→下関西・下関南）	公	柳井	公	西中国4	下関西
1952年	31	柳井商工（→柳井工・柳井商）	公実	下関東（→長府・豊浦）	公	西中国4	柳井商工
1953年	33	下関東	公	柳井商工	公実	西中国4	下関東
1954年	33	萩 *2	公	柳井	公	西中国4	×
1955年	31	柳井	公	下関商	公実	西中国4	岩国工 *3
1956年	31	柳井	公	柳井商工	公実	西中国4	×
1957年	32	下関商 早鞆	公実 私	萩 柳井	公 公	△西中国4	×
1958年	33	柳井	公	岩国工	公実	なし	柳井
1959年	36	宇部工	公実	下松工	公実	西中国	×
1960年	36	岩国商	公実	柳井	公	△西中国2	×
1961年	37	下関商	公実	萩商工（→萩工・萩商）	公実	△西中国2	×
1962年	37	山口鴻城	私	久賀（→周防大島）	公	△西中国2	山口鴻城
1963年	40	下関商	公実	宇部商	公実	なし	下関商
1964年	41	早鞆	私	柳井	公	△西中国2	早鞆
1965年	42	小野田工	公実	山口水産（→大津緑洋）	公実	△西中国2	小野田工
1966年	45	早鞆	私	柳井商工	公実	△西中国2	早鞆
1967年	47	早鞆	私	豊浦	公	△西中国2	早鞆
1968年	46	岩国商	公実	宇部商	公実	なし	岩国商
1969年	47	宇部商	公実	山口鴻城	私	△西中国2	宇部商
1970年	47	久賀	公	防府商（→防府商工）	公実	△西中国2	×
1971年	48	岩国	公	久賀	公	△西中国2	×
1972年	47	柳井	公	柳井商（→柳井商工）	公実	△西中国2	柳井
1973年	47	萩商（→萩商工）	公実	萩	公	なし	萩商
1974年	47	防府商	公実	宇部	公	△西中国2	防府商
1975年	47	柳井商	公実	下関商	公実	以降1県1代表制	
1976年	47	宇部商	公実	柳井	公		
1977年	48	柳井商	公実	宇部工	公実		
1978年	47	南陽工	公実	宇部工	公実		
1979年	48	豊浦	公	岩国	公		
1980年	49	岩国商	公実	萩商	公実		
1981年	53	下関商	公実	多々良学園（→高川学園）	私		
1982年	55	宇部商	公実	下関商	公実		
1983年	55	宇部商	公実	柳井	公		
1984年	56	柳井	公	宇部商	公実		
1985年	56	宇部商	公実	萩工（→萩商工）	公実		
1986年	56	岩国商	公実	多々良学園	私		
1987年	56	徳山	公	下関商	公実		
1988年	59	宇部商	公実	萩工	公実		
1989年	59	桜ケ丘	私	多々良学園	私		
1990年	60	宇部商	公実	豊浦	公		
1991年	60	宇部商	公実	西京	公		
1992年	60	山口鴻城	私	多々良学園	私		
1993年	60	光	公	下松工	公実		
1994年	60	光	公	下関中央工（→下関工科）	公実		
1995年	60	下関商	公実	岩国	公		
1996年	60	防府商	公実	下関商	公実		
1997年	60	西京	公	南陽工	公実		
1998年	60	宇部商	公実	下関中央工	公実		
1999年	59	久賀	公	岩国	公		
2000年	59	岩国	公	宇部商	公実		
2001年	60	宇部商	公実	下関中央工	公実		
2002年	60	宇部商	公実	岩国	公		
2003年	60	岩国	公	宇部鴻城	私		
2004年	60	岩国	公	下関工	公実		
2005年	59	宇部商	公実	柳井商	公実		
2006年	61	南陽工	公実	多々良学園	私		
2007年	59	岩国	公	豊浦	公		
2008年	59	下関工	公実	下関商	公実		
2009年	59	華陵	公	岩国商	公実		
2010年	60	南陽工	公実	防府	公		
2011年	60	柳井学園	私	桜ケ丘	私		
2012年	60	宇部鴻城	私	山口鴻城	私		
2013年	59	岩国商	公実	高川学園	私		
2014年	58	岩国	公	熊毛南	公		
2015年	59	下関商	公実	下関国際	私		
2016年	59	高川学園	私	宇部鴻城	私		
2017年	60	下関国際	私	宇部鴻城	私		

*1 西中国大会終了後に、大会進出の4校で県大会の準決勝・決勝が行われたため、その優勝・準優勝の2校のみ示す　*2 1950年「萩北」として選抜大会に出場　*3 県大会は準決勝で敗退

香川

年度	校数	優勝校		準優勝校		備考	選手権出場校
1948年	21	高松	公	丸亀（→丸亀一）	公	北四国2	丸亀
1949年	18	高松一	公	丸亀一（→丸亀）	公	北四国2	高松一
1950年	25	高松商	公実	高松	公	北四国2	×
1951年	27	高松一	公	高松商	公実	北四国2	高松一
1952年	25	琴平	公	高松一	公	北四国2	×
1953年	28	高松商	公実	志度商（→志度）	公実	北四国2	×
1954年	28	高松商	公実	高松	公	北四国2	高松商
1955年	28	高松商	公実	坂出商	公実	北四国2	坂出商
1956年	28	高松商	公実	観音寺一	公	北四国2	×
1957年	28	坂出商	公実	高松一	公	北四国2	坂出商
1958年	29	高松商	公実	高松一	公	なし	高松商
1959年	28	坂出商	公実	高松商	公実	北四国	×
1960年	29	高松一	公	多度津工（→多度津）	公実	△北四国2	×
1961年	29	高松一	公	多度津工	公実	△北四国2	×
1962年	29	高松	公	高松商	公実	△北四国2	×
1963年	30	丸亀商（→丸亀城西）	公実	丸亀	公	なし	丸亀商
1964年	29	高松	公	高松商	公実	△北四国2	×
1965年	29	高松商	公実	土庄（→小豆島中央）	公	△北四国2	高松商
1966年	29	高松一	公	高松商	公実	△北四国2	×
1967年	30	坂出工	公実	高松商	公実	△北四国2	×
1968年	30	高松商	公実	丸亀商	公実	なし	高松商
1969年	30	高松商	公実	丸亀商	公実	△北四国2	×
1970年	28	高松商	公実	坂出商	公実	△北四国2	高松商
1971年	29	坂出商	公実	高松一	公	△北四国2	×
1972年	29	高松一	公	高松商	公実	△北四国2	高松一
1973年	29	高松商	公実	坂出商	公実	なし	高松商
1974年	29	丸亀商	公実	高松商	公実	△北四国2	丸亀商
1975年	32	志度商	公実	高松商	公実	△北四国2	×
1976年	32	高松商	公実	高松一	公	以降1県1代表制	
1977年	33	高松商	公実	多度津工	公実		
1978年	33	高松商	公実	志度商	公実		
1979年	33	高松商	公実	高松南	公		
1980年	33	高松商	公実	三本松	公		
1981年	33	志度商	公実	高松一	公		
1982年	33	坂出商	公実	三本松	公		
1983年	34	高松商	公実	高松南	公		
1984年	33	三本松	公	坂出商	公実		
1985年	33	志度商	公実	三本松	公		
1986年	34	尽誠学園	私	丸亀商	公実		
1987年	35	尽誠学園	私	丸亀商	公実		
1988年	35	坂出商	公実	三本松	公		
1989年	35	尽誠学園	私	坂出商	公実		
1990年	35	丸亀	公	高松西	公		
1991年	35	坂出商	公実	寒川	私		
1992年	35	尽誠学園	私	丸亀商	公実		
1993年	35	三本松	公	丸亀	公		
1994年	35	坂出商	公実	尽誠学園	私		
1995年	36	観音寺中央（→観音寺総合）	公	高松商	公実		
1996年	36	高松商	公実	尽誠学園	私		
1997年	37	丸亀城西	公	高松西	公		
1998年	37	尽誠学園	私	三本松	公		
1999年	37	尽誠学園	私	丸亀	公		
2000年	38	丸亀	公	高松北	公		
2001年	38	尽誠学園	私	三本松	公		
2002年	38	尽誠学園	私	観音寺中央	公		
2003年	38	香川西（→四国学院大香川西）	私	高松南	公		
2004年	38	尽誠学園	私	高松一	公		
2005年	40	丸亀城西	公	寒川	私		
2006年	39	香川西	私	寒川	私		
2007年	39	尽誠学園	私	高松商	公実		
2008年	39	香川西	私	高松商	公実		
2009年	39	寒川	私	高松商	公実		
2010年	40	英明	私	観音寺中央	公		
2011年	40	英明	私	丸亀	公		
2012年	40	香川西	私	丸亀	公		
2013年	40	丸亀	公	尽誠学園	私		
2014年	40	坂出商	公実	大手前高松	私		
2015年	40	寒川	私	丸亀城西	公		
2016年	40	尽誠学園	私	高松商	公実		
2017年	38	三本松	公	丸亀城西	公		

徳島

年度	校数	優勝校		準優勝校		備考	選手権出場校
1948年	12	徳島商（→城東）	公実	鳴門	公	南四国2	×
1949年	11	鳴門	公	城東	公	南四国2	城東
1950年	14	鳴門	公	城北（→城北・徳島商）	公	△南四国2	鳴門
1951年	15	城北	公	鳴門	公	南四国2	×
1952年	17	鳴門	公	城北	公	南四国2	鳴門
1953年	17	徳島商	公実	海南（→海部）	公	南四国2	×
1954年	17	徳島商	公実	鳴門	公	南四国2	×
1955年	18	鳴門	公	徳島商	公実	南四国2	×
1956年	18	徳島商	公実	鳴門	公	南四国2	徳島商
1957年	18	撫養（→鳴門商）	公	池田	公	南四国2	×
1958年	19	徳島商	公実	撫養	公	なし	徳島商
1959年	21	鳴門	公	徳島工（→徳島科学技術）	公実	南四国	×
1960年	21	徳島商	公実	池田	公	△南四国2	徳島商
1961年	21	海南	公	徳島商	公実	△南四国2	×
1962年	22	徳島商	公実	池田	公	△南四国2	徳島商
1963年	26	徳島商	公実	海南	公	なし	徳島商
1964年	26	海南	公	徳島商	公実	△南四国2	×
1965年	26	徳島商	公実	海南	公	△南四国2	徳島商
1966年	27	鳴門	公	小松島西	公	△南四国2	鳴門
1967年	28	小松島西	公	徳島工	公実	△南四国2	×
1968年	28	鴨島商（→吉野川）	公実	撫養	公	なし	鴨島商
1969年	28	鴨島商	公実	鳴門	公	△南四国2	×
1970年	27	池田	公	鳴門	公	△南四国2	×
1971年	27	池田	公	徳島商	公実	△南四国2	池田
1972年	27	海南	公	鳴門工（→鳴門渦潮）	公実	△南四国2	×
1973年	28	鳴門工	公実	徳島商	公実	なし	鳴門工
1974年	28	阿南工（→阿南光）	公実	鳴門	公	△南四国2	×
1975年	28	海南	公	鳴門	公	△南四国2	×
1976年	28	徳島商	公実	鳴門工	公実	△南四国2	徳島商
1977年	28	鳴門	公	鳴門工	公実	△南四国2	×
1978年	28	徳島商	公実	鳴門	公	以降1県1代表制	
1979年	28	池田	公	鳴門商（→鳴門第一）	公実		
1980年	29	鳴門	公	池田	公		
1981年	30	徳島商	公実	鳴門商	公実		
1982年	31	池田	公	徳島商	公実		
1983年	32	池田	公	徳島商	公実		
1984年	33	徳島商	公実	池田	公		
1985年	33	徳島商	公実	鳴門工	公実		
1986年	32	池田	公	鳴門	公		
1987年	33	池田	公	徳島商	公実		
1988年	33	池田	公	鳴門工	公実		
1989年	33	小松島西	公	川島	公		
1990年	33	徳島商	公実	池田	公		
1991年	33	池田	公	鳴門工	公実		
1992年	33	池田	公	板野	公		
1993年	33	徳島商	公実	鳴門	公		
1994年	34	小松島西	公	新野（→阿南光）	公		
1995年	34	鳴門	公	生光学園	私		
1996年	35	新野	公	鴨島商	公実		
1997年	36	徳島商	公実	鳴門工	公実		
1998年	36	徳島商	公実	鳴門	公		
1999年	36	徳島商	公実	鳴門工	公実		
2000年	36	徳島商	公実	小松島	公		
2001年	35	鳴門工	公実	小松島	公		
2002年	36	鳴門工	公実	鳴門第一（→鳴門渦潮）	公		
2003年	36	小松島	公	徳島商	公実		
2004年	35	鳴門第一	公	徳島北	公		
2005年	35	鳴門工	公実	徳島商	公実		
2006年	34	徳島商	公実	徳島北	公		
2007年	34	徳島商	公実	城南	公		
2008年	34	鳴門工	公実	徳島商	公実		
2009年	33	徳島北	公	鳴門第一	公		
2010年	32	鳴門	公	小松島	公		
2011年	32	徳島商	公実	生光学園	私		
2012年	31	鳴門	公	鳴門渦潮	公		
2013年	31	鳴門	公	川島	公		
2014年	31	鳴門	公	鳴門渦潮	公		
2015年	31	鳴門	公	城南	公		
2016年	31	鳴門	公	鳴門渦潮	公		
2017年	31	鳴門渦潮	公	板野	公		

愛媛

年度	校数	優勝校		準優勝校		備考	選手権出場校
1948年	14	松山商（→松山東）	公実	八幡浜商（→八幡浜）	公実	北四国2	×
1949年	18	松山商	公実	松山一（→松山東）	公	北四国2	×
1950年	22	松山東（→松山東・松山商）	公	今治西（→今治西・今治工）	公	北四国2	松山東
1951年	28	西条北（→西条）	公	松山東	公	北四国2	×
1952年	30	松山商	公実	八幡浜	公	北四国2	松山商
1953年	31	松山商	公実	西条北	公	北四国2	松山商
1954年	33	宇和島東	公	松山北	公	北四国2	×
1955年	33	松山商	公実	宇和島東	公	北四国2	×
1956年	34	西条	公	松山商	公実	北四国2	西条
1957年	34	西条	公	松山商	公実	△北四国2	×
1958年	35	八幡浜	公	新田	私	なし	八幡浜
1959年	36	西条	公	宇和	公	北四国	西条
1960年	36	西条	公	松山商	公実	△北四国2	西条
1961年	39	松山商	公実	川之江	公	△北四国2	松山商
1962年	39	西条	公	今治西	公	△北四国2	西条
1963年	40	今治西	公	西条	公	なし	今治西
1964年	42	今治南	公	今治西	公	△北四国2	今治南
1965年	44	今治西	公	松山商	公実	△北四国2	×
1966年	45	松山商	公実	宇和島東	公	△北四国2	松山商
1967年	45	今治南	公	松山商	公実	△北四国2	今治南
1968年	45	松山商	公実	南宇和	公	なし	松山商
1969年	45	松山商	公実	今治西	公	△北四国2	松山商
1970年	46	西条	公	新田	私	△北四国2	×
1971年	45	今治西	公	八幡浜	公	△北四国2	今治西
1972年	46	今治西	公	松山商	公実	△北四国2	×
1973年	47	今治西	公	西条	公	なし	今治西
1974年	47	帝京五	私	新居浜商	公実	△北四国2	×
1975年	47	新居浜商	公実	西条	公	△北四国2	新居浜商
1976年	50	今治西	公	新居浜商	公実	以降1県1代表制	
1977年	52	今治西	公	新居浜商	公実		
1978年	52	松山商	公実	今治西	公		
1979年	52	新居浜商	公実	松山商	公実		
1980年	54	南宇和	公	帝京五	私		
1981年	54	今治西	公	帝京五	私		
1982年	54	川之江	公	今治西	公		
1983年	57	川之江	公	川之石	公		
1984年	58	松山商	公実	宇和島東	公		
1985年	59	川之江	公	西条	公		
1986年	59	松山商	公実	宇和島東	公		
1987年	60	宇和島東	公	三島	公		
1988年	60	松山商	公実	八幡浜工	公実		
1989年	60	宇和島東	公	新田	私		
1990年	60	松山商	公実	新田	私		
1991年	60	川之江	公	今治西	公		
1992年	61	西条	公	松山商	公実		
1993年	61	宇和島東	公	今治西	公		
1994年	61	宇和島東	公	西条	公		
1995年	61	松山商	公実	丹原	公		
1996年	61	松山商	公実	帝京五	私		
1997年	61	宇和島東	公	今治西	公		
1998年	61	宇和島東	公	今治西	公		
1999年	61	宇和島東	公	西条	公		
2000年	61	丹原	公	今治西	公		
2001年	61	松山商	公実	宇和島東	公		
2002年	62	川之江	公	松山聖陵	私		
2003年	62	今治西	公	宇和島東	公		
2004年	63	済美	私	新田	私		
2005年	62	済美	私	西条	公		
2006年	64	今治西	公	今治北	公		
2007年	63	今治西	公	済美	私		
2008年	61	済美	私	帝京五	私		
2009年	60	西条	公	済美	私		
2010年	59	宇和島東	公	済美	私		
2011年	59	今治西	公	新田	私		
2012年	59	今治西	公	川之江	公		
2013年	59	済美	私	今治西	公		
2014年	59	小松	公	松山東	公		
2015年	58	今治西	公	小松	公		
2016年	60	松山聖陵	私	新田	私		
2017年	60	済美	私	帝京五	私		

高知

年度	校数	優勝校	準優勝校	備考	選手権出場校
1948年	9	高知商 公実	高知工 *1 公実	南四国2	高知商
1949年	13	高知（→高知追手前） 公	高知商 公実	南四国2	×
1950年	17	高知商 公実	土佐 私	南四国2	×
1951年	15	高知商 公実	土佐 私	南四国2	高知商
1952年	15	高知商 公実	土佐 私	△南四国2	×
1953年	13	高知商 公実	土佐 私	南四国2	土佐
1954年	14	土佐 私	高知商 公実	南四国2	高知商
1955年	14	高知商 公実	城東（→高知） 私	南四国2	城東
1956年	12	高知商 公実	高知 私	南四国2	×
1957年	13	高知商 公実	高知 私	南四国2	高知
1958年	13	高知商 公実	土佐 私	なし	高知商
1959年	14	高知商 公実	高知 私	南四国	高知商
1960年	14	高知 私	高知商 公実	△南四国2	×
1961年	14	高知商 公実	高知追手前 公	△南四国2	高知商
1962年	14	高知 私	高知商 公実	△南四国2	×
1963年	15	高知 私	高知商 公実	なし	高知
1964年	16	高知 私	高知商 公実	△南四国2	高知
1965年	16	伊野商 公実	高知 私	△南四国2	×
1966年	17	高知 私	土佐 私	△南四国2	×
1967年	16	土佐 私	高知 私	△南四国2	土佐
1968年	17	高知 私	土佐 私	なし	高知
1969年	17	高知商 公実	中村 公	△南四国2	高知商
1970年	18	高知商 公実	土佐 私	△南四国2	高知商
1971年	18	高知 私	土佐 私	△南四国2	×
1972年	18	高知商 公実	土佐 私	△南四国2	高知商
1973年	17	高知商 公実	土佐 私	なし	高知商
1974年	19	高知 私	高知西 公	△南四国2	高知
1975年	19	土佐 私	中村 公	△南四国2	土佐
1976年	21	安芸 公	高知商 公実	△南四国2	×
1977年	20	高知 私	高知商 公実	△南四国2	高知
1978年	21	高知商 公実	土佐 私	以降1県1代表制	
1979年	20	高知 私	明徳（→明徳義塾） 私		
1980年	22	高知商 公実	明徳 私		
1981年	22	高知 私	土佐 私		
1982年	24	高知商 公実	高知 私		
1983年	24	高知商 公実	高知東 公		
1984年	25	明徳義塾 私	高知 私		
1985年	25	高知商 公実	伊野商 公実		
1986年	25	高知商 公実	明徳義塾 私		
1987年	26	伊野商 公実	明徳義塾 私		
1988年	27	高知商 公実	高知 私		
1989年	27	土佐 私	高知南 公		
1990年	27	高知商 公実	明徳義塾 私		
1991年	29	明徳義塾 私	高知追手前 公		
1992年	29	明徳義塾 私	伊野商 公実		
1993年	30	高知商 公実	土佐 私		
1994年	30	宿毛 公	安芸 公		
1995年	30	高知商 公実	高知 私		
1996年	30	明徳義塾 私	土佐 私		
1997年	32	高知商 公実	明徳義塾 私		
1998年	32	明徳義塾 私	高知 私		
1999年	33	明徳義塾 私	高知 私		
2000年	33	明徳義塾 私	土佐 私		
2001年	30	明徳義塾 私	高知 私		
2002年	31	明徳義塾 私	高知 私		
2003年	32	明徳義塾 私	高知 私		
2004年	32	明徳義塾 私	高知商 公実		
2005年	31	明徳義塾 *2 私	高知 私		
2006年	32	高知商 公実	明徳義塾 私		
2007年	32	高知 私	明徳義塾 私		
2008年	32	高知 私	高知商 公実		
2009年	31	高知 私	明徳義塾 私		
2010年	32	明徳義塾 私	高知商 公実		
2011年	33	明徳義塾 私	高知 私		
2012年	33	明徳義塾 私	高知 私		
2013年	32	明徳義塾 私	高知 私		
2014年	31	明徳義塾 私	高知 私		
2015年	31	明徳義塾 私	高知 私		
2016年	29	明徳義塾 私	中村 公		
2017年	28	明徳義塾 私	梼原 公		

*1 高知工辞退で南四国大会には高知（現・高知追手前）が進出　*2 不祥事のため明徳義塾の優勝取り消し

福岡

年度	校数	優勝校		準優勝校		備考	選手権出場校
1948年	48	小倉（→小倉北）	公	伝習館	公	1県1代表制	
1949年	54	小倉北（→小倉）	公	八幡	公		
1950年	74	小倉（→小倉・小倉商）	公	三池	公		
1951年	79	小倉	公	伝習館	公		
1952年	78	三池	公	伝習館	公		
1953年	76	東筑（→東筑・折尾）	公	戸畑	公		
1954年	74	小倉	公	嘉穂東	公		
1955年	73	小倉	公	門司東（→門司学園）	公		
1956年	75	小倉	公	戸畑	公		
1957年	75	戸畑	公	修猷館	公		
1958年	78	八女	公	小倉	公		
1959年	82	戸畑	公	東筑	公		
1960年	85	戸畑	公	柳川商（→柳川）	私		
1961年	85	戸畑	公	小倉	公		
1962年	89	久留米商	公実	小倉工	公実		
1963年	92	柳川商	私	博多工	公実		
1964年	100	小倉工	公実	八幡工	公実		
1965年	107	三池工	公実	飯塚商（→廃校）	私		
1966年	103	小倉工	公実	柳川商	私		
1967年	104	小倉工	公実	九州工（→真颯館）	私		
1968年	104	飯塚商	私	博多	私		
1969年	103	飯塚商	私	直方学園（→廃校）＊1	私		
1970年	102	九州工	私	博多工	公実		
1971年	103	筑紫工（→筑紫台）	私	八女工	公実		
1972年	105	東筑	公	戸畑商（→北九州市立）	公実		
1973年	105	柳川商	私	直方学園	私		
1974年	104	福岡第一	私	小倉南	公		
1975年	107	小倉南	公	柳川商	私		
1976年	111	柳川商	私	九州工	私		
1977年	111	九州産（→九産大九産）	私	柳川商	私		
1978年	111	東筑	公	柳川商	私		
1979年	111	八幡大付（→九州国際大付）	私	嘉穂	公		
1980年	115	田川	公	嘉穂	公		
1981年	114	福岡大大濠	私	九州産	私		
1982年	119	八幡大付	私	博多工	公実		
1983年	122	久留米商	公実	福岡	公		
1984年	125	福岡大大濠	私	八幡大付	私		
1985年	129	久留米商	公実	福岡第一	私		
1986年	128	西日本短大付	私	豊国学園	私		
1987年	130	東筑	公	柳川	私		
1988年	134	福岡第一	私	八幡大付	私		
1989年	134	福岡大大濠	私	西日本短大付	私		
1990年	135	西日本短大付	私	福岡工大付（→福岡工大城東）	私		
1991年	137	柳川	私	沖学園	私		
1992年	137	西日本短大付	私	福岡工大付	私		
1993年	134	東福岡	私	小倉東	公		
1994年	136	九州工	私	九州国際大付	私		
1995年	137	柳川	私	福岡工大付	私		
1996年	135	東筑	公	東福岡	私		
1997年	137	福岡工大付	私	柳川	私		
1998年	134	東福岡	私	東筑	公		
1999年	132	東福岡	私	九産大九州	私		
2000年	131	柳川	私	福岡工大付	私		
2001年	133	九産大九州	私	福岡工	公実		
2002年	135	柳川	私	九州国際大付	私		
2003年	135	筑陽学園	私	九産大九州	私		
2004年	134	西日本短大付	私	福岡第一	私		
2005年	131	柳川	私	戸畑商	公実		
2006年	131	福岡工大城東	私	柳川	私		
2007年	130	東福岡	私	沖学園	私		
2008年	132	飯塚	私	沖学園	私		
2009年	133	九州国際大付	私	筑陽学園	私		
2010年	133	西日本短大付	私	東福岡	私		
2011年	135	九州国際大付	私	東筑	公		
2012年	135	飯塚	私	福岡第一	私		
2013年	135	自由ヶ丘	私	南筑	公		
2014年	135	九州国際大付	私	北筑	公		
2015年	136	九州国際大付	私	東海大五（→東海大福岡）	私		
2016年	134	九州国際大付	私	福岡工大城東	私		
2017年	134	東筑	公	福岡大大濠	私		

＊1　廃校時の名称は直方東

佐賀

年度	校数	優勝校		準優勝校		備考	選手権出場校
1948年	15	鹿島（→鹿島・鹿島実） 武雄	公 公	佐賀一（→佐賀） 龍谷	公 私	△西九州4	鹿島
1949年	13	龍谷	私	佐賀（→佐賀北・佐賀西・佐賀東）	公	西九州2	×
1950年	17	唐津（→唐津西・唐津東）	公	佐賀	公	西九州2	×
1951年	16	佐賀	公	龍谷	私	西九州4	×
1952年	16	佐賀商	公実	鳥栖工	公実	西九州2	×
1953年	19	佐賀	公	鳥栖工	公実	西九州2	×
1954年	19	鳥栖工	公実	龍谷	私	西九州4	×
1955年	20	佐賀商	公実	龍谷	私	西九州2	×
1956年	20	佐賀商	公実	佐賀	公	西九州2	×
1957年	21	佐賀商 佐賀	公実 公	鹿島（→鹿島・鹿島実） 龍谷	公 私	△西九州4	佐賀商
1958年	21	佐賀	公	佐賀商	公実	なし	佐賀
1959年	22	鹿島	公	佐賀	公	西九州	×
1960年	22	鹿島	公	鳥栖工	公実	△西九州2	鹿島
1961年	23	鹿島	公	唐津実（→唐津工・唐津商・唐津南）	公実	△西九州2	×
1962年	24	佐賀商	公実	鳥栖工	公実	△西九州2	佐賀商
1963年	23	武雄	公	唐津東	公	なし	武雄
1964年	29	唐津商	公実	鳥栖（→鳥栖・鳥栖商）	公	△西九州2	×
1965年	31	佐賀商	公実	武雄	公	△西九州2	佐賀商
1966年	31	佐賀工	公実	佐賀西	公	△西九州2	×
1967年	31	佐賀西	公	白石	公	△西九州2	×
1968年	31	佐賀工	公実	鹿島	公	なし	佐賀工
1969年	31	佐賀工	公実	佐賀実（→佐賀学園）	私	△西九州2	×
1970年	31	唐津商	公実	佐賀西	公	△西九州2	唐津商
1971年	32	佐賀工	公実	龍谷	私	△西九州2	×
1972年	32	佐賀工	公実	多久工（→多久）	公実	△西九州2	×
1973年	33	唐津商	公実	佐賀工	公実	なし	唐津商
1974年	33	佐賀工	公実	佐賀商	公実	△西九州2	×
1975年	34	唐津商	公実	佐賀北	公	△西九州2	×
1976年	34	佐賀商	公実	龍谷	私	△西九州2	×
1977年	35	佐賀商	公実	佐賀北	公	△西九州2	佐賀商
1978年	36	小城	公	佐賀学園	私	以降1県1代表制	
1979年	37	佐賀商	公実	佐賀工	公実		
1980年	37	龍谷	私	佐賀学園	私		
1981年	39	佐賀学園	私	佐賀北	公		
1982年	39	佐賀商	公実	佐賀学園	私		
1983年	40	鳥栖	公	佐賀北	公		
1984年	40	唐津商	公実	鹿島実（→鹿島）	公実		
1985年	39	佐賀商	公実	唐津商	公実		
1986年	40	唐津西	公	有田工	公実		
1987年	40	佐賀工	公実	佐賀商	公実		
1988年	40	佐賀商	公実	佐賀西	公		
1989年	42	佐賀商	公実	佐賀学園	私		
1990年	42	佐賀学園	私	龍谷	私		
1991年	42	佐賀学園	私	小城	公		
1992年	42	佐賀東	公	唐津西	公		
1993年	42	鳥栖商	公実	唐津工	公実		
1994年	41	佐賀商	公実	鳥栖商	公実		
1995年	41	龍谷	私	佐賀商	公実		
1996年	41	唐津工	公実	唐津商	公実		
1997年	41	佐賀商	公実	伊万里商（→伊万里実）	公実		
1998年	41	佐賀学園	私	唐津東	公		
1999年	41	佐賀東	公	鳥栖	公		
2000年	41	佐賀北	公	敬徳	私		
2001年	41	神埼	公	鳥栖	公		
2002年	41	鳥栖	公	佐賀学園	私		
2003年	41	鳥栖商	公実	佐賀商	公実		
2004年	41	佐賀学園	私	杵島商	公実		
2005年	41	佐賀商	公実	鳥栖商	公実		
2006年	41	佐賀商	公実	佐賀西	公		
2007年	41	佐賀北	公	鹿島	公		
2008年	41	佐賀商	公実	鳥栖	公		
2009年	40	伊万里農林（→伊万里実）	公実	佐賀商	公実		
2010年	41	佐賀学園	私	佐賀商	公実		
2011年	41	唐津商	公実	佐賀工	公実		
2012年	41	佐賀北	公	伊万里農林	公実		
2013年	41	有田工	公実	早稲田佐賀	私		
2014年	41	佐賀北	公	佐賀工	公実		
2015年	41	龍谷	私	唐津商	公実		
2016年	41	唐津商	公実	佐賀商	公実		
2017年	41	早稲田佐賀	私	鳥栖	公		

長崎

年度	校数	優勝校		準優勝校		備考	選手権出場校
1948年	20	諫早（→諫早・諫早商）	公	海星	私	西九州2	×
1949年	18	長崎商	公実	佐世保北	公	西九州4	長崎東 *1
1950年	12	長崎東	公	諫早	公	西九州2	×
1951年	18	長崎商	公実	長崎西	公	西九州2	長崎西
1952年	17	長崎商	公実	長崎西	公	西九州4	長崎商
1953年	18	長崎東	公	大村	公	西九州2	×
1954年	18	長崎商	公実	長崎東	公	西九州2	長崎商
1955年	19	長崎東	公	佐世保北	公	西九州4	×
1956年	21	長崎南山	私	海星	私	西九州2	×
1957年	20	海星	私	長崎西	公	西九州2	×
1958年	20	長崎南山	私	西海学園	私	なし	長崎南山
1959年	20	海星	私	島原	公	西九州	海星
1960年	20	佐世保南	公	長崎南山	私	△西九州2	×
1961年	21	海星	私	長崎西	公	△西九州2	海星
1962年	21	大崎	公	佐世保北	公	△西九州2	×
1963年	22	海星	私	西海学園	私	なし	海星
1964年	24	海星	私	長崎西	公	△西九州2	海星
1965年	26	海星	私	長崎工	公実	△西九州2	×
1966年	27	海星	私	佐世保工	公実	△西九州2	海星
1967年	27	海星	私	佐世保工	公実	△西九州2	海星
1968年	26	海星	私	佐世保工	公実	なし	海星
1969年	29	長崎商	公実	長崎工	公実	△西九州2	長崎商
1970年	30	西海学園	私	長崎商	公実	△西九州2	×
1971年	30	海星	私	長崎工	公実	△西九州2	海星
1972年	31	海星	私	諫早	公	△西九州2	海星
1973年	30	海星	私	長崎工	公実	なし	海星
1974年	31	佐世保工	公実	海星	私	△西九州2	佐世保工
1975年	33	諫早	公	五島	公	△西九州2	諫早
1976年	35	海星	私	長崎北	公	△西九州2	海星
1977年	36	諫早	公	海星	私	△西九州2	×
1978年	38	佐世保工	公実	壱岐	公	以降1県1代表制	
1979年	41	諫早	公	長崎商	公実		
1980年	41	瓊浦	私	海星	私		
1981年	44	長崎西	公	長崎東	公		
1982年	45	佐世保工	公実	長崎商	公実		
1983年	47	佐世保工	公実	五島	公		
1984年	52	海星	私	上五島	公		
1985年	53	佐世保実	私	佐世保北	公		
1986年	54	島原中央	私	佐世保実	私		
1987年	55	長崎商	公実	長崎東	公		
1988年	55	小浜	公	海星	私		
1989年	57	海星	私	佐世保実	私		
1990年	59	海星	私	長崎商	公実		
1991年	59	瓊浦	私	海星	私		
1992年	59	佐世保実	私	長崎商	公実		
1993年	60	長崎日大	私	波佐見	公		
1994年	60	長崎北陽台	公	海星	私		
1995年	60	長崎日大	私	波佐見	公		
1996年	59	波佐見	公	長崎日大	私		
1997年	60	長崎南山	私	長崎商	公実		
1998年	60	長崎日大	私	諫早	公		
1999年	60	長崎日大	私	海星	私		
2000年	59	長崎日大	私	波佐見	公		
2001年	60	波佐見	公	長崎商	公実		
2002年	61	海星	私	長崎南山	私		
2003年	61	長崎日大	私	波佐見	公		
2004年	62	佐世保実	私	清峰	公		
2005年	61	清峰	公	瓊浦	私		
2006年	61	清峰	公	波佐見	公		
2007年	61	長崎日大	私	長崎北	公		
2008年	61	清峰	公	鎮西学院	私		
2009年	61	長崎日大	私	創成館	私		
2010年	62	長崎日大	私	海星	私		
2011年	58	海星	私	清峰	公		
2012年	58	佐世保実	私	長崎商	公実		
2013年	58	佐世保実	私	長崎日大	私		
2014年	57	海星	私	創成館	私		
2015年	57	創成館	私	海星	私		
2016年	57	長崎商	公実	大村工	公実		
2017年	57	波佐見	公	清峰	公		

*1 県大会は準決勝で敗退

熊本

年度	校数	優勝校	準優勝校	備考	選手権出場校
1948年	19	熊本商 公実	熊本工 公実	西九州2	×
1949年	25	熊本商 公実	鹿本（→鹿本・鹿本商工・鹿本農） 公	西九州2	×
1950年	27	熊本工 公実	菊池総合（→菊池・菊池農） 公	西九州4	済々黌 *1
1951年	28	熊本商 公実	済々黌 公	西九州2	×
1952年	28	熊本工 公実	済々黌 公	西九州2	×
1953年	31	熊本 公	済々黌 公	西九州4	熊本
1954年	30	熊本工 公実	済々黌 公	西九州2	×
1955年	30	熊本 公	熊本工 公実	西九州2	熊本
1956年	27	済々黌 公	九州学院 私	西九州4	済々黌
1957年	29	熊本 公	鎮西 私	西九州2	×
1958年	28	済々黌 公	九州学院 私	なし	済々黌
1959年	28	鎮西 私	熊本商 公実	中九州	鎮西
1960年	27	熊本商 公実	熊本工 公実	△中九州2	熊本商
1961年	29	熊本工 公実	鎮西 私	△中九州2	×
1962年	30	熊本工 公実	鎮西 私	△中九州2	×
1963年	32	九州学院 私	鎮西 私	なし	九州学院
1964年	33	八代東 公	九州学院 私	△中九州2	八代東
1965年	33	九州学院 私	八代東 公	△中九州2	×
1966年	33	熊本一工（→開新） 私	水俣 公	△中九州2	×
1967年	35	大津 公	熊本工 公実	△中九州2	×
1968年	34	鎮西 私	九州学院 私	なし	鎮西
1969年	37	熊本工 公実	八代第一（→秀岳館） 私	△中九州2	×
1970年	37	鎮西 私	東海大二（→東海大熊本星翔） 私	△中九州2	×
1971年	38	九州学院 私	東海大二 私	△中九州2	×
1972年	38	鎮西 私	八代第一 私	△中九州2	×
1973年	40	八代東 公	宇土 公	なし	八代東
1974年	40	熊本一工 私	鎮西 私	△中九州2	×
1975年	44	九州学院 私	熊本工 公実	△中九州2	九州学院
1976年	49	熊本工 公実	鎮西 私	以降1県1代表制	
1977年	49	熊本工 公実	済々黌 公		
1978年	49	熊本工大（→文徳） 私	鎮西 私		
1979年	49	済々黌 公	熊本工大 私		
1980年	52	熊本工 公実	八代 公		
1981年	53	鎮西 私	済々黌 公		
1982年	54	熊本工 公実	東海大二 私		
1983年	55	東海大二 私	熊本工 公実		
1984年	55	鎮西 私	熊本工 公実		
1985年	57	熊本西 公	九州学院 私		
1986年	56	熊本工 公実	八代第一 私		
1987年	57	九州学院 私	八代工 公実		
1988年	58	熊本工 公実	鎮西 私		
1989年	59	熊本工 公実	東海大二 私		
1990年	59	済々黌 公	熊本工 公実		
1991年	59	熊本工 公実	大津 公		
1992年	59	熊本工 公実	城北 私		
1993年	59	城北 私	鎮西 私		
1994年	61	済々黌 公	熊本市商（→千原台） 公実		
1995年	61	城北 私	九州学院 私		
1996年	61	熊本工 公実	東海大二 私		
1997年	62	文徳 私	八代第一 私		
1998年	62	九州学院 私	熊本工 公実		
1999年	64	九州学院 私	東海大二 私		
2000年	64	九州学院 私	八代第一 私		
2001年	65	秀岳館 私	熊本工 公実		
2002年	66	熊本工 公実	九州学院 私		
2003年	66	必由館 公	文徳 私		
2004年	67	熊本工 公実	秀岳館 私		
2005年	67	熊本工 公実	文徳 私		
2006年	68	熊本工 公実	専大玉名 私		
2007年	68	八代東 公	九州学院 私		
2008年	67	城北 私	専大玉名 私		
2009年	67	熊本工 公実	九州学院 私		
2010年	67	九州学院 私	八代東 公		
2011年	66	専大玉名 私	熊本工 公実		
2012年	67	済々黌 公	必由館 公		
2013年	66	熊本工 公実	文徳 私		
2014年	65	城北 私	文徳 私		
2015年	64	九州学院 私	文徳 私		
2016年	63	秀岳館 私	九州学院 私		
2017年	63	秀岳館 私	九州学院 私		

*1 県大会は準決勝で敗退

大分

年度	校数	優勝校		準優勝校		備考	選手権出場校
1948年	13	別府一（→別府鶴見丘）	公	大分二（→大分城崎・大分工）	公実	東九州3	大分二
1949年	20	臼杵（→臼杵・大分東・海洋科学）	公	別府一	公	東九州2	臼杵
1950年	22	大分一（→大分上野丘）	公	大分二	公実	東九州4	別府一 ＊1
1951年	24	大分城崎（→大分商）	公実	大分上野丘	公	東九州2	大分城崎
1952年	25	大分城崎	公実	津久見	公	東九州2	津久見
1953年	24	佐伯鶴城	公	大分上野丘	公	東九州3	×
1954年	24	大分商	公実	臼杵	公	東九州2	×
1955年	23	佐伯鶴城	公	津久見	公	東九州2	津久見
1956年	23	別府鶴見丘	公	中津東（→中津東・中津工）＊2	公実	東九州3	別府鶴見丘
1957年	24	中津東	公実	大分商	公実	東九州2	×
1958年	25	大分上野丘	公	中津東	公実	なし	大分上野丘
1959年	26	津久見	公	大分商	公実	中九州	×
1960年	27	高田	公	日田（→日田・日田三隈）	公	△中九州2	×
1961年	28	高田	公	中津東	公実	△中九州2	高田
1962年	27	大分商	公実	日田	公	△中九州2	大分商
1963年	27	津久見	公	大分上野丘	公	なし	津久見
1964年	30	佐伯鶴城	公	中津東	公実	△中九州2	×
1965年	29	津久見	公	高田	公	△中九州2	津久見
1966年	30	津久見	公	別府鶴見丘	公	△中九州2	津久見
1967年	31	大分商	公実	別府鶴見丘	公	△中九州2	大分商
1968年	30	津久見	公	別府鶴見丘	公	なし	津久見
1969年	31	大分商	公実	津久見	公	△中九州2	大分商
1970年	31	大分商	公実	津久見	公	△中九州2	大分商
1971年	31	鶴崎工	公実	中津工（→中津東）	公実	△中九州2	鶴崎工
1972年	31	津久見	公	大分商	公実	△中九州2	津久見
1973年	30	日田林工	公実	大分商	公実	なし	日田林工
1974年	30	佐伯鶴城	公	中津工	公実	△中九州2	佐伯鶴城
1975年	31	緒方工（→三重総合）	公実	津久見	公	△中九州2	×
1976年	31	柳ヶ浦	私	鶴崎工	公実	以降1県1代表制	
1977年	31	津久見	公	緒方工	公実		
1978年	31	日田林工	公実	大分商	公実		
1979年	34	大分商	公実	別府商（→別府翔青）	公実		
1980年	35	大分商	公実	柳ヶ浦	私		
1981年	36	津久見	公	中津工	公実		
1982年	37	津久見	公	大分上野丘	公		
1983年	41	中津工	公実	国東	公		
1984年	43	別府商	公実	柳ヶ浦	私		
1985年	45	津久見	公	佐伯豊南	公		
1986年	46	佐伯鶴城	公	柳ヶ浦	私		
1987年	48	柳ヶ浦	私	鶴崎工	公実		
1988年	50	津久見	公	佐伯豊南	公		
1989年	50	鶴崎工	公実	大分雄城台	公		
1990年	51	藤蔭	私	大分商	公実		
1991年	51	柳ヶ浦	私	臼杵	公		
1992年	51	柳ヶ浦	私	鶴崎工	公実		
1993年	52	大分工	公実	大分	私		
1994年	52	柳ヶ浦	私	鶴崎工	公実		
1995年	51	日田	公	大分東	公		
1996年	51	佐伯鶴城	公	大分工	公実		
1997年	51	大分商	公実	津久見	公		
1998年	52	柳ヶ浦	私	津久見	公		
1999年	52	日田林工	公実	大分雄城台	公		
2000年	51	中津工	公実	大分工	公実		
2001年	51	明豊	私	藤蔭	私		
2002年	50	柳ヶ浦	私	杵築	公		
2003年	51	柳ヶ浦	私	楊志館	私		
2004年	51	明豊	私	国東	公		
2005年	52	別府青山（→別府翔青）	公	藤蔭	私		
2006年	53	鶴崎工	公実	明豊	私		
2007年	51	楊志館	私	大分工	公実		
2008年	49	日田林工	公実	大分雄城台	公		
2009年	49	明豊	私	日田林工	公実		
2010年	49	大分工	公実	明豊	私		
2011年	48	明豊	私	日本文理大付	私		
2012年	48	杵築	公	藤蔭	私		
2013年	47	大分商	公実	大分上野丘	公		
2014年	47	大分	私	明豊	私		
2015年	46	明豊	私	大分商	公実		
2016年	45	大分	私	佐伯鶴城	公		
2017年	45	明豊	私	大分商	公実		

＊1 県大会は準決勝で敗退　＊2 1963年工業に関する学科が分離し中津工となる。中津東は1965年中津商に改称。中津商と中津工は2009年統合、中津東に

宮崎

年度	校数	優　勝　校		準　優　勝　校		備考	選手権出場校
1948年	11	宮崎大宮（→宮崎大宮・宮崎商）	公	大淀（→宮崎工・宮崎農・宮崎南）	公	東九州4	×
1949年	12	宮崎大宮	公	高鍋（→高鍋・高鍋農）	公	東九州2	×
1950年	13	高鍋	公	宮崎大宮	公	東九州2	×
1951年	14	高鍋	公	大淀	公	東九州4	×
1952年	10	宮崎大宮	公	大淀	公	東九州2	×
1953年	10	宮崎大宮	公	高鍋	公	東九州2	×
1954年	12	宮崎大宮	公	高鍋	公	東九州3	高鍋
1955年	12	高鍋	公	大淀	公	東九州2	×
1956年	14	高鍋	公	宮崎大宮	公	東九州2	×
1957年	14	大淀	公	宮崎大宮	公	東九州3	宮崎大宮
1958年	14	大淀	公	宮崎商	公実	なし	大淀
1959年	17	高鍋	公	大淀	公	南九州	高鍋
1960年	17	大淀	公	都城都島（→都城工・都城西・都城農）	公	南九州	大淀
1961年	18	高鍋	公	宮崎商	公実	南九州	高鍋
1962年	19	大淀	公	高鍋	公	南九州	×
1963年	23	宮崎商	公実	高鍋	公	なし	宮崎商
1964年	27	宮崎商	公実	日南	公	南九州	宮崎商
1965年	31	高鍋	公	日南	公	南九州	高鍋
1966年	34	宮崎大宮	公	日南	公	南九州	×
1967年	38	宮崎大宮	公	日南工（→日南振徳）	公実	南九州	宮崎大宮
1968年	38	延岡商	公実	日南工	公実	なし	延岡商
1969年	36	宮崎商	公実	延岡商	公実	南九州	宮崎商
1970年	37	都城	私	宮崎日大	私	南九州	都城
1971年	36	都城農	公実	延岡工	公実	南九州	都城農
1972年	39	高鍋	公	宮崎電子工（→宮崎第一）	私	南九州	×
1973年	37	高鍋	公	都城	私	なし	高鍋
1974年	39	延岡	公	高鍋	公	△南九州2	延岡
1975年	39	日南	公	宮崎商	公実	以降1県1代表制	
1976年	39	福島	公	日南	公		
1977年	40	都城	私	延岡学園	私		
1978年	42	延岡学園	私	高鍋	公		
1979年	42	都城	私	日向学院	私		
1980年	43	日向学院	私	延岡	公		
1981年	43	都城商	公実	都城工	公実		
1982年	42	都城	私	延岡西（→延岡星雲）	公		
1983年	43	高鍋	公	延岡工	公実		
1984年	44	都城	私	高鍋	公		
1985年	44	延岡商	公実	日南	公		
1986年	43	日南	公	宮崎商	公実		
1987年	44	延岡工	公実	日章学園	私		
1988年	45	宮崎南	公	都城	私		
1989年	45	日向	公	日章学園	私		
1990年	45	都城	私	延岡学園	私		
1991年	46	延岡学園	私	日向	公		
1992年	47	延岡工	公実	都城	私		
1993年	47	小林西	私	都城	私		
1994年	48	延岡学園	私	都城	私		
1995年	48	日南学園	私	宮崎商	公実		
1996年	48	都城	私	宮崎商	公実		
1997年	48	宮崎日大	私	高鍋	公		
1998年	48	日南学園	私	宮崎第一	私		
1999年	48	都城	私	小林西	私		
2000年	49	延岡学園	私	宮崎日大	私		
2001年	51	日南学園	私	宮崎日大	私		
2002年	52	日章学園	私	延岡工	公実		
2003年	53	日南学園	私	都城商	公実		
2004年	53	佐土原	公実	日南学園	私		
2005年	54	聖心ウルスラ	私	宮崎北	公		
2006年	53	延岡学園	私	宮崎日大	私		
2007年	53	日南学園	私	都城商	公実		
2008年	52	宮崎商	公実	日南学園	私		
2009年	51	都城商	公実	宮崎商	公実		
2010年	51	延岡学園	私	宮崎第一	私		
2011年	50	日南学園	私	延岡学園	私		
2012年	49	宮崎工	公実	聖心ウルスラ	私		
2013年	49	延岡学園	私	聖心ウルスラ	私		
2014年	49	日南学園	私	日章学園	私		
2015年	49	宮崎日大	私	宮崎学園	私		
2016年	48	日南学園	私	宮崎商	公実		
2017年	49	聖心ウルスラ	私	日向学院	私		

鹿児島

年度	校数	優勝校		準優勝校		備考	選手権出場校
1948年	20	鹿児島市第三部（→鹿児島商）	公	鹿児島実	私	東九州3	×
1949年	23	鶴丸（→鶴丸・明桜館）	公	鹿児島市第三部	公	東九州4	×
1950年	28	鹿児島商	公実	鶴丸	公	東九州2	×
1951年	35	鹿児島実	私	鹿児島商	公実	東九州2	×
1952年	35	鹿児島商	公実	鹿児島	私	東九州4	×
1953年	37	甲南	公	鹿児島商	公実	東九州2	甲南
1954年	40	鹿児島商	公実	鹿児島玉龍	公	東九州2	×
1955年	39	鹿児島商	公実	鹿児島玉龍	公	東九州3	×
1956年	39	鹿児島実	私	鹿児島玉龍	公	東九州2	×
1957年	38	鹿児島商	公実	鹿児島	私	東九州2	×
1958年	41	鹿児島玉龍	公	照国商（→鹿児島城西）	私	なし	鹿児島玉龍
1959年	40	鹿児島商	公実	鹿児島玉龍	公	南九州	×
1960年	41	出水商	公実	鹿児島玉龍	公	以降1県1代表制	
1961年	42	鹿児島実	私	鹿児島商	公実		
1962年	45	鹿児島商	公実	鹿児島玉龍	公		
1963年	45	鹿児島	私	出水	公		
1964年	48	鹿児島玉龍	公	鹿児島実	私		
1965年	52	鹿児島玉龍	公	鹿児島実	私		
1966年	52	鹿児島実	私	出水商	公実		
1967年	55	鹿児島	私	川内	公		
1968年	53	鹿児島商	公実	鹿児島実川内（→川内実）	私		
1969年	55	鹿児島商	公実	鹿児島工	公実		
1970年	57	鹿児島商工（→樟南）	私	鹿屋工	公実		
1971年	58	鹿児島玉龍	公	鹿児島実	私		
1972年	63	鹿児島商	公実	鹿児島商工	私		
1973年	66	鹿児島実	私	鹿児島商	公実		
1974年	70	鹿児島実	私	鹿児島商	公実		
1975年	69	鹿児島商	公実	鹿児島商工	私		
1976年	72	鹿児島実	私	鹿児島商	公実		
1977年	70	鹿児島商工	私	鹿児島実	私		
1978年	75	鹿児島実	私	鹿児島商工	私		
1979年	78	鹿児島実	私	鶴丸	公		
1980年	80	川内実（→れいめい）	私	鹿児島商	公実		
1981年	81	鹿児島実	私	鹿児島商工	私		
1982年	81	鹿児島商工	私	鹿児島玉龍	公		
1983年	81	鹿児島実	私	鹿児島商	公実		
1984年	82	鹿児島商工	私	鹿児島実	私		
1985年	82	鹿児島商工	私	鹿児島商	公実		
1986年	78	鹿児島商	公実	鹿児島商工	私		
1987年	78	鹿児島商工	私	鹿児島商	公実		
1988年	80	鹿児島商	公実	鹿児島城西	私		
1989年	82	鹿児島商工	私	鹿児島商	公実		
1990年	84	鹿児島実	私	武岡台	公		
1991年	85	鹿児島実	私	鹿児島商工	私		
1992年	85	鹿児島商工	私	鹿児島	私		
1993年	86	鹿児島商工	私	鹿児島南	公		
1994年	86	樟南	私	鹿児島実	私		
1995年	86	鹿児島商	公実	鹿児島南	公		
1996年	87	鹿児島実	私	鹿児島商	公実		
1997年	86	鹿児島実	私	鹿児島玉龍	公		
1998年	86	鹿児島実	私	川内	公		
1999年	87	樟南	私	鹿児島実	私		
2000年	88	樟南	私	鹿児島城西	私		
2001年	89	樟南	私	鹿児島実	私		
2002年	91	樟南	私	鹿児島商	公実		
2003年	91	樟南	私	鹿児島商	公実		
2004年	91	鹿児島実	私	鹿屋中央	私		
2005年	91	樟南	私	神村学園	私		
2006年	89	鹿児島工	公実	鹿屋	公		
2007年	87	神村学園	私	鹿児島実	私		
2008年	87	鹿児島実	私	鹿児島工	公実		
2009年	85	樟南	私	鹿児島城西	私		
2010年	85	鹿児島実	私	樟南	私		
2011年	84	神村学園	私	薩摩中央	公		
2012年	82	神村学園	私	鹿児島実	私		
2013年	79	樟南	私	鹿児島実	私		
2014年	77	鹿屋中央	私	神村学園	私		
2015年	76	鹿児島実	私	鹿児島城西	私		
2016年	73	樟南	私	鹿児島実	私		
2017年	73	神村学園	私	鹿児島	私		

沖縄 *1

年度	校数	優勝校		準優勝校		備考	選手権出場校
1948年	不参加						
1949年	不参加						
1950年	不参加						
1951年	不参加						
1952年	8	石川	公	首里	公	東九州	×
1953年	16	石川	公	那覇	公	東九州	×
1954年	17	那覇	公	名護（→名護・名護商工）	公	東九州	×
1955年	16	コザ（→コザ・中部工）	公	糸満	公	東九州	×
1956年	16	那覇	公	商業（→那覇商）	公実	東九州	×
1957年	16	商業	公実	首里	公	東九州	×
1958年	19	首里	公	石川	公	なし	首里
1959年	20	中部農林	公実	商業	公実	南九州	×
1960年	20	工業（→沖縄工）	公実	中部農林	公実	南九州	×
1961年	21	首里	公	工業	公実	南九州	×
1962年	24	沖縄（→沖縄尚学）	私	首里	公	南九州	沖縄
1963年	24	首里	公	那覇	公	なし	首里
1964年	24	沖縄	私	興南	私	南九州	×
1965年	28	首里	公	読谷	公	南九州	×
1966年	29	興南	私	小禄	公	南九州	興南
1967年	30	興南	私	沖縄工	公実	南九州	×
1968年	31	興南	私	糸満	公	なし	興南
1969年	36	首里	公	小禄	公	南九州	×
1970年	33	小禄	公	興南	私	南九州	×
1971年	37	普天間	公	前原	公	南九州	×
1972年	35	名護	公	石川	公	南九州	名護
1973年	37	前原	公	沖縄水産	公実	なし	前原
1974年	37	石川	公	豊見城	公	△南九州2	×
1975年	39	石川	公	コザ	公	以降1県1代表制	
1976年	42	豊見城	公	那覇	公		
1977年	45	豊見城	公	宮古	公		
1978年	47	豊見城	公	宮古	公		
1979年	47	中部工（→美来工科）	公実	南風原	公		
1980年	48	興南	私	首里	公		
1981年	50	興南	私	美里	公		
1982年	49	興南	私	知念	公		
1983年	51	興南	私	沖縄水産	公実		
1984年	53	沖縄水産	公実	興南	私		
1985年	50	沖縄水産	公実	興南	私		
1986年	52	沖縄水産	公実	興南	私		
1987年	54	沖縄水産	公実	沖縄尚学	私		
1988年	55	沖縄水産	公実	八重山	公		
1989年	56	石川	公	興南	私		
1990年	58	沖縄水産	公実	沖縄尚学	私		
1991年	58	沖縄水産	公実	豊見城南	公		
1992年	57	沖縄尚学	私	名護	公		
1993年	58	浦添商	公実	那覇商	公実		
1994年	60	那覇商	公実	美里工	公実		
1995年	60	沖縄水産	公実	美里	公		
1996年	59	前原	公	沖縄水産	公実		
1997年	58	浦添商	公実	沖縄水産	公実		
1998年	60	沖縄水産	公実	浦添工	公実		
1999年	62	沖縄尚学	私	興南	私		
2000年	61	那覇	公	沖縄水産	公実		
2001年	61	宜野座	公	中部商	公実		
2002年	62	中部商	公実	沖縄水産	公実		
2003年	64	沖縄尚学	私	南部商	公実		
2004年	62	中部商	公実	沖縄水産	公実		
2005年	62	沖縄尚学	私	浦添商	公実		
2006年	63	八重山商工	公実	中部商	公実		
2007年	64	興南	私	浦添商	公実		
2008年	63	浦添商	公実	沖縄尚学	私		
2009年	63	興南	私	中部商	公実		
2010年	63	興南	私	糸満	公		
2011年	63	糸満	公	中部商	公実		
2012年	63	浦添商	公実	沖縄尚学	私		
2013年	63	沖縄尚学	私	美里工	公実		
2014年	61	沖縄尚学	私	糸満	公		
2015年	62	興南	私	糸満	公		
2016年	63	嘉手納	公	美里工	公実		
2017年	63	興南	私	美来工科	公実		

*1 1952〜71年の公立高校のうち、実業系の学校は1950年代より、普通校は60年より琉球政府立となる

資料２　「夏の高校野球　都道府県大会決勝進出校における公立・私立比率（1948－2017）」

北海道	公立普通		公立実業		私立		公私の画期
	校数	%	校数	%	校数	%	
Ⅰ 1948～1958（全道）	**13**	59.1	3	13.6	6	27.3	

北北海道	公立普通		公立実業		私立		公私の画期
	校数	%	校数	%	校数	%	
Ⅱ 1959～1975	**19**	55.9	6	17.6	9	26.5	
Ⅲ 1976～1990	12	40.0	4	13.3	**14**	46.7	
Ⅳ 1991～2005	**13**	43.3	8	26.7	9	30.0	
Ⅴ 2006～2017	6	25.0	2	8.3	**16**	66.7	○
合　計	**50**	42.4	20	16.9	48	40.7	

南北海道	公立普通		公立実業		私立		公私の画期
	校数	%	校数	%	校数	%	
Ⅱ 1959～1975	8	23.5	6	17.6	**20**	58.8	○
Ⅲ 1976～1990	5	16.7	1	3.3	**24**	80.0	
Ⅳ 1991～2005	4	13.3	2	6.7	**24**	80.0	
Ⅴ 2006～2017	1	4.2	1	4.2	**22**	91.7	
合　計	18	15.3	10	8.5	**90**	76.3	

青森	公立普通		公立実業		私立		公私の画期
	校数	%	校数	%	校数	%	
Ⅰ 1948～1960	**22**	84.6	2	7.7	2	7.7	
Ⅱ 1961～1975	10	33.3	**15**	50.0	5	16.7	
Ⅲ 1976～1990	9	30.0	**13**	43.3	8	26.7	
Ⅳ 1991～2005	3	10.0	6	20.0	**21**	70.0	○
Ⅴ 2006～2017	4	16.7	1	4.2	**19**	79.2	
合　計	48	34.3	37	26.4	**55**	39.3	

岩手	公立普通		公立実業		私立		公私の画期
	校数	%	校数	%	校数	%	
Ⅰ 1948～1960	**18**	69.2	6	23.1	2	7.7	
Ⅱ 1961～1975	**17**	56.7	8	26.7	5	16.7	
Ⅲ 1976～1990	**15**	50.0	9	30.0	6	20.0	
Ⅳ 1991～2005	7	23.3	2	6.7	**21**	70.0	○
Ⅴ 2006～2017	3	12.5	0	0.0	**21**	87.5	
合　計	**60**	42.9	25	17.9	55	39.3	

秋田	公立普通		公立実業		私立		公私の画期
	校数	%	校数	%	校数	%	
Ⅰ 1948～1960	**15**	57.7	11	42.3	0	0.0	
Ⅱ 1961～1975	13	43.3	**17**	56.7	0	0.0	
Ⅲ 1976～1990	**13**	43.3	12	40.0	5	16.7	
Ⅳ 1991～2005	10	33.3	**15**	50.0	5	16.7	
Ⅴ 2006～2017	**12**	50.0	10	41.7	2	8.3	
合　計	63	45.0	**65**	46.4	12	8.6	×

山形	公立普通		公立実業		私立		公私の画期
	校数	%	校数	%	校数	%	
Ⅰ 1948～1960	**16**	61.5	9	34.6	1	3.8	
Ⅱ 1961～1975	**12**	40.0	9	30.0	9	30.0	
Ⅲ 1976～1990	4	13.3	3	10.0	**23**	76.7	○
Ⅳ 1991～2005	2	6.7	3	10.0	**25**	83.3	
Ⅴ 2006～2017	5	20.8	0	0.0	**19**	79.2	
合　計	39	27.9	24	17.1	**77**	55.0	

宮城	公立普通		公立実業		私立		公私の画期
	校数	%	校数	%	校数	%	
Ⅰ 1948～1960	**17**	60.7	6	21.4	5	17.9	
Ⅱ 1961～1975	6	20.0	6	20.0	**18**	60.0	○
Ⅲ 1976～1990	3	10.0	4	13.3	**23**	76.7	
Ⅳ 1991～2005	6	20.0	5	16.7	**19**	63.3	
Ⅴ 2006～2017	5	20.8	4	16.7	**15**	62.5	
合　計	37	26.1	25	17.6	**80**	56.3	

福島	公立普通		公立実業		私立		公私の画期
	校数	%	校数	%	校数	%	
Ⅰ 1948～1960	**17**	65.4	9	34.6	0	0.0	
Ⅱ 1961～1975	**19**	63.3	7	23.3	4	13.3	
Ⅲ 1976～1990	9	30.0	7	23.3	**14**	46.7	
Ⅳ 1991～2005	7	23.3	5	16.7	**18**	60.0	○
Ⅴ 2006～2017	5	20.8	1	4.2	**18**	75.0	
合　計	**57**	40.7	29	20.7	54	38.6	

茨城	公立普通		公立実業		私立		公私の画期
	校数	%	校数	%	校数	%	
Ⅰ 1948～1960	**14**	53.8	10	38.5	2	7.7	
Ⅱ 1961～1975	**21**	70.0	6	20.0	3	10.0	
Ⅲ 1976～1990	**18**	60.0	3	10.0	9	30.0	
Ⅳ 1991～2005	**11**	36.7	8	26.7	**11**	36.7	
Ⅴ 2006～2017	5	20.8	0	0.0	**19**	79.2	○
合　計	**69**	49.3	27	19.3	44	31.4	

栃木	公立普通		公立実業		私立		公私の画期
	校数	%	校数	%	校数	%	
Ⅰ 1948～1960	3	11.5	**15**	57.7	8	30.8	
Ⅱ 1961～1975	1	3.3	**15**	50.0	14	46.7	
Ⅲ 1976～1990	7	23.3	9	30.0	**14**	46.7	
Ⅳ 1991～2005	10	33.3	1	3.3	**19**	63.3	○
Ⅴ 2006～2017	2	8.3	3	12.5	**19**	79.2	
合　計	23	16.4	43	30.7	**74**	52.9	

群馬	公立普通		公立実業		私立		公私の画期
	校数	%	校数	%	校数	%	
Ⅰ 1948～1960	**17**	65.4	9	34.6	0	0.0	
Ⅱ 1961～1975	10	33.3	**16**	53.3	4	13.3	
Ⅲ 1976～1990	4	13.3	**18**	60.0	8	26.7	
Ⅳ 1991～2005	2	6.7	**17**	56.7	11	36.7	
Ⅴ 2006～2017	1	4.2	7	29.2	**16**	66.7	○
合　計	34	24.3	**67**	47.9	39	27.9	

埼玉	公立普通		公立実業		私立		公私の画期
	校数	%	校数	%	校数	%	
Ⅰ 1948～1960	**21**	80.8	5	19.2	0	0.0	
Ⅱ 1961～1975	10	33.3	**20**	66.7	0	0.0	
Ⅲ 1976～1990	**13**	43.3	12	40.0	5	16.7	
Ⅳ 1991～2005	8	25.0	2	6.3	**22**	68.8	○
Ⅴ 2006～2017	4	15.4	0	0.0	**22**	84.6	
合　計	**56**	38.9	39	27.1	49	34.0	

千葉	公立普通		公立実業		私立		公私の画期
	校数	%	校数	%	校数	%	
Ⅰ 1948～1960	**10**	38.5	9	34.6	7	26.9	
Ⅱ 1961～1975	12	40.0	**15**	50.0	3	10.0	
Ⅲ 1976～1990	**14**	46.7	7	23.3	9	30.0	
Ⅳ 1991～2005	9	28.1	3	9.4	**20**	62.5	○
Ⅴ 2006～2017	8	30.8	0	0.0	**18**	69.2	
合計	53	36.8	34	23.6	**57**	39.6	

東京	公立普通		公立実業		私立		公私の画期
	校数	%	校数	%	校数	%	
Ⅰ 1948～1960	1	3.8	0	0.0	**25**	96.2	○
Ⅱ 1961～1973	0	0	0	0.0	**26**	100.0	
合計	1	1.9	0	0.0	**51**	98.1	

東東京	公立普通		公立実業		私立		公私の画期
	校数	%	校数	%	校数	%	
Ⅲ 1974～1990	0	0.0	0	0.0	**34**	100.0	
Ⅳ 1991～2005	3	10.0	0	0.0	**27**	90.0	
Ⅴ 2006～2017	1	4.2	0	0.0	**23**	95.8	
合計	4	4.5	0	0.0	**84**	95.5	

西東京	公立普通		公立実業		私立		公私の画期
	校数	%	校数	%	校数	%	
Ⅲ 1974～1990	3	8.8	0	0.0	**31**	91.2	
Ⅳ 1991～2005	0	0.0	0	0.0	**30**	100.0	
Ⅴ 2006～2017	1	4.2	0	0.0	**23**	95.8	
合計	4	4.5	0	0.0	**84**	95.5	

神奈川	公立普通		公立実業		私立		公私の画期
	校数	%	校数	%	校数	%	
Ⅰ 1948～1960	5	19.2	6	23.1	**15**	57.7	○
Ⅱ 1961～1975	1	3.3	0	0.0	**29**	96.7	
Ⅲ 1976～1990	0	0.0	8	26.7	**22**	73.3	
Ⅳ 1991～2005	1	3.1	2	6.3	**29**	90.6	
Ⅴ 2006～2017	0	0.0	0	0.0	**26**	100.0	
合計	7	4.9	16	11.1	**121**	84.0	

新潟	公立普通		公立実業		私立		公私の画期
	校数	%	校数	%	校数	%	
Ⅰ 1948～1960	**15**	57.7	11	42.3	0	0.0	
Ⅱ 1961～1975	6	20.0	**18**	60.0	6	20.0	
Ⅲ 1976～1990	10	33.3	**12**	40.0	8	26.7	
Ⅳ 1991～2005	7	23.3	6	20.0	**17**	56.7	○
Ⅴ 2006～2017	2	8.3	1	4.2	**21**	87.5	
合計	40	28.6	48	34.3	**52**	37.1	

長野	公立普通		公立実業		私立		公私の画期
	校数	%	校数	%	校数	%	
Ⅰ 1948～1960	**14**	53.8	4	15.4	8	30.8	
Ⅱ 1961～1975	8	26.7	**12**	40.0	10	33.3	
Ⅲ 1976～1990	9	30.0	**11**	36.7	10	33.3	
Ⅳ 1991～2005	3	10.0	3	10.0	**24**	80.0	○
Ⅴ 2006～2017	2	8.3	2	8.3	**20**	83.3	
合計	36	25.7	32	22.9	**72**	51.4	

山梨	公立普通		公立実業		私立		公私の画期
	校数	%	校数	%	校数	%	
Ⅰ 1948～1960	**15**	57.7	11	42.3	0	0.0	
Ⅱ 1961～1975	11	36.7	**19**	63.3	0	0.0	
Ⅲ 1976～1990	8	26.7	10	33.3	**12**	40.0	
Ⅳ 1991～2005	7	23.3	6	20.0	**17**	56.7	○
Ⅴ 2006～2017	3	12.5	5	20.8	**16**	66.7	
合計	44	31.4	**51**	36.4	45	32.1	

静岡	公立普通		公立実業		私立		公私の画期
	校数	%	校数	%	校数	%	
Ⅰ 1948～1960	**17**	65.4	9	34.6	0	0.0	
Ⅱ 1961～1975	**12**	40.0	11	36.7	7	23.3	
Ⅲ 1976～1990	**13**	43.3	7	23.3	10	33.3	
Ⅳ 1991～2005	11	36.7	7	23.3	**12**	40.0	
Ⅴ 2006～2017	8	33.3	3	12.5	**13**	54.2	○
合計	**61**	43.6	37	26.4	42	30.0	

愛知	公立普通		公立実業		私立		公私の画期
	校数	%	校数	%	校数	%	
Ⅰ 1948～1960	8	30.8	5	19.2	**13**	50.0	○
Ⅱ 1961～1975	5	16.7	2	6.7	**23**	76.7	
Ⅲ 1976～1990	2	6.7	1	3.3	**27**	90.0	
Ⅳ 1991～2005	5	15.6	0	0.0	**27**	84.4	
Ⅴ 2006～2017	3	11.5	0	0.0	**23**	88.5	
合計	23	16.0	8	5.6	**113**	78.5	

岐阜	公立普通		公立実業		私立		公私の画期
	校数	%	校数	%	校数	%	
Ⅰ 1948～1960	11	42.3	**15**	57.7	0	0.0	
Ⅱ 1961～1975	4	13.3	**13**	43.3	**13**	43.3	
Ⅲ 1976～1990	2	6.7	**20**	66.7	8	26.7	
Ⅳ 1991～2005	6	20.0	**18**	60.0	6	20.0	
Ⅴ 2006～2017	5	20.8	**12**	50.0	7	29.2	
合計	28	20.0	**78**	55.7	34	24.3	×

三重	公立普通		公立実業		私立		公私の画期
	校数	%	校数	%	校数	%	
Ⅰ 1948～1960	**17**	65.4	9	34.6	0	0.0	
Ⅱ 1961～1975	9	30.0	6	20.0	**15**	50.0	○
Ⅲ 1976～1990	6	20.0	**15**	50.0	9	30.0	
Ⅳ 1991～2005	4	13.3	10	33.3	**16**	53.3	○
Ⅴ 2006～2017	**11**	45.8	5	20.8	8	33.3	
合計	47	33.6	45	32.1	**48**	34.3	

富山	公立普通		公立実業		私立		公私の画期
	校数	%	校数	%	校数	%	
Ⅰ 1948～1960	**22**	84.6	4	15.4	0	0.0	
Ⅱ 1961～1975	9	30.0	**20**	66.7	1	3.3	
Ⅲ 1976～1990	12	40.0	**13**	43.3	5	16.7	
Ⅳ 1991～2005	6	20.0	**16**	53.3	8	26.7	
Ⅴ 2006～2017	7	29.2	**12**	50.0	5	20.8	
合計	56	40.0	**65**	46.4	19	13.6	×

石川	公立普通		公立実業		私立		公私の画期
	校数	%	校数	%	校数	%	
Ⅰ 1948～1960	**19**	73.1	6	23.1	1	3.8	
Ⅱ 1961～1975	10	33.3	10	33.3	10	33.3	
Ⅲ 1976～1990	6	20.0	2	6.7	**22**	73.3	○
Ⅳ 1991～2005	4	13.3	4	13.3	**22**	73.3	
Ⅴ 2006～2017	1	4.2	1	4.2	**22**	91.7	
合計	40	28.6	23	16.4	**77**	55.0	

福井	公立普通		公立実業		私立		公私の画期
	校数	%	校数	%	校数	%	
Ⅰ 1948～1960	**23**	88.5	0	0.0	3	11.5	
Ⅱ 1961～1975	**18**	60.0	6	20.0	6	20.0	
Ⅲ 1976～1990	11	36.7	**12**	40.0	7	23.3	
Ⅳ 1991～2005	2	6.7	**14**	46.7	**14**	46.7	
Ⅴ 2006～2017	2	8.3	10	41.7	**12**	50.0	○
合計	**56**	40.0	42	30.0	42	30.0	

滋賀	公立普通		公立実業		私立		公私の画期
	校数	%	校数	%	校数	%	
Ⅰ 1948～1960	**19**	73.1	7	26.9	0	0.0	
Ⅱ 1961～1975	**18**	60.0	6	20.0	6	20.0	
Ⅲ 1976～1990	**17**	56.7	5	16.7	8	26.7	
Ⅳ 1991～2005	8	26.7	6	20.0	**16**	53.3	○
Ⅴ 2006～2017	10	41.7	2	8.3	**12**	50.0	
合計	**72**	51.4	26	18.6	42	30.0	

京都	公立普通		公立実業		私立		公私の画期
	校数	%	校数	%	校数	%	
Ⅰ 1948～1960	9	34.6	1	3.8	**16**	61.5	○
Ⅱ 1961～1975	8	26.7	2	6.7	**20**	66.7	
Ⅲ 1976～1990	7	23.3	1	3.3	**22**	73.3	
Ⅳ 1991～2005	7	23.3	0	0.0	**23**	76.7	
Ⅴ 2006～2017	3	12.5	2	8.3	**19**	79.2	
合計	34	24.3	6	4.3	**100**	71.4	

大阪	公立普通		公立実業		私立		公私の画期
	校数	%	校数	%	校数	%	
Ⅰ 1948～1960	**13**	50.0	3	11.5	10	38.5	
Ⅱ 1961～1975	3	10.0	0	0.0	**27**	90.0	○
Ⅲ 1976～1990	4	13.3	0	0.0	**26**	86.7	
Ⅳ 1991～2005	3	9.4	0	0.0	**29**	90.6	
Ⅴ 2006～2017	1	3.8	0	0.0	**25**	96.2	
合計	24	16.7	3	2.1	**117**	81.3	

兵庫	公立普通		公立実業		私立		公私の画期
	校数	%	校数	%	校数	%	
Ⅰ 1948～1960	**14**	53.8	3	11.5	9	34.6	
Ⅱ 1961～1975	14	46.7	0	0.0	**16**	53.3	○
Ⅲ 1976～1990	10	33.3	0	0.0	**20**	66.7	
Ⅳ 1991～2005	3	9.4	5	15.6	**24**	75.0	
Ⅴ 2006～2017	5	19.2	4	15.4	**17**	65.4	
合計	46	31.9	12	8.3	**86**	59.7	

奈良	公立普通		公立実業		私立		公私の画期
	校数	%	校数	%	校数	%	
Ⅰ 1948～1960	**13**	50.0	6	23.1	7	26.9	
Ⅱ 1961～1975	**11**	36.7	10	33.3	9	30.0	
Ⅲ 1976～1990	11	36.7	1	3.3	**18**	60.0	○
Ⅳ 1991～2005	9	30.0	3	10.0	**18**	60.0	
Ⅴ 2006～2017	6	25.0	0	0.0	**18**	75.0	
合計	50	35.7	20	14.3	**70**	50.0	

和歌山	公立普通		公立実業		私立		公私の画期
	校数	%	校数	%	校数	%	
Ⅰ 1948～1960	**23**	88.5	3	11.5	0	0.0	
Ⅱ 1961～1975	**23**	76.7	7	23.3	0	0.0	
Ⅲ 1976～1990	**20**	66.7	7	23.3	3	10.0	
Ⅳ 1991～2005	13	43.3	3	10.0	**14**	46.7	○
Ⅴ 2006～2017	**12**	50.0	1	4.2	11	45.8	
合計	**91**	65.0	21	15.0	28	20.0	

岡山	公立普通		公立実業		私立		公私の画期
	校数	%	校数	%	校数	%	
Ⅰ 1948～1960	4	15.4	**17**	65.4	5	19.2	
Ⅱ 1961～1975	1	3.3	**25**	83.3	4	13.3	
Ⅲ 1976～1990	6	20.0	**21**	70.0	3	10.0	
Ⅳ 1991～2005	6	20.0	**12**	40.0	**12**	40.0	
Ⅴ 2006～2017	5	20.8	5	20.8	**14**	58.3	○
合計	22	15.7	**80**	57.1	38	27.1	

広島	公立普通		公立実業		私立		公私の画期
	校数	%	校数	%	校数	%	
Ⅰ 1948～1960	**13**	40.6	9	28.1	10	31.3	
Ⅱ 1961～1975	3	10.0	9	30.0	**18**	60.0	○
Ⅲ 1976～1990	2	6.7	**17**	56.7	11	36.7	
Ⅳ 1991～2005	5	16.7	12	40.0	**13**	43.3	
Ⅴ 2006～2017	1	4.2	3	12.5	**20**	83.3	○
合計	24	16.4	50	34.2	**72**	49.3	

鳥取	公立普通		公立実業		私立		公私の画期
	校数	%	校数	%	校数	%	
Ⅰ 1948～1960	**22**	84.6	4	15.4	0	0.0	
Ⅱ 1961～1975	**20**	66.7	8	26.7	2	6.7	
Ⅲ 1976～1990	**21**	70.0	4	13.3	5	16.7	
Ⅳ 1991～2005	**20**	66.7	1	3.3	9	30.0	
Ⅴ 2006～2017	**11**	45.8	3	12.5	10	41.7	
合計	**94**	67.1	20	14.3	26	18.6	×

島根	公立普通		公立実業		私立		公私の画期
	校数	%	校数	%	校数	%	
Ⅰ 1948～1960	**20**	76.9	6	23.1	0	0.0	
Ⅱ 1961～1975	**17**	56.7	9	30.0	4	13.3	
Ⅲ 1976～1990	**19**	63.3	6	20.0	5	16.7	
Ⅳ 1991～2005	12	40.0	4	13.3	**14**	46.7	
Ⅴ 2006～2017	6	25.0	0	0.0	**18**	75.0	○
合計	**74**	52.9	25	17.9	41	29.3	

山口	公立普通		公立実業		私立		公私の画期
	校数	%	校数	%	校数	%	
Ⅰ 1948～1960	**20**	58.8	13	38.2	1	2.9	
Ⅱ 1961～1975	9	30.0	**16**	53.3	5	16.7	
Ⅲ 1976～1990	7	23.3	**19**	63.3	4	13.3	
Ⅳ 1991～2005	11	36.7	**16**	53.3	3	10.0	
Ⅴ 2006～2017	6	25.0	7	29.2	**11**	45.8	
合計	53	35.8	**71**	48.0	24	16.2	×

香川	公立普通		公立実業		私立		公私の画期
	校数	%	校数	%	校数	%	
Ⅰ 1948～1960	**13**	50.0	**13**	50.0	0	0.0	
Ⅱ 1961～1975	8	26.7	**22**	73.3	0	0.0	
Ⅲ 1976～1990	11	36.7	**16**	53.3	3	10.0	
Ⅳ 1991～2005	**14**	46.7	5	16.7	11	36.7	
Ⅴ 2006～2017	7	29.2	5	20.8	**12**	50.0	○
合計	53	37.9	**61**	43.6	26	18.6	

徳島	公立普通		公立実業		私立		公私の画期
	校数	%	校数	%	校数	%	
Ⅰ 1948～1960	**18**	69.2	8	30.8	0	0.0	
Ⅱ 1961～1975	**17**	56.7	13	43.3	0	0.0	
Ⅲ 1976～1990	**15**	50.0	**15**	50.0	0	0.0	
Ⅳ 1991～2005	**15**	50.0	14	46.7	1	3.3	
Ⅴ 2006～2017	**18**	75.0	5	20.8	1	4.2	
合計	**83**	59.3	55	39.3	2	1.4	×

愛媛	公立普通		公立実業		私立		公私の画期
	校数	%	校数	%	校数	%	
Ⅰ 1948～1960	**16**	61.5	9	34.6	1	3.8	
Ⅱ 1961～1975	**19**	63.3	9	30.0	2	6.7	
Ⅲ 1976～1990	**16**	53.3	10	33.3	4	13.3	
Ⅳ 1991～2005	**21**	70.0	4	13.3	5	16.7	
Ⅴ 2006～2017	**13**	54.2	0	0.0	11	45.8	
合計	**85**	60.7	32	22.9	23	16.4	×

高知	公立普通		公立実業		私立		公私の画期
	校数	%	校数	%	校数	%	
Ⅰ 1948～1960	1	3.8	**14**	53.8	11	42.3	
Ⅱ 1961～1975	4	13.3	9	30.0	**17**	56.7	○
Ⅲ 1976～1990	3	10.0	12	40.0	**15**	50.0	
Ⅳ 1991～2005	3	10.0	5	16.7	**22**	73.3	
Ⅴ 2006～2016	2	8.3	3	12.5	**19**	79.2	
合　計	13	9.3	43	30.7	**84**	**60.0**	

福岡	公立普通		公立実業		私立		公私の画期
	校数	%	校数	%	校数	%	
Ⅰ 1948～1960	**25**	96.2	0	0.0	1	3.8	
Ⅱ 1961～1975	5	16.7	11	36.7	**14**	46.7	
Ⅲ 1976～1990	6	20.0	3	10.0	**21**	70.0	○
Ⅳ 1991～2005	3	10.0	2	6.7	**25**	83.3	
Ⅴ 2006～2017	4	16.7	0	0.0	**20**	83.3	
合　計	43	30.7	16	11.4	**81**	57.9	

佐賀	公立普通		公立実業		私立		公私の画期
	校数	%	校数	%	校数	%	
Ⅰ 1948～1960	**15**	50.0	9	30.0	6	20.0	
Ⅱ 1961～1975	11	36.7	**17**	56.7	2	6.7	
Ⅲ 1976～1990	7	23.3	**14**	46.7	9	30.0	
Ⅳ 1991～2005	10	33.3	**14**	46.7	6	20.0	
Ⅴ 2006～2017	7	29.2	**13**	54.2	4	16.7	
合　計	50	34.7	**67**	46.5	27	18.8	×

長崎	公立普通		公立実業		私立		公私の画期
	校数	%	校数	%	校数	%	
Ⅰ 1948～1960	**14**	53.8	4	15.4	8	30.8	
Ⅱ 1961～1975	7	23.3	10	33.3	**13**	43.3	
Ⅲ 1976～1990	11	36.7	7	23.3	**12**	40.0	
Ⅳ 1991～2005	10	33.3	3	10.0	**17**	56.7	○
Ⅴ 2006～2017	7	29.2	3	12.5	**14**	58.3	
合　計	49	35.0	27	19.3	**64**	45.7	

熊本	公立普通		公立実業		私立		公私の画期
	校数	%	校数	%	校数	%	
Ⅰ 1948～1960	**11**	42.3	**11**	42.3	4	15.4	
Ⅱ 1961～1975	6	20.0	5	16.7	**19**	63.3	○
Ⅲ 1976～1990	6	20.0	11	36.7	**13**	43.3	
Ⅳ 1991～2005	3	10.0	9	30.0	**18**	60.0	○
Ⅴ 2006～2017	4	16.7	4	16.7	**16**	66.7	
合　計	30	21.4	40	28.6	**70**	50.0	

大分	公立普通		公立実業		私立		公私の画期
	校数	%	校数	%	校数	%	
Ⅰ 1948～1960	**16**	61.5	10	38.5	0	0.0	
Ⅱ 1961～1975	**17**	56.7	13	43.3	0	0.0	
Ⅲ 1976～1990	11	36.7	**13**	43.3	6	20.0	
Ⅳ 1991～2005	10	33.3	8	26.7	**12**	40.0	
Ⅴ 2006～2017	4	16.7	8	33.3	**12**	50.0	○
合　計	**58**	41.4	52	37.1	30	21.4	

宮崎	公立普通		公立実業		私立		公私の画期
	校数	%	校数	%	校数	%	
Ⅰ 1948～1960	**25**	96.2	1	3.8	0	0.0	
Ⅱ 1961～1975	**15**	50.0	11	36.7	4	13.3	
Ⅲ 1976～1990	11	36.7	6	20.0	**13**	43.3	
Ⅳ 1991～2005	3	10.0	6	20.0	**21**	70.0	○
Ⅴ 2006～2017	0	0.0	6	25.0	**18**	75.0	
合　計	54	38.6	30	21.4	**56**	40.0	

鹿児島	公立普通		公立実業		私立		公私の画期
	校数	%	校数	%	校数	%	
Ⅰ 1948～1960	**11**	42.3	9	34.6	6	23.1	
Ⅱ 1961～1975	6	20.0	11	36.7	**13**	43.3	
Ⅲ 1976～1990	3	10.0	8	26.7	**19**	63.3	○
Ⅳ 1991～2005	4	13.3	4	13.3	**22**	73.3	
Ⅴ 2006～2016	2	8.3	2	8.3	**20**	83.3	
合　計	26	18.6	34	24.3	**80**	57.1	

沖縄	公立普通		公立実業		私立		公私の画期
	校数	%	校数	%	校数	%	
Ⅰ 1948～1960	**12**	66.7	6	33.3	0	0.0	
Ⅱ 1961～1975	**20**	66.7	3	10.0	7	23.3	
Ⅲ 1976～1990	**12**	40.0	8	26.7	10	33.3	
Ⅳ 1991～2005	6	20.0	**19**	63.3	5	16.7	
Ⅴ 2006～2016	5	20.8	**10**	41.7	9	37.5	
合　計	**55**	41.7	46	34.8	31	23.5	×

資料3　「春・夏の甲子園大会出場校における公立・私立比率(1948−2018)」

表1　春の甲子園大会出場校公立・私立比率

年次	参加校数	公立普通		公立実業		私立	
		校数	%	校数	%	校数	%
1949	16	10	62.5	2	12.5	4	25.0
1950	16	12	**75.0**	3	18.8	1	*6.3*
1951	16	10	62.5	3	18.8	3	18.8
1952	18	9	50.0	5	27.8	4	22.2
1953	19	10	52.6	2	10.5	7	36.8
1954	19	7	36.8	5	26.3	7	36.8
1955	20	10	50.0	4	20.0	6	30.0
1956	20	11	55.0	6	30.0	3	15.0
1957	20	8	40.0	8	40.0	4	20.0
1958	23	5	21.7	12	**52.2**	6	26.1
1959	23	7	30.4	6	26.1	10	43.5
1960	23	8	34.8	5	21.7	10	43.5
1961	23	6	26.1	7	30.4	10	43.5
1962	23	7	30.4	7	30.4	9	39.1
1963	28	7	25.0	13	46.4	8	28.6
1964	23	6	26.1	8	34.8	9	39.1
1965	24	9	37.5	6	25.0	9	37.5
1966	24	7	29.2	7	29.2	10	41.7
1967	24	3	*12.5*	10	41.7	11	45.8
1968	30	8	26.7	13	43.3	9	30.0
1969	26	7	26.9	9	34.6	10	38.5
1970	26	9	34.6	4	15.4	13	50.0
1971	26	7	26.9	9	34.6	10	38.5
1972	27	7	25.9	10	37.0	10	37.0
1973	30	6	20.0	12	40.0	12	40.0
1974	30	7	23.3	12	40.0	11	36.7
1975	29	7	24.1	7	24.1	15	51.7
1976	30	6	20.0	11	36.7	13	43.3
1977	30	8	26.7	7	23.3	15	50.0
1978	30	11	36.7	8	26.7	11	36.7
1979	30	6	20.0	10	33.3	14	46.7
1980	30	7	23.3	5	16.7	18	60.0
1981	30	4	13.3	10	33.3	16	53.3
1982	30	8	26.7	9	30.0	13	43.3
1983	32	8	25.0	8	25.0	16	50.0
1984	32	7	21.9	6	18.8	19	59.4
1985	32	7	21.9	9	28.1	16	50.0
1986	32	6	18.8	10	31.3	16	50.0
1987	32	9	28.1	7	21.9	16	50.0
1988	34	7	20.6	8	23.5	19	55.9

表2　夏の甲子園大会出場校公立・私立比率

年次	参加校数	公立普通		公立実業		私立	
		校数	%	校数	%	校数	%
1948	23	12	52.2	6	26.1	5	21.7
1949	23	18	**78.3**	2	8.7	3	*13.0*
1950	23	17	73.9	3	13.0	3	*13.0*
1951	23	12	52.2	7	30.4	4	17.4
1952	23	12	52.2	6	26.1	5	21.7
1953	23	12	52.2	4	17.4	7	30.4
1954	23	10	43.5	7	30.4	6	26.1
1955	23	13	56.5	3	13.0	7	30.4
1956	23	12	52.2	5	21.7	6	26.1
1957	23	9	39.1	9	39.1	5	21.7
1958	47	21	44.7	15	31.9	11	23.4
1959	29	13	44.8	5	17.2	11	37.9
1960	30	12	40.0	10	33.3	8	26.7
1961	30	11	36.7	8	26.7	11	36.7
1962	30	7	23.3	10	33.3	13	43.3
1963	48	17	35.4	16	33.3	15	31.3
1964	30	6	20.0	9	30.0	15	50.0
1965	30	9	30.0	10	33.3	11	36.7
1966	30	9	30.0	8	26.7	13	43.3
1967	30	9	30.0	8	26.7	13	43.3
1968	48	13	27.1	17	35.4	18	37.5
1969	30	5	16.7	14	**46.7**	11	36.7
1970	30	5	16.7	14	**46.7**	11	36.7
1971	30	10	33.3	9	30.0	11	36.7
1972	30	8	26.7	10	33.3	12	40.0
1973	48	12	25.0	19	39.6	17	35.4
1974	34	8	23.5	10	29.4	16	47.1
1975	38	14	36.8	9	23.7	15	39.5
1976	41	8	19.5	12	29.3	21	51.2
1977	41	9	22.0	14	34.1	18	43.9
1978	49	15	30.6	14	28.6	20	40.8
1979	49	18	36.7	13	26.5	18	36.7
1980	49	16	32.7	13	26.5	20	40.8
1981	49	8	16.3	15	30.6	26	53.1
1982	49	11	22.4	15	30.6	23	46.9
1983	49	16	32.7	14	28.6	19	38.8
1984	49	12	24.5	16	32.7	21	42.9
1985	49	10	20.4	16	32.7	23	46.9
1986	49	10	20.4	18	36.7	21	42.9
1987	49	12	24.5	13	26.5	24	49.0
1988	49	10	20.4	18	36.7	21	42.9

年次	参加校数	公立普通		公立実業		私立	
		校数	%	校数	%	校数	%
1989	32	9	28.1	9	28.1	14	43.8
1990	32	5	15.6	7	21.9	20	62.5
1991	32	6	18.8	2	6.3	24	75.0
1992	32	5	15.6	7	21.9	20	62.5
1993	34	11	32.4	3	8.8	20	58.8
1994	32	8	25.0	6	18.8	18	56.3
1995	32	7	21.9	8	25.0	17	53.1
1996	32	7	21.9	8	25.0	17	53.1
1997	32	6	18.8	8	25.0	18	56.3
1998	36	7	19.4	5	13.9	24	66.7
1999	32	9	28.1	5	15.6	18	56.3
2000	32	7	21.9	5	15.6	20	62.5
2001	34	9	26.5	4	11.8	21	61.8
2002	32	5	15.6	5	15.6	22	68.8
2003	34	7	20.6	2	5.9	25	73.5
2004	32	7	21.9	6	18.8	19	59.4
2005	32	4	12.5	6	18.8	22	68.8
2006	32	6	18.8	8	25.0	18	56.3
2007	32	7	21.9	4	12.5	21	65.6
2008	36	9	25.0	4	11.1	23	63.9
2009	32	11	34.4	5	15.6	16	50.0
2010	32	5	15.6	4	12.5	23	71.9
2011	32	5	15.6	1	*3.1*	26	**81.3**
2012	32	7	21.9	2	6.3	23	71.9
2013	36	7	19.4	5	13.9	24	66.7
2014	32	6	18.8	1	*3.1*	25	78.1
2015	32	5	15.6	3	9.4	24	75.0
2016	32	5	15.6	3	9.4	24	75.0
2017	32	5	15.6	3	9.4	24	75.0
2018	36	6	16.7	3	8.3	27	75.0

年次	参加校数	公立普通		公立実業		私立	
		校数	%	校数	%	校数	%
1989	49	9	18.4	12	24.5	28	57.1
1990	49	12	24.5	12	24.5	25	51.0
1991	49	9	18.4	14	28.6	26	53.1
1992	49	9	18.4	7	14.3	33	67.3
1993	49	7	14.3	11	22.4	31	63.3
1994	49	15	30.6	10	20.4	24	49.0
1995	49	10	20.4	11	22.4	28	57.1
1996	49	10	20.4	12	24.5	27	55.1
1997	49	9	18.4	11	22.4	29	59.2
1998	55	9	16.4	7	12.7	39	70.9
1999	49	12	24.5	6	12.2	31	63.3
2000	49	7	14.3	11	22.4	31	63.3
2001	49	11	22.4	8	16.3	30	61.2
2002	49	5	10.2	9	18.4	35	71.4
2003	49	9	18.4	7	14.3	33	67.3
2004	49	7	14.3	9	18.4	33	67.3
2005	49	8	16.3	12	24.5	29	59.2
2006	49	6	12.2	13	26.5	30	61.2
2007	49	7	14.3	6	12.2	36	73.5
2008	55	6	10.9	11	20.0	38	69.1
2009	49	5	10.2	5	10.2	39	79.6
2010	49	7	14.3	9	18.4	33	67.3
2011	49	6	12.2	9	18.4	34	69.4
2012	49	7	14.3	9	18.4	33	67.3
2013	49	7	14.3	7	14.3	35	71.4
2014	49	11	22.4	2	*4.1*	36	73.5
2015	49	5	10.2	5	10.2	39	79.6
2016	49	7	14.3	3	6.1	39	79.6
2017	49	6	12.2	2	*4.1*	41	83.7
2018	56	3	*5.4*	5	8.9	48	**85.7**

注：出場校については、春は当該年の『週刊ベースボール　別冊春季号』（ベースボール・マガジン社）を、夏は同じく『週刊朝日』の大会直前増刊号を、それぞれ適宜参照した。

参加校数は全国大会への参加。

比率の太字は1948年度以降最高の、斜体が最低の数値を示す。